第六届"中国法学博士后论坛（2017）"论文集
回顾与展望：开创法治中国建设新局面

Review and Prospect: to Develop a New Era of
Rule of Law in China

回顾与展望：开创法治中国建设新局面

全国博士后管理委员会
中国社会科学院博士后管理委员会
中国社会科学院法学研究所
最高人民法院中国应用法学研究所
主 编

中国社会科学出版社

图书在版编目(CIP)数据

回顾与展望：开创法治中国建设新局面：第六届"中国法学博士后论坛（2017）"论文集 / 全国博士后管理委员会等主编 . —北京：中国社会科学出版社，2018.2

ISBN 978-7-5203-2048-1

Ⅰ.①回… Ⅱ.①全… Ⅲ.①社会主义法制-建设-中国-文集 Ⅳ.①D920.0-53

中国版本图书馆 CIP 数据核字（2018）第 027457 号

出 版 人	赵剑英
责任编辑	任　明
特约编辑	乔继堂
责任校对	王佳玉
责任印制	李寡寡

出　　版	中国社会科学出版社
社　　址	北京鼓楼西大街甲 158 号
邮　　编	100720
网　　址	http：//www.csspw.cn
发 行 部	010-84083685
门 市 部	010-84029450
经　　销	新华书店及其他书店
印刷装订	北京君升印刷有限公司
版　　次	2018 年 2 月第 1 版
印　　次	2018 年 2 月第 1 次印刷
开　　本	710×1000　1/16
印　　张	25.75
插　　页	2
字　　数	425 千字
定　　价	98.00 元

凡购买中国社会科学出版社图书，如有质量问题请与本社营销中心联系调换
电话：010-84083683
版权所有　侵权必究

目 录

法理学与行政法

论法律解释中的社会学解释方法 …………………… 黄文旭（3）
超越概念法学式思维的桎梏
　　——论我国法学方法论的应然发展方向 …………… 赵　希（16）
法治建设的微观视角与思考 ……………………………… 支振锋（30）
唐代诉讼法律文明精神之三重面向 ……………………… 陈　玺（37）
全面依法治国视域下我国法治政府建设路径研究
　　——以湖南长沙为样本分析 ………………………… 李红娟（53）
公共服务改革中政府与市场的职能作用 ………………… 刘　阳（68）
简述国外首都与首都圈立法 ……………………………… 刘小妹（76）

司法改革

司法改革背景下法院院庭长办案制度实践调查 ………… 冯之东（93）
办案质量终身负责制的法学诠释
　　——以法官责任为视角 ……………………………… 代　杰（124）
论我国建设知识产权法院的路径选择 …………………… 童海超（139）
浅谈我国知识产权法院制度的规划设计 ………………… 徐　俊（153）
中国法官经济保障的实证研究
　　——以法官生存状况满意度调查为样本 …………… 胡昌明（172）

刑法与刑事诉讼法

共同实行犯中的主从犯区分方法探析 ………………………… 吴光侠（193）
中国搜查措施的证据法规制
　　——以反恐社区警务改革为视角、以搜查条件（证明对象）和证明
　　　标准为视角的探索 ……………………………………… 马　可（202）
法治中国下反恐警务模式的理论审视和制度建构
　　——以反恐社区警务改革为视角 ……………………… 姬艳涛（218）

民商法

个人信息传统保护模式的评估
　　——兼论个人信息保护规则的框架思路 ……………… 廖宇羿（239）
论民法总则第85条营利法人决议撤销的法律适用 ……… 何　建（254）
我国股权众筹的监管机制及其对策探讨 …………………… 朱绵茂（262）
股票担保业务在民事规则适用方面的特殊性及解决思路 …… 杨　光（277）
论破产程序中税款滞纳金的债权性质与清偿顺位 ………… 乔博娟（296）
论互联网行业竞争中相关市场的界定 ……………………… 逄晓霞（310）
"依法治藏"背景下的藏区草场纠纷治理 …………………… 杨继文（317）

国际法与环境保护法

论国际仲裁立法"国际标准"的形成及对我国仲裁法
　　改革的启示 ………………………………………………… 张　志（331）
南海仲裁案中有关岛礁法律地位裁决的分析
　　——以条约解释为切入点 ………………………………… 马金星（349）
可持续发展观的国际生态法基础 …………………………… 刘洪岩（363）
我国环境公益诉讼的进展、不足及完善
　　——以"江苏泰州天价污染赔偿案"为引 ……………… 岳小花（378）
民族地区生态习惯法运用探析 ……………………………… 龚得君（391）

法理学与行政法

论法律解释中的社会学解释方法

黄文旭[*]

摘要：社会学解释方法是追求社会效果的解释方法。在我国将法律效果与社会效果的统一作为基本司法政策的背景下，应当重视对社会学解释方法的研究。在司法实践中，法官除了首先选用文义解释方法外，对其他解释方法的选择一般并不遵守严格的规则。在我国的司法环境下，社会学解释方法的重要性仅次于文义解释，除文义解释外应优先考虑社会学解释方法，当不同解释方法得出不同结论时，应运用社会学解释方法做出最终判断。社会学解释是在法律之内寻求社会效果的一种有效方法。社会学解释方法赋予了法官很大的自由裁量权，因此，应对社会学解释的适用条件进行限制。如果法官要运用社会学解释方法，必须承担论证说理的责任，在裁判文书中将解释过程公开。

关键词：法律解释；社会效果；社会学解释方法；社会法学派

中国特色社会主义法律体系已基本建成，如何适用与解释法律成为法治中国建设的主要任务。有学者认为，法律必须经由解释，始能适用。[①]法律解释是司法判决理由能够证立的重要逻辑环节。[②] 本文所称法律解释，仅限于法官在个案司法裁判中对法律条文及相关材料的解释活动。在我国将法律效果与社会效果的统一作为基本司法政策的背景下，应当重视

---

[*] 黄文旭（1982— ），男，湖南省邵阳县人，法学博士，中国社会科学院法学研究所与最高人民法院中国应用法学研究所联合培养博士后，湖南师范大学法学院讲师。

[①] 王泽鉴：《法律思维与民法实例——请求权基础理论体系》，中国政法大学出版社2001年版，第212页。

[②] 单忠献：《从文本世界到现实世界：司法裁判中的法律解释问题》，硕士学位论文，南京师范大学，2002年。

社会学解释方法的运用。

一 社会学解释方法的基本理论

（一）社会学解释方法——追求社会效果的解释方法

社会学解释，指的是将社会学方法运用于法律解释，着重于社会效果预测和目的衡量，在法律条文可能文义范围内阐释法律规范意义内容的一种法律解释方法。① 从这一定义可以看出，社会学解释方法是追求社会效果的解释方法。

梁慧星教授将社会学解释方法的适用过程描述为：首先，假定按照第一种解释进行判决，并预测将在社会上产生的结果是好还是坏。然后，再假定按第二种解释进行判决，并预测所产生的结果是好是坏。对两种结果进行对比评价后，两害相权取其轻，两利相权取其大，以预测结果较好的那一个解释为准。②

（二）社会学解释方法的法哲学基础

两千多年前，著名罗马法学家塞尔苏斯就说过："认识法律不意味抠法律字眼，而是把握法律的意义和效果。"③ 此处的效果主要指的就是社会效果，也就是说对法律的解释要关注其社会效果。可见，重视法律解释的社会效果有着悠久的历史。然而，将社会学解释作为一种方法之引入法解释学，乃社会法学派之贡献。社会法学之前的概念法学，在解释方法上着重文义解释及论理解释，法律以外的社会、经济、政治、道德等因素的考虑被斥之为"邪念"。埃利希于1912年发表《法社会学原理》，将社会学方法引入法律解释，强调法律发展的动力源于社会之中，法官应自由地探求生活中的法。④ 此后，将社会学方法运用到法律解释成为一种风尚，

---

① 梁慧星：《民法解释学》，中国政法大学出版社1995年版，第236页。
② 梁慧星：《裁判的方法》，法律出版社2003年版，第150页。
③ 转引自徐爱国等《西方法律思想史》，北京大学出版社2002年版，第173—174页。
④ 梁慧星：《民法解释学》，中国政法大学出版社1995年版，第237页。

普遍得到承认。①庞德是社会法学派的代表人物，他继承了埃利希"活法"的社会法学思想，强调在法律解释时应着重考虑解释结论将产生什么样的社会效果。②可见，社会法学派对法律解释学产生了巨大的影响，社会学方法被普遍地应用于法律解释，社会效果成为解释法律的重要标准。

马克思主义法学也是一种社会法学派，认为法律是实现一定社会目的或价值的工具，人们可以根据确定的目的来评价法律，并按照不断变化的环境和价值标准对法律进行解释。③我国的很多学者也认同社会法学派的法律解释观，如苏力教授认为，司法中的解释就其根本来看是一个判断问题，司法的根本目的并不在于弄清楚文字的含义，而在于判定什么样的决定是社会可以接受的。④梁慧星教授认为，法律既然是社会规范，其解释就不能够仅依文义和逻辑，而不顾及所产生的社会效果。⑤最高人民法院孔祥俊法官认为，法律适用不再是田园诗般的静态的逻辑推演，而必须加入多样化的社会价值的考量。⑥法官必须根据社会经济发展及伦理道德观念之变迁而适用法律，以使法律能够与时俱进，实践其规范功能。⑦

（三）中国法官运用社会学解释方法的情况

社会学解释方法在我国有着深厚的土壤。苏力在《送法下乡》一书中指出，我国的很多法官会在当时当地各种条件的制约或支持下，权衡各种救济的后果，做出一种法官认为对当事人最好、基本能为当事人所接受并能获得当地民众认可的选择。在这里，有关法律的程序规定和实体规定都不是那么重要，重要的是把纠纷处理好，结果好，"保一方平安"。⑧

---

① 杨仁寿：《法学方法论》，中国政法大学出版社2005年版，第172页。
② 顾爱平：《宪法解释的方法论辩证——兼论社会学解释方法应当作为宪法解释的首选方法》，《江海学刊》2012年第2期。
③ 张文显：《法律社会学的法概念》，《社会学研究》1989年第2期。
④ 苏力：《解释的难题：对几种法律文本解释方法的追问》，《中国社会科学》1997年第4期。
⑤ 梁慧星：《法律的社会法律社会学的法概念性》，《人民法院报》2004年2月6日。
⑥ 孔祥俊：《法律解释方法与判解研究》，人民法院出版社2004年版，第38页。
⑦ 董白皋：《司法解释功能之探究》，《法律科学》1997年第6期。
⑧ 苏力：《送法下乡》，中国政法大学出版社2000年版，第181页。

然而，社会学解释的运用在司法实践中很多时候是缺位的，致使一些案件的判决与社会公众的认知大相径庭，进而引发社会的舆论声讨。曾经引发社会热议的彭宇案以及许云鹤案，都被认为是法官在裁判过程中没有运用社会学解释考量社会效果的典型。[①]

二　社会学解释方法在法律解释中的地位

(一) 关于法律解释方法位阶的传统观点

梁慧星教授将法律解释方法分为文义解释、论理解释、比较法解释和社会学解释，其中论理解释又包括体系解释、法意解释、扩张解释、限缩解释、当然解释、目的解释和合宪性解释。[②] 这些解释方法是否存在位阶关系？理论界有不同观点，实践中也有不同做法。

梁慧星教授认为，应首先运用文义解释方法，当用文义解释方法有几种解释结果存在时才可运用论理解释，若经论理解释各种方法仍不能确定解释结论，可进一步作比较法解释或社会学解释。[③] 在论理解释中，又应该先运用体系解释和法意解释方法，在确定法律意旨的前提下，可继之以扩张解释或限缩解释或当然解释，之后可运用目的解释，再以合宪性解释审核其是否符合宪法之基本价值判断。[④] 在梁慧星教授看来，法律解释方法的第一位阶为文义解释，第二位阶为体系解释和法意解释，第三位阶为扩张解释、限缩解释和当然解释，第四位阶为目的解释，第五位阶为合宪性解释，第六位阶为比较法解释或社会学解释。

也有观点认为，法律解释方法的这种序位不是严格而确定的，只是推定的、初步的序位，一旦基于解释的需要，以上的序位是可以灵活变化

[①] 尹伟君：《论民事审判中的社会学解释》，硕士学位论文，苏州大学，2011年。
[②] 梁慧星：《民法解释学》，中国政法大学出版社1995年版，第214页。
[③] 梁慧星：《民法解释学》，中国政法大学出版社1995年版，第245页。《上海法院民事办案要件指南》采纳了这一观点，其第八条规定："法律规定需经过解释才能明确其含义以便适用时，法官应首先对其进行文义解释；依文意解释将得出有分歧的复数解释结论时，须进一步为论理解释；依论理解释将得出复数的不同结论时，须依社会学解释方法确定最终的解释结论。"
[④] 梁慧星：《论法律解释方法》，《比较法研究》1993年第1期。

的。① 甚至有学者认为，解释方法之间并不存在固定的位阶关系。② 法院在适用法律时，除了文义解释法不能突破外，其他各种法律解释方法并无先后之分，而要综合考量。③

实践中，我国的法官在解释法律时普遍存在着一种无序和混乱。④ 对于选择何种解释方法，法官具有很大的自主性，可能他会遵守基本的解释底线，即首先选用文义解释；但对于其他解释方法的选择，法官的个人偏好就有了施展空间。⑤

可见，关于法律解释方法是否存在位阶有两种观点，一种观点认为法律解释方法存在严格的位阶，而另一种观点则认为法律解释方法之间没有固定的位阶。认为法律解释方法存在位阶的观点一般将文义解释排在首位，而将社会学解释排在末位，对其他解释方法的位阶则没有统一观点。在司法实践中，法官除了首先选用文义解释方法外，对其他解释方法的选择一般并不遵守严格的规则，而是根据个案自由裁量。

(二) 除文义解释外应优先考虑社会学解释方法

1. 文义解释优先能确保法的安定性

法律的文义是约束司法者最有力的工具。无论是什么样的法律解释学都强调文义解释的优先地位，任何解释都不得超越法律规范的文义范围，这一范围被学者形象地比喻为"文义射程"。⑥ 当法律规范具有明确无误的意义而无复数解释之可能性时，仅能为文义解释。⑦ 一旦法官超出文义进行解释就存在法官造法的嫌疑，可能破坏法律的确定性。⑧ 文义解释优先的原则已在理论与实践中取得共识，但文义解释之外的其他解释方法间

---

① 袁春湘：《法律解释的解释》，《法律适用》2008年第8期。
② [德]卡尔·拉伦茨：《法学方法论》，陈爱娥译，商务印书馆2003年版，第221页。
③ 徐子良：《委托理财案件法律适用难点辨析——以保底条款负外部性分析及其无效后果处理为重点》，《法律适用》2011年第1期。
④ 黄涌：《建立"二元化"法律解释方法适用模式的研究》，《厦门大学法律评论》第4辑，厦门大学出版社2002年版，第381页。
⑤ 孙日华：《法律解释主观性的解读》，《学术交流》2009年第6期。
⑥ 孙光宁、武兴伟：《民法解释的特征及其运作》，《湖北社会科学》2008年第10期。
⑦ 杨仁寿：《法学方法论》，中国政法大学出版社2005年版，第132—133页。
⑧ 孙日华、任晓刚：《不确定法律语言的救济》，《时代法学》2012年第4期。

的位阶则存在不同观点。

2. 社会学解释方法的重要性仅次于文义解释

在法律解释和适用上追求社会效果,是与法律的终极目的相吻合的。在现代司法理论中,法律解释中的机械论已成为历史陈迹,现代的法律解释更加关注法律适用的现实和效果,更加关注对社会需要的满足。① 麦考密克认为,在无法根据明确的强制性规则得出判决结论的场合,或者规则本身语焉不详的场合,依靠对后果的考量做出判决实乃必要之举。② 这种后果主义的考量即使不是整个解释中唯一的因素,至少也是最重要的因素。③ 若法官在进行法律解释时,如果选择社会效果较好的方案,则作出的判决结论更容易获得人们观念上的认同和支持。④

更为重要的是,当不同解释方法得出不同结论时,应运用社会学解释方法做出最终判断。卡多佐指出:"社会学方法是其他方法的仲裁者,分析到最后要由它决定选择什么方法;它掂量相互竞争的两种方法的主张,对它们加以平衡、和缓和协调。"⑤ 梁慧星教授认为,当存在两种不同的解释意见而一时难以判断何者正确时,应以其中产生好的社会效果的解释为准。⑥ 拉德布鲁赫也指出,"在通盘考虑之后,后果比较好的解释因为其后果比较好这一点也许就是正确的解释"。从某种意义上来说,社会学解释方法成了方法之上的检验方法。⑦ 可见,将社会学解释方法作为最终判断标准得到了众多学者的支持。需要注意的是,文义解释的作用是基础性的,社会学解释必须以文义解释为前提。

本文认为,在我国注重社会效果的司法政策背景下,除了文义解释要优先适用并不得背离外,应首先考虑适用社会学解释方法,当解释有多种

---

① 孔祥俊:《论法律效果与社会效果的统一———一项基本司法政策的法理分析》,《法律适用》2005 年第 1 期。
② [英]尼尔·麦考密克:《法律推理与法律理论》,姜峰译,法律出版社 2005 年版,第 147 页。
③ 孙光宁:《行政行为视角下行政法律解释的特殊性》,《广西社会科学》2007 年第 11 期。
④ 黄金兰:《法律解释的社会价值面向》,《法律方法》第 4 卷,山东人民出版社 2005 年版,第 64 页。
⑤ [美]本杰明·卡多佐:《司法过程的性质》,苏力译,商务印书馆 1998 年版,第 60 页。
⑥ 梁慧星:《法律的社会性》,《人民法院报》2004 年 2 月 6 日。
⑦ 王柳方:《司法中的社会学解释研究》,硕士学位论文,山东大学,2009 年。

可能性时，法官应以社会学解释为最终标准，选择社会效果较好的解释方案。

三 通过社会学解释实现法律效果与社会效果的统一

（一）法律效果与社会效果的统一是我国的基本司法政策

最高人民法院原副院长李国光于1999年提出人民法院办案要坚持法律效果与社会效果的统一。[①] 此后，法律效果与社会效果的统一频频出现于最高人民法院的文件和领导的讲话之中，追求两个效果的统一成为我国法院的基本司法政策。

然而，并非只有中国的法院强调案件审判的社会效果。国外法学界与司法机关也会考虑法律效果与社会效果的统一。在西方的法理学中，社会法学派重视道德、正义、理性在司法活动中的作用，主张司法活动要追求社会效果。[②] 社会法学派的观点在当今西方法学界已经成为主流。由于法律是社会规范，其解释和适用不能仅依文义和逻辑，而不顾及所产生的社会效果，任何国家的法院都要正视法律的社会性。[③] 最高人民法院副院长江必新认为，社会效果对所有国家的司法机关来说都是必须考虑的重要因素，在我们这样一个法律制度还不完善、司法公信力还不够高的转型国家，更应该强调社会效果。[④] 然而，如果没有一套在司法中实现社会效果的科学方法，对社会效果的追索就给司法任意提供了机会。因此，给出法律效果与社会效果如何统一的科学方法显得非常重要。

（二）在法律之内寻求社会效果

当前，我国很多法官在追求法律效果与社会效果有机统一时，使用的

---

① 李国光：《坚持办案的法律效果与社会效果相统一》，《党建研究》1999年第12期。
② 刘付华东：《论司法的法律效果与社会效果的统一》，硕士学位论文，广西师范大学，2011年。
③ 高志刚：《论整体性衡平的能动司法——评孔祥俊的〈司法理念与裁判方法〉》，《法律方法》2008年第7期。
④ 江必新：《在法律之内寻求社会效果》，《中国法学》2009年第3期。

往往不是"纯法律"的方式,为了追求社会效果而忽视法律,最终反而削减了社会效果。① 由于社会效果很难评估,具有不确定性,在法律之外寻求社会效果,将可能导致某些人以强调法外社会效果为借口,肆意干涉法院的审判。也给法官专断与滥用自由裁量权制造了更多的机会。社会效果的实现途径是多样的,但司法追求的社会效果应该在法律之内来寻求。②

通过法律寻求社会效果,最大的积极效应是这种方式可以使全体国民尊重法律、信仰法律、信仰法治,并养成按照法律规则办事的习惯,从而在全社会养成一种规则治理的习惯。③ 这是一种更长远意义上的社会效果。

(三) 通过社会学解释实现社会效果

1. 通过社会学解释可以实现社会效果

要在法律之内寻求社会效果,就必须按照科学的解释规则来解释和适用法律。④ 孔祥俊认为,法律解释方法是实现两个效果统一的有效方法,是架设两者统一的桥梁。⑤ 需要澄清的是,法律解释方法不限于文义解释,以文义解释为标准衡量是否符合法律效果,其本身就是不妥当的。在强调社会效果时,可以根据案件的具体情况,通过妥善运用适当的法律解释方法,得出符合社会效果的解释结论。⑥ 社会学解释的本质就是在法律解释的过程中用社会学的方法对社会效果进行预测,从而使法律效果和社会效果统一起来。⑦ 可见,社会学解释方法就是实现两个效果统一的最有效的法律解释方法。

2. 通过社会学解释实现社会效果的优点

法官为追求正当的社会效果的需要,而对法律条文作出符合社会效果

---

① 尹伟君:《论民事审判中的社会学解释》,硕士学位论文,苏州大学,2011年。
② 江必新:《在法律之内寻求社会效果》,《中国法学》2009年第3期。
③ 同上。
④ 同上。
⑤ 孔祥俊:《法律解释方法与判解研究》,人民法院出版社2004年版,第466页。
⑥ 向东、杨立平:《审判价值应追求法律效果与社会效果的统一》,《人民法院报》2008年12月23日。
⑦ 王柳方:《司法中的社会学解释研究》,硕士学位论文,山东大学,2009年。

的解释，这种解释本身不但没有偏离法律效果，而恰恰是法律效果的应有之义和当然组成部分。① 社会学解释的依据是社会效果或社会影响，社会效果或社会影响是客观存在的，排除了法官主观因素的垄断，是较为中立的客观的解释。社会学解释的运用能够有效限制法律解释的主观性，避免法律适用的随意性。② 社会学解释方法是法治的保障而不是法律虚无主义的通行证，能够防止打着"社会效果"的旗帜而随心所欲破坏法治。③

现代法治社会对判决最低限度的要求是能够用法律的理由进行解释。法治社会不允许法官直接扮演政治家、经济家或社会学家的角色，也不允许法官创造或修改法律，否则司法的正当性就会遭受质疑，因此法官裁判过程中的政策、伦理及民意等因素只能屈尊于法律逻辑之下，任何非法律的理由须乔装打扮成法律的理由才能写在判决书上。④ 对社会效果的追求也不能直接写在判决书上，而应通过社会学解释方法使社会效果的追求变成法律上的理由。

四　社会学解释方法的适用规则

（一）运用社会学解释的条件

由于社会学解释通常是通过对法律文本以外的社会效果的考量来对法律进行解释，而社会效果本身具有范围广泛和难以明确界定的特点，因此与其他法律解释方法相比，社会学解释不可避免地具有一定的任意性，对于解释者的拘束相对较少。⑤ 社会学解释方法最受诟病的地方，就是其赋予了法官很大的自由裁量权，容易导致解释结果的不确定。⑥ 因此，应对

---

① 孔祥俊：《法律解释方法与判解研究》，人民法院出版社2004年版，第27页。
② 尹伟君：《论民事审判中的社会学解释》，硕士学位论文，苏州大学，2011年。
③ 袁春湘：《社会学解释方法在案件裁判中的运用》，《法律适用》2011年第11期。
④ 郭琳佳：《揭开虚饰的面纱——疑难案件中法官法律解释的功能和标准探讨——从结论决定解释的法官逆向裁判思维展开》，《建设公平正义社会与刑事法律适用问题研究——全国法院第24届学术讨论会获奖论文集》（上），2012年。
⑤ 王利明：《法律解释学导论——以民法为视角》，法律出版社2009年版，第30页。
⑥ 顾爱平：《宪法解释的方法论辩证——兼论社会学解释方法应当作为宪法解释的首选方法》，《江海学刊》2012年第2期。

社会学解释的适用条件进行限制。具体来说，运用社会学解释应该具备以下条件。

1. 法律条文有多种解释结果

法律文本在进行文义解释后存在复数结果是社会学解释方法的首要条件。① 如果法律文本的含义是明确、清晰的，不存在复数解释的可能，则不能运用社会学解释方法。

2. 法律存在漏洞

法官审理案件，在查明案件事实后，找不到任何可以适用的法律规则，这种情形就是法律漏洞。② 当需要填补法律漏洞时，我们寻求解决办法的对象并不是逻辑演绎，而更多是社会需求。③ 这种社会需求就是社会学解释所要考虑的社会效果。

3. 机械适用法律将导致极端不公正

法律解释方法中应该有对荒谬解释制度的克服方法，而不能任由机械司法、死抠字眼行为的泛滥。④ 当严格进行文义解释的结果会导致极端不公正的时候，应该突破文义解释行使自由裁量权进行其他解释。⑤ 在这种情况下，以追求社会效果为己任的社会学解释方法就可以也有必要派上用场。

（二）社会学解释应考虑的因素

法官在运用社会学解释方法时，应客观分析案件当事人对判决可能的态度及普通民众对判决的评价，判决对社会观念或者社会道德带来的冲击以及对民众行为的引导意义等。⑥ 值得注意的是，法官所关注的应当是每种裁决方案所蕴含的抽象普遍的社会后果，而不是具体的个案后果。⑦ 具

---

① 王利明：《法律解释学导论——以民法为视角》，法律出版社2009年版，第369页。
② 梁慧星：《民法解释学》，中国政法大学出版社1995年版，第251页。
③ ［美］本杰明·卡多佐：《司法过程的性质》，苏力译，商务印书馆1998年版，第76页。
④ ［美］阿德里安·沃缪勒：《不确定状态下的裁判——法律解释的制度理论》，梁迎修等译，北京大学出版社2011年版，第66页。
⑤ 夏季：《法律语义解释的功能释放》，《湖南社会科学》2006年第6期。
⑥ 尹伟君：《论民事审判中的社会学解释》，硕士学位论文，苏州大学，2011年。
⑦ 曹晟旻：《社会学解释方法的运作过程——以后果主义论辩为视角》，《广西政法管理干部学院学报》2012年第1期。

体来说，法官在运用社会学解释方法时应综合考量下列因素。

1. 公共政策

社会效果的含义是多元的，且处于不断变动状态中，但总体上来讲都是与当时的公共政策相互吻合的。[①] 在中国的特定历史文化语境中，依据政策或者在政策指导下的裁判具有更大的政治合法性和实践可能性。[②] 因此，法官在运用社会学解释方法时应将公共政策作为判断社会效果好坏的重要因素。

2. 习惯法与民间法

尊重民间传统和习惯是一种重要的社会需要。[③] 民间法作为乡民在日常生活中日积月累的生活常识，更为符合社会普通民众的社会利益，因此，在社会学解释中吸收民间法的内容会使法律解释的结果更容易为社会公众所接受，产生更好的社会效果。[④] 如果特定法律在理解上不够明确，或者存在歧义，而又存在着类似的习惯，就可以依据习惯对该法律规则进行解释。这种解释可以理解为运用社会学方法所做的社会学解释。

3. 民意

社会效果从某种意义上讲是民意的反映，社会学解释方法是一种适当关注民意的解释方法。法官在解释法律的时候，应当适度考虑解释方案是否符合社会公众普遍所持有的正义观与价值判断标准。只有在充分考虑民意的基础之上，法官的法律解释才符合社会学解释的要求。[⑤] 法官在运用社会学解释时，舆论往往也是考量的内容，因为舆论通常是民意的反映。对于正确的确实反映了民意的舆论，法官在进行社会学解释时应积极采纳，对与法治原则相违背的舆论或被操控的舆论，则应力求避免其影响裁判。[⑥] 需要指出的是，不能简单地将当事人及公众的满意度作为社会效果好不好的标准。

---

① 田丽静：《法律解释中的公共政策考量》，硕士学位论文，上海师范大学，2011年。
② 苏力：《当代中国法律中的习惯——一个制定法的透视》，《法学评论》2001年第3期。
③ 袁春湘：《法律解释的解释》，《法律适用》2008年第8期。
④ 崔雪丽：《法律解释的民间法面向》，《湖南公安高等专科学校学报》2009年第5期。
⑤ 王晨、杨凯：《公正底线：关于统一民商事法律适用的三种思维路径与方法》，《法律适用》2012年第5期。
⑥ 尹伟君：《论民事审判中的社会学解释》，硕士学位论文，苏州大学，2011年。

(三) 运用社会学解释方法时应在裁判文书中进行说理

我国法院所制作的裁判文书，最大的问题是过于简单，只叙述极其简单的事实，然后罗列上几个法律条文就算是依法判决，至于为什么要引用这几个条文而不是其他条文，以及对这些引用的条文是怎样理解的，在判决书中均不作说明。这样，从形式上似乎是依法裁判，但实际上，由于粗疏，使裁判带有很大的任意性。[1] 近年来，我国法院开始重视裁判文书说理工作，出现了很多说理充分的优秀裁判文书，但法官们对法律解释问题仍然担心言多必失，唯恐被人看出法律解释的痕迹，而被当事人或二审法院抓住"把柄"。[2]

当前，我国法官在审理案件时一般只在内心权衡与考虑社会效果。[3] 基于社会学解释的分析过程一般不会直接出现在裁判文书中。然而，社会学解释是实质法治方法，运用实质法治方法时必须论证使用该方法的正当性理由，以防止专断和任意的发生。[4] 因此，社会学解释是最需要在裁判文书中进行说理的解释方法。

如果法官要运用社会学解释方法，必须承担论证的责任，在裁判文书中进行说理，将解释过程写清楚，结合具体案情详细说明选择这种而不是那种社会效果的理由。[5] 只有这样，当事人或公众才有可能在事后根据法官解释法律的路径，检验法官对法律的解释是否合理，以保证法官对社会学解释方法的运用不致流于恣意。解释过程的公开也必然促使法官在运用社会学解释时作出负责任的决定，在一定程度上避免法官滥用自由裁量权，减少社会学解释方法的随意性，使社会大众能够信服裁判的结果。

五 结 语

法律效果与社会效果相统一是我国的一项基本司法政策，对司法实践

---

[1] 陈金钊：《法律解释的哲理》，山东人民出版社1999年版，第255页。
[2] 游冰峰：《揭开法律解释的面纱——刍议民商事审判中法律解释的基本规则》，《法律适用》2006年第3期。
[3] 孙光宁、武兴伟：《民法解释的特征及其运作》，《湖北社会科学》2008年第10期。
[4] 陈金钊：《法律方法的界分及其实践技艺》，《法学》2012年第9期。
[5] 袁春湘：《法律解释的解释》，《法律适用》2008年第8期。

产生了广泛而深刻的影响。社会学解释方法并没有把社会效果凌驾于法律之上，在司法裁判中运用社会学解释方法可以名正言顺地解决法律与社会之间的紧张关系。因此，运用社会学解释方法可以在法律内实现社会效果，以法治的方式实现法律效果与社会效果的统一。

超越概念法学式思维的桎梏
——论我国法学方法论的应然发展方向

赵 希*

摘要： 法律理论逻辑与司法实务的行动逻辑之间一直存在着某种张力。本文通过梳理国外法学方法论对于概念法学的批判与超越的历程，提出我国法学方法论的发展应借鉴国外合理经验，将价值判断融入进教义学体系中，反对与司法实践脱节的唯概念论的思考方式，努力避免那种对概念的过度形式化理解，从而更好地弥合理论与实践之间的鸿沟。

关键词： 概念法学；利益法学；价值判断

法律理论逻辑与司法实务的行动逻辑之间一直存在着某种张力，这不是我国所独有的问题，而是一个世界性问题。例如在刑法学领域，对于犯罪论体系的争论，近些年在理论界热火朝天地进行着，司法实践却保持沉默。这种对比背后潜藏着刑法理论与司法实务的脱节，理论成果得不到实务的重视和应用，而实务中的问题也往往被理论所忽视。[①] 乃至有学者呼吁道：中国法律人的一项重要任务就是："如何使书面上的法律变为行动中的法律，从而使其最大限度地发挥现有法律的实际效果。而这是我国立法和司法领域内长期薄弱的环节。"[②]

当法律理论的发展满足于一个相对封闭的"自给自足"的体系，满

---

* 赵希，女，中国社会科学院法学研究所博士后研究人员、法学博士。研究方向：刑法教义学。本文受中国博士后科学基金面上资助，资助编号：2016M601212。

① 参见陈银珠《刑法理论与实践之间的"恶性循环"与"良性互动"——我国刑法理论的反思》，《南京大学法律评论》2011年第2期。

② 周大伟：《法治的细节》，北京大学出版社2013年版，第69页。

足于逻辑推理和概念建构,而不顾或忽视司法实务所面对的利益冲突和现实需求时,理论与实务就会愈加割裂和疏离。在法学方法论的发展史上,可以将这种张力概括为利益法学、自由法学等与概念法学之间的对立。本文通过梳理国外法学方法论对于概念法学的批判与超越的历程,提出我国法学方法论的发展应借鉴国外合理经验,将价值判断融入进教义学体系中,反对与司法实践脱节的唯概念论的思考方式。

一 概念法学的内涵

概念法学最早是由耶林所命名的,他在其《法学上之诙谐与严肃》一书中指出:"任何法学以概念进行操作,法律思维等同意义与概念思维,在这等意义下任何法学都是概念法学。"而概念法学这个词的本义是指,形式地、拘泥于字义的、并且与生活相背离的法律发现与法律思维。[①]

按照吴从周教授的研究,概念法学的发展要归因于康德哲学,因为他试图从抽象的价值形式导出整体法律。德国的观念论哲学过度高估体系理想,希望法学实现圆满的体系化,是概念法学发展到巅峰的最主要因素。经由萨维尼及其弟子的"历史法学派"对概念法学的推动,在耶林的学术早期这一法学方法达到巅峰。耶林早期一再引用的名言便是:"概念是有生产力的,它们自我配对,然后生产出新的概念。"[②] 概念法学的三个关键特征是:无漏洞之教条、建构主义以及颠倒方法。其中,无漏洞之教条是指,现行法是完整无漏洞的法秩序,其中包含了所有可能的构成要件事实;建构主义则指,一个完整的法律规范体系的建立,是以一个"概念金字塔"的方式出现的;而最后的颠倒方法则指,以相反的方向来描述同样的事件,即根据建构方式获得的普遍概念,可以从中相反地再导出特殊的概念。[③]

对于法律内容的研究,无法避免从概念出发。对于概念法学的批评,

[①] 参见吴从周《概念法学、利益法学与价值法学:探索一部民法方法论的演变史》,中国法制出版社2011年版,第3、41页。

[②] 同上书,第33—39页。

[③] 同上书,第45—46页。

并不等于否定概念法学。"透过概念，混沌变成了有秩序的宇宙，透过概念，杂乱变成了一部伟大的艺术作品：一个法律的魔术宫殿。"概念法学是法学的第一位。只有概念法学才能让学术及实务能够支配无数法律所堆积而成的素材。因此，对概念法学的批评，其实主要是指责它对概念逻辑运用的过度以及片面性，指责它过度强调逻辑与体系的一贯性与合体系性，忽略个案的实质妥当性。①

概念法学致力于法律的自我满足、自我封闭，试图从实证主义的观点出发，为法律开辟一块属于自己的领地，而不依赖于其他学科的辅助功能，通过对概念、逻辑的强调，要求法官仅仅从事概念推导、运用逻辑三段论，以此达到防止恣意裁判的效果。其出发点无疑是可以理解的。因为这样能够最大限度地满足罪刑法定原则的明确性要求。作为对公民人身、财产、自由权利干预最严厉的刑法来说，尤其需要明确性的保证。"任何部门法理论都没有像刑法理论那样强调法律的明确性，在此意义上说，罪刑法定主义的明确性要求，是对法治的明确性原则的最突出贡献。"② 但对于明确性的绝对要求和彻底的实证主义思维方式，使概念法学所建构的法学体系具有封闭性的特征。概念法学强调运用司法三段论的逻辑"过程"被视为最重要的，适用三段论所产生的裁判后果反而居于次要地位。

二　对概念法学的批判

概念法学对于概念的极度迷恋，对由概念建构起来的封闭的法学大厦的终极追求，显示出其对于法学体系的设想，更多的是一种封闭式的、自给自足的，甚至是概念可以自我生产的知识体系。"在概念的世界里，它是与现实世界毫无关联的抽象思想和理念的领域。它在逻辑上是自然产生的，它从自身发展而来，并且因此回避与尘世世界的任何联系。"③这样做的直接后果就是造成法学研究与司法实务的脱离。按照概念法学，只要

---

① 参见吴从周《概念法学、利益法学与价值法学：探索一部民法方法论的演变史》，中国法制出版社2011年版，第42—43页。
② 参见张明楷《罪刑法定与刑法解释》，北京大学出版社2009年版，第51页。
③ [德]鲁道夫·冯·耶林：《法学的概念天国》，柯伟才、于庆生译，中国法制出版社2009年版，第9页。

进行一定程度的逻辑分析,就可以从实在法中得出合理的判决。然而,概念殿堂的"魔力"并非如此强大。

自由法学派源于欧根·埃利希(Eugen Ehrlich)于 1903 年发表的《自由的法律发现与自由的法学》这篇文章,简单来说,自由法学派认为法条的创造者不是国家,而是法官。自由法学派与利益法学都肯定法律漏洞的存在和法官解决法律漏洞的权限,但就该权限的大小,二者存在极大的差异。自由法学派主张法官不受法律的价值理念和判断的约束,可以以法官自己的价值判断作为衡量标准,强调个案的正当性。[①]

德国自由法学的代表人物赫尔曼·伊塞(Hermann Isay)教授在其著作《法律规范和裁判》中首先提出一个问题:法官在裁判时,其决定性作用的是法律规范,还是存在别的影响裁判的因素?法官的判断是仅仅通过逻辑思考,还是存在一些非理性因素?他认为这个问题是法律的基本问题。他指出,规范的本质是理性的。每个学科都要求一种系统化的思想,而这种体系只有在理性思考时才有可能。而这种理性思考符合资本主义经济体系的根本要求。因为在这样的体系中,所有的东西都是经过理性计算的。这样的经济体系必然要求一个理性的司法体系。表现为通过将裁判与法规范的逻辑关联,使之理性化。然而,在法规范和司法裁判中存在根本的区别。法规范是已经完结的、过去的、稳定的以及静止的,而裁判则是一个动态的生活过程,它是生活化的、价值的、评价的,因而裁判的过程必然会包括非理性因素,生发于道德个体的内心深处。裁判并非毫无目的,它是为了构建人们行为的外在秩序,裁判的目的是实现正当性和有用性。关于正当性——这种"好的"价值,并不是通过理性计算而来,而是也需要一种"感觉",即法感觉。法感觉有两个来源,一方面源于个体作为价值承载者的感觉,即个体感觉;另一方面源于共同体作为价值承载者的感觉,即整体感觉。法感觉并非一成不变,它受到人们不同生活形态的影响。而且法感觉不是在所有情况下都可以作为法的来源,只有在涉及价值判断时,它才会发挥作用。而关于有用性,伊塞认为属于"实践理性"的作用范围,这种实践理性,主要涉及在冲突利益的衡量中如何做出判断的问题。无论如何,将逻辑单独作为规范的来源,他认为这是一种完全的高估。逻辑的

[①] 转引自吴从周《概念法学、利益法学与价值法学:探索一部民法方法论的演变史》,中国法制出版社 2011 年版,第 230 页注释 207。

确是一个必不可少的工具，但也仅此而已。伊塞强调，法律不是通过规范的整体性，而是通过裁判的整体性来展现自己的。通常的理解，即仅仅将裁判作为对法规范的一种"应用"，一种逻辑的推导，是不正确的。这相当于将构成要件作为原因，将法律后果作为结果，这样一个孤立的因果关系的观察。每一个规范都是抽象的构成要件与一个应然结果的关联，但是一个法规范，只有在这种关联是基于"法感觉"时，才成为法规范。也正是基于这一点，使法规范与宗教、道德或纯粹的命令等相区别。[①]

19世纪末20世纪初兴起的社会学法学也反对概念主义和形式主义，如社会法学的代表人物埃里希就认为，法律发展的重心既不在于立法，也不在于法律科学和司法判决，而在于社会本身。[②] 这就破除了概念法学对封闭的"概念"体系的过度迷信，将法学的任务由单纯的逻辑推导，转为呼吁对概念适用结果或判决结果的重视，如美国的社会法学就认为，不考虑人类社会生活的实际情况，就不可能理解法律。法官要想圆满地完成其任务，就必须对形成和影响法律的社会因素和经济因素有充分的认识。[③] 这就在理论上重新弥合了法学理论与司法实务之间的鸿沟。

更为明确地将对抗概念法学作为自身任务的是以海克为代表的利益法学派。海克提出："对抗技术性的概念法学，成为我们的学说起点与主要内容。"海克完善并发展了耶林的思想。耶林提出"起源的"利益论，指出法律是由利益、目的所创造的，海克认为这样的认识阶段，即从立法者的角度，制定法律条文旨在保护特定的目的是不够深入的，还存在进一步的"生产的"利益论，它涉及的是法律适用问题，是从法官的角度思考法律的适用和解释问题。由于规范的形成是利益衡量的结果，每一个法律诫命都在诉说着相互冲突利益的角力结果。法官的任务就是去实现这种既存法律秩序中被维护的利益。[④]

同样反对概念法学的有力主张是美国的实用主义法律思想。这一思想

---

① Vgl. Hermann Isay, Rechtsnorm und Entscheidung, Verlag Vahlen, Berlin, 1929, S6, S25—35, S53—57, S78, S98—112, S150—151.

② 参见[美]博登海默《法理学：法律哲学与法律方法》，邓正来译，中国政法大学出版社2004年版，第149—151页。

③ 同上书，第157—158页。

④ 参见吴从周《概念法学、利益法学与价值法学：探索一部民法方法论的演变史》，中国法制出版社2011年版，第225、239—241、258—259页。

源于《普通法》(1881年)的著名开篇句:"法律的生命从来不是逻辑,一直都是经验。"① 波斯纳将实用主义的思想总结为:实用主义者背离了哲学主流的对于概念、先验及逻辑严密性的强调,转而倡导一种激进的经验主义,是根据命题的可观察的后果,而不是根据其逻辑经历来评判命题。法律实用主义的核心是实用主义的司法,后者强调司法要关心后果,因此应当基于后果,而不是基于概念来做出政策判断。但是,应当在理智的实用主义和短视的实用主义之间加以区分。后者只强调个案公正,而看不到决定的长期后果,对于后者,才应当继续使用"结果导向"这个贬义的表达。② 20世纪20、30年代在美国发生的法律现实主义运动,正是在德国自由法运动和美国实用主义哲学指导下发起的,反对法律形式主义者对于法律概念的绝对追求、反对僵化的法律逻辑推理的一场法学思维方式的变革。我国有学者将这一革新归纳为四个特征,即规则怀疑主义、法律功能主义、规则细化主义和法学教育的革新。其中,规则怀疑主义主要针对普通法的法律发现方式,即认为只要遵循判例就可以找到一切所需的规则,认为法官的行为——实际判决才能体现真正的规则;而法律功能主义强调,法律只是社会调控工具的一种,法律是社会目的的手段,而非目的本身,因此应当从法律的目的和效果出发来评价和适用法律;规则细化主义主张规则不仅要体现社会政策,而且要依照社会政策的变化而不断进行调整;法学教育的革新则意味着法学院的教育不应当远离真实的法律生活,强调对法律以外知识如教育学、心理学、政治学等的重视。③ 法律现实主义的这四点批评和相应的主张,分别对应着概念法学思维方式中的封闭性、本体性、僵化性等特征。④

---

① 转引自[美]波斯纳《法官如何思考》,苏力译,北京大学出版社2009年版,第212页。
② 同上书,第211、217—218页。
③ 参见许庆坤《重读美国法律现实主义》,《比较法研究》2007年第4期。
④ 这与语言学的发展和转向也存在密切关联。根据我国学者张武汉的研究,传统法学理论认为法律语言应当是客观准确的、含义唯一,近代欧洲法典化运动前后,人们对法律语言的精确性深信不疑,最典型的是韦伯关于判决过程的"自动售货机"式的比喻。但随着20世纪初,哲学的语言学转向影响到法学,语言客观主义观点受到质疑,如哈特所说,法律的概念没有确定的一成不变的含义,而是依赖其所使用的环境、条件和方式,存在多种可能的含义。参见张武汉《语言与法律——从工具论向本体论的认知嬗变》,《河北法学》2010年第7期。

霍姆斯认为，法律形式主义者常常会把一些带有意识形态或者政治色彩的判决以逻辑的形式伪装成客观的、不偏不倚的绝对正确的结论。[①] 而法律现实主义的代表人物弗兰克在其开端之作《法与现代心智》中指出，所谓的"基本的法律神话"就是指人类对于法律的确定性所抱有的一种不切实际的幻想；而与基本神话相生相伴、紧密相关的还有一个附属神话，即法官从不制定法律。他提出："法律的确定性只有在有限的程度上才能获得。目前人们对法律的准确性和可预见性的要求是不可能被满足的，因为很大程度上的法律终极性的某种追求已超出了人们可以获得、可以渴求的必要限度……广泛流传的那种认为法律是，或者可以在很大程度上被制定成稳定的、确定的看法是非理性的，应归结为一种幻想或神话。"产生这种神话的根源在于儿童要求安宁、舒适的渴望，寻求一个稳定、可靠世界的"恋父"情结。而"附属神话"是这种恋父情结的必然结果。"如果一个人有强烈的需求相信类似精确的法律预测性的可能性，他会发现司法立法的不可容忍并且试图否认它的存在。"[②]

可以看到，法律实用主义与利益法学的相同之处在于，都反对概念法学式的思考方式，即只重视逻辑推理和概念思维，而不考虑后果（暂且不论是个案后果、长期后果还是别的后果）。而同为批判概念法学的利益法学与自由法学，其主要的分歧在于对法官权力的限制。在对概念法学的批判这一点上，二者基于不同观点，都表达了对概念法学的反对。

三　超越概念法学

如果说概念法学是对于概念创设和应用的"过程"的极度推崇的话，那么利益法学及之后的评价法学则更重视利益衡量或评价的"后果"。[③] 按照耶林的"起源的"利益论和海克的"生产的"利益论，在立法层面对于后果的考虑，就是立法者并非单纯概念式地塑造法条，而是在维护值

---

① 参见马聪《霍姆斯现实主义法学思想研究》，人民出版社2009年版，第74页。
② 转引自于晓艺《最忠诚的反叛者——弗兰克法律现实主义思想研究》，中央编译出版社2014年版，第42—45页。
③ 这里再次重申利益法学、评价法学的主张，两者绝不是反对法学概念的重要性本身，诚如吴从周教授所指出的，批判"概念法学"绝不等同于否定"法学概念"，只不过两者地位不同，利益衡量是目的，而概念的应用则是工具性的。

得法所保护的利益这一目的指引下进行立法活动。而司法解释和裁判过程中，则不能仅仅对法条进行形式逻辑的判断，必须重视法律本身做出的利益衡量和价值判断。司法层面对于利益的重视，可以进一步转换为一种对于"后果"的重视，即司法解释和裁判后果应当符合保护法益的需要。而概念法学与司法实务的某种程度的"断裂"正是因为前者对概念"自我生产"、封闭概念宫殿的推崇。

但是如德国学者沃尔夫（Wolff）所指出的，当在司法关系中提到"后果"时，既可以理解为是一种"法律后果"，也可理解为是一种"现实后果"。他论述道，法律后果是指，通过法规则与既有的或多或少确定的（法律适用）前提条件相联系的后果；而现实后果则是指，对于法规则的适用所产生的事实上的结果。① 沃尔夫对于后果在法律规则和概念的建构中发挥的作用的分析，首先建立在他对于卢曼的批评基础上。沃尔夫对卢曼观点的反驳主要有几个方面：其一，卢曼认为结果导向对于教义学这一"分类工具"发挥了破坏性的瓦解作用，但他并没有建构一个对于司法分类形成的有意义的不可或缺的导向性。其二，法安全性的诉求，即使在一个卢曼所言的输入导向的教义学中也是存在争议的，而且它也不是反对结果导向对于教义学规则和概念建构的建构性功能的论据。因为法安全性所要求的，是教义学的明确性，而不是要求不应当考虑案件裁判的种种可能的后果。其三，不存在卢曼所言的结果导向只能作为规则适用的例外。如果后果的权衡对于规则具有修正功能，那么它也就具有对规则的建构功能，没有理由认为这种建构功能只能在例外情况下发挥作用。但是，一个更核心的反驳，出现在沃尔夫《法后果和现实后果》这一著作的第二及第三部分，即对于法律规则和法律概念结构的分析之中。

按照一个主要服务于输入导向的法律规则，按照卢曼的观点，应当是"如果—则"怎样的条件和后果的结构，法官的任务就是去查明，是否满足了"如果"中指出的条件，以此判断是否触发相应的法律后果。这样的裁判方式，不存在法官恣意解释的空间，其自由裁量权被减少，甚至完全没有。对于这样的裁判，发挥作用的是法规范本身，而不是应用规范的法官。但是，按照沃尔夫的分析，法规范有时并不是以"如果—则"的

---

① Vgl. Gertrude Lübbe—Wolff, Rechtsfolgen und Realfolgen, Verlag Alber, Freiburg, 1981, S25.

形式展现出来的，即便如此，法规范的适用前提和后果也不是如卢曼所说的那样具有确定性，而是具有进行价值填充和价值判断的必要性。同样，法概念也是如此，作为沟通法规范的适用前提和后果的联结点，一个概念的法律含义是在其连接法律后果和适用前提的功能中体现出来的。只有通过对概念相关联的法律后果和适用前提进行了解，才能把握概念的准确含义。①

沃尔夫认为"客观处罚条件"为我们提供了一个对于法后果在刑法理论中被重视的重要证据。这个概念明确了这样的后果，即与一个加重的行为要素相联系。这个概念最主要的结果是，相关的要素并不需要被行为人所认识。他认为，这种概念的根据只是一种表象，它伪装的是，人们实际上为了达成合理的结论而表述的观点，即为了后果的合理性并不要求客观处罚条件被行为人所认识。这是一种以有用性（Nützlichkeit）的方式出现的概念。也就是，客观处罚条件的存在，并不仅仅意味着行为人对这个要素不需要具有故意和过失，这个概念更多地服务于重要的法律后果。②

三段论推理一直被概念法学视作核心逻辑，也是亚里士多德逻辑的最高成就和核心部分。罗素认为，如果把它作为形式逻辑的开端而不是结局，那么它就是值得赞美的，但这一体系因过分依靠纯粹的形式而抹杀了个体和普遍之间的关系，不可能对无限丰富的法律生活的问题进行全部解决。司法三段论不是一个纯粹的逻辑问题，虽然其中包含着逻辑的因素。③ 也有学者认为三段论在裁判中的真实作用是：三段论并不支配着法官的裁判生活，法官的目光是在事实与规范间"往返流盼"的；而三段论逻辑的作用主要体现在裁判说理之中，是其裁判正当性的逻辑性证明。④

事实上，法官在进行裁判时，并非只是将案件事实与法条进行的机械的三段论对应。法哲学家卡尔·拉伦茨对三段论演绎推理进行了深入剖析，认为其中的每一个环节都需要价值判断，"涵摄"只是其中有限的部

---

① Vgl. Gertrude Lübbe—Wolff, Rechtsfolgen und Realfolgen, Verlag Alber, Freiburg, 1981, S18-20, S33-39, S46-47.

② Ibid., S97-101.

③ 参见韩登池《批判与拯救：司法三段论的当代法治命运》，《河北法学》2010 年第 3 期。

④ 参见周舜隆《司法三段论在法律适用中的局限性——兼论法官裁判思维》，《比较法研究》2007 年第 6 期。

分，三段论推理并不是简单的形式逻辑推理。三段论推理分为大前提、小前提和结论。按照概念法学的初衷，三段论推演模式是：

（大前提）T 通过要素 m1，m2，m3 而被穷尽描述。
（小前提）S 具有 m1，m2，m3 等要素，
（结论）因此 S 是 T 的一个事例。

但拉伦茨指出，三段论中的大前提，并非可直接从法律文字本身得出，而是需要解释。同时，并非所有的法条都规定在法律中。而小前提的获得方式，即"涵摄"方式，是试图将外延较窄的概念划归到外延较宽的概念之下。从事这一活动的前提是，两个概念的内容被精确定义，同时外延明确。拉伦茨认为，小前提属于法律判断，是由法律用语组成和实现的；而作为判断对象的生活事实，则是以生活用语来描述的。由于法律用语与生活用语之间存在一定的鸿沟，法律用语无法精准地拆分为若干要素，从而精确地符合一定的生活事实。因此，小前提的获得离不开价值判断，特别是来自社会经验为基础的判断。① 对此，卡多佐认为，司法过程除了要遵循法条和先例外，也必须考虑道德习惯、社会影响、生活习俗、公众情感等多种因素，司法就是在各种利益冲突中找到妥协之道。"对各种社会利益及其相对重要性的分析是律师和法官在解决自己问题时所必须利用的线索之一。"②

四 对我国法学方法论发展的启示

一个可能的论点是，只有当概念法学发展到一定程度时，才可能进入对这种概念的滥用的反思阶段。换句话说，只有一国的法学发展到一定程度时才应当考虑这个问题，在此之前，更应当坚持的是发展概念法学。例如 50 年前，台湾学者王伯琦教授的观点是："我们现阶段的执法者，无论其为司法官或行政官，不患其不能自由，惟恐其不知科学；不患其拘泥

---

① 参见［德］卡尔·拉伦茨《法学方法论》，陈爱娥译，商务印书馆 2003 年版，第 152—156 页。

② 转引自顾培东《中国法治的自主型进路》，《法学研究》2010 年第 1 期。

逻辑,惟恐其没有概念。"① 但是,诚如吴从周教授所言,只要有概念的逻辑操作,就极有可能流于德国法学曾经发生过的概念的过度形式化的操作。概念法学式的思维可能没有全面发生,但个案中也应当予以避免。②

这也同样适用于我国。虽然目前我国的刑法教义学理论发展尚处于起步阶段,但并不是我们的法学概念、体系一定要等到发展到德国、日本等国家的高水平时,再来反思概念法学的弊端,而是只要存在概念的逻辑操作,就应当努力避免那种对概念的过度形式化理解。例如2003年发生的"李宁组织卖淫案"中,被告人李宁以营利为目的,招募多名男性"公关先生"介绍给男性顾客从事同性卖淫活动。当地人民检察院根据刑法对组织同性卖淫行为没有明确界定的理由,认为李宁的行为不符合组织卖淫罪。案件最终由全国人大常委会专业委员会作出口头答复,该案应当按照组织卖淫罪定罪量刑。对此,陈兴良教授认为:"卖淫的本质特征在于,其是以营利为目的,向不特定的人出卖肉体的行为。至于行为人的性别是男是女,以及其对象是异性还是同性,均不是判断、决定行为人的行为是否构成卖淫所要考察的因素。因为无论是女性卖淫还是男性卖淫,无论是异性卖淫还是同性卖淫,均违反了基本伦理道德规范……以组织卖淫罪追究组织同性卖淫的行为人的刑事责任,并不违背而完全符合刑法有关卖淫嫖娼犯罪规定的立法精神";"对刑法用语的解释,应当适应社会发展,结合现实语境……在解释刑法时,必须正视刑法本文的开放性,适应社会生活事实的发展变化科学界定法律用语的准确含义。"③ 本文认为,上述对李宁行为性质的解释路径,即是一个反对概念的过度运用的典例。因为组织卖淫罪的"卖淫"一词,我国刑法理论界的权威解释认为,卖淫通常表现为妇女向男子卖淫,有时也可以是男子向妇女卖淫。④ 而对李宁行为定性的解释,不是仅仅坚持当时的解释学所接受的组织卖淫的"概念",而是更多侧重结合法条背后所保护的法益以及法规范的目的进行解

① 转引自孙笑侠《法律人思维的二元论兼与苏力商榷》,《中外法学》2013年第6期。
② 参见吴从周《概念法学、利益法学与价值法学:探索一部民法方法论的演变史》,中国法制出版社2011年版,第18—19页。
③ 参见陈兴良《组织男性从事同性性交易行为之定性研究——对李宁案的分析》,《国家检察官学院学报》2005年第1期。
④ 转引自何庆仁《罪刑法定十年》,载陈兴良主编《刑事法评论》第21卷,北京大学出版社2007年版,第235页。

释,正是一种反对概念法学式思维方式的典型例证!

反对概念法学式的思考方式这一点,在法学方法论上已成定论,诚如沃尔夫所言,"反对者无法否定的是,法律规则和概念是不确定的,因此必须通过法官来进行创造性的、具体化的对概念含义的确定";"当一个概念在日常用语中被理解,而被置于法律规则的语境中时,它的功能含义就发生了转变,因为在法律语境中,与这个概念相关联的是法律后果的适用与否";"需要解释的法概念的含义必须在合适的法律后果的观点下进行解释,这早就是(从法官具有法律创造自由的观点来看)陈词滥调了。法学和实务判例中已经存在无数依此方式处理的例证。一个主要问题存在于,这样的尝试在什么地方是不再成功的?"[①] 也就是,问题并不在于是否需要反对概念法学式的思维方式,不在于在对概念或规则进行解释时是否要融入对后果或目的的考虑,这个答案已经是显而易见的,现在的问题只在于,这种后果被考虑的程度。或者说,对后果的考虑应当进行怎样的限制。[②]

因此,通过对法学方法论上的学说史的概括回顾,可以发现方法论上呼吁的是一种更好地面对现实的、与法律后果相接轨的法学研究方法,而那种僵化与封闭的概念法学,无法回应司法现实的需要,也无法在法律案件的具体处理中得出妥当的结论,最终会造成法学理论与司法实务的割裂和阻隔。

康德的著名论点"没有内容的思维是空洞的,没有概念的直观是盲目的",后半句意在说明概念的重要性。法学研究必须从法概念出发,概念是法学现象的抽象模式,脱离了概念,法学思考没有办法进行。因此上述对概念法学的主张的反对并不意味着抛弃法学概念。问题的关键在于,仅仅通过概念,是无法达到法学适用和法发现的目的的。法的发现和适用离不开价值判断因素,而这种价值判断虽然也是理性的,但并不等同于那

---

① Vgl. Gertrude Lübbe—Wolff, Rechtsfolgen und Realfolgen, Verlag Alber, Freiburg, 1981, S115, S124, S130-131.

② 这里再次强调,反对概念法学式的思维方式,并不是反对法学概念本身;反对规则形式主义,也不是否定规则本身的价值。诚如我国学者许庆坤教授所指出的,美国法律现实主义者对于法律规则的怀疑,只是针对不合理的规则和法律形式主义者对于规则确定性的过分强调,而从没有否认过规则的重要性。详见许庆坤《重读美国法律现实主义》,《比较法研究》2007年第4期。

种纯粹的数理逻辑。概念法学通过对明确性的绝对要求，最终与该目标最契合一致的，应当就是精确化、形式化的数理逻辑，假设每一个概念都如数字般精确，能够与事实进行精巧对应，那就完全符合概念法学的最终设想了。其初衷——追求法明确性——是可以理解的，但其路径最终无法达成。这从根本上来说，需要对"法"的理解这个本源性问题进行再一次的追问。

表面上看，数理逻辑模式似乎最符合概念法学的目标——将所有的法律问题都在法学的概念殿堂中加以解决。在数理逻辑中，精确的逻辑模型能够替代人们的逻辑推理过程，在其中明确性要求得到了最大限度的满足。法官只要运用这种逻辑方式，就能得出妥当裁判，法官的恣意和武断都可以避免。有研究指出："普赫塔偏重于以逻辑的方法适用法律，认为法律尤其是罗马法，系一有体系、有逻辑一贯性的法律，试图将罗马法分析成许多概念、法律规则或较为一般性的规定，通过分析、归纳及演绎等方法，导出一般原理原则、构成一个上下之间，层次分明、逻辑严密的法律秩序的体系。遇到任何法律问题，只须将有关的法律概念纳入这一体系中，归纳演绎一番，即可获得解答。此与数学家以数字及抽象的符号，按照公式为纯粹形式的操作，并无不同。"[①] 上文对于概念法学的批判中已经阐释，概念法学的这一美好设想无法成为现实。但其观点背后的理念值得追问，概念法学，事实上主张，法学是一个封闭的实证法体系。正因如此，法律裁判的唯一来源就是实证法。然而，裁判的来源除了实证法之外，还存在其他的法源，即法并不仅仅存在于实证法之中。对于这一问题，考夫曼的《类推与"事物本质"——兼论类型理论》作出了最充分的阐释。[②]

考夫曼首先从法学与自然科学的区分作为切入点，认为自然科学的认识方式原则上是以主体—客体这样的模式进行的，认识主体对于客体采取接受的态度，认识是"纯客观的"，主体本身并不进入认识过程之中。但这种理解对于法学认识完全不适合，因为法的理解者并不处于诠释状态之外，而是包含在其中作为法的形成因素。任何想理解法律文本的人一直向

[①] 王永春：《概念法学与自由法论》，[法宝引证码] CLI.A.076878。

[②] 参见［德］亚图·考夫曼《类推与"事物本质"——兼论类型理论》，吴从周译，台北学林文化事业有限公司1999年版。

文本提出一种意义期待，例如三段论法虽然具有重要的功能，但它无法胜任法律发现过程的这种诠释学特征。法律适用和法律发现不能理解为一种纯粹的演绎推理，它也不是纯粹的归纳，而是一种演绎和归纳相混合的过程。他称之为"法是当为与存在的对应"。

所有法律思维的核心难题都在于：相同性之难题，即正义作为法律理念，要求相同事物相同处理，不同事物不同处理，但究竟什么是相同，什么是不同？考夫曼认为，解决这个问题的，不是概念，而是类推思维。类推是"合乎关系的一致性"，这与近代理性主义的主张背道而驰。后者认为，只有单义的、明确的数学一般的概念，才能提供给逻辑进行涵摄操作。而考夫曼认为，相同性之难题实则是类推的问题，公正的事物并不是形式的相同点，而是一种关系的相同，这就是类推思维。所谓的三段论推理中，规范与具体事实其实无法通过逻辑涵摄而相互"对应"，因为规范与事实一个是应然、一个是实然，它们必须通过一个"目的论"的中介作用而彼此关联，这就是类推。因此所谓的"涵摄"无非就是一种"内在构成要件的类似推论"。

因此，法绝非与制定法相同，因为法所具有的具体的、内容上的丰富并无法被捕捉在制定法的概念中。因为也没有任何封闭的公理式的法律体系，而只有一种开放的集合论点。对于事物本质的认识掺杂了主体的创造性因素，但并非只是直觉那么简单，类推虽然并非如数学般精确无疑，但精确的法律认识，即法律的可计算性，根本不曾有过，而且将来也不会有，它永远只是一种乌托邦。从事物本质产生的类推，即类似推论，是一种先在判断。然而没有先在判断就没有逻辑判断。本质性的思维是存在于所有逻辑思维之先的。

法的精确性的确是一个不可放弃的目标和努力的方向，但是正如考夫曼所言："如果我们大多只看到一种择一关系：非法律实证主义即自然法观点，非依实证法即依超实证法做出裁判，非法律国即法官国，那将是一种灾难。"法官主体的因素不仅无法避免，而且不容忽视。正是在法官的价值判断的作用下，完成了司法裁判的全过程，而三段论的逻辑涵摄，在形式上掩盖了价值判断所起到的实质作用。超越概念法学式思维的桎梏，是我们法学方法论的应然发展方向。

法治建设的微观视角与思考

支振锋[*]

摘要：超越书本上精致的法治理论，进入转型国家和地区法治转型真实的宏阔实践，可以发现，法治建设不仅仅意味着观念的倡导、理论的构建、立法的工程，更意味着每个公民尤其是公职人员日常洒扫应对等细琐生活中常规的践履。经过近四十年的上层设计和宏观推进，在法治共识已经初步形成、法治框架已经初步建立后，让宏大的法治话语和法治工程构建与微观法治运行层面的精耕细作相结合，重视全民守法的公民自省与工匠精神的精细治理，应该成为我们新的法治建设策略和选择。

关键词：法治转型；法治建设；微观法治；发展中国家

无论最初是为了"以法治国"还是"以法强国"，[①] 在近代列强铁蹄的践踏与富强的诱惑下，中国法治转型与法治建设已经走过了一个多世纪。经过第二次世界大战后西方的价值与制度输出以及第三世界国家建设的客观需要，"法律发展"[②] 愈益成为中国学界所关注的问题。20世纪末期，在"华盛顿共识"的激励和经济/资本全球化裹挟下，"法治复兴"运动如火如荼，[③] 法治援助项目更成为众多国际机构动辄十数亿美元的大

---

[*] 支振锋，中国社会科学院法学研究所研究员，《环球法律评论》杂志副主编。

[①] 支振锋：《变法、法治与国家能力——对近代中国法制变革的再思考》，《环球法律评论》2010年第4期。

[②] 郑永流：《法律与发展——九十年代中国法哲学的新视点》，《中外法学》1992年第4期。

[③] Asia Pacific Judicial Reform, *Searching for Success in Judicial Reform: Voices from the Asia Pacific Experiences*, Oxford University Press, 2009, pp. 4-5.

生意。① 与此相应，中国的法治建设也进入快车道，并成为沛然莫之能御的"潮流所趋"，② 企业家发财致富的必备"良药"，③ 以及经济发展的重要秘辛。④ 但实际上，法治与经济发展之间的关系可能远比人们所预想的要更复杂，⑤ 经验研究甚至表明，以经济发展为基础的国家能力恰恰是法治建设的必要条件。⑥ 因此，跳出窠臼，登高远望，探索当今世界法治转型的兴衰成败，并提炼出其背后的深层动因，不仅有助于我们以更宽广的视野，对于当前正在全面推进的依法治国，也可能会带来别样的启示。

一 法治建设的成败之道

当今时代，很少有人会质疑法治的必要性。法治不仅被视为经济发展的必要条件，更被认为是众多社会问题解决和矛盾化解的不二良方。但是，从"论其当如是"到"使之必如是"⑦ 之间的巨大断裂，却被许多人有意无意地忽略了，好像有了"法治"的目标与理想，它的实现就如探囊取物一般容易，所有问题也都能如庖丁解牛般迎刃而解。但是，一旦我们将目光从理论的纸页上移到现实世界中，就会发现一个与理论颇为不同的法治的实践世界。而一系列重要的国际指标，可以将这种法治转型的实践成果直观地体现出来。

世界银行最新发布的2013年版全球治理指标（Worldwide Governance Indicators），在其中的"法治"指数板块上，发展中国家的表现意味深长。在全球215个经济体中，经济表现在新兴市场中最为抢眼的金砖五国，南非的法治指数得分最高也仅为0.13，最低的俄罗斯为-0.82，中国为-0.49，印度为-0.10，巴西为-0.11。在GDP全球前10名的国家中，

---

① Asia Pacific Judicial Reform, *Searching for Success in Judicial Reform: Voices from the Asia Pacific Experiences*, Oxford University Press, 2009, preface by Antonio. T. Carpio and K. M. Hayne.
② 贾康：《国家治理的法治化转型潮流所趋》，《上海证券报》2015年3月5日。
③ 张维迎：《企业家需要法治环境》，《华夏酒报》2013年6月11日。
④ 张千帆：《宪政、法治与经济发展——一个初步的理论框架》，《同济大学学报》（社会科学版）2005年第2期。
⑤ 同上。
⑥ 同上。
⑦ 同上。

得分最高的还是那些发达国家的老面孔,除意大利得分最低为 0.36 外,分数最高的英国为 1.69,最低的日本也有 1.32。而在人口最多的前 20 个国家,得分最高的依然是老牌西方国家和日本,转型国家中除南非的 0.13 和土耳其的 0.08 外,得分统统为负。从近三年的数据来看,主要发展中国家的法治指数也都呈下降趋势,[1] 尽管它们中大多已经建立起形式上的西式法治。而世界正义工程最新发布的 2014 年世界法治指数报告,考察了 99 个国家和地区,金砖国家中表现最好的巴西和南非,得分/排名分别是 0.55/40 和 0.54/42,其他中国、印度、俄罗斯的情况为 0.45/76、0.48/66、0.45/80,近年来实行了一些颇受西方欢迎的改革的越南,也不过是 0.48/65。这与美国、日本、英国、德国、法国等发达国家 0.71/19、0.78/12、0.78/13、0.80/9、0.74/18 的得分及排名,差距明显。[2]

但值得深思的是,在另外一个同样权威但侧重于经济发展的全球竞争力论坛所发布的最新版 144 个世界主要国家法制指数报告中,中国的表现却与其他发展中国家形成了显著区别,而更靠近于发达国家,具体得分/排名情况为 4.22/47。发展中国家中,印度为 3.84/70,俄罗斯为 3.45/97,巴西为 3.84/70,只有南非情况异常,为 4.5/36。发达国家中,美国为 4.69/30,日本为 5.47/11,英国为 5.44/12,德国为 5.23/17,法国为 4.68/32。有意思的是,被视为非西式民主体制的新加坡和中国香港,就世界银行的全球治理指标而言,新加坡 2011—2013 年连续得分都超过 1.7,香港则都在 1.5 以上,并且这些数据与世界正义工程和全球竞争力论坛的报告也都有一定程度上的一致性,能相互印证。

整体来看,数据直观但并不乐观。以世界银行所谓的 215 个经济体为基础,大约有 20 个传统西方国家法治表现最好,约占全球的 9.3%;东亚、中东欧和非洲有 15 个左右国家和地区法治转型情况不错,约占全球的 6.9%,如果计算转型成功率的话,大约为 7.7%。而其他约 83.8% 的绝大多数转型国家在历经半个世纪的法治建设之后,与西方的差距整体上

---

[1] http://info.worldbank.org/governance/wgi/index.aspx#home,最后浏览日期为 2015 年 8 月 13 日。

[2] 同上。

并没有缩小，未成功率达92.3%。① 通观全球，只有那些具备经济发达、政治稳定、社会有序、政府有力等各项条件的国家，才有不错的法治，或者能够法治转型成功。而这几个方面，都属于国家能力的范畴；另外，中国香港和新加坡情况也表明，西式民主与法治成功之间并不具有必然关系。故而可以说，国家能力是法治成功者共性的必要条件，算得上是法治转型的成功之道。

二 宏观法治与微观法治

但问题并不如此简单。国家能力固然是法治转型成功的必要条件，但进一步的经验考察表明，它显然并不是充分条件。在经济发展、政治稳定、社会有序、政府有力等方面体现出强大国家能力的国家并不少，曾经的埃及、利比亚、伊拉克、苏联以及一系列中东欧、拉美国家都一度拥有强大的国家能力，但它们并没有能顺利转化成现代法治国家，而其中有些国家已经政权崩溃，成为明日黄花；有些国家虽然还勉强存在，但也成了为生存而挣扎的失败国家。因此，只能说国家能力是法治转型成功的必要非充分条件，它是法治转型的基础性、背景性和外部性条件；成功的法治转型，还需要一些更加内在的条件。

全球治理指标与世界正义工程的法治指数，以及全球竞争力论坛的法制指数所考量的指标，具有一定的参考意义。全球治理指标整体上重视控制政府权力，其法治指数侧重于司法体系的独立程度和运行情况，世界正义工程法治指数所侧重的也是政府权力控制、司法体系的独立运行及公民权利保护，而全球竞争力论坛法制指数则重视财产权利保护、政府对社会安全的维护以及企业对伦理和社会责任的承担。从这些指标可以看出，三大指数的考察重点实际都放在法治的运行层面。这是由于三大指标均来自

---

① 全世界215个经济体，扣除传统法治发达者约20个，还有195个，其中法治转型大致成功者约15个。则转型成功率约为15/195 = 7.7%；失败率约为（195-15）/195 = 92.3%。这里的"法治转型成功者"是根据非常宽泛的标准来界定的（当然，主要是西方标准），比如格鲁吉亚，2013年全球治理指标法治指数只有-0.02，肯定称不上成功；但在2014年世界正义工程法治指数却得分为0.65，排在第29位。因此，如果更严格界定的话，成功者可能会更少。另外，不在转型成功者之列，也并不意味着失败，严格而言，应该是：按照西方的标准，它们尚未转型"成功"。其中至少包括可能成功、可能失败或者已经失败三种情形，不能以"失败"来一概而论。

西方，指标的设计者天然处于西方的法治环境下，是带着对西方法治的"无言之知"来考虑问题的。而西方法治经过数百年的发展，法律体系相对完善，制度供给不足问题已经得到较好解决，从而进入到一个更加重视运行实践的精细化阶段。但对于大多数发展中国家来讲，经济和社会转型并未完成，社会关系与经济关系并不稳定，法律体系不可能完善，就需要在重视法治运行的同时，重视制度完善和供给。

概言之，对于成功的法治转型或法制建设而言，就至少需要考虑三个环节的因素：作为环境性必要条件的国家能力、法律体系完善或制度供给，以及法治运行实践。前两个环节属于法治建设的宏观方面，而运行环节则既有宏观的一面，也有微观的一面。整体上的国家权力行使，包括行政、立法和司法，属于宏观方面；而具体个案中的执法、立法与司法，以及贯穿于公权力行使及公民日常生活的每个公民的守法，则属于法治建设的微观方面。处于不同发展阶段的不同国家，就面临不同的法治建设任务和不同的法治建设重点。

因此，法治建设不仅自身是一个有机的系统，而且它本身也属于国家建设、社会建设的更大系统。对于法治建设，必须有综合的、全面的、动态的、具体的和有机的视角，而不能是割裂的、静态的、局部的、抽象的和去条件化的视角；既要重视作为背景、环境和必要条件的国家能力建设及法律体系、制度的完善与供给等宏观法治建设，也要重视法治运行及公民个人守法层面的微观法治建设。只有坚持这种动态的有机视角，重视法治建设的具体环境与条件，一个国家才能既做出正确的法治建设的战略判断，也能找到法治建设的具体方案和途径。

三　改善法治建设的微观环境

经过 30 多年的改革开放，我国在政治、经济、社会、法治等各个领域都取得了长足的发展和进步，并且保持了政治稳定、社会有序、经济发展和政府有力。两个具有标志意义的事件是：在经济领域，我们取得了无可置疑的经济奇迹，从 2010 年经济总量略超日本居世界第二位，到 2014 年底，已经超过日本的两倍。在法治建设领域，同样在 2010 年，中国特色社会主义法律体系已经形成，国家经济建设、政治建设、文化建设、社会建设以及生态文明建设的各个方面实现有法可依。这意味着，我国的法治建设不仅有了强大的国家能力支撑，拥有更好的环境条件，而且已经基本完成制度供给层面的法律体系建设。2014年10月，中共十八届四中全会通过了《中共中央关于全面推进依法治国若干重大问题的决定》，标志着我国法治建设已经站在更高的起点上，进入到了全面推进和精耕细作的历史新阶段。

在全面推进依法治国的新阶段，中国的法治建设就有着既不同于一般发展中国家，也不同于发达国家的自身特点。一方面，与发达国家经济发达、社会关系稳定及法治较为完善的情况相比，我国仍然处于经济社会发展任务极为艰巨的阶段，法律体系虽已形成但并不完善，因此应进一步加强国家能力建设，完善法律体系，建设严密的社会主义法治体系；另一方面，与绝大多数发展中国家经济仍然非常落后、政治稳定与社会秩序得不到很好维护、必须将国家能力建设放到重要位置相比，我国经济发展较好，政治稳定与社会安全较佳，因此应全面深化改革，推进国家治理体系和治理能力现代化，而其中的重点之一就是国家治理法治化，尤其是重视法治运行的实践环节。因此，在全面推进依法治国新的历史阶段，我国法治建设就应该在兼顾国家能力和法律体系完善的宏观法治建设的同时，更加侧重法治运行及公民守法层面的微观法治建设。

法治建设进入到法治运行的实践环节，仍然需要宏观或者中观层面的制度完善，健全包括立法、行政、司法权在内所有公权力的运行机制，关键是约束公权力，健全实现透明政治、透明政府、透明行政的制度，将权力关在制度的笼子里。十八届四中全会以来所进行的立法、执法和司法等各方面改革与机制完善，就体现了这一点。但在当前阶段，同样重要、甚至更重要的是真正切实改善法治的微观环境，重视微观法治的建设。重点是两个方面。

一是政府、人民团体、国企和事业单位以至于私营单位内部的微观法治建设。以往在法治建设及对法治的理论研究中，都比较重视政府内部的权力配置，以及政府与人民之间的关系问题，这些都属于宏观方面。而机关、部门和单位内部，往往被认为属于内部事务而不予关注。这是受特别权力关系理论或资本决定论影响的法治观。特别权力关系理论虽然已芳华不再，但其流风所及，仍然导致法学研究和法治建设很难深入到社会的细胞与肌理之中；资本决定论则意味着资本说了算，在私营单位内部，老板就是规则，简单来说，就是公民可以向总统要法治，却很难向老板要法治。

而微观法治就是要突破这种法学研究的陈规旧俗。一方面，用劳动法、社会保障法、公司内部治理结构、信息披露及社会责任等制度，在保障私人意思自治和契约自由的前提下，将法治的阳光普照到私营单位内部。另一方面，在具有公权力性质的政府、人民团体、国营企业及事业单位内部增强职工的民主治理、政治参与，促进科学决策、群众监督；单位内部的民主治理，不仅仅涉及成员参与权利的保障及单位自身的科学、可持续发展，更重要的是，通过参与能够形成透明环境与监督机制，形成良好的微观法治环境。研究表明，落马贪官往往就是从在单位内部失去制约开始的，尤其是一把手，单位成为其唯我独尊的独立王国，他们不仅凌驾于班子成员之上，甚至凌驾于法规制度之上，成为目无党纪国法、脱离人民群众、一言九鼎、无人敢管的官老爷，直到利欲熏心、贪污腐化、身败名裂。也正是在这个意义上，中央才不断强调法治建设要抓住领导干部这个"关键少数"。

二是十八大以来所强调的全民守法。正如十八届四中全会决定所指出的，法律的权威源自人民的内心拥护和真诚信仰。人民权益要靠法律保障，法律权威要靠人民维护。必须弘扬社会主义法治精神，建设社会主义法治文化，增强全社会厉行法治的积极性和主动性，形成守法光荣、违法可耻的社会氛围，使全体人民都成为社会主义法治的忠实崇尚者、自觉遵守者、坚定捍卫者。这个重要论断，是我们对法治建设认识的升华和深化，标志着我国法治建设从强调从重点领域切入的重视立法供给，到全面重视科学立法、严格执法、公正司法和全民守法的系统建设的转换；从强调宏观的制度建设，到重视微观的健全权力运行机制与强调全民守法的转换；从强调国家政治层面宏观的法治战略部署，到关注每一个公民法治意识与手法精神养成的转换。而在这个过程中，我们就能切实改善法治建设的微观环境，真正实现法治国家、法治政府、法治社会一体建设。

三也是最重要的，就是管住关键少数。也即从严治党的问题。中国共产党作为执政党，是中国各项事业的领导核心，也是中华民族伟大复兴的关键。党的领导的一个重要方式是通过党员在各个国家机关重要领导岗位上，党的各级领导干部也是国家干部的主体，是把权力关进笼子的主体，是要真正管住的"关键少数"。只要管住了党员干部这个关键少数，使权力能够规范运行，就解决了依法治国最重要的问题。

唐代诉讼法律文明精神之三重面向[*]

陈 玺[**]

摘要：作为中国传统法律文明的重要组成部分，诉讼法律文明对于中华法系基本精神的生成、塑造与发展，具有举足轻重的作用，传统诉讼文明本身也是中华优秀传统文化的重要内容之一。唐代是古代社会的鼎盛时期，更是中古时期社会体制革新、完善的重要历史阶段。《唐律疏议》作为流传至今的古代法典，是研究唐代法律文化的基本依据，其中关涉法律规则创制理念者，大要有三：一曰"德本刑用"；二曰"一准乎礼"；三曰"得古今之平"。薪火相传且绵延不绝的中华传统文化，是中国特色社会主义事业发展的根基与源泉，整理与转化以传统诉讼法律文明为代表的中国传统法律文化资源，则是滋养、培育和提升当代法治精神与法治理念的重要路径，对于当今司法改革的深入推进更具有无可替代的理论价值。

关键词：法治；诉讼惯例；精神内涵

习近平总书记在《哲学社会科学工作座谈会上的讲话》指出："中华民族有着深厚文化传统，形成了富有特色的思想体系，体现了中国人几千年来积累的知识智慧和理性思辨。要加强对中华优秀传统文化的挖掘和阐发，使中华民族最基本的文化基因与当代文化相适应、与现代社会相协调，把跨越时空、超越国界、富有永恒魅力、具有当代价值的文化精神弘扬起来。"2017年1月25日，中共中央办公厅、国务院办公厅印发《关于实施中华优秀传统文化传承发展工程的意见》，《意见》指出："文化是

---

[*] 本文节略刊发于《人民法院报》2017年2月24日第五版"法律文化"栏目。
[**] 陈玺：中国社会科学院法学研究所博士后，西北政法大学教授。

民族的血脉，是人民的精神家园。文化自信是更基本、更深层、更持久的力量。中华文化独一无二的理念、智慧、气度、神韵，增添了中国人民和中华民族内心深处的自信和自豪。"中国传统法律智慧作为中华法系的重要内容，对当代中国社会进步与法治建设具有无可替代的参考价值。作为中国传统法律文明的重要组成部分，诉讼法律文明对于中华法系基本精神的生成、塑造与发展具有举足轻重的作用，传统诉讼文明本身也是中华优秀传统文化的重要内容之一。

吕诚之曰："汉唐并称中国盛世，贞观、永徽之治，论者比以汉之文景。"① 唐代是古代社会的鼎盛时期，更是中古时期社会体制革新、完善的重要历史阶段。唐代贞观、永徽、开元、元和、大中等时期，政治清明，经济发达，文化强盛，"盖姬周而下，文物仪章，莫备于唐"，② 赫赫文治武功，煌煌盛世景象。这一阶段，海陆"丝绸之路"成为法律文明传播的重要路径，教育、贸易、宗教、婚姻等社会活动，催生的大量涉外法律关系，由此创制并适用世界上最为古老的涉外冲突规范：

　　诸化外人，同类相犯者，各依本俗法；异类相犯者，以法律论。③

"九天阊阖开宫殿，万国衣冠拜冕旒。"④ 中国社会文明超越国境，对日本、琉球、朝鲜、越南等地以及西域诸国产生深刻影响，儒学、佛教、汉字、律令等，成为沟通东亚世界，乃至中西文明之重要文化载体。⑤ 仁

---

① 吕思勉：《隋唐五代史》，上海古籍出版社 2005 年版，第 74 页。
② （宋）柳赟：《唐律疏议序》，（唐）长孙无忌等撰：《唐律疏议·附录》，刘俊文点校，中华书局 1983 年版，第 663 页。
③ （唐）长孙无忌等撰：《唐律疏议》卷六《名例》"化外人相犯"，刘俊文点校，中华书局 1983 年版，第 133 页。
④ （唐）王维：《王右丞集笺注》卷十《近体诗·和贾至舍人早朝大明宫之作》，（清）赵殿成笺注，上海古籍出版社 1984 年版，第 177 页。
⑤ 按：韩昇指出：以唐朝为中心的东亚世界，"是以共通的文化为基础，由东亚主要国家构成的国际社会。在这个国际体系内部，使用通用的汉字，国家间交往的正式文书采用汉文，广泛实行以唐朝制度为基础的国家政治释读和法律体系，儒家的国家和家庭伦理道德，通过选士教育体制渗透到社会基层，和法令相辅相成的各种礼法，规范着人们的思维和行为模式"。韩昇：《东亚世界形成史论》，复旦大学出版社 2009 年版，第 280 页。

井田陞曾云:"儒教律令不独影响遍大陆,且东渡海而及于日本。在文化上看来,东海不啻唐的庭中池,正如地中海之于罗马。凡受中国,尤其唐律令的影响甚大者:东有日本、朝鲜,南有安南,北有渤海、辽、金诸国。"[1] 大唐律法在东亚世界的影响强烈且持续,为世人称道的"中华法系"至此诞生。

唐代诉讼法律文明与唐代社会存在不可割裂的现实联系,更与数千年积淀之法文化传统存在传承关系。因此,关于唐代诉讼惯例的讨论,必须从法律文化角度,洞察支配唐代法律体系精神所在,从而达到深入理解唐代诉讼文化的目的。秦汉至隋唐时期,法律样态大致可概括为律令体系。诉讼法律文化最为直接的反映,是保存至今的律、令、格、式。其中,《唐律疏议》作为流传至今的古代法典,是研究唐代法律文化的基本依据,其中关涉法律规则创制理念者,大要有三:一曰"德本刑用";二曰"一准乎礼";三曰"得古今之平"。

一 德本刑用

"德本刑用"的基本内核可归结为"德"。长孙无忌《进律疏表》曰:"德礼为政教之本,刑罚为政教之用,犹昏晓阳秋相须而成者也。"[2] 其中蕴含"德"之理念,诚可谓洞察中国律学数千年相传之要旨。自上古三代,"德"始终被视为匡正纲纪、表彰教化、敦睦仁和之理论基础,《尚书·尧典》描摹了圣王家国治理机制之宏观构想,由修德而睦族,由睦族而理政,其治国诸要素皆统一于"德":

> 克明俊德,以亲九族。九族既睦,平章百姓。百姓昭明,协和万邦。[3]

---

[1] [日]仁井田陞:《唐律令与亚东法律》,钱稻孙译,《舆论周刊》1937年第1卷第1号,第22页。

[2] (唐)长孙无忌:《进律疏表》,刘俊文点校:《唐律疏议》,中华书局1983年版,第3页。

[3] (汉)孔安国传,(唐)孔颖达疏:《尚书正义》卷二《尧典第一》,十三经注疏整理委员会整理,北京大学出版社2000年版,第31页。

嗣后，"德"作为判断是非曲直的标准地位被不断强调。《皋陶谟》："允迪厥德，谟明弼谐。"①《仲虺之诰》："佑贤辅德，显忠遂良。"②《盘庚》："用罪伐厥死，用德彰厥善。"③ "德"被提升为一切善行嘉政之总括。由于"德"具备调整人际关系、规范行为举止、明辨是非曲直等重要作用，因此，"德"被视为传统诉讼之基本理论基础。④ "以德配天，明德慎罚"是殷周相继的法律观念，《太甲》中早已抉示天道无常、怀仁敬德之意：

> 惟天无亲，克敬惟亲。民罔常怀，怀于有仁。神无常享，享于克诚。天位艰哉！德惟治，否德乱……先王惟时懋敬厥德，克配上帝。⑤

殷商"以礼配天"，《君奭》："殷礼陟配天，多历年所。"⑥ 此当为后世"以德配天"之重要历史渊源。伴随"汤武革命"，受命于天的神权法律观念濒于崩溃，西周初年，"以德配天"思想除秉承固有"敬天"、"敬祖"因素以外，尤其强调"民本"意涵。"皇天无亲，惟德是辅"、⑦"不敬厥德，乃早坠厥命"等，⑧ 无不在反复强调"德"与天命变革的因果关

---

① （汉）孔安国传，（唐）孔颖达疏：《尚书正义》卷四《皋陶谟第四》，十三经注疏整理委员会整理，北京大学出版社2000年版，第122页。
② （汉）孔安国传，（唐）孔颖达疏：《尚书正义》卷八《仲虺之诰第二》，十三经注疏整理委员会整理，北京大学出版社2000年版，第235—236页。
③ （汉）孔安国传，（唐）孔颖达疏：《尚书正义》卷九《盘庚上第九》，十三经注疏整理委员会整理，北京大学出版社2000年版，第278页。
④ 参阅李交发《中国诉讼法史》，中国检察出版社2002年版，第243—247页。
⑤ （汉）孔安国传，（唐）孔颖达疏：《尚书正义》卷八《太甲下第七》，十三经注疏整理委员会整理，北京大学出版社2000年版，第254页。
⑥ （汉）孔安国传，（唐）孔颖达疏：《尚书正义》卷十六《君奭第十八》，十三经注疏整理委员会整理，北京大学出版社2000年版，第522页。
⑦ （周）左丘明传，（晋）杜预注，（唐）孔颖达疏：《春秋左传正义》卷十二"僖公五年引《周书》"，十三经注疏整理委员会整理，北京大学出版社2000年版，第393—394页。
⑧ （汉）孔安国传，（唐）孔颖达疏：《尚书正义》卷十五《召诰第十四》，十三经注疏整理委员会整理，北京大学出版社2000年版，第471页。

系,而《泰誓》"民之所欲,天必从之"①的论断,更是将"民欲"与"天命"直接对应,从而使"民本"成为彰显德教的基本路径。"明德慎罚,汤、文所务也",②"明德慎罚"是"德治"思想在法律层面之具体反映,且为殷周列圣所承。《尚书·多方》:

乃惟成汤,克以尔多方,简代夏作民主。慎厥丽乃劝,厥民刑用劝。以至于帝乙,罔不明德慎罚,亦克用劝。③

《左传》又曰:"'明德慎罚。'文王所以造周也。"④ 西周又进而提出寓德于刑,"士制百姓于刑之中,以教祗德"⑤。并逐渐衍生出"眚"与"非眚"、"惟终"与"非终"、"罚弗及嗣"基本法律原则。

寻流溯源,"德治"思想大致经历了以下历史阶段:第一,西周时期。通过周公"制礼作乐",传统"德"观念在西周发扬光大,并以"礼"的形式贯彻至社会生活的方方面面,产生"礼刑合治"的观念。所谓"礼之所去,刑之所取,失礼则入刑,相为表里者也。"⑥ 此为唐代"德本刑用"思想之直接历史渊源。第二,春秋时期。孔孟等总结传统德教思想,系统提出"为国以礼"、"为政以德"、"为政在人"的系统治国理念。"隆礼至法则国有常",⑦ 荀卿所倡之"隆礼"与"重法",成为指导数千年立法之圭臬。第三,西汉时期。传统"礼法合治"、"宽猛相济"等观念在汉代得

---

① (周)左丘明传,(晋)杜预注,(唐)孔颖达疏:《春秋左传正义》卷四十"襄公三十一年引《泰誓》",十三经注疏整理委员会整理,北京大学出版社2000年版,第1293页。

② (汉)刘珍等撰:《东观汉记校注》卷二《肃宗孝章皇帝》,吴树平校注,中州古籍出版社1983年版,第79页。

③ (汉)孔安国传,(唐)孔颖达疏:《尚书正义》卷十七《多方第二十》,十三经注疏整理委员会整理,北京大学出版社2000年版,第541页。

④ (周)左丘明传,(晋)杜预注,(唐)孔颖达疏:《春秋左传正义》卷二十五"成公二年引《周书》",十三经注疏整理委员会整理,北京大学出版社2000年版,第809页。

⑤ (汉)孔安国传,(唐)孔颖达疏:《尚书正义》卷十九《吕刑二十九》,十三经注疏整理委员会整理,北京大学出版社2000年版,第636页。

⑥ (宋)范晔撰:《后汉书》卷四十六《陈宠传》,(唐)李贤注,中华书局1965年版,第1554页。

⑦ (汉)王先谦撰:《荀子集解》卷八《君道篇第十二》,沈啸寰、王星贤点校,中华书局1988年版(新编诸子集成),第238页。

以继续完善，"圣人之道，宽而栗、严而温、柔而直、猛而仁"①。汉儒董仲舒以"天人感应"和"阴阳五行"等附会"德主刑辅"学说，"教，政之本也。狱，政之末也。其事异域，其用一也"②。封建正统法律思想至此宣告诞生，并以"上请矜恤"、"春秋决狱"、"亲属相隐"、"秋冬行刑"的方式加以践行，并最终形成支配中国后世立法的直接渊源。

《唐律》在律条、疏议中强力渗透"德"的因素，如以"干纪犯顺，违道悖德"为"大逆"标准；以"方正清循，名行相副"③为贡举标准；以"导德齐礼、移风易俗"④为善政准则等。"德"已经超越伦理层面，成为司法实践必须考量的重要因素。具体到诉讼规则领域，诸多诉讼惯例的开创与运行，都与"德"这一指导思想密切相关。如默许妇女直诉、自刑惯例，安置罪人女眷为没官减等之惯例，是仁孝观念在诉讼中的体现；针对死刑、从坐、赦宥、八议进行的量刑集议程序，则是对传统"恤刑慎罚"理念的回应；昭雪程序中，对蒙冤者及家属给予复赠官爵、议定谥号、恩荫后嗣等安抚举措，则是通过司法彰化德教的例证。

二　一准乎礼

若言"德"是《唐律》之基本宗旨，"礼"则为《唐律》之精神内涵。《唐律》设定诸多调整礼的规范，最终目的在于维护纲常名教。因此，"一准乎礼"成为《唐律》的基本特征之一。⑤ 万斯同《明史·刑法

---

① 刘文典撰：《淮南鸿烈集解》第十三《氾论训》，冯逸、乔华点校，中华书局1989年版（新编诸子集成），第432页。

② 苏舆撰：《春秋繁露义证》卷三《精华第五》，钟哲点校，中华书局1992年版（新编诸子集成），第94页。

③ （唐）长孙无忌等撰：《唐律疏议》卷九《职制》"贡举非其人"，刘俊文点校，中华书局1983年版，第183页。

④ （唐）长孙无忌等撰：《唐律疏议》卷十一《职制》"长吏辄立碑"，刘俊文点校，中华书局1983年版，第217页。

⑤ 按：叶峰认为唐律编纂以礼为原则，定罪以礼为依据，量刑以礼为标准。参阅叶峰《论〈唐律〉"一准乎礼"、"得古今之平"》，《现代法学》1986年第2期。姜素红将《唐律》"一准乎礼"主要内容概为四个方面：（1）唐律的主旨在于全面贯彻礼的核心内容——封建三纲；（2）定罪量刑以礼为依据；（3）注释以礼为根据；（4）修律以礼为蓝本。参阅姜素红《试论"一准乎礼"》，《湖南农业大学学报》2000年第1期。

志》曰：

> 自汉承秦弊，历代刑典更革不一。迄于隋开皇间，始博议群臣，立有定制。其最善者，更五刑之条，设三奏之令，而唐世因之。高祖命裴寂等撰律令，本前代法，故为书而一准乎礼，以为出入。礼之所弃，律之所收也，故唐律为万世法程。①

"礼"起源于原始社会以饮食祀奉鬼神之仪节。《说文》：礼者，"履也，所以事神致福也"②。上古三代礼制，嬗变损益而成，所谓"殷因于夏礼，所损益可知也。周因于殷礼，所损益可知也"③。西周时期，礼乐大备，礼成为调整国家政治、经济、文化乃至个人思想言行的基本准则。"礼"有本有文，"本"一般认为是"礼"之精神，其基本内涵是"亲亲"与"尊尊"；"文"多指代"礼"之仪节，如"五礼"、"六礼"、"九礼"等。据《礼记·礼器》：

> 先王之立礼也，有本有文。忠信，礼之本也。义理，礼之文也。无本不立，无文不行。礼也者，合于天时，设于地财，顺于鬼神，合于人心，理万物者也。④

由于"礼"具有"经国家，定社稷，序民人，利后嗣"⑤的强大功能，遂被视作古代社会国家治理的根本路径选择，所谓"治人之道，莫

---

① （清）万斯同：《明史》卷一百二十六《刑法上》，顾廷龙等：《续修四库全书》（第326册），上海古籍出版社2002年版，第143页。按：官修《明史》略曰："自汉以来，刑法沿革不一。隋更五刑之条，设三奏之令。唐撰律令，一准乎礼以为出入。"（清）张廷玉：《明史》卷九十三《刑法一》，中华书局1974年版，第2279页。

② （汉）许慎撰，（清）段玉裁注：《说文解字注》卷一上，上海古籍出版社1981年版，第2页。

③ 程树德撰：《论语集释》卷四《为政下》，程俊英、蒋见元点校，中华书局1990年版（新编诸子集成），第127页。

④ （汉）郑玄注，（唐）孔颖达疏：《礼记正义》卷二十三《礼器第十》，十三经注疏整理委员会整理，北京大学出版社2000年版，第836页。

⑤ （周）左丘明传，（晋）杜预注，（唐）孔颖达疏：《春秋左传正义》卷四"隐公十一年"，十三经注疏整理委员会整理，北京大学出版社2000年版，第146页。

急于礼"①。作为唐代累世遵奉之基本刑书,《唐律疏议》异常重视礼与律结合,诚如长孙无忌《进律疏表》所言:"律增甲乙之科以正浇俗,礼崇升降之制以拯颓风。"礼典编修是唐代"礼律合流"重要体现。《唐律疏议》中论及律令深意,常引典礼以喻之;阐发礼典幽微,多据律令以证之,礼制由此成为法律运行中必须考量的重要因素。据统计,《唐律疏议》中提及"依礼"者凡十七处,涉及《礼记》、《周礼》、《孝经》等。如妇人有官品及邑号犯罪,"依礼:凡妇人从其夫之爵命"②。对照《礼记·杂记》"凡妇人,从其夫之爵位"③ 条可知矣。又《唐律》规定闻丧不即举哀,于后择日举讫事发定罪,"依礼:斩衰之哭,往而不返。齐衰之哭,若往而返。大功之哭,三曲而偯。小功、缌麻,哀容可也。"④ 此复可与《礼记·间传》相证:"斩衰之哭,若往而不反;齐衰之哭,若往而反;大功之哭,三曲而偯;小功、缌麻,哀容可也。此哀之发于声音者也。"⑤ 值得指出的是,唐律所融入之"礼",确切些说是"唐礼"。⑥《礼记》、《周礼》等经典相关内容及具体表达,在唐代已融入唐代礼典之中,就其具体内容而言,《贞观礼》、《显庆礼》、《开元礼》之间,可能也存在重大差异。惜贞观、显庆二礼不存,今唯有征诸古礼矣。

礼法合治在唐代司法中得到深入贯彻,如散斋之日禁刑杀罚罪之禁令,屡见于《唐六典》、《大唐开元礼》、《大唐郊祀录》、《唐会要》等文献,即为唐代礼典与刑书糅合之典型例证。《唐六典》:"散斋日不得吊丧问疾,不判署刑杀文书,不决罚罪人。"⑦《大唐开元礼》:"散斋理事如

---

① (汉)郑玄注,(唐)孔颖达疏:《礼记正义》卷四十九《祭统第二十五》,十三经注疏整理委员会整理,北京大学出版社 2000 年版,第 1570 页。

② (唐)长孙无忌等撰:《唐律疏议》卷二《名例》"妇人有官品邑号",刘俊文点校,中华书局 1983 年版,第 38 页。

③ (汉)郑玄注,(唐)孔颖达疏:《礼记正义》卷四十一《杂记上》,十三经注疏整理委员会整理,北京大学出版社 2000 年版,第 1378 页。

④ (唐)长孙无忌等撰:《唐律疏议》卷十《职制》"匿父母及夫等丧",刘俊文点校,中华书局 1983 年版,第 205 页。

⑤ (汉)郑玄注,(唐)孔颖达疏:《礼记正义》卷五十七《间传第三十七》,十三经注疏整理委员会整理,北京大学出版社 2000 年版,第 1807 页。

⑥ 苏亦工:《唐律"一准乎礼"辨正》,《政法论坛》2006 年第 3 期。

⑦ (唐)李林甫等撰:《唐六典》卷四《尚书礼部》"祠部郎中员外郎"条,陈仲夫点校,中华书局 1992 年版,第 124 页。

旧。惟不吊丧问疾，不作乐，不判署刑杀文书，不行刑罚，不预秽恶。致斋惟祀事得行，其余皆断。"①《大唐郊祀录》、②《旧唐书》③所记略同。与此同时，众多具体典礼制度亦上升至令典层面。唐《祀令》、《衣服令》、《仪制令》等，多是关于礼制的法律规定。如大祀昊天上帝、五方帝、皇地祇、神州及宗庙礼仪，早在武德年间即已进入令典，冬至祭祀礼仪与法令之间建立直接类属关系。《大唐郊祀录》记载："冬至祀圜丘，加羊九，豕九。夏至祀方丘，加羊五，豕五……皇朝武德初定令，祀于官内□□以下，加羊豕各九。夏至祭地祇、岳镇以下，加羊豕各五。开元因之，不复改也。"④据《通典》引武德令文：

> 每岁冬至，祀昊天上帝于圜丘。（坛于京城明德门外，道东二里。四成，成各高八尺一寸。下成广二十丈，再成广十五丈，三成广十丈，四成广五丈。）以景帝配，五方上帝、天文皆从祀。（日月、内官、中官、外官及众星皆从祀。其五方帝及日月七座，在坛第二等。内官五星以下五十五座，在第三等。二十八宿以下百三十五座，在第四等。外官百一十二座，在外壝之内。众星三百六十座，在外壝之外。）上帝及配帝用苍犊各一，五方帝及日月用方色犊各一；内官以下，加羊豕各九。⑤

唐人以法入礼，依礼制法，以法代礼，以法护礼。⑥在礼制法律化领域，律、令、典、礼迭相为用。如墓前碑碣规格，《唐律疏议》引《丧葬令》："五品以上听立碑，七品以上立碣。茔域之内，亦有石兽。"⑦《唐

---

① （唐）萧嵩等：《大唐开元礼》卷二十七《吉礼·斋戒》，民族出版社2000年版，第159页。
② （唐）王泾：《大唐郊祀录》卷一《凡例上·斋戒》，民族出版社2000年版，第730页。
③ （后晋）刘昫：《旧唐书》卷二十一《礼仪一》，中华书局1975年版，第819页。
④ （唐）王泾：《大唐郊祀录》卷一《凡例上·牲牢》，民族出版社2000年版，第732页。
⑤ （唐）杜佑：《通典》卷四十三《礼三·沿革三·吉礼二·郊天下》，王文锦等点校，中华书局1988年版，第1192页。参阅［日］仁井田升《唐令拾遗·祠令第八》"冬至祀昊天上帝"，栗劲等译，长春出版社1989年版，第63—64页。
⑥ 陈戍国：《从〈唐律疏议〉看唐礼及相关问题》，《湖南大学学报》1999年第1期。
⑦ （唐）长孙无忌等撰：《唐律疏议》卷二十七《杂律》"毁人碑碣石兽"，刘俊文点校，中华书局1983年版，第517页。

六典》则云："碑碣之制，五品已上立碑；七品已上立碣……凡石人石兽之类，三品已上用六，五品已上用四。"①《唐律疏议》"发冢"条曰："礼云：葬者，藏也，欲人不得见。"②《礼记·檀弓》："葬者，藏也。藏也者，欲人之弗得见也。"③《唐律疏议》本条复曰："古之葬者，厚衣之以薪，后代圣人易之以棺椁。"此又可与《周易·系辞》互证："古之葬者厚衣之以薪，葬之中野，不封不树，丧期无数。后之圣人易之以棺椁，盖取诸大过。"④诸如此类，不胜枚举。具体至诉讼规则层面，改谥、禁婚、私忌、复仇司法集议中形成的惯例规则，以及赐死场所安排、临行优崇等惯例规则，均可视作礼制在诉讼领域之表彰。

三　得古今之平

四库馆臣认为："上稽历代之制，其节目备具，足以沿波而讨源者，要惟唐律为最善。"⑤纪昀等人之所以得出上述结论，与编修《四库全书》时可以信据的史料直接关联。苏亦工指出，"古"之上限若定于秦汉，"今"则指代《提要》撰著者所处的清代。⑥时至今日，《唐律疏议》仍是完整保存至今且最为古老的法典，因此，研习法律史学者，无不对唐律予以充分关注。伴随甲骨文献、敦煌卷子、边陲简牍等出土文献相继问世，古代法律研究资料状况大为改观。20世纪以来，秦汉简牍、地方档案、文书契约、碑刻墓志等各类史料之发掘、整理、释读和研究工作的大力推进，法律史学研究取得了前所未有的骄人成绩，众多学界聚讼纷争的历史悬案得以逐步破解。但是，与传统史志、法典相比，上述资料多属于

---

① （唐）李林甫等撰：《唐六典》卷四《尚书礼部》"礼部郎中员外郎"条，陈仲夫点校，中华书局1992年版，第120页。

② （唐）长孙无忌等撰：《唐律疏议》卷十九《贼盗》"发冢"，刘俊文点校，中华书局1983年版，第354页。

③ （汉）郑玄注，（唐）孔颖达疏：《礼记正义》卷八《檀弓上》，十三经注疏整理委员会整理，北京大学出版社2000年版，第279页。

④ （魏）王弼注，（唐）孔颖达疏：《周易正义》卷八《系辞下》，十三经注疏整理委员会整理，北京大学出版社2000年版，第355页。

⑤ （清）永瑢等：《四库全书总目》卷八十二《史部三八·政书类二·法令》，中华书局1965年版，第712页。

⑥ 参阅苏亦工《唐律"一准乎礼"辨正》，《政法论坛》2006年第3期。

零章断简，故无法反映特定时期法律发展、运行之全貌，亦不可撼动传世文献之固有地位。基于上述原因，《唐律》相关条目仍是讨论历代法律变迁的基本依据。《唐律疏议》是唯一一部与清代现行法典《大清律例》并列于《四库全书》的古代法典，"承认唐律为公平法律的典范，当然也就承认了以唐律为宗祖制定的大清律的正统地位"①。四库馆臣在塑造《大清律例》"斟酌画一，权衡允当，迨今日而集其大成"的历史贡献的同时，其深意在于证明清代"折衷往制，垂宪万年"法统地位，由此更加凸显《唐律》作为华夏刑律正统的夺目光辉。

时至今日，四库馆臣对《唐律疏议》所作"节目备具，足以沿波而讨源"的评价，仍然具有重大学术价值。"平"是对《唐律》立法技术作出的基本评价，并于"法"之内涵及传统"中和"思想一脉相承。从这个意义上说，平与"公平"、"中正"、"慎恤"等法律观念具有不可割裂的天然联系。

第一，"平"蕴含"公平"之意。《说文》释"灋"曰："刑也，平之如水，从水，廌所以触不直者去之，从去。"② 以法为基本依据的裁判活动，应以确保公平为基本原则。如现有证据难于再现当时场景，则需借助神明威力，依托獬豸决断。《论衡》云獬豸为一角之羊，性知有罪。皋陶治狱，其罪疑者，以触不直："斯盖天生一角圣兽，助狱为验，故皋陶敬羊，起坐事之。"③ 公平是中国传统法制的价值追求，是治国理政必须秉承的基本原则。《尚书·周官》曰："以公灭私，民其允怀。"④ 公平之要旨在于中正、无私。《管子》曰："公平而无所偏，故奸诈之人不能误也。"⑤

---

① 苏亦工：《唐律"得古今之平"补辨——兼评〈四库提要〉之价值观》，《政法论坛》2008年第5期。

② （汉）许慎撰，（清）段玉裁注：《说文解字注》卷十上，上海古籍出版社1981年版，第470页。

③ 黄晖：《论衡校释》卷十七《是应第五十二》，中华书局1990年版（新编诸子集成），第760页。

④ （汉）孔安国传，（唐）孔颖达疏：《尚书正义》卷十八《周官第二十二》，十三经注疏整理委员会整理，北京大学出版社2000年版，第573页。

⑤ 黎翔凤撰：《管子校注》卷二十一《明法解第六十七》，梁运华整理，中华书局2004年版（新编诸子集成），第1214页。

《荀子》："公平者，职之衡也；中和者，听之绳也。"① 商鞅相秦，"法令至行，公平无私。"② 上述观念历代传承，成为唐代施政重要理念，强调规则制定与运作，以体现公平为其要务：

> 若赏不遗疏远，罚不阿亲贵，以公平为规矩，以仁义为准绳。考事以正其名，循名以求其实，则邪正莫隐，善恶自分。然后取其实，不尚其华。处其厚，不居其薄，则不言而化，期月而可知矣！③

唐代"公平"观念进入国家体制层面，成为评价官吏道德水平的基本要件，唐代考课之法有四善，"一曰德义有闻，二曰清慎明著，三曰公平可称，四曰恪勤匪懈"，④ 法官又当以五听察其情，"公平以鞫庶狱"⑤。唐代诉讼观念中，亦大量蕴含"公平"因子，如唐人冥判、冤报事件反映的善恶循环、业报不虚之民间信仰；稗史小说中"业镜"、"业称"所反映的冥律无私、洞烛幽微观念；传奇故事中冤魂上诉、临刑称冤等描述透露的追求司法公正的合理期待等。凡此种种，皆为"公平"观念在唐代诉讼文化领域之生动映射。

第二，"平"蕴含"中正"之意。传统"中正"、"惟中"思想与"慎罚"直接相关，具体是指唐律所规定的刑制，与历代律典相比较，均属平缓，不轻不重，适得其中。⑥ 上古文献中，时常将"中正"作为评判法律的重要标准，如《吕刑》曰"惟良折狱，罔非在中……明启刑书，

---

① （汉）王先谦撰：《荀子集解》卷五《王制篇第九》；沈啸寰、王星贤点校，中华书局1988年版（新编诸子集成），第151页。
② （汉）刘向集录：《战国策》卷三《秦一》"卫鞅亡魏国入秦"，上海古籍出版社1985年版，第75页。
③ （唐）吴兢：《贞观政要》卷三《择官第七》，上海古籍出版社1978年版，第97页。
④ （唐）李林甫等撰：《唐六典》卷二《尚书吏部》"考功郎中"条，陈仲夫点校，中华书局1992年版，第42页。
⑤ （唐）李林甫等撰：《唐六典》卷十八《大理寺》"大理寺卿"条，陈仲夫点校，中华书局1992年版，第502页。
⑥ 蒲坚：《释唐律"出入得古今之平"》，《政法论坛》2001年第4期。

胥占，咸庶中正"，①《立政》曰"兹式有慎，以列用中罚"②。《君陈》："予曰宥，尔惟勿宥。惟厥中。"③ 上述论断均强调在立法、司法中，应恪守中德，不偏不倚，尽量做到公道、正直。《汉书·薛宣传》进而提出"允执圣道，刑罚惟中"④ 的著名论断。司法实践中，要求恪守"刑罚世轻世重"、"以五声听狱讼"、"疑罪惟赦"等基本原则。纪昀等认为，"刑为盛世所不能废，而亦盛世所不尚。"故《四库全书》政书类法令之属，仅列二部七十七卷，此即《唐律疏议》、《大清律例》是也。值得注意的是，四库馆臣对于《大清律例》的评价，仍在强调"中正"之意：

> 皇心钦恤，道取协中。凡谳牍奏陈，皆辨析纤微，衡量情法。随事训示，务准其平，以昭世轻世重之义。又每数载而一修，各以新定之例分附于后。⑤

《吕刑》主张的"轻重诸罚有权，刑罚世轻世重"，⑥ 不仅要求执法者在执法中保持中正，五刑之罚轻重适当，更要求立法者针对社会状况，在法律层面作出迅速反应。西周开创的"世轻世重"原则，为历代律令典制所追慕；洎乎《唐律》，号为平允，此恰与《周礼》"刑平国用中典"⑦ 之意契合，所谓承平守成之国，用长行之法也。同时，"以五声听

---

① （汉）孔安国传，（唐）孔颖达疏：《尚书正义》卷十九《吕刑第二十九》，十三经注疏整理委员会整理，北京大学出版社2000年版，第648页。
② （汉）孔安国传，（唐）孔颖达疏：《尚书正义》卷十七《立政二十一》，十三经注疏整理委员会整理，北京大学出版社2000年版，第565页。
③ （汉）孔安国传，（唐）孔颖达疏：《尚书正义》卷十八《君陈二十三》，十三经注疏整理委员会整理，北京大学出版社2000年版，第580页。
④ （汉）班固撰：《汉书》卷八十三《薛宣传》，（唐）颜师古注，中华书局1962年版，第3386页。
⑤ （清）永瑢等：《四库全书总目》卷八十二《史部三八·政书类二·法令》，中华书局1965年版，第712页。
⑥ （汉）孔安国传，（唐）孔颖达疏：《尚书正义》卷十九《吕刑第二十九》，十三经注疏整理委员会整理，北京大学出版社2000年版，第647页。
⑦ （汉）郑玄注，（唐）贾公彦疏：《周礼注疏》卷三十四《秋官·大司寇》，十三经注疏整理委员会整理，北京大学出版社2000年版，第1060页。

狱讼"是古代司法长期承用的基本审判方式，所谓"两造具备，师听五辞"①。《唐律疏议》规定："应讯囚者，必先以情，审察辞理，反复参验。"② 至于法官审查辞理的具体方式，唐《狱官令》则明确指向传统"五听"之制：

> 诸察狱之官，先备五听，又验诸证信，事状疑似犹不首实者，然后拷掠。③

关于疑罪的处置，唐律继承《吕刑》赎刑制度，笞、杖、徒、流、死、赎铜标准由一斤至一百二十斤有差。至天宝六载（747年）四月八日，朝廷规定赎铜与铜钱换算比值，遂使唐代赎法更加完备：

> 其赎铜，如情愿纳钱，每斤一百二十文。若欠官物，应征正赃及赎物无财，以备官役折庸。其物虽多，止限三年。一人一日折绢四疋。若会恩赦，其物合免者，停役。④

第三，"平"蕴含"慎恤"之意。"慎恤"包含悲悯慎杀与体恤幼弱双重含义。唐初立法秉承《北齐律》、《开皇律》传统，务在宽平。《武德律》"因开皇律令而损益之，尽削大业所用烦峻之法"。及至贞观，太宗命长孙无忌、房玄龄与学士法官，更加厘改律令。革断趾之刑，立加役之流；祖孙兄弟缘坐，俱从配没之法；老幼废疾犯罪，依律上请收赎。《贞观律》的修订，标志唐律从原则到结构的基本形成，删繁就简，哀矜是求。故《旧唐书·刑法志》曰：

> 比隋代旧律，减大辟者九十二条，减流入徒者七十一条。其

---

① （汉）孔安国传，（唐）孔颖达疏：《尚书正义》卷十九《吕刑第二十九》，十三经注疏整理委员会整理，北京大学出版社2000年版，第641页。
② （唐）长孙无忌等撰：《唐律疏议》卷二十九《贼盗》"讯囚察辞理"，刘俊文点校，中华书局1983年版，第552页。
③ 天一阁博物馆、中国社会科学院历史研究所天圣令整理课题组校正：《天一阁藏明钞本天圣令校正》附《唐开元狱官令复原清本》第38条，中华书局2006年版，第647页。
④ （宋）王溥：《唐会要》卷四十《定赃估》，上海古籍出版社2006年版，第851页。

当徒之法，唯夺一官，除名之人，仍同士伍。凡削烦去蠹，变重为轻者，不可胜纪。①

《永徽律疏》制定之前的武德、贞观时期，形成并传承了"慎恤"司法的基本原则。如武德二年二月，武功人严甘罗行劫，为吏所拘。甘罗言"饥寒交切，所以为盗"，② 高祖命赦之。贞观五年，完善死刑覆奏制度，正式确立死刑京师五复奏、诸州三复奏的基本制度。永徽初年，遵先朝故事，务在恤刑，颇有贞观遗风。如永徽三年正月甲子，恩宥在京及天下囚徒，"鳏寡惸独及笃疾之徒，量加赈恤，务令得所"③。上述因素均是促成《唐律疏议》体现"慎恤"思想的重要原因。"慎恤"观念在中晚唐仍得到反复强调，朝廷多次诏捕诏赦，强调在司法中贯彻"慎恤"理念。如乾元二年三月《以春令减降囚徒敕》："国之用刑，兼在于慎恤……其天下见禁囚徒，死罪从流，流罪已下一切放免。"④ 开成三年正月二十四日敕节文："犴狱之重，人命所悬。将绝冤滥，必资慎恤。"⑤ 大中九年七月十三日《赈恤江淮遭水旱疾疫百姓德音》节文："委所在长吏慎恤刑狱，疏决囚徒。必务躬亲，俾无冤滞。"⑥ 咸通十二年五月庚申《疏理京城诸司及诸州军府囚徒德音》仍在重申"慎恤刑狱"⑦ 这一基本司法理念。

四 结语

德本刑用、一准乎礼、得古今之平既是《唐律》的基本特征，也是

---

① （后晋）刘昫：《旧唐书》卷五十《刑法志》，中华书局1975年版，第2138页。
② （宋）王谠撰：《唐语林校证》卷一《政事上》，周勋初校证，中华书局1987年版，第51页。
③ （宋）王钦若等编纂：《册府元龟》卷八十四《帝王部·赦宥第三》，周勋初等校订，凤凰出版社2006年版，第927页。
④ （宋）宋敏求：《唐大诏令集》卷八十四《政事·恩宥二·以春令减降囚徒敕》，中华书局2008年版，第480—481页。
⑤ （宋）李昉等编：《文苑英华》卷四百三十六《翰林制诏十七·德音三·赈恤下·淄青蝗旱赈恤德音》，中华书局1966年版，第2209页。
⑥ （宋）李昉等编：《文苑英华》卷四百三十六《翰林制诏十七·德音三·赈恤下·赈恤江淮遭水旱疾疫百姓德音》，中华书局1966年版，第2206页。
⑦ （后晋）刘昫：《旧唐书》卷十九上《懿宗纪》，中华书局1975年版，第677页。

唐代诉讼法制所坚守的基本原则。其中，"德政"、"礼法"、"中正"、"慎恤"等司法原则，在唐代诉讼实践中多有体现，上述原则长期运行，逐步勾勒出唐代法律文化的基本轮廓，并成为孕育和生成唐代诉讼规则的法律文化基础。薪火相传且绵延不绝的中华传统文化，是中国特色社会主义事业发展的根基与源泉，整理与转化以传统诉讼法律文明为代表的中国传统法律文化资源，则是滋养、培育和提升当代法治精神与法治理念的重要路径，对于当今司法改革的深入推进更具有无可替代的理论价值。

全面依法治国视域下我国法治政府建设路径研究
——以湖南长沙为样本分析

李红娟[*]

摘要： 全面依法治国需要法治国家、法治政府、法治社会的统一建设和协同推进。依法治国，法治国家首先是政府的法治化，法治政府得以建成，法治中国指日可待。不同模式的法治政府决定了不同的政府类型和功能，也决定了政府的结构和行政价值。地方政府依法行政体制改革的成效体现了政府治理现代化的水平，直接影响到我国社会主义国家法制化的进程。我国在法治政府建设中，各地进行了有益的探索和创新，形成了一批具有特色和成效突出改革建设模式。本文以湖南长沙法治政府建设为样本，归纳剖析其法治政府建设经验和问题，并提出相应的对策和建议，对于长沙及国内其他地区全面深入推进依法治国战略具有重要实际意义。

关键词： 依法治国；法治政府；政府治理；依法行政

国无常强，无常弱。奉法者强则国强，奉法者弱则国弱。法治是一种宏观的治国方略，是一种理性的办事原则、是一种民主的法治模式、是一种文明的法律精神。[①] 法治政府就是按照法治原则运作的政府，政府的一切权力来源、政府的运作和政府的行为都要受法律规范和制约。[②] 法治政

---

[*] 李红娟，女，最高人民法院中国应用法学研究所与中国社会科学院法学研究所联合培养博士后，专业为民商法。
[①] 张文显：《法理学》，法律出版社1997年版，第236—238页。
[②] 曹康泰主编：《全面推进依法行政实施纲要辅导读本》，中国法制出版社2004年版，第19页。

府是政府治理现代化的重要标志，是落实全面依法治国战略的关键环节。法治政府建设核心是依法治权，其本质是通过严格实施法律约束政府权力、规范政府行为。地方政府是中央政府和地方民众的重要纽带，是国家权力的执行者和中央政策的具体实施和落实主体，地方政府法治政府的建设水平和依法行政实施的效果，直接关系着整个国家的法治政府目标实现和国家治理现代化的水平。

一 近年来我国法治政府建设的主要经验

法治政府的中心问题是政府活动的合法性，政府活动的合法性取决于多种因素，除普遍性、公平性、可预见性等形式特征外，更重要的是关于政府权力的根据和来源，政府与社会成员的关系，以及关于社会公平的各种主张。[①] 经过三十多年的建设和发展，我国政府法治化已积累了一些富有经验和成就，主要包括以下几个方面。

（一）执政党对法治政府建设的方针指引

我国的法治政府建设工作是在各级党委的领导下，通过政治方针的指引不断推进和完善的。我国自改革开放以来，法治政府就在不断摸索、借鉴和建立之中。其演进路线是通过政治方针和党的政策的指引，逐步形成法治的意识和营造外部环境，推进依法治国、依法行政，最后上升为国家的法律制度予以规范。1978年党的十一届三中全会为了保障人民民主、加强社会主义法制，提出"有法可依、有法必依、执法必严、违法必究"的方针，为我国改革开放和政府治理现代化奠定了法治基础。1993年党的十四届三中全会提出"各级政府要依法行政、依法办事"。1997年党的十五大报告将"依法治国"确立为治理国家的基本方略，法治行政的要求逐步明确化和具体化。1999年将"中华人民共和国实行依法治国，建设社会主义法治国家"写入宪法。2004年4月，国务院颁布实施《全面推进依法行政实施纲要》，明确将法治政府建设提上国家治理的层面。2013年11月，党的十八届四中全会通过的《中共中央关于全面推进依法治国若干重大问题的决定》，将"深入推进依法行政，加快建设法治政

---

① 于安：《法治政府的建设与保障机制》，《改革》2014年第9期。

府"确定为全面推进依法治国的一项重大任务。2015年12月,中共中央、国务院印发的《法治政府建设实施纲要(2015—2020年)》提出到2020年基本建成职能科学、权责法定、执法严明、公开公正、廉洁高效、守法诚信的法治政府。十九大报告提出"中央成立全面依法治国领导小组,加强对法治中国建设的统一领导",极大提高了全面推进依法治国战略的权威性和实效性,体现了中央对法治建设全方位的统一领导,增强了制度定力。

(二) 政府自上而下的法治建设推进模式

中央对推行法治建设的重视是我国政府法制发展的宝贵经验。[①] 中央通过法治政府改革的方案和实施纲要,在中央层面加以实施的同时再向全国各级地方推广,从而实现法治政府建设"中央领衔、地方跟进"的局面。这种"自上而下"的推进模式,在我国的现有国情下,可以有效地保证政府法制建设的意志统一性,步调一致性以及较高的效率性,显示出了较为明显的体制优势。主要表现在:一是在保持社会政治经济生活既定的相对稳定模式下,逐步导入法制的观念、原则和制度,将法治的思维和管理方式渗透到政府和社会管理方方面面。二是从中央层面发起并推动的政府法治改革,能够充分反映全国各地在法治政府建设过程中呈现出的问题,总结归纳其一般规律,并集合全国高端智囊献计献策,进行对策研究,最终提出顶层制度设计方案和改进路径,具有较高科学性决策价值和节约了改革的成本。三是分工明确,制度保障性高。中央与地方在法治政府建设中,自上而下推进过程中,扮演的角色和分工较为明确,中央层面保留立法权和政策制定引导,地方对中央立法进行具体支撑和实施,因此法制保障程度较高。当然,自上而下的法治政府改革建设模式,更多的适合改革之初或者法治不健全时候推行,随着政府法治化水平不断提高,社会法治思维和法治意识的不断加强,自上而下的法治政府改革模式逐渐暴露出一些无可避免的劣势,例如地方的消极性、法治政府建设的改革主动力以及无法很好地结合和体现地方特征等。

---

① 罗豪才:《中国行政法治建设三十年——在中国法学会行政法学研究会2008年年会上的讲话》,《行政法学研究》2008年第4期。

(三) 依法行政的法律规范体系初具规模

我国政府在不断借鉴和摸索的过程中，不断健全和完善适应现代化政府治理和能力水平要求的中国特色社会主义法律体系。目前，已经初步形成了以宪法为根本大法，以行政组织与人员法、行政行为与程序法、行政监督与救济法为框架，规范政府社会管理及自身行为活动为主要内容的法治政府制度规范。并在这些法律基础上，各部门和地方政府依据当地经济发展的实际情况和法治建设需要，制定了一系列政府改革和创新的规章制度、政策等规范性文件，为政府依法行政提供依据。这些为我国法治政府的建设提供了基本的制度基础。全国各地方政府根据自身建设情况，进行着积极探索，并从不同的角度和切入点健全和完善行政执法和行政执法程序方面的规范。有的地方政府在推进城市管理综合行政执法方面，建立综合执法部门，探索集中处罚权制度和机制，出台了推行相对集中行政处罚权、综合行政执法等具体规定和操作办法，理顺城管行政执法体制，提高政府依法行政、依规执法水平。有些地方政府完善行政执法程序制度，通过出台政府执法规定和管理办法等，加强对行政执法主体和人员的清理审查力度，深入推行行政执法责任制。这些体制的改革和制度的建立，对于约束政府行为，控制政府权力起到了积极的意义。

(四) 地方政府改革为依法治国奠定基础

我国法治政府建设，更多的是通过地方政府法治的有效经验总结和转换，形成依法治国方略的系统工程组成部分的体制制度改革过程。地方政府，尤其是基层政府是法治政府建设的主要实施者和践行者，承担着法治化的主要压力和风险责任，为中央和全国范围内的政府的法治化建设推进提供经验和教训，有利于法治政府本土化建设，形成中国特色法治社会治理模式。由于全国各地的风土人情各具特色，政府改革和创新所面临的问题不同，依法行政所需要克服的障碍和化解的难题层次不同，对依法行政的认识不同，因而，全国各省市的法治政府建设探索就必然要因地制宜地开展。从法治政府改革实践来看，近年来，在法治政府建设改革过程中，对从政府权力的限制到政府社会管理模式转变，进行了各种具有鲜明地方特色的探索，产生了一批可圈可点的成效突出的地方模式，例如，"职能调整为核心有限政府的广东模式"、"行政自由裁量权规范制度化的昆明模式"、"程序优先的湖南长沙模式"等模式。其中,广东因为改革开放较早,又与近香港比邻,不断输入特区发展改革经验,在制度设计上先试先行,在政府职能定位上,紧贴市场经济发展需要,大胆创新。江苏的法制建设,比较重视观念转变,强调用法治思维法治方式解决改革发展中面临的问题,强调对政府权力的制约。昆明的法制建设重视行政执法量裁权的规范,细化执法标准,把权力控制在制度的范围内。

二 湖南长沙法治政府建路径分析

我国法治政府建设时间相对较短,是基于国家治理和社会经济发展改革的需要而进行推进。法治政府没有一成不变的模式,也没有最好的模式,只有适合地方特点、顺应国家依法治国改革发展趋势的最佳模式。湖南长沙法治建设注重建章立制和制度机制创新,为我国政府依法执政、改革创新提供了可借鉴、可推广的经验。

(一) 以法治思维推动全面改革发展

首先,领导重视法治政府建设工作。长沙市高度重视法治政府建设工作,构建了统一领导、分工负责、相互配合、上下联动、有序推进的工作机制。市政府坚持常务会议学法制度,要求所有政府常务会议、市长办公会的涉法议题,市政府法制办均需全程参加。所有会议、市政府机构改革中各单位的重大决策方案要都要进行合法性审查。长沙市政府率先成立全国首个政府合同审查管理处,建立完善政府合同管理机制。

其次,法治思维始贯穿政府改革过程。法治思维是指党和政府在治国理政过程中,根据法治精神和法律逻辑来观察、分析和解决我国改革与发展过程中所遇到的经济、政治、社会、文化以及生态等各领域中存在的问题的一种思想认识活动和思维程序。[1] 近年来,长沙市在建设法治政府过程中,始终将法治思维和法治方式贯穿于政府治理的各个环节,在政府制度重建、管理体制改革、社会管理、经济建设、法制文化中大力推进法治实践创新,遵循遇到事情重法律、认定事实重证据、处理问题重程序、作出结论重法理的原则和思维方式。

---

[1] 沈国明等:《全面推进依法治国》,上海人民出版社2015年版,第174页。

最后，以法制文化凝聚法治建设力量。长沙在法治政府建设过程中，重视法治文化核心凝聚力的建设，坚持用法制文化来引领政府法制工作。法制宣传是强化依法行政工作影响力的有力助推器。充分利用各种媒体，采取送法下基层、法律咨询、法制讲座、宣传专栏等多种形式，有针对性地开展广泛法制宣传。制定《关于建立健全"谁执法谁普法"普法责任制的实施意见》，开展以案释法活动，与司法审判、行政执法、法律服务、人民调解有机结合进行普法宣传。

（二）以法治实践创新引领法治建设

第一，出台全国首部地方政府规章。长沙出台了全国首部地方政府规章《长沙市政府法制工作规定》，同时，配套出台了《长沙市政府法制工作规定释义》，在全国具有首创性的意义。《长沙市政府法制工作规定》和《长沙市政府法制工作规定释义》明确了法制工作的内容、如何抓政府法制工作以及如何去开展法制工作，从根本上解决了长期以来从中央政府到地方，政府法治机构职能、职责由文件规定而未法定化，各项具体政府法治工作无统一操作程序等问题，标志着事前法律风险防范、事中法律过程控制、事后法律监督保障的法治政府"长沙标杆"正式建立，为创新开展依法行政工作奠定了制度基础。2014年，《长沙市政府法制工作规定》以排名第一的成绩荣获第三届"中国法治政府奖"。

第二，出台全国首部社会管理法治化实施纲要。社会管理是地方政府一项重要的职能，对政府社会管理模式进行创新和改革，是政府履行社会管理职能的迫切需要。长沙市以法治化形式对社会管理体制创新做了重大探索。在全国35家社会管理试点城市中，长沙率先制定出台《长沙市推进社会管理法治化实施纲要》，明确了推进社会管理决策程序、社会管理决策执行、民生保障、公共安全管理、社会信用体系建设、虚拟社会管理、矛盾纠纷防范化解等"十个法治化"的主要任务，受到了中央政法委、省政府法制办的大力推介。长沙政法委将社会管理法治化纳入全市综合绩效考核，每年由市政府法制办考核评定。《长沙市推进社会管理法治化实施纲要》荣获2015年度第二届"中国法治政府提名奖"。

第三，在全国率先推出"白皮书"制度。长沙政府不断总结政府及各职能部门法制工作的经验和做法，先后发布 2007—2009 年度综合报告、2011 年规范性文件管理、2012 年政府合同审查管理、2013 年行政许可实施情况、2014 年行政复议 5 个专项报告，以实例的形式剖析依法行政中存在的问题和不足，并提出改进意见和建议，这些专项报告已成为长沙市广大干部身边的"法制读本"，也是全国其他省市地区学习长沙法治政府建设经验和做法的重要"范本"。

第四，对政府权力"瘦身健体"。长沙通过行政审批制度改革和执法体制改革，对全市政府机关行政权力进行"瘦身"，对政府执法和治理能力进行"健体"，编制有机统一的"权责网"，形成简政放权、依法行政的"长沙经验"。深入推进行政执法体制改革，在长沙县开展了相对集中行政处罚权改革试点工作，将 25 个部门的行政处罚权集中由县行政执法局行使。相对集中行政处罚权，将若干法律、法规规定的与城市管理领域相关的行政处罚权集中到一个行政机关，不但有效地避免了制度层面存在的职责交叉弊病，而且解决了联合执法行为主体缺失、程序失范、责任不明的法律障碍。①

（三）以限权和服务为轴转变政府职能

一是用程序建设规范政府权力的运行。用程序规范政府的权力是法治政府的重要功能。法治政府要求整个政府机构的设立、变更、运作，包括行政立法和决策在内的政府整体行为和个体行为都是合法化、规范化而且对政府整体行为和个体行为的监督都是法制化的政府。② 通过程序的控制，在承认行政机关的权力权威性同时，通过制定公开、公平、公众参与的程序来规范行政权力的行使。程序是法律制度的生命形式，③ 长沙市政府实行行政执法决定法制审查制度，规定政府重大行政行为未经法制部分审查通过，不得作出决定。为进一步规范行政执法程序和加强行政执法内部监督，提高行政执法质量，制定《关于明确"重大行政执法决定"范围和标准的通知》，明确了重大行政执法决定的具体范围和标准。制定

---

① 关保英：《行政法模式转换研究》，法律出版社 2000 年版，第 181 页。
② 康宗基：《法、法治、法治政府范畴的广义性简析》，《太原师范学院学报》2005 年第 6 期。
③ 参见《马克思恩格斯全集》第 6 卷，人民出版社 1995 年版，第 178 页。

《关于印发〈长沙市重大行政执法决定集体讨论办法〉（试行）的通知》，对重大行政执法决定加强内部程序监督。

二是以权力受制为主旨的"阳光政府"。法治一个必不可少、至关重要的含义就是政府本身要服从法律，反对行政权的滥用。[①] 长沙市全面清理并公布了全市 73 家市本级行政执法主体的执法资格、依据、项目和自由裁量权基准，初步厘清了权力清单。公开发布《长沙市 2015 年度行政执法指导案例》，对进一步规范行政裁量权和指导具体行政行为提供了案例样本。在财政预算、公共资源配置、重大项目建设批准和实施、社会公益事业建设等领域，推进行政执法公示制度和政务公开信息化建设，全面推进行政处罚决定书等行政执法文书网上公开。坚持以公开为常态、不公开为例外原则推进决策公开、执行公开、管理公开、服务公开、结果公开。

三是提高政府服务水平。推出政府合同管理，出台《长沙市政府合同审查与管理办法》，提高政府服务的质量，并对政府合同审查工作进行制度创新，在政府合同审查管理机制方面，推行以内部审查为主、外部审查为辅的审查方式，使政府合同审查管理工作实现了制度化、规范化。建立政府合同审查登记编号制度，加强对合同登记备案的监督，规范合同签约管理与履约管理，及时跟踪合同履约动态。创新 PPP（政府与社会资本合作）合同模式。在审查管理方式上，建立合同审查主办制度，实行"一人主办、一人协办、集体讨论"的合同审查方法，进一步完善政府合同审查机制，强化合同审理责任，提高合同审查质量。建立"专家审查"制度，积极发挥法制专家的作用，探索政府合同法律审查定点服务机制。出台《长沙市政府法律顾问管理办法》，组建政府法律顾问服务机构库，将建立政府法律顾问制度纳入行政考核。

（四）以政府主导和多元化推进为动力

首先，政府是主要设计者和推动者。在长沙政府法治化建设进程中，政府扮演了突出和强势的角色，是制度改革的主要设计者和推动者。一是省内自上而下强势的推动力。湖南省委、省政府高度重视全省的法治化建

[①] ［英］戴维·M. 沃克：《牛津法律大辞典》，李双元等译，法律出版社 2003 年版，第 790 页。

设工作,依法治省、依法治市的法律思维意识比较强烈,在全省法治政府建设工作就表现出了突出的推动力。二是长沙市各层级政府突出的落实能力。较其他地区而言,长沙法治政府的建设工作启动较早,在90年代末期,就将依法治市工作纳入了年度工作计划中,并在全省范围内贯彻执行中央和省政府部署的政府法治化建设任务。三是率先出台各种制度规范推进法治政府的建设工作,并成为全国的典范。

其次,法学家智力贡献对行政决策的支持和保障。长沙的法治政府建设工作与法学家智力支持和社会智库参与支撑密不可分。一大批先进的法学工作者参与和承担政府法治建设和相关改革任务工作,其中,湖南大学、中南大学、湖南师范大学、湘潭大学等大学的法学工作者在智力上为政府的改革提供了重要的保障。长沙通过举办各种高端形式的法学论坛,包括每年举办的法学家论坛研讨会、岳麓论坛等,集思广益,群策群力,出谋划策共同推进长沙法治改革工作。这些法学专家为长沙政府乃至湖南政府法治化建设贡献巨大。

最后,多渠道不同群体诉求的表达。长沙政府率先全国通过政府立法听证会、立法后评估和规章实施情况报告、依法行政讲评、外援专家顾问机制、行政司法互动机制等多种渠道和机制,充分听取不同利益群体诉求和各方专业人士的意见和建议,完善政府法治建设工作。依法行政讲评通过会议讲评、书面讲评、集中讲评、个别讲评等丰富的形式,督促各级各部门进一步提高依法行政的意识和能力,此项创新被湖南省政府誉为"推进依法行政工作的一次全新实践"。制定《关于加强行政司法互动有效化解行政纷争的指导意见》,通过信息通报、法律学习研讨、行政司法互动会议等方式,加强政府与法院的沟通和协调。

(五) 以创新提升政府社会管理的能力

第一,全国率先推进法治实践创新工作。长沙市把法治化渗入到社会管理实践活动中,深入推进制度层面的法治实践创新、改革层面的法治实践创新、城市管理中的法治实践创新、经济建设中的法治实践创新等,不仅为深入推进依法行政、加快建设法治政府注入了强劲动力,也为长沙政府法制工作创新提供了遵循路径。

第二,创新依法行政决策制度。行政决策从根本上决定着政府管理的成败,失败的决策不仅造成经济损失,还会直接损害政府形象,更可能阻碍当地法治，滋生贪污腐败。长沙市在法治政府建设过程中，一直在积极推进和严格落实重大行政决策合法性审查工作。建立了公众参与、专家咨询论证和行政机关决策相结合的行政决策机制。出台《长沙市政府重大行政决策程序规定》，把公众参与、专家论证、风险评估、合法性审查和集体讨论作为重大行政决策的必经程序。配套制定长沙市人民政府重大行政决策目录管理暂行办法，明确重大行政决策的范围、程序、标准，建立责任追究机制，对重大行政决策项目实行目录化管理。在政府及部门规范性文件的制定过程中，均充分征求和听取管理相对人的意见和建议，对涉及重大公共利益和群众切身利益或者对决策方案存在重大分歧的，通过召开听证会等方式，听取社会公众的意见和建议。

第三，创新依法行监督管理方式。依法行政不仅仅是制度的健全和规范，更需要将制度和政策依法执行和落地，这就需要创新立法监督管理方式。长沙将依法行政纳入市委、市政府绩效考核范畴，单独设置考核指标，由市政府法制办对各区县（市）和市直部门的依法行政工作进行考核评定、综合排名，结果直接运用到绩效考核中，使依法行政真正成为一项硬要求、一个硬约束。开展政府规章实施情况报告工作，为进一步优化政府立法提供了现实依据。

三　我国法治政府建设存在的问题

我国地方政府虽然近年来在法治政府建设上取得了较大的成效，并以全面依法治国战略推进为契机，采取了众多的举措规范政府行为和提升政府执政能力，但总体来看，依然存在诸多问题，需要进一步的改革和完善。

（一）法治理念尚未形成社会共识

社会公众对法治普遍认同、对法律信仰以及自觉遵纪守法，是建设法治政府根本的内在动力。法治政府的建立、法治社会的形成、依法治国目标的实现，不仅仅限于"物理层面"组织机构的建立、制度机制的完善、"硬件技术"系统的完备，更是作为其内在灵魂的"软件"系统的开发和应用。法治理念全社会形成共识，才是建设法治政府最为基础、也最为关键的动力源。从法治政府建设的实践看，全国各地不同程度的距法治政府目标要求的法治精神存在很大的差距。从政府管理履职层面来看，在各级政府中，尤其是基层政府及其工作人员中，法治观念远未成为其行动自觉。政府对依法行政的重要性、紧迫性认识不足，依法行政的基础性工作薄弱，有的甚至把依法行政同经济建设对立起来，以经济建设为理由，忽视甚至不要依法行政。从公民及社会层面来看，距全社会形成懂法、信法、守法，法治观念深入人心的目标还相差甚远。政府依法行政的效能很大程度上依赖于民众的守法和不违法，政府要守法守诺，同样公民的一切行为也需要在法律规定的范围内而为之。另外，受传统文化、政府不守法、不诚信、权力滥用等因素影响，在社会公众中，民众习惯性的"信权不信法"、"信访不信法"。全社会法治理念尚未形成共识，其强大的内动力无处得以发挥。

（二）依法执政和监督机制不健全

政府守信践诺机制不健全，在依法行政和严格司法中依然存在诸多问题。一些地方政府缺乏契约精神和社会诚信机制缺失。政府带头不守信，在招商引资中不能如约履行合同和兑现土地、税收等优惠政策，损害了非公经济的权益，动摇了非公经济企业家投资信心。一些基层政府部门法律意识不强，不重视履行法院生效裁判，任意行政，滥用职权。一方面不利于促进法治政府、诚信政府建设，另一方面也不利于维护司法权威。一些政府部门工作人员不作为、慢作为现象依然存在。政府行政监督机制不健全，依法行政监督机制还存在很大的完善空间，地方人大对政府的监督乏力。受思想认识、工作方法等多种因素影响，地方人大还不同程度存在"不便监督"、"不好监督"、"不敢监督"、"不善监督"、"不愿监督"的问题。由于司法机关长期以来对地方政府存在一定的依附关系，司法机关很难完全独立发挥审查监督作用。司法机关的法院和检察院对同级地方政府权力的监督被动性较大。社会监督往往是事后监督，传统媒体受政府管辖，不能完全实现独立的监督，而网络平台、微博、微信等新兴的媒体监督，信息纷繁复杂，各种谣言、虚假消息掺杂其中，网民难以辨清真伪，有时甚至会成为网络谣言的跟风者和散布者，不仅无法对政府形成有效监督，还会影响整个社会秩序的稳定。

(三) 部门利益法制化现象仍存在

法治政府应当是形式法治与实质法治的有机结合，应当是"良法之治"与"善治"相互融合。法治不仅是法律规则之治，更是法的价值、法的功能层面的治理。政府职能部门以立法形式对行政行为进行规范和限制，对行政职权进行设定，对行政事项进行规定，可能会使得法律规范之间相互冲突，或者重复设定，增加行政相对人的办事成本。一些政府部门既是法律政策的制定者，又是政策规范的执行者，承担"行政职能"与"公共职能"双重身份，这种身份的重叠，可能会导致法律产生倾斜，以至于为了部门利益，不惜侵犯公众利益和法律尊严。一些地方政府在行政执法和司法执法过程中，职能部门所执行的大量原有法律规范依然存在"部门利益法制化"现象，这些行政法律规范里面有大量不适当的行政许可、行政处罚、行政检查，给被管理者造成不便。另外，在法治政府建设过程中，因为触动一些部门既定的利益或者可能要面临潜在的改革风险，存在不作为或者怠于履职的情形。

(四) 法制队伍建设待进一步加强

主要表现在：一是基层立法队伍建设水平较低。基层政府从事立法专门工作的人员编制较少，立法人员分配不平衡，从事立法的工作人员学历普遍偏低，对于立法的认知较弱，缺乏长远性的判断和设计。具有法学专业背景的立法工作人员缺乏，立法观念和立法质量不能满足社会的需求。二是政府法制机构人员准入制度执行不严。虽然有的地方政府将把法律专业背景作为政府法制机构人员准入的基本要求，但实践中没有得到严格落实，特别是某些重点执法单位法制机构没有配备法律专业人才，政府法制机构也当然形同虚设，法律把关和风险防控作用大打折扣。三是政府法制机构队伍职能边界不清晰。有的地方政府法制机构工作包罗万象，不仅承担本部门的法律事务，也承担了其他职能部门的法律事务和综合改革协调任务。有的不但承担了政府行政法律事务，还增加了民商事、刑事、合同谈判、征地拆迁、法律审查、信访、行政审批和职权清理、企业改制、案件纠纷协调等诸多方面的工作。

四 推进法治政府建设的对策和建议

（一）更加深入的推进政府职能转变

首先，明确政府职能转变的基本方向和原则。各地法治政府建设需要进一步从三方面推进的职能转变，即政府管理由微观向宏观，由直接向间接转变；政府管理的重点由经济管理职能转向社会管理与公共服务职能；政府的政治管理要合理划分各级政府的职能和权限，有效解决政府内部的权限冲突。此外，政府职能转变还应坚持贯彻公开原则、听证原则、高效便民原则、监督原则、正当程序原则和公众参与原则等。

其次，改革政出多门的"小部制"。小部制的特点就是机构多、领导多、职能窄、政出多门。进一步加强政府综合部门建设，提高政府法制统筹协调和综合管理能力。政府在机构设置和职能建设上加强综合部门和综合管理协调职能建设，进一步理顺部门之间职能关系，减少职能交叉重复和政出多门、多头管理的现象，健全决策协调机制、降低决策成本，提高政府工作的质量和效率，并保证施政的公平和公正。

最后，运用现代信息科技手段加强对政府行政审批权的监控。加快网上审批、执法反馈、公共资源交易、公共服务、网上监督等平台建设。完善公共平台之间的信息传递对接和信息共享机制，减少信息平台的重复建设和资源浪费。对公共平台以审批运行全过程为监控重点，健全行政审批电子监察系统，实现行政审批绩效自动生成，并定期在网上通报。

（二）提升法治在政府治理中的效应

第一，整合优化政府部门职能，推进综合执法，提高行政司法执法效率。合理划分具有执法权部门的执法权力边界和归属，形成分工明确、协调有力的综合执法体制。规范政府执法部门行政自由裁量权的使用，明确和细化自由裁量权的使用基准和适用范围。健全和完善政府行政执法责任制度，明确执法部门、执法岗位的职责权限，完善行政执法追责的法定程序。

第二，健全立法质量考核评估体系。对政府立法的质量、效应等进行全面评估和判断，并依据评估结果对其作出修订和完善。建立法律法规政策执行力绩效评估中心，委托专业的第三方机构对政府执法部门及其执法或司法人员的政策执行力、履职情况，根据政策执行的效率、执法的能力和水平、管理和服务质量、公共责任、社会公众满意程度等方面的判断进行全面考核与评价，对绩效进行评定和划分等级，特别把考评结果与行政执法主体的薪酬、培训、奖惩、晋升等联系在一起，提高法律法规政策执行主体的积极性、主动性和创造性。

第三，加大法制工作财政保障投入。为防止政府部门"利益化"和执法行为"利益化"等现象，积极开展政府部门和工作人员执法经费保障机制改革。创新理念、机制以及政策法规推进方式，设立法制工作专项经费，将法制工作经费纳入各级财政的专户管理，进行单独立项，解决部门之间因财政支撑不平衡等原因导致的差别。

（三）完善公众参与和监督制度机制

首先，大力推行政务公开。把公开透明应作为法治政府建设的一个重要原则，其中，包括决策公开、立法公开、执行公开、管理公开、服务公开、结果公开等，以此确保公众充分的知情权。重视重要规范性文件出台、重大决策决定出台前的民意调查程序建设。明确重大决策的范围，规范责任追究的程序，制定行政决策问责的相关法律。扩大社会民众有序参与重大决策途径，探索重大决策与公民互动的有效途径，通过建立和完善公众参与公共事务的平台，使他们的合理意见得到充分表达、合法诉求得到充分体现。建立民意调查对政府行政立法和行政行为的作用反馈机制，让群众认识到民意调查在规范性文件出台、政府重大决策制定过程中的作用和地位，提高群众参与政府决策和社会管理实务的主动性和积极性。

其次，积极创造条件，让人民群众监督政府。在执法过程中，重视完善听证程序，重视和不断扩大听证对象的范围。更加重视舆论监督，对人民群众检举、新闻媒体反映的问题，认真调查、核实，及时依法作出处理，并将结果向社会公布，逐步形成政府与社会互动的良好氛围。强化行政监督，保障和支持审计、监察等部门依法行使监督权，强化上级机关对下级机关的监督，充分发挥行政复议的监督作用。高度重视新闻媒体的舆论监督作用，引导、规范、运用网络和大众的力量对权力进行监督和制约。

最后，建立健全法治政府建设考评中公众评价机制。把及时办理人大议案、政协提案以及办理情况报告纳入政府的年度政绩考核体系中，加大公众考评的权重，发挥公众考评实效，根据考评结果，特别对指标实现度较低领域进行总结和反思，及时督促整改，提高弱项水平。坚持赏罚分明、奖惩并举，追究推进依法行政工作不力的部门的责任。坚持依法问责，对盲目决策造成重大损失者，依法追究其法律责任。但是同时也要严格区分改革中因为缺乏经验和其他客观因素而造成损失与违法责任之界限，建立容错机制，不以改革中的先试先行探索损失作为问责的标准。

（四）进一步加强法制队伍建设建设

首先，优化法制部门职责，强化法制部门职能。梳理和准确界定法制部门的职能定位、权责边界、工作内容以及与其他部门的衔接机制。完善依法行政财政保障机制从财力、物力、人力等多方面更多的对法制工作机制和队伍建设进行倾斜和投入。增设或专业化县级法制工作机构，增加政策法规的贯彻力和法制工作的执行力。提高依法行政考核分值在绩效考评中的比例，并在依法行政考核体系中增加法制机构人员与相对应的履职是否相适应的考核内容。

其次，畅通法制人才引进和应用渠道。建立从符合条件的律师、法学专家中招录法制工作者的制度和机制。健全政府法律顾问制度，健全公职律师制度，建立外援智库聘任制度、联络协调制度、工作评价制度以及顾问建议采纳制度，并细化相应的实施细则以及监督考评方式。畅通具备条件的军队转业干部进入法制机制的通道，健全从政法专业毕业生中招录人才的规范便捷机制。

最后，加强法制队伍的职业培训教育。通过短期培训、联合培养、业务指导和帮扶等形式加强法制队伍职业教育。完善长沙现行政府法制队伍业务培训机制，建立上下级政府法制业务培训指导制度，针对当前法制工作中存在的重点、疑点、难点问题，上级政府法制机构及时通过定期或不定期的方式组织培训，加强业务交流和学习。加强政府各级法制机构工作人员理论学习研究，以灵活多样的形式为队伍创造法制理论研究和探讨交流的平台，围绕当前依法行政工作的重点、难点、热点问题深入开展理论研究。

公共服务改革中政府与市场的职能作用[*]

刘 阳[**]

摘要：党的十八大报告在公共服务领域提出了明确的改革方向，为此需要进一步明确市场机制和政府在改革过程中分别承担的职能与责任。公共服务市场的建立与健康发展离不开政府的积极介入，同时在市场培育和市场监管职能之外，政府在市场无法发生效能的区域直接承担着公共服务供给的保障责任。而无论市场法律规范的制定还是基本保障责任，对于政府来说都具有重大的挑战性。混合所有制改革并不会动摇我国公有制经济的主体地位，改革的目标在于发挥社会资本的作用，有效补充公共投资的不足。

关键词：公共服务；市场化改革；政府职能；国有企业；混合所有制

党的十八大报告指出，作为改革的方向"政府的职责和作用主要是保持宏观经济稳定，加强和优化公共服务，保障公平竞争，加强市场监管，维护市场秩序，推动可持续发展，促进共同富裕，弥补市场失灵"。

这一论断对于公共服务的改革给出了清晰的要求。同时有关改革路径的顶层设计中将市场化作为完善公共服务供给，优化资源配置的主要手段。而随着研究的深入，我们能够逐渐发现在公共服务行业的市场化改革中，市场与政府的功能边界并非泾渭分明。二者在改革的过程中相互之间

---

[*] 基金项目：广州市哲学社会科学发展"十三五"规划课题，编号：2016MZXY05。
国务院发展研究中心：《"383"改革方案总体报告》第二章第二节，中新社北京，2013年10月26日。

[**] 刘阳，华南理工大学广东地方法制研究中心研究员。

却又有着紧密的联系。市场职能在于资源的优化配置，政府则承担着市场的培育和引导、规则的制定以及公共服务托底保障等多元化的责任。

一 市场的主体地位：资源配置和价格确定

公共服务是一个较为宽泛的概念，主要是指与国民经济和国民生活水平息息相关的各种服务。其中既包含了由企业承担的关系到国民生活质量的普遍服务（如供电、供水、电信、铁路、邮政等），又包括了由政府负责的教育、医疗、养老保险等社会保障类服务。公共服务的供给直接决定力国民的生活质量和生活水平，反映着国家性质和国家经济发展水平。公共服务的市场化改革，标志着我国市场经济改革进入攻坚阶段，是经济改革过程中真正难啃的"硬骨头"，也将直接影响到我国国民经济的长期健康发展。

公共服务市场化改革的基本思路在于，放开过去由国有企业垄断经营的电力、铁路、电信等行业，通过所有制的多元化（如混合所有制）以及市场竞争主体的培育，逐步实现市场竞争，通过竞争手段实现资源配置的合理性并使产品和服务价格能够真正反映市场供求关系和资源的实际价值。同时转变政府传统意义上的市场监管职能，实现市场经济的法治化以及经济发展与环境保护的和谐统一。同时逐步开放传统意义上由政府负责的教育、医疗等社会服务保障服务，通过鼓励民办教育和医疗机构扩大整体市场规模，以此满足国民对于教育、医疗日渐增长的服务需求。国家和政府通过建立市场准入和市场主体责任规范，通过法律手段维护市场的稳定运行与秩序。

长期以来我国公共服务领域，特别是与国民经济相关的普遍服务，一直为国有企业垄断经营。企业产品和服务价格更多的是依照国民经济整体发展的需要而非依照市场供求关系而制定。以电力供应价格为例，我国各省电力过网服务价格和零售价格依然是政府依照企业成本，参考社会经济发展需要审核计算的。该价格从根本上不能够及时反映电力市场中的供求关系，也不能在反映能源稀缺性的基础上建立环境补偿机制。一旦产品价格无法反映其真实价值，市场也就很难通过价格合理配置资源。而市场的开放就是为了培育多元化的市场主体，通过市场主体之间的公平竞争使公共服务价格能够反映市场供求关系，并由此合理地配置资源。而对于社会保障类服务，改革的方向是进一步打破行政权力的约束，促进社会资本进入。通过多元化的保障，满足社会对于教育、医疗服务的需求。

二　政府的职责：职能的多元化

随着改革的深入，也随着社会对于经济发展的平衡与公正性要求的提高，政府在市场中的职能和地位已经发生了根本性的变化。政府在改革中并不是脱离于公共服务市场，而是通过制定市场规则、约束垄断企业行为、积极推动投资和市场主体培育、直接承担保障性公共服务托底责任等实现自身职能的多元化。从而最终保障社会的公共经济利益和市场的稳定发展。

(一) 政府的职责之一：作为市场的培育者

封闭市场的开放首先来自于政策的转变。从20世纪70年代开始，以英国为首的西方国家开始了一系列国有垄断行业市场化变革。随着电力、电信、邮政、铁路等基础设施服务市场的开放，政府逐渐和企业一起实现了转型。[1] 总结其成果可以发现，市场的开放和市场竞争主体的多元化减轻了政府对于基础设施投资的压力，同时投资主体的多元化满足了市场对于公共服务供给的需求；政府从直接管理企业过渡到通过制定市场准入标准、运行规则和退出机制等法律规范约束企业行为，通过建立健全市场的安全运行制度保证市场的稳定和安全。

党的十八大报告中关于公共服务市场化转变正是借鉴了西方国家垄断行业市场开放经验的总结。[2] 由此，在市场化进程中政府的首要职责在于处理好与企业之间的关系，政企应当分开。这样无论企业是否为政府所有，在市场中都应当是独立的法人实体，并不享有法律规定以外的任何特权。企业并不能够由于所有权的特定性而获得政府在金融、财税、市场监管等方面的特殊或优惠待遇。换句话说，如果政府制定了针对公共服务企

---

[1] 刘阳：《大用户直接购电立法原则和规范研究》，《中国地质大学学报》（社会科学版）2014年第5期。

[2] 就以电力行业为例，2002年中央政府已经制定了参照英国等西方国家市场化改革的《电力体制改革方案》，明确走市场化的道路。

业的优惠政策，则有关政策应当惠及市场中任何主体，而不能因为企业的地域性或产权结构的不同而形成歧视性待遇差别。

实现了市场主体间的无差别待遇，在微观经济层面才能够保证市场主体间竞争的公平性，也才能够促使企业通过促进生产效率和生产技术推动经济效益的增长，而非依赖于来自政府的财政或其他方面支持。在宏观经济层面，随着竞争的公平，必然促进更多市场主体的参与。多元化的竞争必然进一步推动生产效率的提高，从而推动行业生产率的发展，并最终使消费者获益。因此，政府在制定有关公共服务市场开放的政策过程中应当首先处理好政策的公平性问题，其核心即在于鼓励投资的多元化和市场主体的多元化，以促进在公平市场竞争环境中市场主体能够发挥能动性，推动社会生产力的进步。

（二）政府的职能之二：市场的监管者

市场本身不是万能的。市场的瓶颈在于，任何市场主体的存在及其行为目的都在于经济利润的最大化。单纯依靠市场主体的自律并不能够有效保护公共利益和市场竞争的公平。缺乏有效监管的情况下，市场必然形成垄断并隔绝新的市场进入者。为此，需要通过法律手段进行干预，保障消费者的利益和市场竞争的公平。

这里面有三方面的内容：第一，市场经济本身是法治经济。只有在市场法律规范完善的情况下，才能实现市场竞争的公平，从而保证资源配置的合理。为此，对于市场的准入条件、市场主体资格、供应义务、市场主体间的法律关系和法律责任等关系到市场运营稳定和竞争公平的制度规则，需要在民主决策的基础上由政府制定具体规范，以保护企业投资的积极性并尽可能地保护消费者的利益。第二，要尊重经济规律。由于公共服务的特殊性，企业投资往往数额巨大，同时有关价格对于国民经济和国民生活水平又产生着重要的影响，市场运行规则必须尊重经济规律，以达到维护国民经济长远发展和保护消费者实际利益的动态平衡。第三，市场的监管需要专业化和高效化。为了保证公共服务的安全和有效供给，必须有专门的管理机构分别对于不同类型的服务加以管理。而公共服务的特性也要求市场管理者必须具有专业管理知识。而所谓高效，即用相对最低的行政成本实现市场监管的目标。这就要求市场监管主体之间必须通过制度创新，进行有效的协作，以保障行政成本的高效性。为此就需要对传统的市场监管模式进行改革，打破过去条块分割的管理模式。

(三) 政府的职责之三：市场的引导者

市场的失效存在于两个方面：第一，自然垄断导致市场竞争的匮乏。自然垄断指由于行业的物理特性而形成的垄断。其特征在于任何重复性投资在经济上都是低效的，因而在单一区域内由单一企业垄断经营的经济效率最优。通常网络行业，如电网、电信网络、天然气管道和铁路等都属于自然垄断。[1] 自然垄断导致市场竞争主体很难获得等同于与垄断企业关联的企业相同的网络服务，因为在缺乏法律规范约束的情况下，自然垄断企业可以利用自身的垄断优势，通过对外提升服务价格或对特定企业降低服务价格进行变相补贴的方式影响非关联企业的服务生产成本，从而达到隔绝非关联企业进入市场、降低市场竞争的目的。第二，市场主体的逐利性将使公共服务供给存在不平衡。这一不平衡性主要反映在地域差距和供求关系方面。在市场经济的条件下，由于供给成本的原因，公共服务的供给将会在核心城市范围内得到富集。一旦市场充分开放，经济成本的原因将推动市场主体向供给成本较低的核心城市转移，而供给成本较高的地区（如广大农村地区）将很难吸引有关服务和投资。最终结果将导致地域差距的加大并严重影响经济欠发达地区国民的生活水平。以供电服务为例，影响其成本的主要因素包括地质条件、电源输送距离和供电区域人口密度三方面。而上述因素直接决定了我国电力零售价格上的不平衡。在北京、上海、广州等核心城市，由于城市人口密度高，地质条件较好，供电价格基本上远低于周边人口密度较小的省市和城镇。[2] 最终结果是经济收入高的大城市人口用电价格反而低于经济收入相对低的乡镇人口；电力价格形成严重的倒挂和扭曲，也严重影响了经济欠发达地区居民的生活水平。

正对上述市场失效问题，政府的职责在于，一方面要通过立法确定市场开放、公平竞争的经济行为准则。加强执法，确保法律所保护的社会经

---

[1] 刘阳：《试论电力消费税取代阶梯电价的可能性》，《南京工业大学学报》（社会科学版）2013年第1期。

[2] 在不计算阶梯电价的前提下，北京居民电力零售价格为0.49元/千瓦时，上海、广州为0.61元/千瓦时。这一价格明显低于广大三、四线城镇居民电力零售价格。以粤东地区为例，三、四线城市电力零售价格达到了1.00元/千瓦时，有些地区甚至达到1.20元/千瓦时。

济利益和消费者权益得到尊重。通过法律手段要求自然垄断企业开放网络服务，并且要求其保证服务的公平与价格的合理。在此基础之上，积极推进市场竞争和有关规范的完善。另一方面要通过制定鼓励投资政策，引导和推动社会投资公共服务，通过财政、金融、税收等杠杆指引投资方向。以保证社会投资公共服务的热情，积极引导社会投资于城乡接合部以及欠发达地区。

（四）政府的职责之四：托底公共服务保障

公共服务市场开放的过程中，虽然能够通过投资主体的多元化减轻政府投资压力，并通过市场竞争有效降低服务成本和价格使消费者受益，但是在市场资源相对薄弱的地区，必须由政府承担起公共服务的托底保障责任。市场主体包括投资主体的经济行为，在市场竞争中的存在是以商业利润为前提的。其结果必然形成公共服务供应中的"黑洞"。即在自然地理条件相对艰苦，经济发展相对落后的地区，很难实现公共服务供应的市场化。这些区域内必须由政府直接或间接承担公共服务的基本供应责任。例如，为西藏和新疆的边远山区供电和保障当地的通信服务等。只有在政府承担起公共服务的托底保障职能之后，才能保证当地的经济发展和人民生活水平的提高。对于这些区域内的公共服务供应，政府要么采用补贴企业的间接方式，要么直接承担设备和设施的投资，以此保证公共服务供应的实现。

三　混合所有制引入公共服务行业的意义

混合所有制的引入是政府通过行政手段对于国有企业所有权的改造。通过前文的分析，将混合所有制模式引入公共服务行业对于我国市场经济的发展和推动城镇化建设水平都将具有重要的意义：

混合所有制能够进一步吸收社会资本，满足城镇化进程中居民对于公共服务的需求。城镇化的进程中，随着人口密集程度的加大和居住环境的改善，居民必然对于城镇公共服务提出更高的要求。而城镇化发展的重要标志恰恰是公民能够获得的公共服务数量与质量的提升。在这一背景下，有关基础设施的投资压力是十分巨大的。而引入社会资本进入公共服务行业，不但能够直接促进城镇化发展进程，同时也能够更好地指引和管理社会资本的投资方向。

　　混合所有制改造将进一步厘清政府与市场的关系,实现政企分开。企业所有权的变化将进一步拉开政府与企业之间的直接经济联系;随着国有股份份额的降低,不但企业投资风险将为市场有效化解,同时政府与企业之间的关系也更加单一。政企的分开使政府对于市场监管能够发力,能够更好地保障市场竞争的公平和区域均衡发展。

　　混合所有制改革将为公共服务市场开放打下良好基础。随着有关垄断性行业逐步实现所有权的多样化,在政府引导下破除垄断、开放市场将成为改革的必然。特别是随着自然垄断行业投资主体的多元化,开放性的市场竞争将随着对垄断的有效法律规制逐步展开。这对于市场经济发展和通过市场手段合理高效配置资源都将是重要的基础和前提。

　　当然我们也应当看到,公有制经济在未来依然将是我国社会经济的主体与核心,这是我国宪法和法律所确认的基本原则。同时需要说明的是,企业所有权的变化与生产力的提升并没有直接联系。行业生产效率不会随着企业所有权的变化而获得提高。也就是说消费者不会从企业所有权的变化中获得直接经济利益。[①] 例如,在德国和法国等国家依然存在着大量承担者公共服务供应责任的国有企业,这些国有企业垄断了该国绝大部分电力、能源、供水、电信、邮政等服务,企业的生产效率在欧洲处于较高水平,并且保证了有关服务价格在欧洲处于较低水平。而在实现了公共服务行业私有化的如英国、瑞典等国家,其相关企业的生产效率不但相对落后,同时服务价格在欧洲也是最高的。因此,在推进公共服务行业混合所有制的过程中,尤其是在我国目前有关法律政策尚不完善的情况下,需要综合考虑、有序推进,避免因为国有企业所有权变更带来的任何可能损害社会经济利益的情况发生。

四　结论

　　党的十八大报告在公共服务领域提出了明确的改革方向,为此需要进一步明确市场机制和政府在改革过程中分别承担的职能与责任。通过分析

[①] Yang Liu, Electricity Price Regulation in the EU, Germany and China, AVM Munich, 2013, p. 68.

可以看到，公共服务市场的建立与健康发展离不开政府的积极介入，同时在市场培育和市场监管职能之外，政府在市场无法发生效能的区域直接承担着公共服务供给的保障责任。而无论市场法律规范的制定还是基本保障责任，对于政府来说都具有这重大的挑战性。同时混合所有制改革并不会动摇我国公有制经济的主体地位，改革的目标在于发挥社会资本的作用，有效补充公共投资的不足。

简述国外首都与首都圈立法

刘小妹[*]

摘要：京津冀协同发展是一个重大国家战略，核心是有序疏解北京非首都功能，新时期的首都功能定位和功能实现。因此，京津冀协同发展背景下的地方立法，不是宪法、立法法和地方组织法所构建的"统一、分层次"的立法制度中的一种地方立法类型，而是首都立法和首都法治建设的重要内容。现行宪法第138条规定"中华人民共和国首都是北京"，但对首都的地域范围、特征、功能、机构、权限等都没有具体的规定，首都立法以及首都立法体系成为一个亟待填补的立法空白。以北京市总体城市规划修改为契机，本文拟通过对美国、加拿大、澳大利亚、日本、韩国等国家关于首都区域划分、保障首都功能实现的机构设置与职权运行机制，国家立法、首都立法和地方立法的事权划分关系，以及首都立法的基本体例和主要内容的考察，为推进我国的首都立法提供借鉴。

关键词：首都；首都圈；首都功能；首都法；首都立法

2015年4月30日，中共中央政治局召开会议，审议通过《京津冀协同发展规划纲要》。纲要指出，推动京津冀协同发展是一个重大国家战略，核心是有序疏解北京非首都功能，要在京津冀交通一体化、生态环境保护、产业升级转移等重点领域率先取得突破。在京津冀都市圈的规划和发展的大布局中，主导或参与京津冀规划的不仅有两市一省本身，国家发改委、住建部等部门和有关单位也各有其主导的相关规划。由此，新的总体规划的管理和实施必须从中央的层面设置机构，界定职权职责，在顶层

---

[*] 刘小妹：中国社会科学院国际法研究所副研究员。

设计上、组织机构上保障北京首都功能定位与疏解的有序实现。因此，一方面，一个跨省市的发展区域的立法体制、权限、程序机制如何确立是一个急需研究的重大问题。特别是十八届四中全会关于全面依法治国《决定》提出了重大改革决策要坚持立法先行的原则，京津冀协同发展背景下的立法问题就具有重要的指导价值和实际意义。另一方面，京津冀协同发展是与首都核心功能定位与非核心功能疏解相关联的，由此京津冀协同发展的立法问题也应当在首都建设的前提和目标之下。

京津冀协同发展背景下的地方立法，不是宪法、立法法和地方组织法所构建的"统一、分层次"[①]的立法制度中的一种地方立法类型，不是一般意义上的地方立法，也没有明确的宪法法律依据。具体来说，京津冀协同发展的立法有三个方面的独特性，使其在全国的立法体制中都是独一无二的：第一，北京、天津和河北是互不隶属、彼此独立、相互平级的三个省级行政单位，各自拥有独立的地方立法权；第二，北京既是首都又是直辖市；第三，京津冀协同发展是以首都核心功能实现和非核心功能疏解为目标和重心，不同于长三角、珠三角城市群发展的价值取向。因此，关于京津冀协同发展的立法也应该以首都及京津冀城市的功能定位和功能实现为重点。

在一定意义上，京津冀协同发展实质上就是为了在更大的空间范畴解决首都功能定位和功能实现的问题。为描述和界定这样的"跨区域合作"，"京津冀一体化"、"首都经济圈"、"首都特区"、"大北京特区"、"畿辅新区"等概念相继提出，但现行法律和总体规划仍缺乏一个相应的法律概念和法律机制。为此，本文拟通过对美国、加拿大、澳大利亚等英美国家以及日本、韩国等亚洲国家首都立法的考察，为推进我国的首都立法提供借鉴。

一 "首都特区"、"首都圈"的概念和内涵

在国外的首都立法中，引入了"首都特区"、"首都圈"的概念，其中"首都特区"比较侧重于首都所承载的国家功能以及国家与首都的权力划分关系，而"首都圈"则更加强调首都城市的发展规模以及首都功

---

① 杨景宇：《关于立法法和监督法的几个问题》，《北京人大》2013年第6期。

能的定位与布局。

华盛顿哥伦比亚特区（Washington D. C. ）是美国的首都，位于马里兰州和弗吉尼亚州之间的波托马克河与阿纳卡斯蒂亚河汇流处，其土地来自马里兰州和弗吉尼亚州。华盛顿哥伦比亚特区是美国联邦政府机关和很多国际组织总部的驻地，在行政上由联邦政府直接管辖，其最高权威机构为美国议会，通过华盛顿市政府实施管理。但是华盛顿市民在众议院仅有一名没有选举权的代表，在参议院没有代表。可见，首都作为美国联邦直接管辖的区域，与一般的行政区域在机构、职权、规范化等方面都具有特殊性，它更强调和重视首都所承载的国家（联邦）功能，也正是在这个意义上，它被称之为"首都特区"。

《国家首都规划法》是美国首都特区最重要的一项立法，有力保障了首都特区政治、经济、文化、环境的协调有序发展。美国国会在1952年通过了《国家首都规划法》（National Capital Planning Act），并于1954年和1961年相继作了城市规划，经过对7个方案的比较，1962年正式提出公元2000年的首都地区规划方案（人口规模为500万）。该方案以现在城市为中心，向外伸出6条放射形轴线。沿轴线分散城市的功能和建设项目，布置一批规模不同的卫星城镇或大型居住区。

根据1901年的澳大利亚联邦宪法草案，澳大利亚联邦首都应该拥有一块能供联邦政府自由使用的特区领地。澳大利亚首都特区（Australian Capital Territory，ACT）是澳大利亚联邦政府所在地，是澳大利亚辖区最小但人口最稠密的州层级行政区，它全境位于新南威尔士州境内。澳大利亚首都特区的首府是位在特区北部的堪培拉。堪培拉也是澳大利亚联邦的首都。建都之初首都领地直接由澳大利亚联邦政府管辖，1989年5月11日则建立自治政府，行使独立的管辖权，领地的最高行政负责人是首席部长（Chief Minister）。领地可以自行立法，但领地的立法权来源于联邦政府的授权，领地所订立的法律，联邦政府有权废止。

澳大利亚首都立法主要体现在宪法和澳大利亚首都特区法案［Australian Capital Territory (Planning and Land Management) Act, 1988］。《澳大利亚联邦宪法法案》第125条："政府所在地。联邦政府的所在地应当由联邦议会确定，应位于联邦所确认或获得的领土内，该地点应赋予并属于联邦，而且应位于新南威尔士州，距悉尼不少于100英里。该区域的范围应不少于100平方英里，该区域内属于皇室土地的部分应无偿授权联邦。在政府所在地召开会议前，议会应在墨尔本举行会议。"《国家首都特区法案》全称《规划澳大利亚首都特区、管理特区内土地、废除1957年国家首都发展委员会法案，并服务于相关目的的法案》（An Act to Provide for the planning of the Australian Capital Territory and the management of land in that territory, to repeal the National Capital Development Commission Act 1957, and for related purposes），简称《澳大利亚首都特区（规划与土地管理）法案1988》[Australian Capital Territory (Planning and Land Management) Act 1988] (Act No. 108 of 1988)。该法案制定于1988年，经过多次修订。

加拿大首都渥太华（Ottawa）位于安大略省东南部与魁北克省交界处。"国家首都地区"（National Capital Region）指的是加拿大政府所在地及其周边区域，具体包括安大略省的渥太华市、魁北克省的赫尔市和其周围城镇。加拿大1985年制定《加拿大国家首都法》（National Capital Act of Canada），全称《尊重国家首都地区发展和改善的法案》（An Act Respecting the development and improvement of the National Capital Region）。

关于首都的概念，日本在其1956年4月26日通过的《日本首都圈管理法》中，也作出了明确界定，即首都圈是指东京都及法规规定的、与其形成一体的东京都周边地区。该法在对首都圈进行明确界定的同时也对其涉及的"首都圈管理规划"、"市中心区"、"近郊管理区域"、"城市开发区域"等概念，以及首都圈、市中心区、被纳入首都圈的近郊地区、城市开发区都做了明确规定。如"城市开发区"是指市中心区域和近郊管理区域以外的，位于首都圈区域内第25条第1款规定中指定的区域。与"首都圈管理法"相配套，日本内阁在1956年通过法律第83号，规定了实施该法的相关事项。该实施令第1条规定，首都圈管理法第2条第1款规定的周边地区包括埼玉县、千叶县、神奈川县、茨城县、栃木县、群马县及山梨县地区。原城市中心区的具体城市除东京都的特别区外，还包括武藏野市、三鹰市、横滨市、川崎市及川口市的部分区域。

关于首都圈的概念韩国也有相应体现。为消解首都圈人口和产业的过度集中使首都圈得以有序均衡发展，韩国在2013年3月制定了《韩国首都圈管理规划法》，该法中的"首都圈"是指首尔特别市和总统令规定的周边地区。同时，该法规定国土行政部长官在听取中央行政机构的首脑和首尔特别市长、特区市长或都知事的意见的基础上，应制定首都圈管理规划方案。

二　机构设置与职权

1. 美国国家首都规划委员会

美国国家首都规划委员会（National Capital Planning Commission）是一个独立的行政分支，在国家首都区域发展中界定和保护联邦政府的利益。① 其中，可持续性对国家首都规划委员会保护和提升国家首都地区不同寻常的历史、文化和自然资源的使命至关重要。首都规划委员会的行为受《国家首都规划法》、《国家历史保护法》、《国家环境政策法》等法律规范的指引和约束。

2. 澳大利亚国家首都当局及其职能

国家首都当局（National Capital Authority，NCA）根据《首都特区法案》成立。国家首都当局在规划和发展国家首都时确保澳大利亚政府的利益，保证国家首都持续地服务于国家目的。国家首都属于所有澳大利亚人。国家首都当局的愿景是建设一个象征澳大利亚文化传统、价值和愿望的，得到国际承认的，让所有澳大利亚人为之骄傲的国家首都。国家首都当局的使命是建设所有澳大利亚人心中的国家首都。

《首都特区法案》规定了国家首都当局包括规划责任在内的职能，要求国家首都当局：（1）准备和管理（包括决定开发申请）"国家首都规划"；（2）保证"国家首都规划"处于持续的评估中，并在必要时提出修改建议。

3. 加拿大国家首都委员会及其职能

根据加拿大《国家首都法》第 10 条，国家首都委员会（National Capital Commission）的目标和目的是为国家首都区域的开发、保护和改善而准备规划并提供协助，以使加拿大政府所在地的性质和特征能与其在国家中的重要地位相称。国家首都委员会由 15 名成员组成，包括一名主席和一名首席执行官。立法对国家首都委员会权力的规定包括赋权和限权两个方面。

---

① 美国国家首都规划委员会的工作机制和相关情况，可访问该机构的官方网站（http://www.ncpc.gov/），获取更多信息。

一方面，为实现《国家首都法》的目的，国家首都委员会的权力包括：获得、持有、管理、开发以及必要情况下的出卖、授权、转移、出租、处分或者提供财产；建造、维护、经营公共、公用设施；管理、保障和维护任何历史古迹或历史博物馆；对与国家首都区域有关的规划进行调查、研究等。

另一方面，对国家首都委员会职权的规定，除上述列举的授权条款外，也包括对国家首都委员会交易行为的限制性和禁止性条款。例如，除非获得加拿大内阁总理（Governor in Council）的同意，国家首都委员会不得：获取任何价值超过25000加拿大元的不动产；签订期限超过五年的租约；或者准许期限超过49年的地役权；除非根据《金融管理法案》第99条第2款的规定，否则国家首都委员会不得处分价值超过10000加元的不动产。

4. 日本国土审议会及国土交通大臣

根据《日本首都圈管理法》的规定，国土审议会负责答复国土交通大臣的咨询，并对首都圈管理规划制定和实施的相关重要事项进行调查和审议。国土交通大臣对首都圈管理相关事项具有相应的指定权和决定权，同时也需履行相关职责。如国土交通大臣可以在听取相关行政机构首脑、相关都县及审议会的意见后的最终确定首都圈管理规划。国土交通大臣受到相关都县的意见申请的，应立即给予答复，并在制定首都圈管理规划后将此决定送达相关行政机构的首脑及相关地方政府，同时应根据国土交通省令的规定予以公示。上述首都圈管理规划的决定，因情况发生变化失去其合理性且有必要随之采取变更措施的，国土交通大臣可在听取相关行政机构的首脑、相关都县及审议会的意见后予以变更。

此外，为防止中心区近郊地域的无序城镇化，国土交通大臣为有计划地管理中心区和保护绿地，可将相关区域指定为近郊管理区。为缓和中心城区的产业和人口的过度集中，有必要对首都圈内的产业及人口采取适当调整的，在城市中心区和近郊管理区以外的首都圈范围内的地域，将适合发展为工业城市、居住城市及其他城市适当区域指定为城市开发区。此时国土交通大臣应听取相关地方政府及审议会的意见，并与相关行政机构的长官协商。

5. 韩国国土交通部长官及首都管理委员会

为解决首都圈的人口和产业的过度集中，韩国《首都圈管理规划法》

规定国土交通部长官在听取中央行政机构的首脑和首尔特别市长、特区市长或都知事的意见的基础上，应制定包括下列各事项在内的首都圈管理规划方案：（1）首都圈的管理目标和基本方向相关事项；（2）人口和产业等的布局事项；（3）区域区分和各区域管理事项；（4）诱发人口集中设施（学校、工厂、公共建筑、办公楼、商业建筑、培训设施及其他诱发人口集中的设施）及开发管理事项；（5）特区交通设施和上下水道管理事项；（6）环境保护事项；（7）首都圈管理相关扶助事项；（8）上述（1）—（7）的计划执行和管理事项；（9）其他事项。

为审议首都圈管理规划及其健康发展相关重要政策，《首都圈管理规划法》规定国土交通部长官属下可设立首都管理委员会（以下称为"委员会"）。该委员会由国土交通部长官任委员长，另设19名委员审议首都圈管理相关重要事项。具体审议事项包括：（1）首都圈管理规划的拟定和变更事项；（2）首都圈管理规划中的分类促进计划；（3）首都圈管理相关政策和规划的调整；（4）抑制过密区域中指定工业区的事项；（5）原土地的利用计划；（6）总量控制事项；（7）大规模开发工程的开发规划事项；（8）其他首都圈管理事项。

首都圈管理委员会中除委员长以外还有总统令规定的相关中央行政机构的次官，总统令规定的市、都的副市长或副知事，首都圈政策相关专家中被国土交通部长官委托的专家（至少5名以上）。受委员长委托者适用刑法第127条、第129条至第132条的规定时，视其为公务员。委员会下设由行政机构公务员和首都圈管理专家组成的首都圈管理工作委员会，研究和调整委员会的审议案和委员会委托的事项，并向委员会提交报告和受其监督。

国土交通部长官在首都圈管理规划经过首都圈管理委员会的审议后，还需经过国务会议的审议和总统令的认可。变更上述计划需要经过相同程序。中央行政机构的首脑及都、知事为实施首都圈管理规划，应制定其分管项目的实施计划并提交到国土交通部长官。此处实施计划经过首都圈管理委员会的审议确定后，应通知中央行政机构首脑和都知事。

三　中央（联邦）与首都的事权划分

1. 美国首都规划中的联邦事权和特区事权

美国《国家首都规划法》中关于首都规划的机构设置以及联邦政府

与华盛顿市政府在首都建设方面的细致的事权划分关系，显示了立法的特点，也是值得我们借鉴的经验。基于《国家首都规划法》提出的"国家首都综合规划"（Comprehensive Plan of National Capital）是指导华盛顿及其周边区域规划和发展的文件。综合规划包含两部分内容：联邦要素和特区要素。

联邦要素由国家首都规划委员会准备，它为联邦政府管理在国家首都区域内的运行和活动提供了一个政策框架。联邦政府在首都地区的广泛的多层次利益涉及联邦土地、建筑物、企业及其可持续性，具体包括：联邦工作场所（地址、影响与社区）、外国使团与国际组织、交通、公园和空地、联邦环境、维护历史特征、访客等。特区要素由特区政府开发，包括传统的城市规划问题，例如土地利用、交通、住房、环境保护、经济发展、城市设计、保存历史、社区服务及设施、教育设施、基础设施建设、保存并促进艺术和文化等。

联邦事权和特区事权亦有衔接关系。比如交通，联邦的职权是制定政策，以促进多种模式的区域交通体系和以公共交通为导向的发展，以改善整个区域的自由流动性和空气质量；特区的职权重在维持和改善特区交通系统，以及提升居民、访客、工作者目前及将来的旅行选择的政策和行动。再如在环境保护方面，联邦的职权是制定政策，引导联邦活动和管理联邦财产，以维持、保护、提升地区自然资源的质量；特区的职权在于保护、恢复、管理特区的土地、空气、水、能源和生物资源。可见，联邦事权是作宏观的顶层设计，特区事权者着力于具体的实施举措。

2. 澳大利亚首都特区双重规划制度

澳大利亚政府对堪培拉服务于国家目的的角色和功能负有责任。这意味着，澳大利亚政府在决定国家首都，以及保证首都服务于国家利益方面，对全体澳大利亚人民负有责任。澳大利亚政府这种持久的利益和承诺对于将堪培拉上升为国家首都及其未来发展至关重要。为此，澳大利亚首都建构了国家首都规划与特区规划并行的双重规划制度。

《首都特区法案》第 9 条规定"国家首都规划"（National Capital Plan）的目标是"保证堪培拉及特区按照与其在国家中的重要地位一致的方式进行规划和发展"。具体而言，"国家首都规划"的具体目的是保证联邦在特区内的国家首都利益得到充分的保护，另外，属于堪培拉社区专有权力的事项联邦不予参与。其中，"在国家中的重要地位"包括以下事项：（1）堪培拉及特区作为国家首都在功能上的领先地位；（2）保持并提升赋予国家首都特征与环境的地貌特征；（3）尊重沃尔特·贝理·格里芬（Walter Burley Griffin）先前已经被采用的对堪培拉的规划中的基本要素；（4）创造、保存并提升服务于国家机构、仪式以及国家首都用途的适当的场地、路径和背景；（5）发展一个既尊重环境价值又反映国家关切的具有可持续发展特征的澳大利亚城市区域。这些事项反映了澳大利亚国家首都的独特目的、环境、特征和象征意义的价值。

为使国家首都规划的上述目标切实有效，《首都特区法案》第 10 条进而规定了堪培拉及特区规划的原则和政策，并列举了应该在"国家首都规划"中包含的事项。"国家首都规划"界定了具有特殊的国家首都特征的区域为"指定区域"。在这些指定区域，国家首都规划设定了为国家首都利益而开发的特定要求。指定区域中从属于规划的工程（Works）由国家首都当局负责审批。原则上，在不影响 1974 年《国会法案》第 5 条实施的前提下，除非工程与国家首都规划相一致，且开展工程的提议包括计划及详细说明已经提交国家首都当局并获得了书面批准，否则在指定区域不得进行任何工程。

在一些区域，国家首都规划设定了为国家首都利益而开发的特定要求。一般来说，特定要求需要准备发展控制规划（Development Control Plan），后者由国家首都当局批准。考虑到指定区域对于国家首都特殊特征的特别重要性，"国家首都规划"也规定了规划、设计和发展制定区域的详细条件。此外，《首都特区法案》第 11 条、第 13 条确立了规划的效力：（1）与"国家首都规划"不一致的法律法规，在不一致的范围内不具有法律效力；但是能够与"国家首都规划"同时运行的法律法规，在此范围内应当被认为与规划相一致。（2）联邦、联邦当局、特区、特区当局不得为任何与规划不一致的行为。（3）规划不具有溯及既往的效力。

在特区规划方面，澳大利亚首都特区政府对通常的日常规划和发展事项负责。具体而言，根据《首都特区法案》第 25 条的规定，特区规划包括两个方面的内容：（1）为实现规划目标，应当界定规划的原则、政策；（2）可以包括规划、设计、开发土地（不包含指定区域）的详细条件，以及在实施这些规划、设计和开发过程中的优先事项。同时，《首都特区法案》确立的特区规划目标是"以不与国家首都规划相冲突的方式，确保对特区的规划和开发应当为特区内人民提供有吸引力的、安全的、高效的生活、工作和休闲环境"①。《首都特区法案》第 26 条规定，特区规划不得与国家首都规划相冲突。特区规划在与国家首都规划不相一致的范围内无效；但是特区规划若能够与国家首都规划同时运行，则在此范围内特区规划应被视为有效。

在首都特区双重规划制度中，一方面，《首都特区法案》已经明确规定，国家首都规划要较特区规划优先考虑。进一步讲，根据《解释备忘录》的说法，"国家首都规划对澳大利亚首都特区和联邦均具有法律拘束力"。另一方面，这两个规划应当是相互补充的。

3. 日本首都圈管理规划与国土形成规划

日本首都圈管理规划是指依据法律，由"首都圈管理规划法"确定的事项。其具体内容包括首都圈的人口规模、土地利用基本方向及其他首都圈管理的基本事项和市中心区、近郊管理区域及城市开发区管理相关事项中的核心内容。

"首都圈管理规划法"应与"国土形成规划法"（1950 年法律第 205 号）第 2 条第 1 款中的国土形成规划相协调。即不得与国土的利用、管理和保护相关整体规划相矛盾，具体包括：土地、水源及其他国土资源利用和保护相关事项；海域的利用和保护相关事项；地震灾害、水灾、风灾及其他灾害的预防和减轻相关事项；城市、农林渔村的规模及配套设施的调整和管理相关事项；产业布局事项；交通设施、信息通信设施、科学研究设施及其他重要公共设施的利用、管理和保护事项；文化、卫生、旅游相关资源的保护及设施利用相关事项；环境保护相关事项等。首都圈管理规划相关工作除依据"首都圈管理规划法"外，还应根据该项工作相关法和实施令的规定，由国家和地方政府或相关机构来实施。

四 日韩首都立法的基本体例和主要内容

首都立法包括由规定首都区域范围、目标、功能等问题的基本法律和相关配套立法组成的体系。作为有关首都功能定位和功能实现的基本法律，主要包括首都描述、机构设置与职权、中央与地方事权划分、城市规

---

① 特区的规划可以通过澳大利亚首都特区规划和土地管理当局（Australian Capital Territory Planning and Land Authority）的网站（www.actpla.act.gov.au）获得更多信息。

划的制定和实施等内容。

(一) 日本首都立法体系

日本首都立法体系主要由五个部分组成：一是《首都圈管理法》及其实施令。这是日本首都立法的基本法律规范，除上文阐述的《首都圈管理法》的核心内容外，实施令还对市中心区、近郊管理区域及城市开发区管理相关事项中的核心内容，道路交通设施、铁路、轨道、机场、港口等相关事项的基础范围，电力通信设施的管理中核心事项，邮政业务用设施的配备规划，电力通信线路建设规划，以及公园、绿地相关核心事项、地下管线和污水处理、河流、水路及海岸相关核心事项、住宅等建筑物的核心事项、学校和教育文化设施配备范围等作了详细规定。

二是首都圈、近畿圈及中部圈近郊管理相关国家财政特别措施法。为确保"首都圈管理规划法"的顺利实施，日本在1966年1月出台法律第140号，即"首都圈、近畿圈及中部圈近郊管理相关国家财政特别措施法"。该法第3条规定了首都圈管理规划中由国库负担的部分和地方财政负担的部分。依据《首都圈近郊管理地带管理规划》的规定，在住宅、道路和港湾及其他政令规定的主要设施方面，如依据法律规定相关都府县负担的金额超出核算的，作为资金的充实手段国家将同意该都府县发行地方债。国家在同意或许可发行的地方债中，对年利率超过法定利率的部分，国家可给予一定财政支持。除上述规定外，该法还就国家负担的比例和特定项目、国家负担金额的计算方法规定了详细的操作流程。

三是首都圈近郊绿地保护法及其实施令。为保护首都圈近郊配套地区良好的自然环境，营造首都及周边地区居民现在和未来生活的健康生活环境，进而促进首都圈秩序的有序发展，促进首都圈近郊配套地区的有序城镇化，日本于1966年6月出台《首都圈近郊绿地保护法》。该法第2条对近郊绿地做出明确界定，即近郊管理地区的绿地，包括树林、水域或类似土地、单独或成为一体或相邻的土地成为一体形成良好的自然环境且具有相当规模的土地。

日本内阁根据首都圈近郊绿地保护法第6条第9款、第8条第4款第2项及第5项、第9条第9款第2项的规定，在1967年2月制定了首都圈近郊绿地保护法实施令。实施令第1条规定了征收委员会的裁决申请程序(需按照国土交通省令规定的样式，在申请书中记载该条第3款各项规定的事项后将申请提交到征收委员会)、可能影响近郊绿地保护的行为(在屋外堆积沙土、废弃物或再生资源)。第2条列举了保护区内需要申请方可实施的行为：(1)建筑物的新建、改建或增建(地下建筑物的新建、改建和增建；建筑物的改建或增建)；(2)建筑物以外的工作物的新建、改建或增建，包括临时建筑物、地下工作物、悬挂户外广告所需工作物，以及供电用线路、有限电力通信用线路或空中线路的新建、改建或增建；(3)变更特定土地性质(面积在60平方米以下土地的性质；变更地下土地的性质)；(4)竹木的采伐；(5)其他需要申请的行为。

公益性特别强的行为，如机动车专用车道的新建、改建、维护和修缮或复建灾区所需道路的改建、维护、修缮或其他灾区复建相关行为；如河流的改良工程或管理行为；水资源管理相关行为；防沙工程或防沙设备的管理；地面防滑工程或防滑设施的管理行为及其他城市管理相关20多项行为均需要提前提出申请。

此外，根据首都圈近郊绿地保护法第8条第1款和第15款以及首都圈近郊绿地保护法实施令第1条的规定，日本于1967年12月又制定了首都圈近郊绿地保护法实施规则。实施规则对提交征收委员会的裁决申请书的样式、保护区内实施特定行为申请的程序、国土交通省令规定的标准、管理协定的公告内容做出了详细规定。

四是首都圈近郊管理地区及城市开发区管理法。为顺利开展首都圈的建设及其有序发展，建设近郊管理地区及城市开发区内的住宅及其他近郊管理和城市开发区管理所需事项，将近郊管理区有序建设成小城镇，将城市开发区建设成为工业园区和居住区以及其他类型区域，日本在1958年4月制定了《首都圈近郊管理地区及城市开发区管理法》。该法对"近郊管理地区"、"城市开发区"、近郊管理地区管理规划、制造厂、"工业园区营造工程"、公共设施等进行界定。其中近郊管理地区的城镇规划中，在城市开发区中指定城市规划区，无须听取相关市镇村的意见。

五是其他相关立法。除上述四件单项法律外，日本还在"环境基本法"、"环境影响评价法及其实施法"、"综合特别区域法"中也设有关于首都环境建设以及综合城市建设等方面的规定。

(二) 韩国首都立法体系

韩国的首都立法体系由三个部分构成：一是首都圈管理规划法。该法除规定了首都圈的区域范围、首都圈规划的机构、职权和程序外，还有一些比较有针对性、有特点的内容值得注意，在北京首都功能定位、疏解和保障立法中也有重要的借鉴意义。

1. 各区域的区分和指定、行为限制。为合理布置首都圈的人口和产业，首都圈管理规划法将首都圈分为过密抑制区域、成长管理区域和自然保护区，在这三个区域内相关行政机构的首脑的许可、认可或协议等行为将受到限制。"过密抑制区域"即人口和产业过度集中或有其可能需要迁移和管理的地区，其行为限制主要指，新建或增建总统令规定（实施令第三条）的学校、公共建筑、培训设施及其他容易诱发人口集中的设施以及工业区域。"成长管理区域"是需有计划地引导过密抑制区域的人口和产业，并有必要合理开发和管理的区域，该区域行政机构首脑不得增建或许可学校、公共建筑、培训设施及其他诱发人口集中的设施。"自然保护区域"即有必要采取保护措施的汉江水系水质和绿地等自然资源等自然环境区域，该地区行政机构的首脑不得在自然保护区内许可或实施特定行为，如以居住、工业和旅游为目的，超出总统令规定的种类和规模的开发项目；新建或增建学校、公共建筑、办公楼、商业楼、培训设施及其他易诱发人口集中的设施。

2. 土地和税收措施。国家、地方政府或"公共机构运营法"规定的政府机构，对于将抑制过密区内的诱发人口集中设施迁移到成长管理区内者，可使其优先得到相关土地。国土交通部长官或市、都知事为使抑制过密区域内易诱发人口集中设施迁移后的土地，变更为非诱发设施的，可采取"国土规划与利用法"等法律中规定的变更措施。相关行政机构的负责人如在原土地上新建、或增建或诱发人口集中设施或作出许可的，应提前拟定计划并经过首都圈管理委员会的审议与国土交通部长官协商或征得其同意。在属于总统令规定的抑制过密区域内建筑办公楼、商业楼、公共建筑及其他总统令规定的建筑物的，行为人应缴纳过密税。

3. 量化控制。为防止诱发人口集中设施过分集中于首都圈，国土交通部长官应规定新建或增建建筑物的总许可量，对于超出的部分可以作出限制。关于工厂的总量控制的内容和方法，应按照总统令的规定经过首都圈审议委员会的审议后确定，国土交通部长官应予公示。相关行政机构的负责人不得作出与上述总量控制内容相悖的许可。

4. 大规模工程的控制。一是相关行政机构的负责人欲于首都圈内实施或许可大规模开发工程的,应将该开发规划呈报首都规划管理委员会审议并与国土交通部长官协商或征得其同意。国土交通部长官欲实施或许可大规模开发工程的,亦需经过上述程序。相关行政机构的长官依据上述规定提交首都圈管理委员会的审议的,应提出解决交通、环境污染问题及人口集中等问题的方案,以及总统令规定的广域基础设施的设置规划方案。上述预防交通问题、环境污染问题的方案应依照"城市交通管理促进法"和"环境影响评价法"的规定,预防人口集中问题的人口诱发效果分析、逐减方案所需必要事项则需依据总统令的规定。

二是首都圈大气环境改善特别法。韩国首都圈地区长期饱受大气污染的困扰,为改善首都地区的大气环境和有序管理大气污染源,保护区域居民的健康和营造宜居城市,韩国于2003年12月出台了"首都圈大气环境改善特别法",明确了各主体的环境责任:(1)国家和地方政府的职责。为改善首都圈地区的大气环境,国家应制定和实施综合性的政策。管辖大气管理地区的地方政府,应考虑相关区域的社会、环境特点制定和实施改善大气环境的详细措施。(2)经营者的责任。在大气管理区域内从事经营活动的人,为预防其经营活动造成大气污染而应积极采取措施,并积极协助落实国家或地方政府实施的环境保护措施。(3)居民的责任。居住于大气管理区域的居民,应为减少汽车行驶等日常生活中的大气污染而努力,并应积极协助国家和地方政府实施的大气环境保护措施。

三是新行政首都特别法。为改变首都圈过度集中的副作用,对首都功能作出分解,将首都的部分行政功能转移到其他地区,韩国于2014年开始实施"新行政首都特别法"。在该法规定,国家应为分解首都圈压力和国家均衡发展的方向发展而努力,地方政府则为了行政中心复合都市的建设,应协助实施依据本法实施的各种程序和措施。

韩国为创造全国各地区依其地域特点均衡富裕的国土条件,在该法中规定并推动公共机构的地方迁移、首都圈发展对策、落后地区开发、地方分权等国家均衡发展对策和行政中心复合都市的建设,引领国家的均衡发展,同时也使首都圈区域发展成为自然和人文相和谐发展的亲环境都市、具备便利性和安全性的人文中心都市以及文化和尖端技术协调发展的文化信息都市。

五　结语

他山之石，可以攻玉。明确首都区域、规范中央（联邦）与首都事权划分和机构设置，并将首都地区的城市规划纳入首都法和首都法律体系，在国际上已经是一个比较成熟的法治经验。在我国，从现行宪法和北京市的城市发展规划来看，关于首都的规范表述就是"中华人民共和国首都是北京"，或者反过来说"北京是中华人民共和国的首都"，二者对北京的地域范围、特征、功能、机构、权限等都没有具体的规定。目前，交通、住房、公共服务和环境污染等方面的矛盾凸显，已成为影响首都协调可持续发展和城市竞争力的突出因素。中央和北京都意识到，解决这些"大城市病"，单靠北京一己之力难以完成，必须在更大的空间范畴，即"跨区域合作"上求解，京津冀协同发展以及河北雄安新区建设都是在这样的背景下出台的、以保障首都功能实现为目的的国家战略举措。由此，我国的首都立法以及首都立法体系成为一个亟待填补的立法空白，全国人大及其常委会应当以首都核心功能实现和非核心功能疏解、京津冀协同发展战略实施、河北雄安新区建设、北京市总体城市规划修改为契机，尽快研究制定"首都法"，明确和强化新时期首都功能职责的战略定位，统筹京津冀城际间交通、能源、水资源、产业、生态等的布局，推进首都法治建设。

司法改革

司法改革背景下法院院庭长办案制度实践调查

冯之东[*]

摘要：院庭长办案制度，是一项长期以来受到最高司法机关重视并持续进行具体规划的重要制度，但始终落实不力。特别是伴随着新一轮司法改革及其法官员额制改革的推进，其中的问题暴露得更加明显。在对"一五改革"至"四五改革"以来有关院庭长办案的制度文本和制度实践进行分析的基础上，结合对法官员额制改革实践的探讨，来分析院庭长办案制度落实不力的主客观原因。最终从改良制度设计、强化制度认同感、修正法官员额制改革实践和加快法院内设机构改革等方面入手，就成为提升院庭长办案制度效应的重要举措。

关键词：司法改革；院庭长办案；法官员额制

一 问题的提出

对于中国法院系统，特别是对于审判工作而言，"院庭长办案"绝非什么新话题。早在20世纪60年代，就有司法界前辈为践行这一制度而鼓与呼。[①] 作为集"办案法官"与"行政领导"于一身的结合体，院长与庭长在法院系统扮演着极其重要的角色，也发挥着极其特殊的作用。特别是院庭长通常都是素质较高、能力较强、审判业务比较精良、审判经验比较丰富的资深法官，是毋庸置疑的法院优质审判资源，必须给予充分利用。

---

[*] 冯之东，甘肃靖远人，最高人民法院中国应用法学研究所与中国社科院法学所联合培养博士后，研究领域：司法改革、多元化纠纷解决机制等。

[①] 笔者搜索中国知网发现，早在"文化大革命"之前，就有焦朗亭《基层法院院长应该坚持亲自办案》(《政法研究》1965年第3期，《法学研究》的前身)；王自臣《基层法院院长亲自办案的好处》(《政法研究》1966年第1期) 等论述院长亲自办案必要性的文献。

然而，自法院系统"一五改革"启动以来，直到如今伴随着"司法责任制"和"法官员额制"等主体性改革举措渐次展开而日趋深化的"四五改革",①尽管在最高人民法院（以下简称"最高法"）和各省级高级人民法院以及试点法院有关改革的规范性文件中，都将"院庭长办案"制度作为重要改革举措并提出具体工作要求，但其落实状况相较于改革预期而言，却始终存在着反差。特别是在新近召开的2017年中央政法工作会议上，改革决策层已经明确批评了依旧存在于新一轮司法改革进程中的这一类现象。②可以肯定的是，这种反差如果不能尽快消除，所谓更好履行院庭长审判监督职能、落实审判责任制度乃至提升司法公信力等新一轮司法改革所设定的一系列改革预期都必然会受到影响。因为在众多的改革举措中，院庭长办案可能是为数不多可立竿见影的"规定动作"。这对凝聚人心、鼓舞士气，尤其是提振一线法官对司法改革的信心更是意义重大。

那么，究竟是什么原因造成了这种反差的长期存在？如何从制度设计和制度实践的层面，尽快消除这种反差及其影响？无论是对于理论界还是实务界，这都是必须面对和解决的问题。因此，笔者于本文再提旧事，既有从理论层面研究分析这一制度及其现实状况的目的，更有以理论分析为基础、从实务层面尝试解决实际问题的考虑。近年来已有多位实务界人士撰文论述院庭长办案制度，并对该项制度所具有的诸如"充分利用优质审判资源、缓解案多人少现实矛盾，发挥办案示范指导功能，提升司法公信和司法权威"等特定功能的讨论，也有基本一致的结论。③鉴于此，出

---

① 笔者以为，所谓"一五改革"直到"四五改革"，特指由最高法主导的法院系统的改革。而后文的"新一轮司法改革"既包含了法院系统的"四五改革"，但又不限于此。

② 在2017年1月12日召开的中央政法工作会议上，中央政治局委员、中央政法委书记孟建柱明确指出："有的领导干部既不管业务，又不办案，却占着员额，这种情况是不允许的。……不办案而入额的领导班子成员要自觉退出员额。"王梦遥：《中央政法工作会：不办案而入额的领导班子成员要自觉退出员额》，《新京报》2017年1月13日第1版。

③ 可参见张广兄、沙瑞新《对院庭长办案制的调查与思考》，《法律适用》2006年第12期；安徽省高级人民法院民四庭：《完善院、庭长参加合议庭办案制度对策和建议》，《中国审判》2007年第5期；李新亮：《人民法庭庭长办案机制中的审管分离》，《人民司法·应用》2015年第17期；马家曦：《中德法院院长参与办案与法院管理比较研究——兼论我国法院院长办案与管理模式的完善》，《时代法学》2016年第1期；冯包根：《院庭长办案常态化需加强制度设计》，《人民法院报》2016年1月13日第2版；李群星：《让院长办案常态化》，《学习时报》2016年4月21日第4版，等相关文献。

于对既有文献的尊重，笔者结合法官员额制改革，只就"一五改革"至"四五改革"以来有关院庭长办案的制度文本和制度实践进行梳理，并分析院庭长办案制度落实不力的原因，最终在既有文献所提完善措施的基础上，尝试提出能够进一步强化该项制度效应的其他建议。

二 "四五改革"之前院庭长办案制度的文本和实践

实际上，最高法长期以来就持续通过规范性文件对落实"院庭长办案"制度进行具体要求。那么，这一系列要求都涵盖了哪些具体内容？落实情况如何？有哪些影响制度落实效果的具体因素？笔者于下文先就"四五改革"之前的状况做一梳理。

（一）踌躇满志——"一五改革"的情形

早在1999年，最高法《人民法院五年改革纲要（1999—2003）》（即《一五改革纲要》）就正式作出规定，"推行院长、副院长和庭长、副庭长参加合议庭担任审判长审理案件的做法。各级人民法院应结合本院的实际情况，对院长、副院长、庭长、副庭长担任审判长审理案件提出明确要求"。[①] 笔者以为，之所以能够针对院庭长办案提出要求，主要还是因为对于独任法官、合议庭以及院庭长在法院审判工作的职能定位发生了根本性的变化。

自20世纪70年代末我国审判制度恢复之后，法院内部长期实施的"院庭长审批案件"制度，在限制广大法官办案自主权的同时，也使得庭长的日常工作量日益繁重。但自"一五改革"开始，在"还权于合议庭"这一基本改革取向的主导下，除了法律规定应当由审判委员会讨论决定以及合议庭主动提交审判委员会讨论的重大疑难复杂案件之外，其他案件都由合议庭或独任法官自行依法裁决。尽管这其中有些改革要求在审判实践中并没有完全落实到位，但对合议庭及独任法官的"还权"或"放权"，成为当时各级法院的普遍做法。

在笔者看来，最高法之所以采取这样的改革举措，意在实现两个基本目标：第一，确保独任法官与合议庭依法独立行使审判权，切实解决

---

① 参见最高法《一五改革纲要》第21项之规定。

"审者不判、判者不审"的突出问题。第二，从根本上将院庭长从审批案件等大量司法行政性事务中"解放"出来，使其科学履行审判管理和审判监督职能，特别是通过亲自审理案件，强化优质审判资源的示范指导效应。即便是从今天的制度设计和司法理念出发，最高法当时的这一举措，也是值得肯定的。也正是在此改革精神的主导下，当时的一些法院就已将推行院庭长办案制度作为法院改革的一项重要举措来抓，力图改变过去"院庭长脱离审判一线、幕后裁判"的做法，较好地整合利用了审判人力资源，强化院庭长对重大、疑难、复杂案件的办理，借此进一步强化院庭长对审判运行机制改革的身体力行。① 有些法院甚至还明确了院庭长办案的具体数量比例和案件类型，将办案工作与"评先选优"、"考核考评"等一系列法院内部的核心利益挂钩，以此来强化院庭长制度的目标责任管理。② 可以说，这些措施的确也有助于提高院庭长审判工作决策的科学性和针对性，而且也确实提升了法院整体审判工作质量。③

(二)"反复"抑或"调整"——"二五改革"的状况

"一五改革"尚未结束，最高法于2002年出台新规定，尽管还是强调院庭长"不得改变合议庭的评议结论"，但却明确规定院庭长"可以对合议庭的评议意见和制作的裁判文书进行审核"。④ 很显然，从"审批"改为"审核"，法院下放给合议庭和独任法官的权力在一定程度上又被收回了，院庭长刚刚宽松的时间又重新变得紧张起来，"亲自办案"的要求及其落实也再次搁置。这既可以被看作改革进程中"时而下放权力、时而回收权力"这样的反复，更可视为基于客观情势而做的必要"调整"。

引发这一情况的因素很多，但其中核心的两点原因是：第一，由于监督和管理机制不健全，在普遍放权、还权于合议庭和独任法官、强化其裁判权，并弱化院庭长审批权的同时，法院的案件审判质量每况愈下。第

---

① 李力、向国慧：《丰台院庭长办案制度化 结案占全院三成多》，《人民法院报》2002年11月27日第2版。

② 陈升云：《抓审判导向做合格法官 寿光院庭长带头办案》，《人民法院报》2003年4月15日第2版。

③ 详情可参见吴克东《改革管理模式重新整合资源提高办案质量 酒泉法院院长庭长带头办案》，(《人民法院报》2004年5月25日第2版)等文献。

④ 参见最高法《关于人民法院合议庭工作的若干规定》第16条之规定。

二，伴随着我国经济社会的高速发展，涌向法院的纠纷日益复杂，即便院庭长们完全放权，合议庭或独任法官还是会把问题和矛盾引向院庭长或审判委员会，这就迫使院庭长以及审判委员会不得不更多地通过审核甚至审批的方式进行监督和管理，甚至直接介入某些特定案件的实体处理。其实话又说回来，面对繁重的内部审判任务与复杂的外部社会需求，法院的确无法坦然面对"权力在法官、压力在法院、责任在院庭长"这样的局面。① 可以说，在这一过程中，改革的"双刃剑"效应显现得淋漓尽致。

当然，难能可贵的是，尽管有这样的"反复"，但最高法的改革追求基本未变。最高法2005年发布的《关于增强司法能力提高司法水平的若干意见》进一步规定："要加强干部管理制度建设，建立和落实好院、庭长办案制度，积极探索保障院、庭长办案的审判组织和运行机制保障办法，确定院、庭长每年直接参加合议庭办案数量的硬指标，并列入岗位目标考核的重要内容，各级领导干部尤其是院、庭长必须排除一切困难和干扰，切实承担起审判职责。"② 很显然，在这一规范性文本中，有关院庭长办案工作，已经不再是笼统的、宣示性的改革要求了，而是已从制度建设的角度，初步涉及事关院庭长办案的审判组织、数量指标、保障办法和考核评价等重要环节。应该说，这都极具积极意义。紧接着，最高法2005年发布的《人民法院第二个五年改革纲要（2004—2008）》（即《二五改革纲要》）在继续突出合议庭作用的同时，再次重申要"强化院长、副院长、庭长、副庭长的审判职责"，再次强调"院长、副院长、庭长、副庭长应当参加合议庭审理案件"。③ 最高法更是于2007年专门出台《关于完善院长、副院长、庭长、副庭长参加合议庭审理案件制度的若干意见》，再次重申各级法院"院长、副院长、庭长、副庭长除参加审判委员会审理案件以外，每年都应当参加合议庭或者担任独任法官审理案件"。④

可以看到，2005年先后出台的两份规范性文件，都是旨在建构符合司法规律的审判权运行机制、以提升整体司法工作能力的综合性文本，而

---

① 有关这一问题的论述和分析，可参见顾培东《再论人民法院审判权运行机制的构建》，《中国法学》2014年第5期。
② 参见最高法《关于增强司法能力提高司法水平的若干意见》第26项等相关规定。
③ 参见最高法《二五改革纲要》第25、26项之规定。
④ 参见最高法《关于完善院长、副院长、庭长、副庭长参加合议庭审理案件制度的若干意见》第1条之规定。

关于"院庭长办案"的制度要求，只是其中的一项内容。但2007年出台的规范性文件，则是就"院庭长办案"这一制度的专项性文本，在短短的8个条文中，涉及院庭长办案的目标宗旨、案件类型、数量标准、权利责任和考评监督等多个方面的内容。[①] 从"综合性文件"到"专门性文件"，可以说，就文本意义而言，最高法对于院庭长办案提出了越来越严格、越来越具体的制度性要求。

然而，遗憾的是，在审判实践中，上述规范性文件的基本精神并未贯彻落实到位，院庭长办案更多地还是流于形式，甚至呈现出越来越稀松的现实状态，笔者所在的G省省会L市两级共9家法院2005—2007年的院庭长办案情况就说明了这一点。

表1　　G省L市两级法院2005—2007年院庭长办案情况

人员及结案数＼年份	院长人数/结案总数/人均结案数	副院长人数/结案总数/人均结案数	庭长人数/结案总数/占全院结案数比重/人均结案数	副庭长人数/结案总数/人均结案数	院庭长总数/占全院法官总数比重/院庭长结案总数/占全院结案数比重/院庭长人均结案数	全院法官总数/全院结案总数/人均结案数
2005	9/6/0.7	35/40/1.1	76/308/1.66%/4.1	104/5020/48.3	224/43.2%/5374/29.0%/24.0	519/18518/35.7
2006	9/5/0.6↓	34*/33/0.9↓	76/305/1.50%↓/4.0↓	104/5409/52.0↑	223/43.1%/5752↑/28.3%↓/25.8↑	518/20306/39.2
2007	9/6/0.7↑	34/37/1.1↑	76/311/1.35%↓/4.1↑	104/6011/57.8↑	223/43.1%/6365↑/27.7%↓/28.5↑	518/23015/44.4

说明：*2006年，基层法院一名副院长调离，相对于2005年，副院长人数由35人降至34人；与此相应，院庭长总人数和全院法官总数均减少1人，分别降至223人和518人。

资料来源：在本文中所援引的各项数据中，有关法院2014年之前的相关数据均为笔者赴该法院调研所得；有关法院2014年之后的相关数据，均为笔者随最高人民法院司改办赴有关法院进行司法改革督查所得。

表1显示，在2005—2007这三年中，L市两级法院的院庭长共计224

---

① 参见最高法《关于完善院长、副院长、庭长、副庭长参加合议庭审理案件制度的若干意见》第2至第7条之规定。

(后降至 223) 人,在总共 519 (后降至 518) 名审判人员中,占比高达 43.2% (后降至 43.1%)。看似院庭长结案总数一直在上升 (5374→5752→6365);而人均结案数也逐年递增 (24.0→25.8→28.5),但这实际上还是依靠本就为办案主力的副庭长逐年增加的工作量 (结案总数:5020→5409→6011),特别是人均结案数这一变量来拉动 (48.3→52.0→57.8,均高于同期全院法官人均结案数:35.7→39.2→44.4)。在两级法院案件总数和人均结案数逐年攀升的背景下,院长、副院长、庭长的人均结案数却始终徘徊不前,院庭长结案总数占比更是逐年下降 (29.0%→28.3%→27.7%),甚至于连庭长结案总数占比也呈现出下降趋势 (1.66%→1.50%→1.35%)。总体而言,院庭长办案情况难以令人满意。

(三) 每况愈下——"三五改革"的情况

笔者在长期调研中了解到,在法院系统"二五改革"前后,基于相关规范性文件的出台,一般情况下,院长、副院长,一年到头还能够象征性办理几件诸如交通肇事这样的简单案件;至于庭长特别是副庭长,本来就是办案的主力,对这项制度的落实自不在话下。但是,随着时间的推移,不论是院长、副院长办理的案件数,还是办案院长、副院长的人数,都是"王小二过年———一年不如一年",彻底地将这项工作变成了一件"做样子、走形式,而且都彼此心照不宣"的事情;有些院庭长特别是院领导,多年以来未曾办理一件案子,连"样子"都不愿做。笔者在对 G 省 Z 市中级人民法院的调研中发现,从 2011 年至 2013 年,该院的院庭长办案工作就很不理想。

表2　G 省 Z 市中级人民法院 2011—2013 年院庭长办案情况

人员 年份	院长 结案数	副院长5人 结案数及 人均结案数	专委2人 结案数及 人均结案数	庭长11人 结案数及 人均结案数	副庭长14人 结案数及 人均结案数	院庭长33人 结案总数及 人均结案数	全院86名法官 结案总数及 人均结案数
2011	0	3/0.6	14/7	254/23.1	1023/73.1	1294/39.2	7710/89.7
2012	0	4/0.8	9/4.5	343/31.1	1198/92.2▲	1754/54.8★	8915/107.4■
2013	0	6/1.2	13/6.5	430/39.1	1475/113.5	1924/60.1▼	11216/135.1●

说明:2012 年,▲该院一名副庭长调离,由 14 人降至 13 人。因此,★该院院庭长人数由 33 人降至 32 人。加之,■该院 2 名法官辞职,因此,全院法官人数由 86 人降至 83 人。

2013 年,▼全院院庭长人数依然为 32 人。●全院法官人数依然为 83 人。

由表2可以看到，从2011年至2013年的三年期间，在全院法官人数不断减少的情况下，该院院长没有办结任何案件，考虑到繁杂的行政事务，院长不办案尚情有可原。但在院领导中，副院长的结案数也是微乎其微，只有审判委员会的专委办结了几个案子，这实在是说不过去。当然，作为办案主力的副庭长，其结案数还比较接近全院人均结案数。可以说，这种状况不仅存在于G省Z市中级人民法院，在全国也具有普遍性。[①] 毫无疑问，地方法院这种"上有政策、下有对策"的表现当然令人失望，然而，最高法在此问题上的"无为而治"则更令人感到困惑。最高法对地方法院贯彻落实制度要求如此不力的突出问题，不可能一无所知，但却自始至终都没有采取行之有效的举措来改变这一现状（当然，也受制于一些客观因素）。即便是在最高法2009年出台的《人民法院第三个五年改革纲要（2009—2013）》（即《三五改革纲要》）中，尽管也强调审判监督和审判管理，依然重申院庭长办案，但也只是笼统地要求"建立健全院长、庭长的'一岗双责'制度，落实院长、庭长一手抓审判、一手抓队伍的双重职责"。除此之外，再无其他规定。[②] 而2013年最高法《关于审判权运行机制改革试点方案》规定的"将副院长、审判委员会委员、庭长、副庭长直接编入合议庭并担任审判长"，不但忽略了"院长"，而且这一规定也只是为了解决"一个审判庭内设有多个合议庭"而产生的相应问题，并非出于院庭长办案的考虑。[③] 透过这两个文本可以看到，最高法对于"院庭长办案"的制度性要求，不但没有强化，反而有所弱化。笔者以为，前述那种最高审判机关"言者谆谆"、地方审判机关"听者藐藐"的状况，可能极大地伤害了制度设计本身及其制度设计者。因为从制度功能主义的视角来看，制度的成效高低，往往是一项制度能否得以延续或被强化的主要原因。

三 对当下"四五改革"院庭长办案问题的分析

由上文可知，院庭长办案制度在"一五改革"到"三五改革"期间

---

① 相关分析，可参见林娜《如何走出院庭长办案的困境：兼论我国审判权运行机制改革试点方案的补强》，《法律适用》2015年第11期。

② 参见最高法《三五改革纲要》第21项之规定。

③ 参见最高法《关于审判权运行机制改革试点方案》第2项之规定。

落实得并不理想。那么,当下的"四五改革"能否实现改观呢?

(一) 非比寻常的四五改革

1. 不同以往:改革的背景、层级和内容

就改革背景而言,执政党的最高决策层在十八大、十八届三中全会、十八届四中全会等一系列最高决策平台上,无一例外地强调进一步深化司法体制改革的重大战略部署。① 可以说,法院司法改革面临着"前所未有的重大历史机遇"。②

就改革层级而言,此前的三个"五年改革"均由最高法独自规划部署推进,改革进程中遇到的突出问题,须由最高法依托于其在当下中国政治体制架构和公权格局中人所共知的现实地位,去独自协调解决。显而易见,这是纯粹的法院系统内部改革,改革成效可想而知。与此不同,新一轮司法改革由"中央深改组"统一安排部署,由中央政法委具体牵头组织推进,有关司法改革的指导性文本,均由中央深改组审查通过后发布实施。而"四五改革"就是最高决策层全面深化司法体制改革这一重大战略部署的重要组成部分,绝非最高法的独角戏。显然,这是一轮更加强调并突出"中央主导"和"整体推进"的司法改革。

就改革内容而言,此前的三个"五年改革"主要还是局限于审判组织、审判方式等法院内部以工作机制为主线的"修修补补"。与此不同,"四五改革"在继续深化上述改革的基础上,又涵盖了司法管辖制度、诉讼制度、人财物统管、司法人员分类管理、司法职务序列和工资制度等多个涉及法院以外不同领域的重大变革。③ 正所谓"改的是体制机制,动的

---

① 参见胡锦涛《坚定不移沿着中国特色社会主义道路前进 为全面建成小康社会而奋斗》,载《人民日报》2012年12月9日第2版;《中共中央关于全面深化改革若干重大问题的决定》第33项之规定;《中共中央关于全面推进依法治国若干重大问题的决定》第4项之规定。
② 语出自最高法党组书记、院长周强。参见最高法司法改革领导小组办公室编著《〈最高人民法院关于全面深化人民法院改革的意见〉读本》,人民法院出版社2015年版,序言第1页。
③ 具体内容可参见《中共中央关于全面深化改革若干重大问题的决定》、《中共中央关于全面推进依法治国若干重大问题的决定》以及《关于深化司法体制和社会体制改革的意见及其贯彻实施方案》、《关于司法体制改革试点若干问题的框架意见》、《关于司法体制改革试点中有关问题的意见》、最高法《四五改革纲要》等有关司法改革的纲领性文件。

是利益格局，伤筋动骨在所难免"①

2. 与院庭长办案制度密切相关的改革举措——法官员额制改革

在内容丰富的新一轮司法改革中，与院庭长办案制度密切相关的是"法官员额制改革"。② 简单地讲，"法官员额制"就是在采用不同于普通公务员管理模式的基础上，选拔最优秀的法官进入员额，依托于优厚的职业保障和独立的审判权力，建立以法官为中心、以服务审判工作为重心的新型审判团队，进而实现法官的正规化、专业化、职业化，从而保障审判队伍的公正高效权威。③ 因此，就制度安排的本质而言，法官员额制就是一项依循司法规律配置司法人力资源、涉及利益再分配和工作机制再调整的重要制度，是我国司法人事制度的一场革命。④

改革之前，全国法院系统共有 19.88 万工作人员具有审判员、助理审判员即法官身份，⑤ 但是受制于各种历史因素和现实条件，在这一职业群体中，有的审判经验不足，有的综合素质较差，相当一部分人并不具备独立审案并独立担责的能力。这就势必造成部分法官试图分散责任、推诿责任、规避责任的情况，进而影响到审判权的公正高效权威运行。因此，不改革我国现行的法官制度，所谓"牢牢牵住司法责任制这一司法改革的牛鼻子"，就必然成为一句空话。正是基于这一重要因素，新一轮司法改革才正式提出并强力推进"法官员额制"改革，就是要从现有司法人员中遴选出优秀人员成为员额法官，打造高素质的审判队伍，以提高司法质量、司法效率和司法公信力。

从法官员额制的基本预期出发，可以看到，科学确定进入员额的条件、标准和程序，确保员额法官的最优化，就成为员额制改革的重中之

---

① 参见孟建柱《坚定不移推动司法责任制改革全面开展》，《长安》2016 年第 10 期。
② 其实早在 2004 年，最高法在《二五改革纲要》中就提出"建立法官员额比例并逐步落实"。但无奈员额制是司法人事管理制度的核心，利益纠葛复杂，最高法根本无力推动。
③ 对此问题的分析和论述，可参见陈晓聪《员额制改革背景下的法官约束与激励机制》（《华东政法大学学报》2016 年第 3 期）、林振通《员额制背景下审判团队配置模式与职责定位》（《人民法院报》2016 年 9 月 29 日第 5 版）、严剑漪《员额制改革：一场动自己"奶酪"的硬仗》（《人民法院报》2016 年 11 月 14 日第 6 版）等文献。
④ 孟建柱：《坚定不移推动司法责任制改革全面开展》，《长安》2016 年第 10 期。
⑤ 《法官法》第 2 条规定：法官是依法行使国家审判权的审判人员，包括最高人民法院、地方各级人民法院和军事法院等专门人民法院的院长、副院长、审判委员会委员、庭长、副庭长、审判员和助理审判员。

重。因此,最高决策层要求法官员额制改革必须以省为单位,"以案定额",法官员额必须严格控制在以中央政法专项编制①为基数的 39% 以内。② 可以看到,这一制度安排的初衷就是,确保法官数量与案件数量相匹配,避免案多人少、忙闲不均;确保审判辅助人员数量与法官数量相对应,减少法官事务性工作负担;确保优秀法官集中在审判一线,压缩"不办案的法官"比例。因此,尽管进入员额的法官少了,但由于法官和审判辅助人员等人力资源均被配置到办案一线,实际办案人数只增不减,案多人少矛盾会得到缓解。因此,在决策层看来,员额比例能否从严控制,直接关系到司法人员分类管理改革的成败,影响改革的全局。③ 而且改革试点初期,员额比例还要留有余地,为暂未入额的优秀人才留下空间。员额比例适当向基层和案件较多的法院倾斜,进一步缓解案多人少矛盾。

通过观察以上制度设计可以发现,员额制改革必然产生两个基本效应或曰要求:第一,依法本已具有法官资格的一大批审判员、助理审判员,必然无法进入法官员额。第二,凡是进入员额的法官必须办案,作为优质审判资源的院庭长更是责无旁贷,否则案多人少的突出问题将无从解决。

以 G 省 Z 市中级人民法院为例,该院现有政法专项编制 95 名,其中法官 62 人。首次员额法官数量控制在中央政法专项编制的 39% 以内,并在这 39% 的范围内预留 20% 员额,即按 95 名中央政法专项编制的 31.2% 这一比例,来核定首次入额法官数。最终原有 62 名法官中的 30 人进入员

---

① 1982 年 11 月 10 日,中央政法委、中央组织部、劳动人事部、财政部在《关于公安、检察、法院、司法行政系统编制和经费若干问题的联合通知》中明确,"将全国各级公安、检察、法院、司法行政系统编制单列,实行统一领导,中央和省、市、自治区分级管理"。至此,公安、检察、法院、司法行政系统的编制从党政群机关中分离出来,作为专项编制单独管理。

② 中央考虑到,我国地域辽阔,不同地方经济社会发展水平差异很大,在确定员额比例和基数时不宜一刀切。对大多数单位,应当坚持 39% 的员额比例不动摇。而我国 80% 左右的案件在基层,对案多人少矛盾突出的基层人民法院,可把事业编制人员纳入员额比例的基数,以留住原来在一线办案的业务骨干。在此基础上,如果这些地区依旧存在案件多、办案人员不够的问题,可将员额比例提高到 40% 左右。孟建柱:《坚定不移推动司法责任制改革全面开展》,《长安》2016 年第 10 期。

③ 语出自中央政法委副秘书长姜伟在 2015 年 12 月中央政法委等单位主办的"司法体制改革试点工作培训会"上的辅导报告。

额，而另外没能进入员额的32人中，有25人被转为法官助理，7人则被调整到非审判岗位。员额制改革之前，这62人都具有法官身份；员额制改革之后，有些人成了入额法官，有些人则成了审判辅助人员，有些人甚至失去了办案权。

就制度设计而言，这其中的重大差异就在于办案的权力和责任以及相应的职业保障。首先，入额法官必须享受与办案权责相对应的薪酬。在此问题上，改革决策层的决心很大，明确要求根据审判工作特点，完善职业保障，实行法官单独职务序列，并建立与之配套的薪酬制度。① 具体而言，也就是俗称为"522"的提薪标准，即法院内部是"三类人员、两种待遇"：员额法官的工资收入高于当地其他公务员50%，司法辅助人员和司法行政人员的工资收入均高于当地其他公务员20%。② 其次，入额法官必须办案并承担"坐堂问案、拍板定案"的办案责任，真正实现让"审理者裁判、由裁判者负责"。③ 最后，法官员额制的制度设计从根本上体现了新一轮司法改革的基本价值取向，即建构法官"权责利相统一"的平衡机制。

那么，改革决策层的实践效果究竟如何呢？特别是包括院庭长在内的入额法官必须办案这一基本制度要求能否实现呢？

（二）"四五改革"院庭长办案制度实践中的突出问题

由于前期的历史欠账，更由于员额制改革的基本要求，有效落实院庭长办案制度的重担压在了"四五改革"之上。借助于绝佳的历史良机，最高法《四五改革纲要》明确规定"完善院、庭长、审判委员会委员担任审判长参加合议庭审理案件的工作机制"。④ 最高法《关于完善人民法院司法责任制的若干意见》（以下简称：最高法《责任制意见》）也对院

---

① 参见中央组织部等部门联合出台的《法官、检察官单独职务序列改革试点方案》；人力资源和社会保障部等部门联合出台的《法官、检察官工资制度改革试点方案》之相关规定。
② 参见中央政法委《关于司法体制改革试点若干问题的框架意见》第6项之规定。
③ 当然，最高决策层基于案多人少的突出问题，更基于稳定队伍的现实考虑，为确保改革平稳过渡，还是决定未进入员额的审判员、助理审判员依然保留原有法官职务和待遇，可协助员额法官办案。参见中央政法委《关于司法体制改革试点中有关问题的意见》第1项之规定。
④ 参见最高法《四五改革纲要》第27项之规定。

庭长办案的数量和类型进行了原则性的规定。① 相对于这些较为笼统抽象的基本要求，作为规定院庭长办案的专门性文件，最高法于2017年4月出台的《关于加强各级人民法院院庭长办理案件工作的意见（试行）》（以下简称：最高法《院庭长办案意见》），关于办案数量和办案类型的规定更为详细和具体，而且还涉及了对院庭长办案工作进行监督、考评和问责的相关环节。② 应该说，宏观层面的制度设计已基本到位。

然而，囿于根深蒂固的历史遗留因素的负面作用（后文将加以叙述），从工作理念到工作机制都已成积重难返之势；加之最高法《院庭长办案意见》新近出台，制度效应在短期内还难以显现，更谈不上充分显现，以至于当下的制度实践状况也无法让人乐观起来。甚至可以说，相对于"四五改革"的宏大理想和良好制度预期，现实中的院庭长办案状况则更令人忧心。笔者于2016年年底先后调研了S市与G省的法院系统。就地域而言，其分别位于东部沿海发达地区和西部内陆欠发达地区；就法院审级而言，既包括案件数量适中的中级人民法院，也包括案多人少问题相对突出的基层法院；就改革进度而言，既有改革推进两年有余、已经形成一定成熟经验甚至上升为制度的第一批试点法院，又有改革刚刚启动不久、主体工作都在尝试摸索之中的第三批试点法院。③ 尽管有上述一系列重大差异，但在落实院庭长办案制度的问题上，竟然呈现出大同小异的现状。

1. 相对于改革预期的办案数量严重不足

客观地讲，"四五改革"启动后的院庭长办案数量在纵向上还是有提升的。案多人少问题突出的S市法院系统，就可以证明这一点。

---

① 最高法《责任制意见》第7项规定："院长、副院长、审判委员会专职委员每年办案数量应当参照全院法官人均办案数量，根据其承担的审判管理监督事务和行政事务工作量合理确定。庭长每年办案数量参照本庭法官人均办案数量确定。对于重大、疑难、复杂的案件，可以直接由院长、副院长、审判委员会委员组成合议庭进行审理。"

② 参见最高法《院庭长办案意见》第2、4、8、9条之规定。

③ 为稳妥起见，中央采取分批试点、逐步推进的方式深化改革。上海、广东等7省市为第一批试点地区，于2014年6月启动改革；云南、山西等11个省市自治区为第二批试点地区，于2015年6月启动改革；北京、甘肃等14个省市自治区（含新疆生产建设兵团）为第三批试点地区，于2016年年初启动改革。彭波：《第三批司法体制改革试点即将启动》，《人民日报》2015年12月5日第7版。

表 3　　　　　S 市法院系统近三年院庭长办案情况

时间\结案数	院庭长结案总数	同比增幅	院长、副院长、专委结案数	同比增幅	庭长、副庭长结案数	同比增幅
2014 年	45142 件	22.31%	105 件	-1.26%	92670 件	8.34%
2015 年	68345 件	51.40%	775 件	638.12%	102095 件	10.17%
2016 年	120258 件	75.96%	883 件	13.94%	119440 件	16.99%

表 3 显示，作为改革排头兵的 S 市法院系统，近三年的院庭长结案总数纵向上增幅很大（45142→68345→120258），特别是院长、副院长（含专委）的结案数更是呈几何级数增长（105→775→883）。尽管如此，但相较于"四五改革"的总体预期和全院办案情况而言，院庭长办案数量在横向方面的差距还是显露无遗。

表 4　　G 省 B 市中级法院 2016 年 1—10 月院庭长入额及办案情况

项目\人员	全院总体情况	院庭长总体情况	院长、副院长、专委	庭长副庭长	庭长	副庭长	其他入额法官
入额数	47	38	8	30	12	18	9
入额占比	—	80.85%	17.02%	63.83%	25.53%	38.30%	19.15%
结案总数	2645	1518	79	1439	259	1180	1127
结案占比	—	57.39%	2.99%	54.40%	9.79%	44.61%	42.61%
人均结案	56.3	39.9	9.9	48.0	21.6	65.5	125.2

作为新一轮司法改革第三批试点的 G 省 B 市中级人民法院位于革命老区，其办案数量和办案压力在 G 省均位居中游。表 4 显示，该法院入额法官中院庭长占比太高，达到 80.85%。好在院庭长人均结案数还比较接近全院人均结案数；而其他入额法官人均结案数也在合理区间。在作为办案主力的副庭长人均结案数高于全院人均结案数的同时，庭长人均结案数相对而言也不算低。然而，在案件数量相对较多的 G 省 N 市 J 区法院，就完全是另外一种情形了。N 市是 G 省的省会城市，J 区更是省委、省政府所在的"首善之区"，案件数量和办案压力在 G 省首屈一指。

表5　G省N市J区法院2016年1—11月院庭长入额及办案情况

项目＼人员	全院情况	院庭长总体情况	院长、副院长、专委	庭长副庭长	庭长	副庭长	其他入额法官
入额数	37	32	4	28	10	18	5
入额占比	—	86.49%	10.81%	75.68%	27.03%	48.65%	13.51%
结案总数	7914	3878	39	3839	727	3112	4036
结案占比	—	49.01%	0.50%	48.51%	9.19%	39.32%	50.99%
人均结案	213.9	121.2	9.8	137.1	21.6	172.9	807.2

表5显示，作为新一轮司法改革第三批试点的J区法院，其存在的突出问题同样是入额法官中，院庭长占比太高，达到86.49%。更为糟糕的是，在如此之高的入额占比之下，院庭长结案占比却只有49.01%，作为办案主力的副庭长人均结案数还要低于全院人均结案数。而庭长结案数只有全院人均结案数的1/10。当然，这其中最刺眼的数据是，在全院37名员额法官中，除32名院庭长之外的其他5名入额法官，办结了4036件案件，人均807.2件。很显然，这本身就是一个不但违背司法规律，而且也根本不符合G省审判工作实际、令人瞠目结舌的数字。对此"异状"，后文再做分析。

以上两家法院因改革启动不久，改革经验必然不够成熟，改革实践中对于中央顶层设计中有关院庭长办案的精神落实得必然不够到位。那么，案多人少问题相当突出、作为第一批试点单位的S市P区法院，情况会不会有所改观呢？

表6　S市P区法院2016年1—10月院庭长入额及办案情况

项目＼人员	全院情况	院庭长总体情况	院长、副院长、专委	庭长副庭长	庭长	副庭长	其他入额法官
入额数	259	69	9	60	22	38	190
入额占比	—	26.64%	3.47%	23.17%	8.50%	14.67%	73.36%
结案总数	106639	21887	23	21864	2406	19458	84752
结案占比	—	20.52%	2.01%	18.51%	2.26%	18.25%	79.48%
人均结案	411.7	317.2	2.5	364.4	109.4	512.1	446.1

表6显示，作为新一轮司法改革排头兵的S市P区法院，成绩与问题一样突出。可喜的一面是，相对于全院而言，院庭长入额占比只有26.64%，而结案占比也达到20.52%，二者偏离不大。作为办案主力的副庭长人均结案数既略高于院庭长之外入额法官的人均结案数，也高于全院人均结案数，且幅度在合理区间之内。但令人担忧的一面是，院长、副院长（含专委）等院领导办案实在太少，堂堂9名法院精英，却只办理了23件案件，实在说不过去。

通过分析上述几家法院的相关数据，可以看到，院庭长在员额法官中占比畸高、办案畸少所引发的突出问题表现在以下几个方面：

第一，部分优质审判资源无法进入员额。除S市P区法院尚在合理区间之内，总体上都存在这个问题。由于大量的院庭长占用了有限的员额，导致很多想办案、能办案的审判人员无法进入员额。说得轻一点，办案力量被削弱了；说得重一点，法官员额制从一项旨在缓解案多人少的制度，被扭曲成了一项加剧案多人少的制度。同时，它又引申出另一个无法回避的问题："入额"到底意味着什么？是办理更多的案件并相应承担更多的责任，还是获得更多的利益？中央的改革精神很明确，进入员额的法官必须在司法一线办案。担任法院领导职务的法官办案要达到一定数量。① 可见，问题的关键并不在于法院的院庭长能否入额：院庭长入额，完全符合中央有关员额制改革的基本规定；问题的关键在于：院庭长既然要入额，就必须遵循统一的法官选任标准和科学严谨的选任程序，经过法官遴选委员会的专业把关，并及时进行"充分"的公示，② 否则，就没有公信力；同时，又要办理一定数量的案件，特别是办理一些重大疑难复杂案件。如果只入额，但不办（大）案或少办（大）案，那就从根本上违背了员额制法官的基本定位。

第二，普通入额法官不堪重负，案件质量难以保证。由于大量员额被院庭长挤占，屈指可数的普通法官入额后承担了过于繁重的办案任务，不但严重透支了有限的办案激情和能量，也给憧憬着入额的非员额法官蒙上

---

① 参见中央政法委《关于司法体制改革试点中有关问题的意见》第1项之规定。

② 对入额法官通过网络和报纸等新旧媒体进行公示，这是试点地区的普遍做法。但从公示名单中，无从判断入额法官是否是院庭长。而且入额考试结束后，只公布最终排名，不公布具体成绩。这都是公示环节的重大瑕疵。

了可怕的阴影，更因为这种"小马拉大车"的工作模式为办案质量的下降埋下了伏笔。而且总体而言，领导干部入额后，为了应付差事凑数字，虽然没有人敢于公开不办理案件，但依然存在"委托办案"、"挂名办案"等"伪"办案现象。这种变相占有他人劳动成果的做法，对于本就不堪重负的其他法官无异于雪上加霜，以至于怨声载道。① 同时，这也严重损害了院庭长的权威和公信力，从根本上与"发挥院庭长示范指导作用、提升全院办案能力"的制度预期背道而驰。

第三，未入额审判人员被严重违规使用。前述 G 省 N 市 J 区法院院庭长之外的 5 名法官，人均结案 807.2 件的畸形办案量，从侧面暴露出一个普遍存在的问题：由于院庭长在员额法官中占比畸高、在全院办案数量中占比畸低，以至于在已经实施员额制改革的试点法院，大量未入额法官在过渡时期都被严重过度使用。尽管中央允许未入员额、现被转为审判辅助人员但本已具有法官资格的人员，可协助入额法官办案。但是，从制度设计本身出发，"协助办案"，只能理解为从事法官助理的工作，或作为承办人办理一些独任审理的简易程序案件，且其所办案件仍需庭长审核把关，办案人员与庭长对各自意见负责。可以想见，中央之所以这样考虑，是由于相当一部分未入额法官是法院的优质审判资源，虽然暂未入额，但对于将来入额普遍保有较高预期。通过继续办案，不仅可为将来入额奠定坚实基础，也能继续保持职业法官尊荣感。同时，因为员额制改革减少了法官绝对数量，如果禁止未入额但仍然具有审判职称的人员办案，在审判权运行机制尚未健全、辅助人员配置尚不到位的情况下，显然无法应对巨大的办案压力。因此，就寄希望于这种做法，以最大限度调动暂未入额法官的工作积极性，稳定队伍，减少改革阻力，确保改革平稳过渡；同时，缓解目前法院案多人少的现实困境。当然，在改革过渡期结束后，随着审判权运行机制、审判责任制度、法官保障制度等改革措施的逐步完善，最终还要按照责权利一致原则完全实现员额内法官依法行使审判权的改革目标。②

---

① 有关这方面的论述，可参见赵耀彤《法院领导"伪办案"不是小问题》，《南风窗》2017 年第 1 期。

② 语出自最高人民法院副院长李少平在 2015 年 12 月中央政法委等单位主办的"司法体制改革试点工作培训会"上的辅导报告。

然而，现实情况没有那么简单。笔者调研发现，相当一部分地区政策上将未入额法官归为审判辅助人员，但如何辅助办案缺乏跟进配套措施，实际上仍按原有办案模式继续办案。在一些法院，未入额法官远非什么"协助"办案，而是承办院内大量案件、名副其实的办案主力，包括参与办理很多适用普通程序而非简易程序的案件，只不过不能担任审判长，且需院庭长对案件审核把关。但有的甚至也直接签发法律文书。至于其薪酬待遇，则要略高于同为审判辅助人员的其他法官助理和书记员，但要远低于入额法官。一些地方未入额法官主要是任职年限不符合入额要求的助理审判员，对后续入额抱有很大期望，愿意参与办案，但也表示"同工不同酬"会导致心理不平衡。除了这一"同工不同酬、权责利不对等"的问题之外，另一个突出问题是，各地普遍承受着因消化未入额法官所产生的巨大压力，对"过渡期"的认识比较混乱，对未入额法官继续办案如何落实责任制采取回避态度。未入额法官如果在后续法官遴选中无法如期入额，不仅会对队伍稳定产生一定冲击，也会对审判队伍的可持续发展产生重大影响。更严重的问题也就因此而产生了：允许未入额法官办案的做法，如果持续下去，是否会导致员额制改革和责任制改革呈现"两张皮"的境况？是否最终会架空审判责任制改革？

2. 院庭长"办案质量"[①]亟待提升

相对于院庭长办案数量同改革预期之间的差距，院庭长在办案"质量"上的提升空间就更大了。从院庭长办案这一制度设计出发，其实它更侧重于追求办案"质量"，而非办案"数量"。笔者梳理发现，尽管也有一些由院庭长担任审判长、在社会上产生较大影响力的大案要案，[②]但

[①] 此处的"质量"并非指院庭长办理的案件在事实认定和法律适用上有什么问题，而是说在案件类型、办案方式等方面，距离司法改革对院庭长办案的制度要求还有很大差距。

[②] 诸如2016年12月，由最高人民法院副院长陶凯元审理的"乔丹"商标争议再审系列案件；2016年12月，由最高法第二巡回法庭庭长胡云腾审理的聂树斌故意杀人、强奸妇女再审一案；2015年12月，由福建省厦门市中级人民法院院长王成全审理的蔡盘岭涉嫌危害公共安全一案；2015年6月，由时任最高法民四庭庭长罗东川合并审理的美国向艺实业有限公司等3名上诉人与被上诉人福建全通资源再生工业园有限公司股权转让合同纠纷两案；2015年5月，由河南省高级人民法院院长张立勇审理的李三元故意杀人上诉一案；2015年4月，由天津市第一中级人民法院副院长丁学君审理的周永康一案；2015年3月，由湖北省汉江市中级人民法院副院长樊启城审理的蒋洁敏一案，等等。

总体来说还是严重偏少。很多法院的院庭长入额后，还是以办理危险驾驶、交通肇事、民间小额借贷纠纷、减刑、假释等简单案件居多，办理重大、疑难、复杂、新类型案件的表率作用不突出。既然已经入额，那么，作为法院内部拥有丰富审判经验和扎实专业知识的审判精英，院庭长不但要真办案、多办案，而且一定要敢于并善于办大案、办难案、办新案。如果没有这种敢于担当、敢啃硬骨头的作风、底气和能力，其他法官也不会信服，社会大众更不会信服。

笔者在调研中发现，个别法院在这方面做得相对较好。这其中，B市C区法院明确办案指标，要求院庭长必须带头办理重大、疑难、复杂、新类型、发回重审等案件，而且院领导审理的案件一般应为合议制审判案件。S市第二中级人民法院的成效则更加突出，自改革试点以来，已有9件案件被最高法《公报》刊载或入选最高法指导性案例，其中4件为院庭长办理。院庭长的公信力和权威性，正是通过这种方式体现出来。

但是，总体而言，虽然院庭长迫于改革大势开始重视办案了，然而，在办理重大、疑难、敏感、复杂、新类型以及涉及改判、发回重审、非法证据排除、统一裁判标准、在法律适用方面具有普遍指导意义等案件方面的表率性还很不够。以S市海事法院为例，作为最高法确定的审判权力运行机制改革试点单位和新一轮司法改革试点法院，该法院的院庭长们以"随机分案为主、指定分案为辅"的案件分配制度作掩护，[①] 不愿面对诸如船舶拍卖、共同海损、海域污染损害赔偿等具有影响力的重大疑难案件，更谈不上去主动办理。其所办案件大多数仍集中在包括海事、海商小额诉讼在内的简单案件、系列案件，所办案件的结案方式仍以调解居多。调研中看到的那些签有院庭长姓名的薄薄几页案卷，就很能说明问题了。在G省B市中级人民法院，调研发现有庭长结案逾百件，并且一天之内办结98件，令笔者又惊又喜，但查阅案件管理系统后发现，基本上都是系列案件。

四　院庭长办案制度落实不力的原因

究竟是什么原因，影响了院庭长办案制度落实的实际效果？笔者尝试

[①] 参见最高法《四五改革纲要》第18项之规定和最高法《责任制意见》第5项之规定。

对此作一分析。

(一) 部分院庭长主观上不愿办案

在作为审判机关的法院，院庭长的第一身份是法官，审理案件是其本职工作，这与普通法官行使审判权并无本质区别。当然，身为院庭长，除履行审判职责外，还必须从事与领导职务相关的行政管理工作。但就如同教授当了校长还要继续上课、医生当了院长还要继续做手术一样，法官不能当了院庭长就不审案了。然而，这都是应然层面的大道理，司法实践中的情况要复杂很多。由于多种因素的综合作用，很多院庭长在主观上就根本不愿办案。[①]

1. 办案工作非常辛苦。承办案件既耗费体力，更耗费脑力。特别是一些重大、疑难、复杂、敏感和新类型案件，法律关系本来就非常复杂，社会关注度又很高。办案人员尤其是主审法官要实实在在办好一件案子，除了在事实认定、法律适用等专业色彩比较突出的环节中，需要全神贯注、专心致志的专业精神之外，还要承受来自包括有关部门、社会舆论和当事人及其亲属方方面面的巨大压力。一个案件从立案到最终结案，对办案法官来说，真可谓"身心疲惫"。

2. 对"终身担责"的误读。新一轮司法改革所确定的"让审理者裁判、由裁判者负责"的主基调，特别是十八届四中全会"终身追责"的基本要求，[②] 让一些院庭长对办案工作望而却步。实际上，最高法的《责任制意见》，不但明确了问责的条件，而且也已非常清楚地列明了免责的情形。[③] 随后，最高法、最高检联合制定的《关于建立法官检察官惩戒制度的意见（试行）》，又明确规定由省一级法官检察官惩戒委员会负责对法官检察官是否承担司法责任提出建议，并明确规定当事法官对惩戒决定

[①] 有关论述和分析，参见安徽省高级人民法院民四庭《完善院、庭长参加合议庭办案制度对策和建议》（《中国审判》2007年第5期）、林娜《如何走出院庭长办案的困境：兼论我国审判权运行机制改革试点方案的补强》（《法律适用》2015年第11期）、李新亮《人民法庭庭长办案机制中的审管分离》（《人民司法·应用》2015年第17期）等相关文献。

[②] 《中共中央关于全面推进依法治国若干重大问题的决定》规定："明确各类司法人员工作职责、工作流程、工作标准，实行办案质量终身负责制和错案责任倒查问责制，确保案件处理经得起法律和历史检验。"

[③] 参见最高法《责任制意见》第26、28项之规定。

不服的，可向作出决定的法院申请复议，并有权向上一级法院申诉，① 这就提高了惩戒决定的权威性和公信力。其实，改革决策层也非常关注这一问题，反复强调，"根据司法职业特点，对办案中存在的瑕疵，如果不影响案件结论正确性的，不宜追究司法责任。由于司法是衡平和裁断的艺术，因对法律的理解或对案件事实的判断不一致造成错案的，也不宜轻易追究司法责任。各级政法机关要加强政策解读、宣传引导，让广大司法人员全面、正确理解这些政策，防止影响办案积极性"。② 但无论中央精神如何明确，永远都会存在有意无意误读或过度解读中央精神的事情发生。一些对改革精神领会不到位，同时对自身业务能力底气不足的院庭长，因为考虑到办案担责的重大问题，在权衡之后还是对办案工作敬而远之。在他们看来，办理案件就是一件自讨苦吃的事情。

3. "官本位"思想作祟。由于"官本位"的历史沿袭和现行体制特色，中国的法官实际上都是集干部、③ 公务员和法官三重身份于一体。这一点，与域外的同行极为不同。正是因为已经被划入党政干部序列，正是因为已被融入这种体制，所以各级法院的各位法官也就不以个人意志为转移地"被比较"。与其他党政干部进行比较的结果就是，不论是在老百姓眼中，还是在党政体制内，法院系统内部的"普通法官"，尽管这一称谓带有一个"官"字，但他还算不上正儿八经的"官"，而只有院庭长特别是院领导才是真正的"官"。身在其中的法官们，对此不可能无动于衷。按照一般路径，一个人在大学毕业后进入基层人民法院，从书记员做到院长，如果顺利的话，至少也需要20年的打拼。在这一"艰苦卓绝"的历程中，在他积累丰富"审判经验"的同时，更让他感受深切的是那种只有在达到一定级别和职务后才能拥有的"掌控（控制）力"。而人类学的基本常识告诉我们，满足"掌控（控制）欲"是人的原始本能。在人性本能、传统文化和体制特色的共同作用下，既是"法官"、又是"领导"，既拥有审判经验、又拥有"掌控力"的"院庭长"，显然更看重的是后

---

① 参见最高法、最高检《关于建立法官、检察官惩戒制度的意见》第4、9、11项之规定。
② 孟建柱：《坚定不移推动司法责任制改革全面开展》，《长安》2016年第10期。
③ 就干部队伍构成而言，目前划分为党政机关干部、国有企业干部、事业单位干部三类。其中，党政机关干部也就是公务员，又划分为综合管理类、专业技术类、行政执法类三类，以及法官、检察官。

者,更想品尝的是"苦尽甘来"。如此一来,只要是没有刚性指标的约束,他哪里还会劳心费神地去办理案件呢?

4. 对"院庭长办案"的认识存在严重分歧。"统治者效用最大化以及建立有效制度安排的能力,取决于有多少个官僚机构把统治者的目标视作它们自己的目标。"[①] 同样的道理,如果说院庭长办案制度不能得到法官群体特别是众多院庭长的广泛认同,要想提升其制度效应,就只能是不切实际的幻想。但实践中,无论是院庭长还是普通法官,认识层面的不统一正是落实院庭长办案制度亟待解决的一个突出问题。尽管有很多人主张院庭长办案是现代司法理念的必然要求,符合司法改革的基本精神,然而,反对的声音还是不少。有人认为院庭长办案不切实际,有政治作秀的嫌疑,不办案还好一些,如果要求办案反倒增加其他法官负担。也有人认为院庭长的主要职责就是管理,不应该用普通法官的标准机械地去要求他们。更有人认为院庭长参与审委会讨论案件、签发法律文书、参加合议庭审理或列席案件合议就是在办案,就是一种指导,也有助于掌握案件裁判尺度的均衡性,整体把握全院审判权运行问题和状况,不一定非要承办案件,没有必要再另外搞个什么办案制度。甚至还有人认为院庭长平常行政事务繁杂,不办案已成习惯,要求他们"屈尊"去办案难度很大,不可能落到实处,即使办案,也只是临时性的政治任务……不一而足。对一项从进行规划、提出要求到付诸实施已有数十年的制度,在认识层面呈现出如此众说纷纭的状态,其制度实践效果也就可见一斑了。

(二) 影响院庭长办案的客观因素

在对院庭长办案制度效应产生影响的客观因素方面,除了院庭长办案任务设定不科学、[②] 缺乏考核刚性约束[③]等内在制度设计缺陷以外,还突

[①] 林毅夫:《关于制度变迁的经济学理论:诱致性变迁与强制性变迁》,盛洪主编:《现代制度经济学》(下卷),北京大学出版社 2003 年版,第 273 页。

[②] 有关论述和分析,参见张广兄、沙瑞新《对院长办案制的调查与思考》(《法律适用》2006 年第 12 期)、肖瑛《对湖北省部分法院院长、庭长办案情况的调查分析》(《人民司法·应用》2007 年第 15 期)等相关文献。

[③] 尽管新近出台的最高法《院庭长办案意见》第 8、9 项对院庭长办案的考核、问责、监督等工作均有涉及,但问题也很突出:时间上,文件出台较晚,尚未产生制度功效;内容上,非常笼统抽象,可操作性也不强,还有待细化完善。

出表现在以下两个方面：

1. 审判管理监督等非审判事务日益繁多。毋庸讳言，院庭长既是办案法官，又是行政领导。这种双重身份集于一身的现状给院庭长办案制度带来了严峻的挑战。首先，作为院庭长，对院内、庭内其他审判人员和审判组织所从事的审判事务，必须进行全面的监督和及时的管理，以确保起码的审判质量。这既是其必须享有的权力，更是其必须履行的职责。在这一问题上，新一轮司法改革将之作为重中之重既通过规范性文件进行强调宣示，① 更是借助具体的制度举措进行推进实施。因为放权不等于放任，信任不能替代监督。但任何制度都是双刃剑。毫无疑问，审判管理监督在保障审判质量、提升司法公信的同时，这些事务也必然会消耗和侵蚀院庭长原本用来亲自办案的大量时间和精力。其次，尽管法院系统内部的"去行政化"改革，从提出到付诸实践已经有不短的历史了，而且也取得了一定成效，但显而易见的事实是，无论是根深蒂固的行政化工作思维，还是积重难返的行政化管理模式，这些绝对都是短期内难以解决的问题，这势必会增加院庭长的工作量。最后，受现有体制固有特点之影响，面对来自法院系统内外的各种会议活动、非业务学习等非审判类事务日益繁多的现实状况，不论是自我定位还是外在定位，法院的院庭长更是侧重于担当"行政领导"而非"办案法官"，更是侧重于行使行政权而非审判权。个别院庭长即使挤出时间坚持办案，但当两者发生冲突时，综合方方面面因素的考量，院庭长也往往会"理性地"作出审判业务给行政事务让路的选择，这必然会给院庭长办案带来困难。②

2. 被严重异化的法官员额制改革

改革决策层对于法官员额制改革的预期非常明确，那就是要"让办案数量多、质量高、效果好的人进入员额，让入额的人多办案、办好案"。③ 然而，在改革实践中，一些人争先恐后甚至"不择手段"入额的最终目的，并不是为了取得办案权力并承担办案责任，而是为了那份较之

---

① 参见最高法《责任制意见》第12、13、14项之规定和最高法《四五改革纲要》第29、30、31项之规定。

② 张广兄、沙瑞新：《对院庭长办案制的调查与思考》，《法律适用》2006年第12期。

③ 语出自中央政治局委员、中央政法委书记孟建柱。王梦遥：《中央政法工作会：不办案而入额的领导班子成员要自觉退出员额》，《新京报》2017年1月13日第1版。

先前大幅提升的薪酬，美其名曰"提升改革的获得感，享受改革的红利"。尽管说"趋利避害"是人类的本性，但只看重薪酬利益而无视办案权责的这般"唯利是图"，必然会严重扭曲改革决策层的良好初衷，并直接异化被定位为"决定这一轮司法改革成败"[①]的法官员额制改革。这其中，有些人长期担任院领导，顶着法官头衔几十年，但几乎不办案，业务早已荒疏；有些人只差个把月就到退休年龄，"船到码头车到站"的意识早已主导了工作和生活；有些人本来就是党政干部出身，既非法律科班，也没有后期补课，是纯粹的"外行"；更有甚者，有人多年以前就已调出法院，但在新一轮司法改革来临之际又想方设法调回了法院……

这义无反顾选择入额的各色人等，看似情形不同，但在法院系统都是有身份、有地位的"老资格"。在中央统一制定法官入额遴选办法、地方试点法院自行制定入额方案的"有利形势"下，他们都是所在法院入额法官的当然人选。指望着这种类型的院庭长入额之后去办案、去缓解案多人少、去发挥示范指导效应，无异于"与虎谋皮"。而且更为严重的是，有限的员额比例被他们大量挤占，对于那些渴望在审判机关通过办案来施展才华、逐步实现人生理想的高学历、高素质但工龄短、资历浅的年轻人来说，入额机会就变得微乎其微。可以说，在这种状况下，不但不可能缓解、反而进一步加剧了案多人少的突出问题，"院庭长办案制度"的成效如何，也就可想而知了。

五 提升院庭长办案制度效应的基本路径

很显然，最高法出台《院庭长办案意见》的直接目的，就是为了全面贯彻落实司法责任制，优化审判资源配置，充分发挥各级法院院庭长对审判工作的示范、引领和指导作用。因为院庭长办案制度落实不力的问题已经非常严峻地摆在各级法院面前，必须依靠改革创新和完善制度来解决。在此之前，已有众多论者提出了诸如"推进法院行政事务集中化管理，为院庭长办案提供时间"，"强化办案数量比例、案件类型、评查考核等刚性约束，倒逼院领导走到办案一线"，"严格落实院庭长办案责任

---

① 语出自中央政法委副秘书长姜伟在2015年12月中央政法委等单位主办的"司法体制改革试点工作培训会"上的辅导报告。

制"等建议。① 笔者对此也基本认同，本文不再就此进行重复论述。但笔者以为，仅有上述举措还不够。应该围绕最高法《院庭长办案意见》的有关规定，通过以下途径，以切实有效地实现院庭长办案的制度预期。

（一）优化院庭长办案制度设计

笔者以为，在落实院庭长办案这一问题上，既需要严格执行最高法《院庭长办案意见》这一规范性文件中，关于院庭长办案数量和办案比例这样硬性的底线要求，更需要及时修改这一文本，积极完善院庭长办案的长效机制，充分发挥院庭长办案示范导向作用。因为，要想真正将"院庭长办案"这一事关司法责任制改革最终成效的制度要求落地生根，不但需要通过考核、监督、评估和问责这些刚性手段，督促各级法院院庭长亲自办理一定数量的案件，而且特别需要通过柔性方式积极引导院庭长亲自办理一定类型的案件，通过专业、高效、准确的案件办理行为，既有效树立院庭长所在法院的司法权威，又有效树立院庭长自身在业内的专业权威。

具体而言，可先在工作基础较好的个别试点法院，尝试将办理重大、疑难、复杂、新类型、发回重审等案件，不但明确为院庭长必须履行的工作责任，更将其上升为其法官职业生涯中的荣誉。无论是最高法定期出版的《公报》，还是最高法集中刊印的指导性案例，或是最高法定期不定期汇编的《人民法院案例选》，都会将院庭长办理的重大、疑难、复杂、新类型、发回重审或其他合议制审判案件作为典型案例，相对于其他不办理上述类型案件的院庭长，予以优先考虑并进行刊载印发。更为重要的是，在事关法官切身利益的评先选优、晋职晋级等工作中，在院庭长这个群体范围内，必须优先考虑办理上述类型案件并达到一定数量的院庭长，而非其他院庭长，并适度提高在整个考核体系之中的权重。院庭长的公信力、权威性乃至职业成就感，正是通过这种方式体现出来。待试点成熟后，最

---

① 有关论述和分析，可参见师俊杰、马程远《增强司法能力从领导抓起 新郑法院院庭长办案纳入考核指标》（《人民法院报》2005年3月1日第3版）、赵岩《北京法院推进院庭长办案蹒跚步稳》（《人民法院报》2015年11月2日第1版）、周斌《各级法院院庭长办案渐趋常态化 院长去官味有更多时间办案》（《法制日报》2016年1月29日第3版）、蒋惠岭、黄斌《法院行政事务管理集中化之探索》（《法制日报》2016年3月23日第11版）、赵耀彤《法院领导"伪办案"不是小问题》（《南风窗》2017年第1期）等文献。

终将这一做法逐步由局部向全国加以推广。

（二）强化院庭长办案的"制度认同感"

笔者以为，"制度认同感"内在地包括两方面的内涵：一是在价值上对具体制度设计的肯定；二是具有将制度要求转化为现实行为的趋势与取向。这就告诉我们，一项制度唯有得到特定群体中大多数成员在价值观念上的认可和行动上的支持之后，才能成为维系特定秩序的现实制度。否则，充其量只能是停留在少数人观念中的逻辑和作为文字条款存在的规范性文本。从制度经济学的角度来讲，制度变迁的动机就在于相对节约交易费用，降低制度成本，提高制度效益；制度变迁本质上就是高收益制度取代低收益制度的演进过程。[①] 所以，一种新的制度安排能否产生，主要决定于人们对它的收益预期。因此，我们从"收益—成本"关系的角度来衡量就可以看出，院庭长办案制度实践中所表现出的种种不良行为，其根源并非践行该制度的成本太大，而是收益太小。如果无利可图，"惯于"且"善于"趋利避害的人们，就宁愿因循旧制而不愿进行制度创新。因此，改革决策层必须有针对性地推进一种"有利（并非只限于薪酬）可图"的司法实践，建构一种能够充分实现院庭长"现实利益"的合理机制，以强化其对办案的"制度认同感"。

很显然，获取政绩是院庭长特别是院长的首要目标。如欲充分发挥地方法院司法实践中的积极性和主动性，改革决策层就必须在承认地方法院及其院庭长具有独立利益的基础上，积极强化"院庭长加强审判管理监督是政绩，院庭长通过办案发挥示范指导效应更是政绩"的现代司法理念，以突出"亲历性"的具体办案指标去考核地方法院的院庭长。如此一来，法院院庭长在获取"示范型政绩"的利益驱动下，就势必会重新调整工作思路，从突出行政管理转向突出亲历性和专业性，这样将更有利于获致持久的司法权威和司法公信。长此以往，就会逐渐将地方法院的院庭长演化为以追求司法亲历性、关注司法规律为宗旨的专家型院庭长，进而为良性司法治理奠定坚实基础。

无可否认，在此进程中，地方法院的院庭长们依然在为自己"牟

---

① ［美］道格拉斯·诺斯：《经济史中的结构与变迁》，陈郁、罗华平等译，上海三联书店1994年版，第195页。

利"。但必须看到，这是一种有利于提升司法能力且无损于民众权益的"牟利"。结合本文主题而言，这样一种"牟利"，必然会激发院庭长在办案实践中，通过着力增加办案数量和提升办案质量，增强示范指导效应，进而创新司法治理模式，厘清院庭长与普通法官之间的权利义务边界和权益关系，科学有效地履行审判监督管理职能，从而客观上使其走出既能干好法官本职工作、又因此损害其行政领导权威这样一种"损人不利己"的怪圈，并最终强化司法改革在提升国家治理能力和完善国家治理体系过程中的重要价值。

具体而言，就是要依照最高法《院庭长办案意见》的基本要求，加大监督力度，规范并落实考核标准，明确将院庭长办案任务完成情况公开接受监督。各省高级人民法院的审判管理部门应当负责辖区各法院院庭长每年度办案量的测算核定，并且逐月通报辖区各级法院院长、副院长、专委、其他入额院领导的办案任务完成情况。这里所指的"完成情况"，必须包括办案数量、案件类型、审判程序、参与方式、开庭数量、审判质量等多项制度要素。各院的审判管理部门应当负责本院庭长、副庭长办案量的测算核定和定期通报。同时，笔者以为，上级法院应当定期对下级法院院庭长办案情况开展督察，对办案不达标的必须进行通报，对存在委托办案、挂名办案等问题的，一经发现，必须严肃问责。基于新一轮司法改革的基本精神和员额制度改革的基本要求，各级法院院庭长的办案绩效应当纳入对其工作的考评和监督范围，院庭长年度办案绩效达不到考核标准的，应当退出员额。至于院庭长因承担重要专项工作、协调督办重大敏感案件等原因，需要酌情核减年度办案任务的，则应当报上一级法院审批备案。

（三）修正法官员额制改革的实践

法官员额制改革，其本意不仅在于解决审判人员忙闲不均，或是要减少法官事务性工作负担等问题，更在于确保优秀审判人员集中且稳定在办案一线，压缩"不办案人员"的比例，并以此作为使优秀审判人员可以不通过职务晋升也能得到优厚待遇的基础，从而有助于保障审判人员履行法定职责。因此，为实现这一改革预期，就要在改革进程中尽可能遵循"中立"原则，及时调整目前员额制改革中由中央出台总体政策、由各地法院自行制定入额方案的做法，以确保入额法官质量，并最终实现改革的公平公正。为此，笔者提出以下建议：

首先，避免论资排辈，确保入额法官的基本法律素养。在今后的员额遴选过程中，务必吸取首轮入额工作中的经验教训，确保地方省市县三级法院有入额意愿的全体审判员和助理审判员，不论行政职务高低，均必须参加由中央组织部和中央政法委统一组织，由最高法咨询委员会成员和知名律师、知名学者构成的专家组统一命题，由各地省级党委组织部和政法委具体承办的遴选考试。中央层面结合各地入额比例和考试情况确定基本分数线，在通过考试的基础上，再授权省级党委组织部和政法委会同省级法院，根据各地具体情况考核考察申请入额人员，以确保入额法官具备基本的法律素养。

其次，应当基于"术业有专攻"的考虑，根据不同诉讼领域的职业特点遴选员额法官。这就要求中央层面应当结合刑事、民事、行政、执行等不同的审判专业领域设计不同的书面考题，以避免民事法官写不好刑事裁判文书、刑事法官搞不懂行政案件的局面。

再次，应当建立法官择业地区流通机制，以防止法院队伍人才"旱涝不均"。由于我国地域辽阔，不同地方经济社会发展水平差异很大。与此类似，不同地域的审判资源、审判人员素质，都存在很大差异，因此法官入额竞争的激烈程度也不相同。为防止由于员额有限而未能入额的优秀法官流出法院队伍，可以考虑为他们流向其他地域的法院并进入当地法院员额提供便利。比如，在上海徐汇区法院未能入额，可以考虑流向闵行、宝山或浦东；在上海法院系统未能入额，可以考虑流向苏南甚至苏北；在东部地区未能入额，可以考虑流向中西部。……这样，既可保留他们成为员额法官、施展才华的机会，又可有效充实和加强当地审判力量。

复次，应当通过遴选员额工作，建立不同专业审判领域的人才库。通过组织法官遴选活动，中央层面可以对全国在刑事、民事、行政、执行等不同审判领域的优秀审判人才有基本的掌握，并建立相应的审判人才库。各省级高级人民法院、市级中级人民法院进而通过这一审判人才库，会对本辖区内各领域审判人才有基本的了解，为以后组建专业审判团队，攻克大案要案奠定基础。

最后，应当根据案件数量、人员结构的变化情况，完善法官员额的动态调节机制。要定期或不定期地考核评定入额法官的审判业绩、业务能力，建立常态化的员额退出机制，始终保持对入额法官的动态调整，始终确保留在审判一线的都是优秀法官，从根本上保证法官队伍这个肌体的血液循环始终处于良性运转。这样做，可以督促所有入额法官打消"一旦入额就万事大吉"的念头，牢固树立尽职履责的职业理念。特别是对院庭长弄虚作假、挂名办案的，不但要按照最高法《院庭长办案意见》的规定严肃问责，还应该将其退出员额，并免除其领导职务。这些措施，既能保证入额的院庭长具备基本的办案能力，有效提升司法公信，也能给未入额法官保留一份希望和机会。

（四）加快法院内设机构改革

笔者在调研中发现，很多法院一方面是案多人少、捉襟见肘，另一方面却是机构臃肿、人浮于事。某县法院年收案400余件，员额法官只有12人，但内设机构却有15个。在某直辖市的三级法院中，内设机构最多的高达43个，最少的也有22个。在这些内设机构中，非审判业务部门的占比超过50%。正如某法官所言：提拔一名庭长，就少一名办案人员；如果只选员额、不改机构，院庭长占了员额但主要精力还是在审批案件而不在办案上，法官就发挥不了主体作用，落实审判责任制就是一句空话。追根溯源，法院设置如此之多的内设机构就是为了解决内部人员的行政职级。改革的阻力是显而易见的。当然，新一轮司法改革的决策层不但看到了这一现实情况，而且也采取了切实的举措：中组部牵头制定的职务序列改革试点方案，拓宽了司法人员的职业发展空间[1]；中央编办也明确，内设机构改革中，原有编制、领导职数及待遇均不核减[2]。这有助于解除内设机构改革的后顾之忧。因此，地方法院基于为司法人员争取更多行政级别而延误甚或阻滞内设机构改革的理由已经不充分了。这就为实施改革、有效落实院庭长办案制度乃至深入优化审判权运行机制奠定了基础。

当然，机构改革是一项复杂工程，何况法院现有内设机构已经延续多年，具有一定的现实适应性，突遭破除，必然会影响审判工作，因此还是要循序渐进。另外，应当考虑到我国地域差异较大的特点，内设机

---

[1] 参见中央组织部等部门出台的《法官、检察官单独职务序列改革试点方案》之相关规定。

[2] 孟建柱：《坚定不移推动司法责任制改革全面开展》，《长安》2016年第10期。

构改革不宜一刀切，应在改革试点之后，根据不同情况慎重推广。具体而言，法院内设机构改革必须基于"司法责任制改革重要配套措施"的定位，以县级法院为重点，兼顾扁平化管理和专业化建设，统筹考虑内设机构改革和办案组织建设，进一步优化司法职能。尽管说原有机构要减少，但法定工作程序不能减少，确保既能提高司法效率，又能提高司法质量。

可以看到，已经有很多地方法院开始尝试推进内设机构改革，通过建立以审判为中心的机构设置模式和人员配置方式，以综合部门的瘦身为突破口，努力让业务骨干特别是院庭长回归办案一线。以广东省深圳市前海合作区法院为例，该法院不设审判业务庭，相应地，"庭长"职位也就不存在了。围绕主审法官建立的15个"1+2+1"的审判团队（1主审法官+2法官助理+1书记员），将独任法官和合议庭为基本审判组织单元，以避免通过科层制配置审判职权。取消案件裁判文书审批制，实行"谁审理谁签发"，院长以法官身份办案，从原来的"审批案件"变为"审判案件"。同时，该法院精简内设机构，仅设置司法政务处（负责人事党务监察、司法警务等）、审判事务处（负责诉讼服务、审判管理、司法辅助事务等）两个综合管理部门，职能涵盖审判权之外的司法行政事务。[①]

尽管考虑到前海是位于深圳、毗邻香港的"特区中的特区"，其改革经验的可复制性和可推广性必然要受到限制，但其改革所遵循的基本规律，所追求的核心价值取向，依然可以为其他法院提供借鉴。那就是依托信息化和精简化实现科学高效，通过司法行政职权清单，建立一人多岗、团队协助和主动服务的司法行政工作机制，明确司法政务、司法辅助、司法人事、司法监督等事务范围，实现司法行政与司法审判在机构设置、人员配置上的完全分离。而且在改革进程中，虽然试点在基层法院，但其实对上级法院也有要求。上级法院一定要摒弃行政化思维，尊重和支持基层的探索和创新。如果还是要求基层法院对口设置机构，并以划拨编制、经费、装备等办法变相施压，那么，基层推进内设机构改革的前提就不复存在了，至于落实院庭长办案制度以及其他司法改革配套制度也将无从谈起。

---

① 徐隽：《前海法院新在哪?》，《人民日报》2015年1月29日第9版。

六 结语

在经济高速发展和社会急剧变迁的当下中国，围绕司法改革的相关问题，特别是就"院庭长办案"这一长期以来制度实践与制度预期之间显现强烈反差的制度设计，进行深入的思考和分析，探究其"病因"，寻求其"解药"，这对于法院系统优化稀缺审判资源，有效提升司法治理能力，必将具有积极意义。当然，在改革的进程中，也有可能出现为解决老问题而引发新问题、为解决小问题而产生大问题等诸多复杂情况。即便有这样的曲折和反复，无论如何，也绝不能对院庭长办案这项制度产生动摇和怀疑。因为在笔者看来，院庭长办案，既是改革决策层的基本要求，也是一名法官的起码担当；既是一个牵涉合理配置审判权能和审判资源的问题，更是一个关乎审判权公正高效权威运行，以切实强化司法治理能力、有效提升司法公信的问题。当前亟待我们解决的就是，不论是通过遴选确定法官员额，还是院庭长亲自办案，新一轮司法改革的任何一项改革举措，从制度设计到制度实践，都必须符合司法规律，都必须实现规范化和制度化。本文就是为实现这一根本目标而做的一次尝试和努力。

办案质量终身负责制的法学诠释[*]
——以法官责任为视角

代 杰[**]

摘要：办案质量终身负责制的字面含义是对有办案质量问题的法官进行无期限的、无免责事由的绝对追责。而其实质内涵并非如此绝对。办案质量终身负责制的字面含义与法律责任、司法责任的基本规律存在一定的紧张关系。从现实效果看，"办案质量终身负责制"增加了法官的心理压力，加剧了法官流失。办案质量终身负责制的政策属性决定了可以对其进行灵活的、更加符合司法责任制规律的解释。《关于完善人民法院司法责任制的若干意见》对办案质量终身负责制的规定虽然简单，但对其作了有针对性、有意义的限制。一是明确在职责范围内才对办案质量终身负责。二是将办案质量终身负责制限定为行为责任而非结果责任。未来，"办案质量终身负责制"的表述不能入法，但其实质内涵可以入法，建议最高人民法院对法官办案质量终身负责制的实质含义做出解释，并对追诉时效、豁免事由等做出规定。

关键词：办案质量终身负责制；司法责任；错案

党的十九大报告指出："深化司法体制综合配套改革，全面落实司法

---

[*] 本文是中国法学会部级课题"中国法官责任制度实证研究"阶段性成果（项目号：CLS（2016）Y18），是天津市哲学社会科学规划课题"我国司法省级统管与环保省以下垂管比较与优化研究"（项目号：TJFXQN17—001）成果之一。

[**] 代杰：天津大学法学院副教授。

责任制，努力让人民群众在每一个司法案件中感受到公平正义。"① 法官责任制作为司法责任制的重要组成部分，是未来深化司法体制综合配套改革的重要内容。办案质量终身负责制作为我国法官责任制度的新近发展，值得引起关注。《中共中央关于全面推进依法治国若干重大问题的决定》指出："明确各类司法人员工作职责、工作流程、工作标准，实行办案质量终身负责制和错案责任倒查问责制，确保案件处理经得起法律和历史检验。"② 办案质量终身负责制这一概念因之得以在中国共产党的政策文件中确立。然而，各方对它的理解与态度迥异。本文以法官办案责任为视角，提出不能刻板地按照办案质量终身负责制的字面含义来实施，而应将办案质量终身负责制的实质内涵融入法律，淡化其字面含义，从而消除误解。

一 办案质量终身负责制的字面含义与制度用意

"'终身负责制'曾是建筑工程领域确保工程质量、履行商业承诺的一种有效追责制度。现代政治中，'终身负责制'被引入到公务领域。"③ 实践中曾出现不止一种"××终身负责制"，如公务行为终身负责制④、决策终身负责制⑤等。办案质量终身负责制显然套用了上述的模式。首先完整规定办案质量终身负责制的是《中央政法委关于切实防止冤假错案的

---

① 习近平:《决胜全面建成小康社会 夺取新时代中国特色社会主义伟大胜利——在中国共产党第十九次全国代表大会上的报告》，《人民日报》2017年10月28日。

② 《中共中央关于全面推进依法治国若干重大问题的决定》，《人民日报》2014年10月29日。

③ 参见喻少如《论决策终身负责制的合理构造——基于行政法学视角的观察与思考》，《人民论坛·学术前沿》2014年第12期。

④ 如2012年3月中旬，广东省深圳市发布《关于廉洁城市创建中诚信建设若干问题的决定》（征求意见稿），规定公务行为将实行终身负责制，公务行为出现过错的，责任的追究不因行为主体的职务变动、岗位调整而分离。

⑤ 如《安徽省人民政府关于进一步规范政府系统重大事项决策行为的意见》（皖政〔2014〕72号）"四、实行决策事项终身负责"规定："12. 健全终身负责制。坚持权责统一，切实做到有权必有责、用权受监督、失职要问责、违法要追究。主要领导、分管领导、具体工作人员，都要对参与的决策事项承担相应责任，不因追责对象职务变动、岗位调整、辞职、辞退、退休等免予追究。实行责任到人、记录在案、问题倒查的决策事项终身负责制。"

规定》（中政委［2013］27号），该文件指出："十二、建立健全合议庭、独任法官、检察官、人民警察权责一致的办案责任制，法官、检察官、人民警察在职责范围内对办案质量终身负责。对法官、检察官、人民警察的违法办案行为，依照有关法律和规定追究责任。"随后这一措施被中国共产党的十八届四中全会报告吸收并升华，形成了"办案质量终身负责制"。办案质量终身负责制属于司法责任制的范畴，"终身"是其"题眼"，司法责任的构成和追究虽然与办案质量终身负责制密切相关，却不是本制度的关注点。

几乎所有的官方文献都未对办案质量终身负责制进行定义。① 但这不妨碍民间对其定义，试举几例：如："办案质量终身负责制，就其字面意义而言，指的是办案人员对于自己所办案件在职责范围内承担质量责任，如果出现质量问题，无论是否调离、转岗、退休，都要承担相应的责任。"② 再如："办案质量终身负责制，是指法官、检察官、警察各自对办理的案件承担法定责任，这种责任从办案之日起一直延续终身，如果所办理的案件出了问题，无论过去了多长时间，只要办案人员还活着，就要依法追究他的责任。"③ 前者比较专业，后者则是典型的生活语言。其实，办案质量终身负责制的字面含义比较清晰，几乎不用解释，一般人通过"望文生义"就可以理解，这也是官方文献未对其定义的原因。

相比于办案质量终身负责制白话式的定义，了解执政党提出该制度的原因和所要解决的问题，对于揭示其实质内涵可能更有意义。周强首席大法官指出："实行办案质量终身负责制。司法人员对所办理案件的质量终身负责，这是'让审理者裁判、由裁判者负责'的具体化，是司法责任制的延伸。案件质量涉及事实真相是否查明，法律适用是否正确，当事人权利是否受到依法保护或非法侵害等重要问题，司法人员对

---

① 无论是《中共中央关于全面推进依法治国若干重大问题的决定》，还是《习近平关于〈中共中央关于全面推进依法治国若干重大问题的决定〉的说明》，以及中央政法委孟建柱书记撰文《完善司法管理体制和司法权力运行机制》，均未对办案质量终身负责制做出定义。

② 宗会霞：《办案质量终身负责制的价值证成与规范运行》，《政治与法律》2015年第3期。

③ 评论员：《办案质量终身负责制是一个"牛鼻子"》，《北京青年报》2015年4月11日。

案件质量终身负责,就是终身对法律负责,对历史负责,对人民利益负责。因此,必须针对各类司法人员职责和各类案件的具体情况,建立科学合理、切实可行的案件质量终身负责制度,坚持用制度保证司法案件的高质量。"[1] 从该解读可以看出以下几层意思:第一,办案质量终身负责制属于司法责任制的范畴,是在追责时间上的延伸。第二,案件质量的范围包括事实查明、法律适用、当事人权利保障等,既包括实体,也包括程序。第三,办案质量终身负责制的实施不能一刀切,需要根据具体情况,遵循科学合理、切实可行的原则。第四,办案质量终身负责制的目的是通过责任机制来保障司法案件的质量。上述几点对于理解办案质量终身负责制具有启发意义。

一般认为,近来密集发生的冤假错案所致的政治、社会和国际压力,是促成执政党提出办案质量终身负责制的直接原因,执政党希望通过该制度强化法官责任感。不仅错案高发,而且有些错案是法官明知是错案或者存在重大疑点仍然判错,而且长期得不到纠正。[2] 司法责任制主要解决我国司法产品找不到责任人、无人承担责任,以致案件处理质量不高的问题,而办案质量终身负责制所要解决的"一是,因为时过境迁、事过境迁,很多人就以为可以逃脱责任。……二是,错案是公安、检察、法院等机关通过协调一致的'流水作业线'生产出来的。在各个环节上的办案人员,是不是以为自己就管这个案子一时、交给下一环节的人就没我什么事了呢?"[3] 理解办案质量终身负责制,关键是把握以下两方面:一是司法人员对自己职责范围内事项的终身负责,不要以为案件交办出去、案结事了就没事了。二是上述司法责任不因退休、离职、离岗等身份变化而不追究。办案质量终身负责制的字面含义很容易让人简单地认为司法人员一辈子都要承担司法责任,而且无任何免责事由。其实并非如此,从法律意义上讲,办案质量终身负责制说的是司法责任的非免责事由,即:司法责任不因责任人退休、离职、离岗等事由而免除,更不因司法人员将案件交办出去而免除。因此,办案质量终身负责制的字面含义与其实质内涵存在一定的错位。

---

[1] 周强:《推进严格司法》,《人民日报》2014年11月14日。
[2] 参见何兵《改革要从司法突破》,《炎黄春秋》2014年第12期。
[3] 王梓臣:《关于办案质量终身负责制的若干问题》,《中国审判》2013年第11期。

二 办案质量终身负责制与司法责任规律

从反馈的情况看，实务界特别是一线办案人员对于办案质量终身负责制的忧虑感较强。① 可能有人会说，不做亏心事，不怕鬼敲门，只要公正依法办案，又何惧办案质量终身负责制呢？然而，现实是：由于司法行政化和法官独立程度有限，法官办案受到来自法院内、外部的，各种隐、显性的，合法、非法的干涉，难以对案件享有独立、完整、最终的裁判权。虽然他们在裁判文书上署了名，但很多案件的拍板定案并不是他们。很多所谓的"问题案件"其实是身不由己，办案法官实际上是在替人背黑锅。而办案质量终身负责制，至少从字面含义上，使他们要"背黑锅"到底。"一线办案的法官、检察官必须有独立且完整的司法权力，并且独立行使司法权，不受任何内部和外部势力的干预。对主审法官来说，他独立作出判决并为判决结果承担责任。"② 因此，在"让审理者裁判、由裁判者负责"尚未实现的前提下，"办案质量终身负责制"会让一线法官的心理压力进一步加大，并成为加剧法官流失的因素之一。有人尖锐但不失诚恳地指出："法官办案终身负责制，表面上对整个社会是件好事，使法官依法办案。但是，如果没有实现司法独立，法院去行政化，实现法官独立，提高基层法官地位，保障措施跟不上，不能从实际上改变法院的生态圈，只会让'管家'指使，'丫鬟'担责。进一步加快基层法官辞职，影响法官队伍的稳定性。"③

从理论界的态度来看，虽不乏为办案质量终身负责制的叫好者，但更多的是对它的担忧，甚至是直接的批评。本文认为：首先，办案质量终身负责制的字面含义与法律责任和司法责任制的基本规律有一定的紧张关系。其次，办案质量终身负责制并未创设新的、实质性的法律内涵。

一方面，办案质量终身负责制的字面含义与法律责任的追诉时效有冲

---

① 王研：《终身负责制，带来新挑战——云南部分法官、检察官离职现象引关注》，新华网（http://news.xinhuanet.com），最后浏览时间：2015年10月10日。
② 崔永东：《司法责任制的传统和现实》，《人民法院报》2015年6月5日。
③ 胡叶荣：《法官办案终身负责制与法官辞职》，新浪博客（http://blog.sina.com.cn），最后浏览时间：2015年10月15日。

突。任何法律责任，即使是最严重的刑事责任，都有时效期间的限制。之所以如此，并不是说随着时间的经过责任就变得正义了，而是基于追责成本和社会秩序安定的因素：一是随着时间的过去，应当承担责任的行为人对社会的威胁随之减弱；二是追诉时效的期间一般都比较长，相关的证人、证据获取的难度增大，追诉成本加大；三是随着追诉时效的经过，违法行为所致的社会秩序经过自我调整已趋于安定，再追责就会打破现有安定的秩序，这也未必是各方所愿意的。尤其是对法官追责，更会涉及当事各方利益以及相关社会秩序的稳定。责任的追诉时效实际上是利益权衡的结果。"而'办案质量终身负责制'中的所谓'终身'，更多强调法官不因调离、辞职、退休等因素而免除其责任，如果法官因为司法渎职行为而应被追究刑事责任，理应遵守我国刑法关于追诉时效的规定。"[①] 办案质量终身负责制的字面含义，过分强调追究责任，忽视了其他利益，与法律责任的追诉时效原理相悖。

更为突出的是，办案质量终身负责制的字面含义与司法责任的规律是不符的。现代法官责任制度不仅仅是惩戒和威慑，更是对法官独立的维护和法官的保护。一方面，严格的责任法定和诉讼式的追责程序就是从反面对法官的保护。有人认为："'法官终身负责制'无疑是一把悬在承办法官头上的达摩克利斯之剑。"[②] 一味强调法官责任制度的威慑性、惩罚性，可能导致司法责任制的南辕北辙。正如最高人民法院李少平大法官指出的那样："完善司法责任制，既要建立健全司法问责机制，严格依法追究法官违法审判责任，又要切实保护法官依法行权、公正办案，决不能把司法责任制变成一把高悬在法官头顶的'达摩克利斯之剑'。"办案质量终身负责制过分强调对法官的惩戒和威慑，忽视了对法官的保护。另一方面，法官责任豁免是司法责任制的基本内容。[③] 丹宁勋爵指出："当法官依法行事时，每位法官均应受到保护，以免负赔偿损害的责任。……除法官表明他明知自己无权做某事却违法去做外，任何其他情况均不能使法官承担

---

① 熊秋红：《法官责任制的改革走向》，《人民法院报》2015年7月22日。
② 练洪洋：《坐实"法官终身负责制"需内外兼修》，《广州日报》2014年5月30日。
③ 李少平：《深刻把握司法责任制内涵 全面、准确抓好〈意见〉的贯彻落实》，《人民法院报》2015年9月25日。

法律责任。"① 之所以要对法官责任豁免，是基于司法对法官中立性的要求。拉德布鲁赫说："对法官而言，法律规则是目的本身，而且在法官那里，降临尘世的法律还不能受到异物的侵入。为使法官绝对服从法律，法律将法官从所有国家权力影响中解脱出来。"② 案件要获得公正的结果，一个基本前提是法官超然于该案件，即所谓的"任何人都不得做自己案件的法官"。而责任追究将法官与案件结果联系起来，这就可能使法官在办案时因为考虑如何避免被追责而变得不够超脱。法官责任豁免斩断办案法官与责任承担之间的联系，从而保障其中立性。"追责制既要严格，如对司法腐败零容忍，对重大失误严肃处理，同时，也应当注意对司法官责任的谨慎认定甚至适度豁免。这也是维护司法独立性贯彻司法责任制的要求，是司法规律的体现。"③ 而办案质量终身负责制不仅不谈豁免，反而要求终身追责，加剧了法官与案件之间建立关联性。在严峻的追责形势下，办案法官热衷于向上级法院请示、汇报、提请长官决定等现象，正是上述机理的结果。④

即使从实质上讲，办案责任终身负责制也并未创立新的、实质性的法律内涵。行为人是否应当承担法律责任，是以责任产生之时的状态为准，至于责任发生之后主体的职务、身份变化在所不问，除非该责任形式本身就是针对特定职务、身份而实施的。我国民间就有所谓"人不死、债不烂"的说法。但有两点例外，一是时效期间的经过使责任不再追究；二是发生了主体丧失责任能力的事由，责任转由其法定代理人承担。除非发生上述例外，法律责任就是要终身承担的。⑤ "法官检察官在司法工作中的裁判行为至少应当分为三种，一是法律与事实的认知错误，二是违反司

---

① ［英］丹宁：《法律的正当程序》，李克强等译，法律出版社1999年版，第76页。
② ［德］拉德布鲁赫：《法学导论》，米健译，商务印书馆2013年版，第146页。
③ 龙宗智：《影响司法公正及司法公信力的现实因素及其对策》，《当代法学》2015年第3期。
④ 当然也有其他因素共同作用，如不合理的法官考评指标等。
⑤ 我国《行政机关公务员纪律处分条例》第五十二条："有违法违纪行为应当受到处分的行政机关公务员，在处分决定机关作出处分决定前已经退休的，不再给予处分；但是，依法应当给予降级、撤职、开除处分的，应当按照规定相应降低或者取消其享受的待遇。"该规定中，公务员退休，就不再给予处分，很显然是不恰当的，公务员退休后，应当承担的行政处分责任并不因此而免除，只有那些针对特定身份的处分，才不予追究，但是仍然要做出处分决定。

法伦理但尚不构成刑事的错误,三是故意违法裁判的犯罪。后两者其实是不必强调'终身追究制',司法官都知道不得做出有损于法庭品质的言行、不得受贿、不得枉法裁判……因为刑法、法官法、法官行为惩戒规则等都一直在伴随着司法官,的确是终身'等候'着的。"[1] 因此,一个人对其行为要终身负责本来就是法律责任的应有之义。办案质量终身负责制只是针对现实状况,特别强调出来而已。

办案质量终身负责制的初衷是好的,但由于实施的前提性机制(如法官独立审判、科学的司法责任制等)不完善,加之字面含义情绪化、偏执化,因此决不能简单地按照字面含义来理解,更不能按字面含义来实施。[2] 既然如此,办案质量终身负责制是否应当立即废止呢?答案是否定的。如前所述,该制度出现有其现实背景和特定针对性,对于解决司法质量不高还是有一定意义的。但基于办案质量终身负责制的字面含义与司法责任制规律之间的紧张关系,有必要对办案质量终身负责制做出灵活的、不同于其字面含义的解释,而办案质量终身负责制的政策属性恰好提供了上述可行性。

三 办案质量终身负责制的性质与灵活解释

《中共中央关于全面推进依法治国若干重大问题的决定》作为中国共产党历史上第一个关于加强法治建设的专门决定,在建设社会主义法治国家的征程上树起一座新的里程碑。[3] 正是如此,人们容易先入为主地认为:办案质量终身负责制作为顶层设计的法治改革措施,应当作为一项专

---

[1] 孙笑侠:《不能让法官成为"替罪羊"》,载 http://opinion.caixin.com/2014-08-08/100714593.html,最后浏览时间:2015年9月15日。

[2] 2015年6月18日,宁夏回族自治区高级人民法院印发《案件质量责任追究办法(试行)》,是比较系统规定案件质量负责制的地方规范性文件。该文件对案件质量问题的认定,责任人的认定、责任承担、责任追究程序做出了细致的规定,但对于办案质量终身负责制却只有一句原则性的规定,即"第三条 全区各级人民法院法官和其他有关人员对案件质量实行终身负责制",它不仅没有对办案质量终身负责制进行灵活性的限缩,反而扩大了终身负责制的主体范围。单就这一点来说,是不无问题的。

[3] 张宿堂等:《〈中共中央关于全面推进依法治国若干重大问题的决定〉诞生记》,《人民日报》2014年10月30日。

门的法律制度来理解和实施。然而，法治实践的现实却似乎与之背道而驰，迄今为止没有任何一部国家立法的制定或者修改加入了"办案质量终身负责制"的表述。这就不得不让我们反思，办案质量终身负责制究竟是需要严格执行的法律制度，还是可以灵活解释的政策措施？法律制度是需要严格执行的，权威性高、稳定性强，但灵活性差；而政策措施则灵活性强，解释的空间大。如将办案质量终身负责制作为法律制度，就需要严格执行，包括：时间上尽快执行、长期执行，内容上严格执行、严肃执行。如作为政策表述，则可以灵活掌握，包括执行时间上的灵活性和执行内容上的灵活性。本文以为：实然层面，办案质量终身负责制尚未成为法律制度；应然层面，办案质量终身负责制不应当成为法律制度。本部分论述实然层面，应然层面在第二部分"办案质量终身负责制与司法规律"已论述。

"政策与法律有差异，其表现形态、运作方式和效力表现不同。"[①] 具体到法律概念和政策表述，二者的区别如下：第一，从表达方式看，法律概念是专业术语，一般采用专业性的表达方式，它们构成法律共同体的话语平台，多数比较晦涩。而政策表述为了让更多的普通民众理解和支持，一般采用通俗的甚至是形象的生活语言来表达。第二，从内涵看，法律概念很多都在规定它的法律文件中有定义或者阐释以说明其内涵，从而做到尽量的清晰化、准确化。而很多政策表述是通过"望文生义"的方式来理解其内涵，一般没有定义和阐释。第三，从外延看，法律概念因涉及具体适用问题，其外延一般是明确清晰的。而很多政策表述的外延是不确定的，解释的空间较大。也正是如此，才能发挥其灵活性的优势。此外，一些政策表述的意义本不在执行，而在于鼓舞人心，这样也就无须外延确定。第四，从文献来源看，法律概念一般出现于一国议会立法之中，在我国表现为全国人大及其常委会的立法。政策表述则常常出现于领导人讲话、政党和国家的政策性文件之中。不过并不绝对，法律概念和政策表述的区分不能简单地通过其文件渊源来判定，政策性文件中所表达的并非都是政策表述，法律文件所表达的也并非都是法律概念。第五，从历史渊源看，法律是人类千百年文明积淀的结果，因此绝大多数法律概念有着较悠久的历史，并非陡然产生。政策表述则不同，由于政治变换和政权更迭，不同的国家，

---

① 肖金明：《为全面法治重构政策与法律关系》，《中国行政管理》2013年第5期。

不同的领导人，在不同的时期，都会有不同的政策表述，有些政策表述符合政治科学规律从而拥有强大的生命力，因此具有很长的历史，如民主制；但更多的政策表述由于其历史阶段性和局限性而在提出后不久就被淹没在历史的长河之中。第六，从感情色彩看，法律主要是供法官判案使用的理性表达，因此法律概念一般是中立的，无感情色彩的。而由于政治立场的鲜明性，因此政策表述往往具有明显的倾向和浓厚的感情色彩。

根据上述标准，办案质量终身负责制在我国目前是政策措施，而不是法律制度。第一，从语言表述看，"××终身负责制"属于典型的政策表述模式，且"办案质量终身负责制"使用的是通俗的语言，而非专业表述。第二，从内涵和外延来看，办案质量终身负责制的内涵和外延都不够明确，很难具体地、明确地实施。第三，从诞生原因来看，办案责任终身负责制并非针对司法责任制本身的问题，而是执行和实施中的问题。终身负责也不是对司法责任制的改良，而是强调要严格执行司法责任制，不得放任因退休、离职、离岗而不追究责任的现象持续下去。第四，从文献来源看，目前没有任何一部法律、法规将办案质量终身负责制纳入其中，它何以成为法律制度呢？第五，从历史渊源看，办案质量终身负责制是循着"错案追究制—错案终身追究制—办案质量终身负责制"的脉络演进的。即使从错案终身追究制起算，也不过几年的时间，还不具备成为法律制度的历史积淀条件。[①]

因此，办案终身负责制虽然出现在首部执政党中央的"依法治国"文件中，影响不可谓不重大，但这并不意味着它是一项严格的法律制度。相反，正是由于其政策属性，决定了可以对办案质量终身负责制进行不拘于字面含义的、更加灵活的、贴近司法责任制规律的解释。

四 评《关于完善人民法院司法责任制若干问题的意见》对办案质量终身负责制的规定

党的十八届四中全会以来，办案质量终身负责制并未简单地按照字面

---

① 我国错案终身追究制的最早规范性文件渊源是2012年4月5日河南省高级人民法院公布的《错案责任终身追究办法（试行）》。

含义来实施。相反，对其予以灵活解释是司法改革制度建设的基本动向。一是新近修改和出台的法律，包括三大诉讼法，都未增添"法官办案质量终身负责制"的字眼。列入修改日程的《人民法院组织法》、《法官法》也没有强调要增加办案质量终身负责制。[①] 二是作为法院落实党的十八届四中全会决定精神的《关于深化人民法院司法改革的意见——人民法院第四个五年改革纲要》（以下简称"四五改革纲要"）并无一字提到法官办案质量终身负责制，相反对于法官依法履职保护机制却特别强调。[②]"四五改革纲要"是要经过中国共产党的最高决策机构讨论通过，并经中央政法委批准才能发布的。因此，"四五改革纲要"的上述处理方式体现了顶层设计者对办案责任终身负责制的态度——不按照字面含义僵硬理解。这也体现于2015年9月21日最高人民法院发布的《关于完善人民法院司法责任制若干问题的意见》（以下简称《意见》）。

《意见》的效力位阶不高，适用范围也很有限，[③] 但它试图在尊重国情和体制框架以内对法官责任制作出符合司法规律的规定。《意见》对司法责任制的规定体现了权利与责任相结合、保障与追究相结合、追责与豁免相结合、主观与客观相结合的"四结合"。一是《意见》没有局限于狭义的法官追责，而是对审判权运行机制进行了较大篇幅的规定。审判权运行机制和司法责任制二者虽有关联，但本质上是不同的事物。前者解决让审理者裁判的问题，后者则解决由裁判者负责的问题。让审理者裁判是由

[①] 张先明：《人民法院组织法修改准备工作今年将启动》，《人民法院报》2014年11月2日。该文指出："法官法的部分规定已经不能适应司法体制改革新要求，建议尽快修改法官法，加强法官队伍建设，建立省以下法院人员统一管理制度，改革法官选任制度，建立法院人员分类管理制度，强化法官职业保障，严格法官惩戒制度等。"可见，法官法修改的要点并不包含建立法官办案责任终身负责制，相反严格法官惩戒制度成为重点之一。

[②]《关于深化人民法院司法改革的意见——人民法院第四个五年改革纲要》规定："56. 健全法官履行法定职责保护机制。合理确定法官、审判辅助人员的工作职责、工作流程和工作标准。明确不同主体、不同类型过错的甄别标准和免责事由，确保法官依法履职行为不受追究。非因法定事由，未经法定程序，不得将法官调离、辞退或者作出免职、降级等处分。完善法官申诉控告制度，建立法官合法权益因依法履职受到侵害的救济机制，健全不实举报澄清机制。在国家和省一级分别设立由法官代表和社会有关人员参与的法官惩戒委员会，制定公开、公正的法官惩戒程序，既确保法官的违纪违法行为及时得到应有惩戒，又保障其辩解、举证、申请复议和申诉的权利。"

[③]《意见》："48. 本意见适用于中央确定的司法体制改革试点法院和最高人民法院确定的审判权力运行机制改革试点法院。"

裁判者负责的前提，只有实现了让审理者裁判，追究法官的责任才具有正当性。《意见》针对目前裁判权运行机制中存在的突出问题，做出了一系列有益的规定。二是《意见》认识到法官责任与法官履职保障的关系。不能既让马儿跑得快，又让马儿不吃草。要让法官认真、勤恳地工作，就要给予其良好的保障。从深层次讲，法官履职保障是法官独立的必要前提。"对一个人的生存有控制权，就意味着对一个人的意志有控制权。"① 然而，我国一线法官薪酬、职级乃至人身安全等方面保障明显不足，职业尊荣感下降，这种境况下凭什么让法官做好工作呢？又何以心安理得地追究他们的责任？"只有责任而没有保障的审判权，是微弱的审判权。"② 正因为如此，《意见》规定了若干法官履职的人身保障、职业保障。③ 三是《意见》全面认识到法官责任的惩戒功能和保护功能。《意见》第28条规定了八种不得作为错案追究责任的情形④，虽然与法官责任豁免还有一定的距离，但是对实践中一些地方恣意追究法官责任的做法是有较强针对性的。四是《意见》对法官责任以行为责任为主、以结果责任为辅，而不是顽固地坚持错案责任制。《意见》要求所有的责任追究都必须以法官有主观过错，并区别对待故意和过失两种情形。⑤ "一个好的判决有赖于科学的法官制度和审判权运行方式来促成，而不能通过苛刻的错案责任来实现。"⑥ 与错案责任相比，《意见》规定的责任制度更加有利于保护法官。只要法官没有违法审判，即使出现了所谓的"错误结果"，也不承担

---

① ［美］亚历山大·汉密尔顿、詹姆斯·麦迪逊、约翰·杰伊：《联邦党人文集》，程逢如等译，商务印书馆1995年版，第396页。

② 傅郁林：《推行司法责任制应遵循法律和司法规律》，《光明日报》2015年9月25日。

③ 《意见》"五、加强法官的履职保障"第38—44条。

④ 《意见》："28. 因下列情形之一，导致案件按照审判监督程序提起再审后被改判的，不得作为错案进行责任追究：（1）对法律、法规、规章、司法解释具体条文的理解和认识不一致，在专业认知范围内能够予以合理说明的；（2）对案件基本事实的判断存在争议或者疑问，根据证据规则能够予以合理说明的；（3）当事人放弃或者部分放弃权利主张的；（4）因当事人过错或者客观原因致使案件事实认定发生变化的；（5）因出现新证据而改变裁判的；（6）法律修订或者政策调整的；（7）裁判所依据的其他法律文书被撤销或者变更的；（8）其他依法履行审判职责不应当承担责任的情形。"

⑤ 《意见》："25. ……法官在审判工作中，故意违反法律法规的，或者因重大过失导致裁判错误并造成严重后果的，依法应当承担违法审判责任。"

⑥ 贺小荣：《如何牵住司法责任制这个牛鼻子》，《人民法院报》2015年9月23日。

责任。

具体到法官办案质量终身负责制，《意见》对办案质量终身负责制的直接规定只有一句话，即："25. 法官应当对其履行审判职责的行为承担责任，在职责范围内对办案质量终身负责。"除此之外，再无"办案质量终身负责制"的字眼。上述规定并非简单、无意义的重复，而是对其作了有针对性、有意义的限制。① 表现在：一是明确在职责范围内承担对办案质量终身负责。也就是说，对于职责范围之外的事项，是不用承担终身责任的。《意见》"三、明确司法人员职责和权限"第15—24以及"四、审判责任的认定和追究（二）审判责任承担"第29—33都是确定是否属于法官职责和责任范围的。按照这些标准属于法官职责范围内，才要终身负责。也就是说，如果是应当由其他人（包括法院内部和外部其他人员）承担责任的，不能或者不能仅追究法官责任，更加不得终身追责。这是解决"替人背黑锅"的问题。二是将办案质量终身负责制限定为行为责任而非结果责任。《意见》明确地指出了法官应当对履行审判职责的行为承担终身责任，而不是对错案的结果，或者案件质量承担终身责任。这实现着法官责任的保护功能。

应当看到，受到政治和现实的限制，《意见》对法官办案质量终身负责制解释的灵活性方面仍然有限。一是仍然重复了"办案质量终身负责制"这一表述，这样虽可以确保与执政党的政策精神相一致，但如前所述，办案质量终身负责制的字面含义与司法责任制的规律是有冲突的。作为全国最高司法机关的最高人民法院的上述做法可能会加剧一线法官对办案质量终身负责制的紧张心理。建议不必重复该表述，改为实质性解释的方式，即规定退休、离职、离岗等不免除法官责任。② 这样既可起到终身负责制的效果，又可避免字面含义的不足。二是未规定终身追责的时效。终身追责与追诉时效并不矛盾。办案质量终身负责制并非如其字面意义那

---

① 最高人民法院制定《意见》不可能不考虑办案质量终身负责制这一执政党的改革政策，但为何又规定如此简单呢？相关的解读文件未涉及该问题，笔者以为，无非有两种可能性：一是办案质量终身负责制比较复杂，详细具体规定难度很大。二是认识到该概念的字面含义存在问题，故有意淡化该概念。笔者以为，上述两种原因都存在。

② 《中国共产党员纪律处分条例》第一百六十二条："违纪党员在党组织未作出处分决定前死亡，或者在死亡之后发现其曾犯有严重错误的，对于应当受到开除党籍处分的，应当开除；对于应当受到留党察看以下（含留党察看）处分的，应作出书面结论，不再给予党纪处分。"

样绝对的终身追责，而是不因为退休、离职、离岗而不追究责任。如我国台湾地区"法官法"第52条第1款规定："法官应受惩戒行为，自行为终了之日起，至案件系属职务法庭之日止，已逾十年者，不得为免除法官职务，转任法官以外之其他职务之惩戒；已逾五年者，不得为罚款或申诫之惩戒。但第三十条第二项第一款情形，自依本法得付个案评鉴之日起算。"因此，法官责任的追诉时效仍然应当建立。三是未能细致规定终身追责的操作方案。"司法问责在制度设计上要坚持一视同仁，坚决避免选择性的问责。"[1]《意见》未对退休（包括离休）、离职、离岗等各种应该终身追责的情形该如何追责做出具体规定，而这些问题又非常复杂，处理不好的话很可能使终身追责沦为一句空话，甚至变异为对普通法官终身追责的利器，对领导免责的挡箭牌。"法官终身负责制"如果不在究责上进行细化，在立法上没有新的探索、突破，那么该制度的象征意义，就大于实际意义。[2]

因此可以说，由于《意见》对司法责任制作出了有益的规定，通过体系解释的方法，办案质量终身负责制的"责"较以往的"错案责任"有了较大的进步，但在"终身"问题上仍未迈出实质性的步伐。[3]

五　结　论

办案质量终身负责制在强化法官办案责任心方面虽具有一定的意义，特别是对于当前一些法官办案马虎、任性办案具有制约性和威慑性，但其字面含义具有片面性、偏执性，因此不能简单地按照其字面含义来理解和实施。对办案质量终身负责制的灵活解释是符合执政党精神的。十八届四中全会是中国共产党历史上首次以依法治国作为主题的会议，其目的就是要解决长期以来我国法制不统一、法治不兴的问题。倡导和推进依法治

---

[1] 刘武俊：《落实司法责任制是司法改革的关键》，《光明日报》2014年4月24日。
[2] 盘和林：《"终身负责制"真能终身负责吗》，《信息时报》2014年5月30日。
[3] 总体而言，《意见》规定的法官责任，与现代的法官惩戒制度仍有一定距离。一是只针对法官履职行为，而不管司法伦理行为。二是力图破除错案责任，但仍有浓厚的错案追责的影子。三是仅仅规定了不得作为错案的事由，并未明确、系统提出法官责任豁免制度。四是将法官惩戒委员会与传统的纪检监察、组织人事等责任程序勉强糅合在一起，颇为不伦不类。五是法官责任承担方式沿用既有的公务员责任方式，未能体现法官惩戒的特殊性。

国，说一千道一万，根本上是尊重法治的基本规律。如果简单、教条地理解办案质量终身责任制，就很可能会导致其与司法责任制的基本规律发生抵触。党的十八届四中全会精神就是法治的精神，因此应当对办案质量终身负责制做出有别于字面含义的、符合司法责任制基本规律的解释。未来对办案质量终身负责制的走向，需要注意以下几点：一是"办案质量终身负责制"的表述不能入法。二是办案质量终身负责制的实质含义可以在修改《法官法》时加入，但要注意的是不能片段式的加入，而是既要强调退休、离岗、离职等不免责，也要提出法官责任的追诉时效。三是办案质量终身负责制这一表述对一线法官造成了较大的心理压力，最高人民法院可以步子更大一些，对法官办案质量终身负责制的实质含义做出解释，并对追诉时效、豁免事由等做出规定，从而起到排除认识偏差、安定法官人心的作用。

论我国建设知识产权法院的路径选择

童海超[*]

摘要：随着国家创新驱动发展战略的实施，知识产权审判的司法保障作用日益凸显，设立专门的知识产权法院已经成为社会共识并即将进行试点。域外国家和地区设立知识产权法院的成功经验，对我国建设中国特色社会主义知识产权司法制度，具有参考和借鉴意义。我国知识产权法院的布局应当秉持按需设置、循序渐进和均衡分布的原则，集中审理知识产权民事、行政和刑事三类案件，并适时设立知识产权高级法院。

关键词：知识产权法院；试点；路径选择

2008年，国务院颁布的《国家知识产权战略纲要》明确提出："研究适当集中专利等技术性较强案件的审理管辖权问题，探索建立知识产权上诉法院。"2013年，党的十八届三中全会审议通过的《中共中央关于全面深化改革若干重大问题的决定》进一步要求："加强知识产权运用和保护，健全技术创新激励机制，探索建立知识产权法院。"随着国家知识产权战略和创新驱动发展战略的实施，知识产权司法保护的重要作用日益凸显，设立专门的知识产权法院，是顺应知识产权保护国际潮流的通行做法。按照全国人大常委会通过的《关于在北京、上海、广州设立知识产权法院的决定》，2014年底，北京、上海和广州知识产权法院已经挂牌成立并运行。当前，如何进一步推进知识产权法院的建设，成为我国知识产权战略实施中的一个重大课题。

---

[*] 童海超：最高人民法院中国应用法学研究所博士后科研工作站和中国社会科学院法学研究所博士后流动站联合培养博士后研究人员、湖北省高级人民法院知识产权审判庭副庭长。

一 设立知识产权法院的法理意义

有学者将我国设立知识产权法院的意义归纳为五点:"第一,进一步强化知识产权保护意识,加大司法保护力度;第二,统一知识产权审判标准,整合知识产权司法资源;第三,建立一支更加具有专业性和国际视野的高素质知识产权法官队伍;第四,通过知识产权司法保护促进科技创新,服务创新型国家建设;第五,在国际社会中树立中国知识产权保护的新形象。"[①] 在笔者看来,我国设立知识产权法院不仅在实践上是现实可行的,而且在制度建构上具有充分的理论依据,其法理意义主要体现在以下三个方面。

(一) 发展意义:回应国家发展战略

1. 促进国家经济发展转型。知识产权保护是从大国走向强国的重要因素。在"知识就是生产力"的知识经济时代,知识产权成为国家促进经济发展的重要战略资源,设立知识产权法院已经成为各个国家和地区提振经济刺激经济发展的共识。在美国,20世纪30年代的经济危机引发了人们对于知识产权法律制度的反思,改革专利审判制度刺激经济发展的呼声高涨,有关知识产权司法制度改革的各种提案不断。[②] 经过反复权衡和充分论证,美国国会于1982年通过《联邦法院改革法》(Federal Court Improvement Act of 1982),在合并关税与专利上诉法院(CCPA)和联邦索赔法院(Court of Claims)的基础上,设立了13个美国联邦上诉法院中唯一的一个专属管辖而非地域管辖的联邦巡回上诉法院。[③] 在日本,20世纪80年代泡沫经济破灭后,为振兴经济,日本提出了"知识产权立国"的目标。2005年,依据"知识产权立国"政策,日本参照美国联邦巡回上诉法院,设立了知识产权高等法院,作为二审知识产权侵权案件的集中

[①] 易继明:《为什么要设立知识产权法院》,《科技与法律》2014年第4期。
[②] 参见刘远山、余秀宝、余正《论我国知识产权法院的独立设置》,《襄樊学院学报》2012年第1期。
[③] 参见李明德《美国知识产权法》,法律出版社2003年版,第102页。

审理机关。① 知识产权高等法院的设立，也被誉为日本第二次世界大战后最大的司法改革。② 日本的《知识产权高等裁判所设置法》开宗明义地将该法的立法宗旨确定为："随着社会经济生活中知识产权有效利用的不断发展，鉴于与知识产权保护有关的司法活动的作用越来越重要，为了使与知识产权保护有关的审判更充实和迅速，有必要设立专门审理知识产权案件的高等法院。"③ 当前，我国正处于转变经济发展方式的关键时期，设立知识产权法院可以有效回应经济发展的现实需要，促进经济发展方式的转型升级。

2. 回应创新驱动发展战略。知识产权已经成为国际竞争力的核心要素，成为建设创新型国家的重要支撑和掌握发展主动权的关键。对此，党的十八大明确提出"科技创新是提高社会生产力和综合国力的战略支撑，必须摆在国家发展全局的核心位置"，强调要坚持走中国特色的自主创新发展道路，实施创新驱动发展战略。创新驱动发展战略的核心就是创造、运用、保护和管理知识产权的知识产权制度。自 20 世纪 60 年代始，德国、美国、英国、韩国、日本、新加坡、马来西亚、泰国、俄罗斯、芬兰等十多个国家和我国台湾地区先后设立了知识产权法院或专利法院。从域外设立知识产权法院的规律来看，当科学技术发展到一定水平，创新成为经济增长主要动力时，设立知识产权法院是加强知识产权保护和促进创新驱动发展的普遍选择。在我国经济进入提质增效阶段之际，设立知识产权法院可以有效回应创新驱动发展战略的实施。

3. 提升知识产权保护国际形象。我国加入 WTO 后，知识产权保护必须融入世界格局，顺应国际趋势，适应经济全球化格局下的知识产权规则。与已经建立起成熟完善的知识产权法律制度的西方发达国家相比，我国的知识产权法律制度还处于不断探索和发展的阶段，这在客观上导致侵权盗版现象比较严重，也引起了西方发达国家的诟病和指责，损害了我国在知识产权保护领域的国际形象。设立知识产权专门法院，可以体现我国

---

① [日] 田村善之：《日本知识产权高等法院研究》，何星星、巢玉龙译，《科技与法律》2015 年第 3 期。

② 参见文学《东京知识产权高等法院掠影》，《中华商标》2005 年第 12 期。

③ 梅术文、曹新明：《日本知识产权法院的设置及其启示》，《电子知识产权》2005 年第 12 期。

高度重视和切实保护知识产权的决心,成为对国际社会的重要宣示,有利于提高我国知识产权保护的国际形象。

(二) 法治意义：提升知识产权审判质效

1. 统一知识产权裁判标准。美国联邦巡回上诉法院的设立,其出发点就是为了"消除专利案件审理结果的不统一,消除这种分歧给创新带来的负面影响"[①]。历史实践表明,美国联邦巡回上诉法院有效地维护了专利制度的统一,有的学者称其为"知识产权领域在过去四分之一个世纪最有意义的一项制度"[②]。知识产权案件的专业性较强,为提高案件审判质量,我国最高人民法院以司法解释的形式,规定知识产权民事案件一般由中级人民法院管辖,基层人民法院经专门授权才可以管辖一般知识产权民事案件,这其中不包括专利等技术性较强的案件。尽管知识产权民事案件的管辖相对集中,但由于我国幅员辽阔,知识产权案件裁判标准不统一的问题仍然比较严重。设立知识产权法院,相对集中地审理知识产权案件,有利于统一知识产权案件的裁判标准。

2. 实现知识产权审判专业化。我国不仅知识产权案件管辖分散,而且地区发展很不平衡,尤其是中西部地区,非省会城市的知识产权案件数量一般较少。部分法院虽然高度重视知识产权审判工作,设立了知识产权审判庭,但由于知识产权案件数量少,知识产权法官无法从大量案件审理中积累专业经验,因而知识产权司法保护的水平仍然不高。设立知识产权法院可以优化审判资源,集中审判力量,专门审理知识产权案件,实现真正意义上的知识产权审判的专业化。

3. 提高知识产权审判效率。司法专门化的一大优势在于通过专业分工提高审判效率,设立知识产权法院可以提高知识产权审判效率也已经为西方国家的经验所证实。例如,2005 年日本法院审理知识产权初审案件的周期为 13.5 个月,较之于 1995 年的 23.7 个月缩短了 43%,知识产权

---

① See Pauline Newman, "A Review of Recent Decisions of the United States Court of Appeals for the Federal Circuit: Foreword: The Federal Circuit at Thirty," 61 *American University Law Review*, 729 (2012). 转引自杜颖《中国（上海）自由贸易试验区知识产权保护的构想》,《法学》2014 年第 1 期。

② [美] 威廉·M. 兰德斯、理查德·A. 波斯纳：《知识产权法的经济结构》,金海军译,北京大学出版社 2005 年版,第 2 页。

上诉案件的周期则缩短至不到 10 个月。① 又如，韩国的专利法院成立以来，案件审理的周期从 15 个月缩短到了 8—9 个月。② 法谚有云："迟到的正义不是正义。"专利等技术性案件审理周期较长一直是困扰知识产权司法保护的问题，创新知识产权案件审判机制，及时高效审理知识产权案件，才能有力地保护创新。

（三）改革意义：贯彻全面深化改革要求

1. 体现司法改革总体目标。习近平总书记在《关于〈中共中央关于全面深化改革若干重大问题的决定〉的说明》中指出，司法改革是这次全面深化改革的重点之一，党的十八届三中全会决定提出了一系列新举措，包括探索建立与行政区划适当分离的司法管辖制度。设立知识产权法院，不仅可以有力地提升司法保护知识产权在我国知识产权保护体系中的地位和作用，与国际知识产权保护制度接轨，而且还能有效回应全面深化改革的要求，通过实行跨区域的知识产权司法管辖，维护国家知识产权法律制度的统一性，成为新一轮司法体制改革的突破口。与此同时，构建全新的知识产权法院，为我国司法制度的创新提供了机遇和条件，知识产权法院的制度设计可以更加体现法治思维，遵循司法规律，为地方法院和其他专门法院的司法改革提供参考。

2. 成为司法改革的先行者和探索者。作为整建制司法改革的法院，知识产权法院以其全新的制度设计，肩负着深化司法改革的先行者和探索者的重要使命，这已成为法学理论界和实务界的共识。最高人民法院知识产权庭庭长宋晓明要求，知识产权法院"要在深化司法体制改革方面勇于担当，全面落实各项司法改革措施，努力做司法改革的先行者，发挥改革试验田作用"③。北京知识产权法院院长宿迟认为，知识产权法院的建立"不仅仅着眼于加强知识产权保护，支持创新驱动，更旨在以知识产权审判机制改革为先导，推动司法体制改革，促进依法治国"④。易继明

---

① 参见宋云璇、杨光明《我国知识产权司法职权配置模式之实践演进与理论研判——论知识产权专门法院的设立》，载国家知识产权局条法司主编《专利法研究》（2009），知识产权出版社 2010 年版，第 48 页。

② 同上书，第 50 页。

③ 宋晓明：《新形势下我国的知识产权司法政策》，《人民法院报》2015 年 4 月 23 日。

④ 宿迟：《北京知识产权法院若干问题》，《科技与法律》2015 年第 1 期。

教授则认为：" 知识产权法院的设立, 标志着知识产权审判从机制改革转入体制改革, 也成为新一轮司法改革的重大举措之一。"① 北京、上海、广州知识产权法院成立一年多来的改革实践表明, 知识产权法院确实承担起了改革试点的重任, 成为新一轮司法改革的"试验田"。例如, 北京知识产权法院采取多种改革措施, 实现审判去行政化, 在全国率先推行人员分类管理; 取消个案汇报, 合议庭可自行决定是否向法官专业会议进行咨询; 院、庭长办案实现常态化和制度化等。② 按照司法改革的精神, 三家知识产权法院均设置了扁平化的审判及行政管理机构, 北京、广州知识产权法院除审判庭和技术调查室、司法警察支队等司法辅助机构外, 均只设一个行政机构即综合办公室, 上海知识产权法院则与上海市第三中级人民法院实行"审判业务独立、行政（党务）合署"的办公方式, 除内设两个知识产权审判庭和技术调查室以外, 行政、政工、党务、纪检、执行、法警和后勤等工作均与上海市第三中级人民法院合署。③ 更为重要的是, 知识产权法院在审判模式上实行了一系列的改革创新。例如, 北京知识产权法院在全国率先探索审判委员会全体委员直接公开开庭审理案件; 建立技术调查室, 探索技术调查官制度; 将合议庭少数意见记载在裁判文书中, 等等。④

二　设立知识产权法院的域外经验

域外知识产权法院从实际情况出发, 因地制宜地选择了不同的制度设计。通过分析与研究域外设立知识产权法院的典型模式, 从中总结出具有借鉴意义的成功经验, 对于我国建设中国特色社会主义知识产权司法制度, 具有重要的参考价值。归纳而言, 域外国家和地区设立知识产权法院主要有以下经验。

---

① 易继明:《为什么要设立知识产权法院》,《科技与法律》2014 年第 4 期。
② 参见《北京知识产权法院成立一周年司法保护初见成效》, 新浪网（http://finance.sina.com.cn）, 2017 年 9 月 30 日最后访问。
③ 参见黎淑兰《论知识产权专业化审判新格局的构建与实现——以上海知识产权法院专业化建设为视角》,《法律适用》2015 年第 10 期。
④ 参见北京知识产权法院课题组《关于审判权运行机制改革的思考与探索——以北京知识产权法院为分析样本》,《法律适用》2015 年第 10 期。

(一) 以专门法律授权为依据

顶层设计与法律保障相结合是域外设立知识产权法院的通行做法。例如，1963年德国国会修订《德国基本法》时，增加了第96条第1项，规定德国联邦有权就有关产业法律保护事项设立联邦法院，在此基础上，《德国专利法》第65条增加了设立联邦专利法院的相关规定，并于同年7月1日在德国专利商标局所在地慕尼黑设立了德国联邦专利法院；又如，美国国会于1982年通过《联邦法院改革法》，设立享有专利案件专属管辖权的联邦巡回上诉法院；再如，日本于2004年颁布《知识产权高等法院设置法》，据此在东京高等法院内部以设立支部的形式设立了知识产权高等法院，2005年4月1日，日本的知识产权高等法院正式设立；还如我国台湾地区，于2007年颁布《智慧财产法院组织法》和《智慧财产法院审理法》，我国台湾地区的智慧财产法院于2008年7月1日正式设立并开始运作。[①] 以上设立知识产权法院的域外经验表明：专门的法律授权是知识产权法院建立和有效运行的根本依据，只有立法先行，知识产权法院才于法有据，并且在获得立法授权后，知识产权法院才能够迅速设立起来并正式运行。

(二) 以专利侵权和授权确权案件为核心

在相当一部分设立知识产权法院的国家，知识产权法院的名称就是专利法院，而且域外的专利法院或知识产权法院，普遍以审理专利侵权案件和专利、商标的授权确权类案件为核心。例如，美国联邦巡回上诉法院管辖对美国专利商标局专利复审委员会和商标评审委员会决定不服而提出的授权确权上诉案件、对所有联邦地区法院作出的专利侵权诉讼判决不服而提出的上诉案件；[②] 德国联邦专利法院管辖不服德国专利和商标局和德国植物新品种局决定的案件、宣告专利无效的案件、专利强制许可的案件

---

① 参见韦贵红、阎达《域外知识产权法院的设置与运行》，《知识产权》2014年第4期。
② 参见邰中林《境外知识产权专门法院制度对我国的启示与借鉴》，《法律适用》2010年第11期。

等;① 日本东京知识产权高等法院则主要管辖因对特许厅裁决不服而请求撤销裁决的案件，以及有关发明专利权、实用新型专利权、半导体集成电路的电路配置利用权和计算机软件著作权的上诉案件，并且明确将商标权、著作权（除计算机软件著作权以外）以及技术性不强的外观设计专利权的上诉案件交由全国8个高等法院管辖。② 通过比较域外知识产权法院的管辖范围可以发现，域外知识产权法院更加关注两个领域的案件：一是专利等技术性较强的知识产权案件，以集中审理此类案件来保障案件审判质量和裁判标准的统一性；二是专利、商标等授权确权类案件，以集中管辖来保障专利、商标授权确权的司法审查尺度的一致性。而且为了集中司法资源审理上述两类案件，多数国家有意识地将著作权、商标权甚至外观设计专利权等专业技术性不强的知识产权案件交由普通法院审理。

(三) 以上诉法院为主流

域外知识产权法院以上诉法院的审级设置为主流，知识产权法院的级别相当高，一般是仅次于最高法院级别的审级。例如，在美国，不服联邦地区法院专利侵权的判决，可以向联邦巡回上诉法院上诉，再不服的则向联邦最高法院上诉，但联邦最高法院对于上诉不是一律受理，而是选择极少数重大和具有典型意义的案件予以受理，也就是说，在联邦最高法院不受理的情况下，联邦巡回上诉法院的判决即为有效判决;③ 又如，对于德国联邦专利法院作出的判决中的法律问题，当事人可以向德国联邦最高法院上诉，但是否允许上诉则由德国联邦专利法院决定，申言之，在绝大多数案件中，德国联邦专利法院的判决即为终审判决;④ 再如，日本东京知识产权高等法院相当于东京高等法院的一个支部，其审级是上诉法院，其级别同样属于高等法院;⑤ 还如，成立于1998年的韩国专利法院也是高

---

① 参见郜中林《境外知识产权专门法院制度对我国的启示与借鉴》，《法律适用》2010年第11期。

② 参见文学《东京知识产权高等法院掠影》，《中华商标》2005年第12期。

③ 参见李明德《美国知识产权法》，法律出版社2003年版，第102页。

④ 参见郭寿康、李剑《我国知识产权审判组织专门化问题研究——以德国联邦专利法院为视角》，《法学家》2008年第3期。

⑤ 参见张玲《日本知识产权司法改革及其借鉴》，《南开学报》（哲学社会科学版）2012年第5期。

等法院,其上诉法院即为韩国最高法院。① 域外知识产权法院以上诉法院为主流有其深刻的制度成因:知识产权法院的功能不仅在于司法的专门化,其更加重要的意义还在于维护国家知识产权制度——尤其是专利制度的统一性。

(四) 以专门司法程序为保障

设立知识产权法院不仅意味着知识产权审判机构的专门化,为保障知识产权法院有效发挥审判职能作用,还需要专门的知识产权司法程序作为保障。如德国联邦专利法院实行技术法官制度,技术法官与法律法官的法律地位相同,技术法官必须具备技术领域或自然科学领域的学历资格和工作经历,同时还要具备法定的法官资格;② 又如日本东京知识产权高等法院实行法院调查官制度,调查官的职责是遵照法官的命令对专业技术类案件中有关技术事项进行调查,以帮助法官了解有关的科学技术问题;③ 再如泰国的中央知识产权和国际贸易法院不仅审理知识产权民事、刑事和行政三类案件,而且与泰国实行三审终审制不同的是,泰国中央知识产权和国际贸易法院受理的案件可以直接上诉到泰国最高法院,实行知识产权案件的两审终审制。④ 上述域外经验表明:国情的不同决定了知识产权司法制度不可能完全相同,但是,必须有相应专门的知识产权司法程序,才能保障知识产权法院有效运行。

三 我国设立知识产权法院的路径选择

最高人民法院院长周强强调,根据《中共中央关于全面深化改革若干重大问题的决定》关于"探索建立知识产权法院"的重大部署,知识产权法院的设立必须坚持逐步探索、稳步推进的原则。⑤ 我国的知识产权

---

① 参见前引《专利法研究》(2009),第50页。
② 参见郭寿康、李剑《我国知识产权审判组织专门化问题研究——以德国联邦专利法院为视角》,《法学家》2008年第3期。
③ 参见文学《东京知识产权高等法院掠影》,《中华商标》2005年第12期。
④ 参见前引《专利法研究》(2009),第50页。
⑤ 《全国人大常委会审议"北上广"设立知识产权法院,周强代表最高人民法院作议案说明》,《人民法院报》2014年8月26日第01版。

司法保护制度不仅有着世界各国共同面对的普遍性问题，还有地域发展不平衡等独有的特殊性问题，因此，我国构建知识产权法院的难度更大，需要考虑的因素更多。笔者认为，我国探索设立知识产权专门法院应当秉持法治思维，强化改革意识，坚持国情立场，选择合适路径，建立中国特色社会主义的知识产权司法制度。

（一）地域布局："先行先试"与"均衡分布"

除了北京、上海、广州三个已经设立知识产权法院的地区以外，我国多个地区对于在当地设立知识产权法院的态度十分积极。例如，2013年11月，在苏州举办的"第一届亚太知识产权论坛"上，江苏省高级人民法院透露江苏作为东部发达省份，正在积极筹建知识产权专门法院。① 又如，2013年12月，《中共湖北省委关于深入贯彻党的十八届三中全会精神全面深化改革的意见》明确提出，加强知识产权保护，加快建设东湖高新知识产权法院。② 笔者认为，各地积极筹建知识产权法院的态度反映了我国对知识产权法院的迫切需求，但知识产权法院的布局应当秉持按需设置、循序渐进和均衡分布的原则。

1. 按需设置。我国地域发展很不平衡，受经济发展水平、对外开放程度、新兴产业布局等因素的影响，东部、沿海发达地区和中西部欠发达地区知识产权案件的数量有很大差异。在哪些地域设立知识产权法院，应当根据知识产权司法保护的实际需求决定，即我国应当在知识产权纠纷较多的地域设立知识产权法院，正如有学者指出的那样："按照市场原则设立知识产权法院，就应该按照实际需求，积极稳妥地推进知识产权法院设置工作。"③

2. 循序渐进。探索设立知识产权法院是一项重大的系统工程，涉及法律、机构、编制、人员和财力等各个方面的问题，需要进行深入的试点，才能进一步推广，循序渐进地设立知识产权法院。据此，笔者认为，

---

① 《江苏高院：正筹建知识产权专门法院》，人民网（http://js.people.com.cn），2017年9月30日最后访问。
② 《中共湖北省委关于深入贯彻党的十八届三中全会精神全面深化改革的意见》，荆楚网（http://news.cnhubei.com），2017年9月30日最后访问。
③ 易继明：《为什么要设立知识产权法院》，《科技与法律》2014年第4期。

北京、上海、广州是我国经济发达、知识产权案件数量较多的中心城市，我国在"北上广"率先设立知识产权法院，有利于积累试点经验、完善运行机制。待北京、上海、广州的知识产权法院经过试点总结出成熟经验后，可以再向其他中心城市推广。当然，对于目前知识产权案件数量相对较少的中西部地区，也应当预留今后增设知识产权法院的弹性空间，待知识产权案件数量增长、知识产权司法需求提高、设置知识产权法院条件成熟后，再在中西部若干中心城市设立知识产权法院。

3. 均衡分布。从长远来看，随着经济社会的快速发展，我国各大区域都有设立知识产权法院的现实需求，因此，我国知识产权法院的布局，在考虑地域经济发展水平和知识产权司法保护实际需要的同时，还要兼顾地理区域的均衡布局，既要在东部和沿海发达地区设立若干知识产权法院，也应当在条件成熟的中西部地区适当设立知识产权法院。

（二）审判模式："二合一"或"三合一"

《国家知识产权战略纲要》提出："研究设置统一受理知识产权民事、行政和刑事案件的专门知识产权法庭。"《人民法院第三个五年改革纲要（2009—2013）》进一步要求："探索设置统一受理知识产权案件的综合审判庭。"根据上述文件精神，我国部分法院开展了知识产权审判庭集中审理知识产权民事、行政和刑事三类案件的"三合一"审判机制改革的试点，并涌现出了"浦东模式"、"武汉模式"、"西安模式"、"重庆模式"等不同的"三合一"审判模式。"三合一"审判机制改革的试点对我国知识产权审判专门化起到了积极的推动作用，为设立知识产权法院做出了探索，但"三合一"审判机制改革发展至今也遇到了瓶颈，主要表现在：一是法律依据不足，"三合一"打破了民事、行政和刑事三大诉讼法关于案件的审判业务分工，却没有与集中审理相配套的法律依据；二是推广性不强，"三合一"改革主要源起于经济比较发达、知识产权案件数量较多的地区，对于经济发展欠发达、知识产权案件数量较少的地区意义不大；三是级别管辖和地域管辖难协调，为解决知识产权民事、行政和刑事案件的级别管辖和地域管辖不一致的问题，部分试点法院采取了"提级管辖"、"指定管辖"等方式，在刑事诉讼中与检察机关、公安机关的协调难度较大。正如有学者指出的那样，目前知识产权审判"三合一"试点工作存在改革启动的随机性和地缘性、改革主体的多元化和内部性、改革模式的非统一性以及改革与三大诉讼制度整合的不对称性等多方面的问题。① 全国人大内务司法委员会戴玉忠委员曾指出："'三合一'试点再往下走，只有设立专门的知识产权法院才有可能解决问题。"② 设立知识产权法院，需要完整的法律规范配套保障，可以借此突破"三合一"审判模式存在的瓶颈问题，实现知识产权司法保护制度的创新与提升。

从全国人大常委会《关于在北京、上海、广州设立知识产权法院的决定》的规定来看，我国的知识产权法院实行的是审理知识产权民事案件和行政案件的"二合一"审判模式，而不是当前部分法院正在试点的知识产权审判庭集中审理知识产权民事、行政和刑事三类案件的"三合一"审判模式。关于知识产权法院的审判模式，在法学理论界和实务界有两种不同的意见。一种认为，应当在现有知识产权审判庭集中受理知识产权民事、行政和刑事三类案件的基础上，打造知识产权"三合一"的升级版，设立集中审理三类知识产权案件的知识产权法院。该方案的优势在于可以突破现有"三合一"模式的瓶颈，形成知识产权的司法保护合力。另一种认为，我国目前没有同级检察院向知识产权法院提起公诉，知识产权法院审理刑事案件对刑事诉讼法的突破太大，故知识产权法院不宜审理知识产权刑事案件。从目前知识产权法院的运行情况来看，"二合一"审判模式的运行并不顺畅，正如吴汉东教授指出的那样，知识产权民事、行政和刑事"相关案件审判程序游离于不同的法院体系，割裂了专门法院进行专属管辖的统一性"③。冯晓青教授还指出，目前在上海市高级人民法院和基层人民法院均试行"三合一"模式，"但上海知识产权法院成立后，则反而形成了一个隔离带，在现行司法体制下，不利于整合知识产权审判机制"④。

笔者认为，从长远发展来看，今后知识产权法院应当实行"三合一"的审判模式。其一，设立知识产权法院的根本出发点是为了加强知识产权保护，刑事诉讼是最有力度的知识产权保护方式，如果将刑事案件排除在

---

① 参见张晓薇《知识产权"三审合一"改革的审视与反思》，《知识产权》2013年第6期。
② 陶鑫良：《建立知识产权法院的若干思考》，《上海法制报》2014年7月16日。
③ 吴汉东：《中国知识产权法院建设：试点样本与基本走向》，《法律适用》2015年第10期。
④ 冯晓青：《中国知识产权法院建设若干问题思考》，《中国法律》（中英文版）2015年第2期。

知识产权法院的受案范围之外，必将严重削弱知识产权法院的司法保护作用；其二，知识产权法官审理知识产权刑事案件，在权利范围、侵权认定、专业技术事实查明等方面的经验更加丰富，有其独特的专业优势；其三，知识产权法院集中审理民事、行政和刑事三类案件，可以避免在不同诉讼中对同一专业问题进行重复审理，从而有效节约司法资源，并且防止"三审分立"可能导致的基于同一事实的裁判结果相互矛盾；其四，知识产权法院本身就是全新的制度设计，根据域外设立知识产权法院的经验，必须要有专门的司法程序配套保障，因此，设立知识产权法院的过程，本身就是一个创新知识产权法律制度的过程，不应强求知识产权法院"削足适履"地完全符合现有法律规范。

（三）审级架构：中级人民法院和高级人民法院

关于知识产权法院的审级架构，很早就有一种"1+N"的思路，即按照全国的大区划分，在北京设立一个知识产权上诉法院，集中审理知识产权授权、确权类行政诉讼案件以及北京市的知识产权案件；在我国东北、西北、西南、中南、华东地区分别设立一个知识产权上诉法院。① 早在2008年6月5日，国务院发布的《国家知识产权战略纲要》就明确提出"探索建立知识产权上诉法院"的战略构想。然而，我国目前设立的北京、上海、广州知识产权法院，并不是完全意义上的上诉法院。三家知识产权法院实际上采用的是以中级人民法院为架构的方案，其受理二审案件的范围是所在市基层人民法院第一审著作权、商标等一般知识产权民事和行政案件的上诉案件，而有关专利、植物新品种、集成电路布图设计、技术秘密等专业技术性较强的第一审知识产权民事和行政案件，则由知识产权法院管辖。也就是说，对于知识产权法院审理的上述技术性较强的第一审知识产权案件，其二审法院仍然是其辖区内的高级人民法院。在这种"基层人民法院知识产权审判庭—知识产权法院—高级人民法院知识产权审判庭"的审级框架下，无法实现在全国范围内统一知识产权案件司法裁判标准。正如冯晓青教授指出的那样："在现行司法体制下，知识产

---

① 参见曹新明、梅术文、许福忠、陈振国《建立统一知识产权法院问题》，载国家知识产权局条法司编《〈专利法〉及〈专利法实施细则〉第三次修改专题研究报告》（下卷），知识产权出版社2006年版，第1373页。

案件统一司法裁判标准,尤其是知识产权民事案件和行政案件裁判标准统一很难做到。"① 吴汉东教授更进一步指出:"知识产权司法体制深化改革的关键,在于设立知识产权上诉法院或高级法院,使得专门法院系统拥有技术类知识产权案件的终审权。"② 值得关注的是,2015 年 3 月,全国政协委员、最高人民法院副院长陶凯元明确提出了我国应设立国家层面的知识产权高级法院的建议。③

如前所述,域外知识产权法院以上诉法院为主流有其深刻的制度原因:知识产权法院的功能不仅在于司法的专门化,其更加重要的意义还在于维护国家知识产权制度的统一性。笔者认为,我国应当适时在北京设立知识产权高级法院,集中审理知识产权授权、确权类行政诉讼案件以及北京市的知识产权案件,考虑到我国幅员辽阔、人口众多、知识产权案件数量大的现实国情,④ 可以在华东、华中、东北、西北、西南各大地区的中心城市,分别设立一个知识产权高级法院的巡回法庭,按照地区分片受理专业技术类知识产权上诉案件。

---

① 冯晓青:《中国知识产权法院建设若干问题思考》,《中国法律》(中英文版) 2015 年第 2 期。
② 吴汉东:《中国知识产权法院建设:试点样本与基本走向》,《法律适用》2015 年第 10 期。
③ 参见吕巍《陶凯元:应设立国家层面的知识产权高级法院》,中国青年网 (http://news.youth.cn),2017 年 9 月 30 日最后访问。
④ 据统计,2014 年我国法院受理各类知识产权一、二审案件超过 12 万件,成为全球受理知识产权案件最多的国家。参见吴汉东《中国知识产权法院建设:试点样本与基本走向》,《法律适用》2015 年第 10 期。

浅谈我国知识产权法院制度的规划设计

徐　俊

摘要： 我国知识产权审判面临事实查明难度大，民事、刑事和行政审判领域之间缺乏沟通，确权纠纷解决程序设计不合理等现实问题。世界范围的知识产权审判体制改革业已形成较为一致的趋势和做法，我国知识产权法院制度的规划设计应当合理借鉴比较法经验，秉持战略思维、国情思维、改革思维和治理思维，按照四级两审、交错并行的纵向架构，均衡分布、两区分离的横向布局，在案件管辖上施行民事、刑事和行政纠纷的三审合一与技术类纠纷的集中管辖，通过准确的程序定位与有效的程序衔接提高确权争议解决的效率，以多元设计的程序规则和增设序列的队伍配备保障知识产权法院制度的有效运行。

关键词： 知识产权；审判体制；知识产权法院

探索建立知识产权法院是党中央《关于全面深化改革若干重大问题的决定》提出的重要任务。如果知识产权不能及时实现并获得有效的司法保障，将大大影响对创新的激励和对社会经济生活的促进。知识产权法院制度的建立旨在发挥司法保护知识产权的主导作用，破解当前知识产权审判面临的困局，推动国家创新体系的形成，增强我国在国际知识产权司法领域的影响力和话语权，为我国在新的国际关系环境中赢得主动。[①]

[①] 参见张娜《设立知识产权法院十分必要——设立知识产权法院工作座谈会发言综述》，《人民法院报》2014年8月27日。

一 现实反思：我国知识产权审判现状的问题梳理

（一）事实查明的举步维艰

从知识产权这一客体自身所具有的无形性来看，知识产权违法行为由于其侵害对象独特，表现出违法形式特殊、侵害范围广泛的特点，经常遇到大量涉及专业技术的问题和证据，给知识产权违法行为责任构成与损害后果认定带来相当的困难。① 知识产权民事、刑事和行政三大审判领域均面临专业性、技术性难题，知识产权案件往往法律关系与技术问题相互交织，导致案件审理难度加大，审理期限普遍较长。

知识产权民事审判涉及的专业性、技术性事实主要表现在以下方面：在专利侵权纠纷中，将被控侵权产品或方法与原告发明或实用新型专利权利特征比较，判断二者的技术特征是否相同或等同②；在商标及外观设计侵权纠纷中，判断被控标识或设计与原告权利客体是否构成近似；在著作权侵权案尤其是软件著作权侵权案中，判断被控侵权作品是否与原告作品构成实质性相似；在商业秘密侵权纠纷中，对技术信息公知性的判断及原、被告双方生产方法、流程、工艺同异性的比较；在技术合同纠纷中，对系争标的性质、质量、价值是否达到合同约定或法定验收标准的认定和评价。

知识产权一般民事侵权行为与刑事犯罪的客观表现仅在于行为情节或侵害结果的严重程度不同，而在违法行为之构成与认定上并无差异。处理知识产权刑事案件的首要前提是对权属、侵权能否成立等民事问题的判断。上述民事领域的专业性、技术性难题同样困扰知识产权刑事审判。

在知识产权行政审判中，人民法院的审查不仅涉及知识产权行政机关作出具体行政行为的合法性，而且更多的是要审查作出行政决定的事实依据是否充足。如涉及确权的专利无效行政诉讼，法院的审查往往涉及专利

---

① 参见吴汉东《知识产权保护论》，《法学研究》2000年第1期。
② 等同判断是指被控侵权物中的技术特征与案件所涉专利权利要求中的相应技术特征相比是否以基本相同的手段、实现基本相同的功能、产生了基本相同的效果。

新颖性、创造性和实用性以及是否充分公开等问题,均与所涉技术领域的专业技术密切相关,而且专利行政案件审理的结果往往要对涉案发明创造或外观设计的专利性表态,法院的审查范围远超出普通行政案件的审查范围。①

(二) 不同领域的隔阂疏离

知识产权民事、刑事和行政等不同领域案件审理的重点和难点在于对案件专业性事实的认定和实体法上专业性问题的法律适用,各类知识产权案件并不因为诉讼程序的不同而有明显的差别。在考虑案件审理分工时,对这类案件同质性的考虑要重于程序性的选择。② 知识产权民事、刑事、行政等不同专业领域之间缺乏协调沟通,容易导致执法尺度和司法政策不统一。

目前除部分"三合一"试点法院之外,大部分地区法院仍将各类知识产权案件交由不同审判庭审理。针对同一知识产权侵害行为,司法实践中已经出现在先的刑事判决认定被告人侵权并构成犯罪,而在后的民事审判中却认为被告的行为不构成侵权的情况。这时民事判决如果要和已经生效的刑事判决保持一致就必然会导致两起错案,如果直接认定不构成侵权又会和生效刑事判决相矛盾。③ 与此类似,知识产权行政诉讼也有可能出现与民事诉讼不一致的裁判。实践中已有行政机关认定知识产权侵权成立并作出行政处罚决定,但权利人在其提起的民事侵权诉讼中却遭败诉。④ 如果被处罚当事人提起行政诉讼,法院维持行政机关处罚决定,就会发生与民事裁判相冲突的情况。

知识产权各专业领域之间沟通不够不仅体现在个案审理中,甚至反映在司法政策的制定中。两高《关于办理侵犯知识产权刑事案件具体应用法律若干问题的解释》第五条在罗列各类作品的同时唯独遗漏了录音录

---

① 参见程永顺主编《专利行政诉讼实务》,法律出版社2003年版,第13页。

② 参见陈惠珍、徐俊《论我国知识产权立体审判模式的构建》,《法律适用》2006年第4期。

③ 最高人民法院研究室、民三庭、刑二庭:《知识产权刑法保护有关问题的调研报告》,最高人民法院民三庭编《知识产权审判指导与参考》(第7卷),法律出版社2004年版,第138页。

④ 参见最高人民法院研究室编《审判前沿问题研究(最高人民法院重点调研课题报告集)》,人民法院出版社2007年版,第1433页。

像制品。实际上制品与作品的含义、在著作权法中所享有的权项及其受到的保护是不同的,并不能想当然地认为音乐、电影、电视、录像作品就包含了录音录像制品。为弥补这项疏漏,两高随后又不得不出台相关批复,对录音录像制品的保护予以了明确。

(三) 制度运行的异化现实

现有的知识产权确权纠纷解决机制设计不合理,没有区分不同种类确权纠纷案件之间在性质上的明显不同,将专利无效、商标异议或争议这类发生在平等主体双方当事人之间、涉及民事权利有效性争议的确权纠纷作为行政诉讼处理,这就让专利复审委、商标评审委这些本来是居中作出裁决的机构成为被告被动应诉,从而处境尴尬。同时,两委耗费大量资源疲于应诉,也严重影响其确权案件本身的审理效率。最为重要的是这样安排不利于保护私权,行政诉讼的审理范围是被诉行政行为的合法性,并非原告与第三人之间关于权利效力问题的争议,上述确权纠纷案件作为行政案件终审后,往往是"官了民不了"。[①] 即便两委做出的决定或裁定明显错误,人民法院通常只能做出撤销或部分撤销决定的判决,专利、商标确权争议在司法裁判中得不到实质性解决。在人民法院撤销决定后,两委需再次做出决定,如当事人不服,还可就新决定再次提起诉讼,从而形成循环诉讼。[②] 而且现有的制度设计从行政程序启动到司法两审裁判往往要经历三至四道程序审查,环节过多,程序冗长,耗时费力的弊病非常突出,不仅浪费了有限的行政和司法资源,而且直接导致纠纷久拖不决,大大延长了权利确定的时间,也增加了当事人的纠纷解决成本。

值得注意的是,上述确权程序还会因为受理侵权诉讼的法院不能直接宣告专利无效或商标撤销而变得更为复杂。由于在知识产权侵权诉讼与确权诉讼之间缺乏有效衔接,部分当事人利用规则滥用权利,通过启动无效程序以中止侵权诉讼达到拖延诉讼进程的目的。同时,根据实用新型和外

[①] 参见北京市高级人民法院知识产权庭《关于知识产权确权纠纷解决机制的调查研究》,《完善知识产权执法体制问题研究》,知识产权出版社 2009 年版,第 248、249 页。
[②] 参见吴汉东《中国知识产权法制建设的评价与反思》,《中国法学》2009 年第 1 期。

观设计的专利无效请求审查实践，存在效力问题的比例接近甚至超过一半。① 大量的问题专利频频成为指控他人侵权的工具，而法院又不能在侵权诉讼中直接审查专利有效性问题，导致相当数量的问题专利受到不应有的保护，不当压缩了社会创新和发展的空间。

二　他山之石：世界知识产权审判体制改革的趋势探寻

20世纪后半叶以来，世界范围内包括美、英、德、日、欧盟以及我国台湾地区等纷纷改造自己的知识产权审判体制，以激励科技创新，回应产业需求，促进经济发展。各国或地区在本国知识产权审判体制改革过程中，尽管基于各自国情在具体制度设计上存在一些差异，但总的来说，已经形成了较为一致的做法和趋势。以下分四个方面予以归纳分析。

（一）形成审判机构专门化

德国联邦专利法院是国际上第一个专门处理知识产权诉讼的法院。为回应产业界的需求，解决专利行政案件审理中的诉讼迟延，并减轻行政法院的负担，德国于1961年7月1日正式成立联邦专利法院。为应对知识产权案件数量的急速增长，并提高联邦上诉法院的审理能力，美国于20世纪70年代启动了改革联邦上诉制度的调研，并在此基础上于1982年通过了《美国联邦法院改进法》。该法规定在华盛顿特区新设立联邦巡回上诉法院（CAFC），对专利诉讼享有排他性的上诉管辖权。英国于1977年在伦敦高等法院设置专利法庭，受理不服专利局行政确权决定的诉讼及其他专利侵权诉讼。1991年在伦敦建立专利郡法院，专门管辖来自英格兰和威尔士的知识产权侵权案件。对专利郡法院和伦敦高等法院专利法庭的判决不服的，直接上诉到英格兰威尔士上诉法院。进入21世纪，日本开始实施国家知识产权战略，在充分论证的基础上，进行了一系列重大的知识产权司法改革。2004年6月11日，国会通过《知识产权高等法院设置

---

① 2002年至2011年结案的实用新型专利无效宣告请求中，被宣告全部无效和部分无效的分别占35.60%和11.80%；2011年1月至2012年3月结案的外观设计专利无效宣告请求中，被宣告全部无效和部分无效的分别占53%和2%。

法》设立专门审理知识产权案件的高等法院,并于2005年4月1日起实施。2011年,欧盟通过了《关于在建立统一专利合作方面实施强化合作的条例的建议》,并采纳了创设单一的欧洲专利法院计划和欧盟统一专利体系方案,设立欧洲统一专利法院已指日可待。[1] 我国台湾地区于2007年3月28日公布《智慧财产法院组织法》、《智慧财产法院审理法》。2008年7月1日,台湾地区智慧财产法院正式设立并开始运作。[2] 可以说,自20世纪后半叶至21世纪初,世界范围内已经形成知识产权审判机构的专门化趋势。

(二) 推动案件管辖集中化

世界各国或地区纷纷组建了专门的知识产权审判机构,这些审判机构在知识产权案件的管辖范围上存在集中化的趋势。德国联邦专利法院主要受理涉及专利、商标、外观设计、实用新型、集成电路布图设计和植物新品种的行政确权纠纷。美国联邦巡回上诉法院主要集中管辖对美国各联邦地方法院判决不服的专利上诉纠纷,其他知识产权纠纷二审一般仍由各联邦地方法院对应的巡回上诉法院管辖。我国台湾地区智慧财产法院则受理台湾地区知识产权民事一、二审、行政一审和刑事二审案件。日本在审判体制改革中,将专利权、实用新型权、集成电路布图设计权和软件著作权等技术类知识产权案件的第一审由竞合管辖改为专属管辖。将日本以名古屋为界划分东西两部分,西日本对应大阪地方法院,东日本对应东京地方法院。竞合管辖是指既可由所在区域地方法院管辖,又可根据东、西日本的划分选择东京和大阪两个地方法院管辖。改为专属管辖后,则不在允许这种管辖选择,只能根据东、西日本的划分选择东京或大阪两个地方法院管辖。作为专属管辖的例外,如果争议不涉及专门技术问题的技术类知识产权案件可根据当事人申请或依职权移送相应地方法院管辖。所有技术类知识产权案件的第二审也从之前的大阪和东京两地高等法院分别审理集中归由东京知识产权高等法院审理。外观设计权、商标权、著作权(软件著作权除外)、邻接权、植物新品种权、不正当竞争案件等非技术类知识

---

[1] 参见张怀印、单晓光《欧洲专利一体化的最新进展——拟议中的"统一专利法院"述评》,《欧洲研究》2012年第4期。

[2] 参见刘华俊《知识产权诉讼制度研究》,博士学位论文,复旦大学,2012年。

产权案件第一审在改革后由各地方法院的分别管辖改为竞合管辖。非技术类知识产权案件的第二审则仍由地方法院对应的高等法院审理。① 由上可见，世界各国或地区对知识产权案件尤其是技术类知识产权案件大多采取集中管辖的方式，其中尤以日本的制度设计最为精巧。日本在考虑既往管辖布局的基础上，区分技术类和非技术类知识产权案件，前者由竞合管辖改为专属管辖，后者由分散管辖改为竞合管辖，特别还考虑到专属管辖例外，其设计理念尤其值得借鉴。

（三）注重程序保障专业化

世界各国和地区在建构知识产权专门法院制度时，不仅在知识产权法院的机构设置和案件管辖上做出突破，而且注重辅助配套和诉讼程序的制度设计，以期解决专业技术难题。为帮助解决诉讼中的专业技术问题，德国联邦专利法院配置具有技术专长的技术法官，这是德国法院系统中独有的设置。技术法官与法律法官一样，有着相同的权利和义务，不仅要经历法律法官必须经历的法律专业学习及专业考核，而且对其技术专业背景都有较高的要求。日本则在民事诉讼法和法院法的修改中，引入新制度辅助支持知识产权高等法院的运行。一是引入专业委员制度。法院在争议焦点、证据整理及证据调查、认定过程中，可由专业委员参加诉讼，以便听取其专业意见说明。在专业知识成为争议焦点的案件中，由专业委员参与诉讼，法官和当事人可以听取专业委员对技术问题的说明解释，进而做出法律判断。该制度的设立宗旨在于实现审理的高度专业化。二是完善调查官制度。知识产权高等法院配置调查官，调查官遵照法官的命令，对有关专利、实用新型等案件的审理中有关的必要技术事项进行调查，并将调查结果报告给法官。调查官的职责是为审理专利案件的法官提供技术方面的支持，负责解释专利保护范围、被告涉嫌侵权产品或方法的技术内涵，并将两者进行对比，但不作法律判断。我国台湾地区设置技术审查官以协助法官就知识产权案件有关专业知识等事项进行案件审理，在商业秘密等案件审理中施行秘密保持命令制度，对诉讼所涉商业秘密予以特别保障。台湾地区"司法院"还颁布了《案件审理细则》、《远距离询问作业办法》、《办理秘密保持命令作业要点》、《技术审查官借调办法》等配套规则，以

---

① 参见闫文军《日本知识产权审判情况概要》，《电子知识产权》2005年第3期。

推动案件审理。

（四）促进纠纷解决快速化

知识产权确权诉讼与侵权诉讼的协调一直是世界各国知识产权司法实践普遍关注的重要议题。美国基于其宪政体制，是否授予专利权属于行政机关专利商标局的权限，而判定行政机关授予的专利权是否有效则属于法院，法院有权在侵权诉讼中直接判定涉案专利或商标的效力，司法审查具有最终决定意义。在日本，如果不服特许厅审判部关于专利商标的确权决定，当事人可以直接向东京高等知识产权法院起诉，而无须经过地方法院。作为东方国家，日本在国家治理体系中一直尊重行政权力的独立性，法院一般不直接否定行政机关授予的专利商标权效力。为推进知识产权侵权诉讼进程，日本发展了两项相互补充的审理机制：一是在维护专利权有效的前提下，通过公有领域技术抗辩，允许限缩专利权权利范围，在诉讼中将公有领域技术排除在专利权范围之外；二是专利权人不得妨碍他人正常使用公有领域技术，否则构成滥用，在专利侵权诉讼中将作出不利于专利权人的判决。2004年，日本在司法改革过程中，基于前述两项审理机制的逻辑发展，通过修改专利法，进一步简化程序，允许法院在专利侵权诉讼中认定专利权无效。这种认定虽然仅对涉案当事人具有约束力，但由于诉讼中认定的事实可以在其他案件中援引，这也就意味着个案中的无效认定往往具有普遍效力。同时，日本知识产权高等法院非常注重与特许厅的联络沟通，通过案件的相互通报进一步理顺专利侵权诉讼与无效审查的关系。我国台湾地区新设智慧财产法院的最大特色之一，就是法官在民事诉讼中可以自行判断专利权和商标的有效性。诉讼中，当事人主张或抗辩智慧财产权有应撤销、废止原因时，法官不必再裁定中止诉讼程序，以等待行政程序就相关智慧财产权是否需撤销或废止做出判断，而是直接对权利的有效性进行判断。这一设计将明显提高审理效率，也是技术审查官制度介入的有益结果。在这一新机制下，被诉侵权的当事人无法再利用行政程序拖延民事诉讼程序的进行，智慧财产权利人的权益就比较容易获得及时保障。但是，法院仅能认为智慧财产权有撤销、废止原因，不得经行宣告智慧财产权无效，且仅对该诉讼发生相对效力，并不阻止智慧财产权人于其他诉讼中仍主张其权利。从台湾地区的制度设计可以明显看到其对日本的比较法借鉴。这些调整说明世界各国或地区均力图通过制度设计提高知识产权审判的效率。

三 建构方案：我国知识产权法院制度的模式选择和程序设计

（一）关于知识产权法院制度的设计理念

我国知识产权审判体制发展既有世界各国共同面对的问题，也有自身单独特有的问题。所以改造困难更大，要考虑的因素更多。本文认为，完善我国知识产权审判体制，探索建立知识产权法院制度应当秉持四项思维即战略思维、国情思维、改革思维和治理思维。

一是符合当前我国发展战略。我国知识产权法院的建立既要为我国在新的国际关系环境中赢得主动，更要推动国家创新体系的形成，确保国家创新驱动转型发展战略和知识产权战略的实现。知识产权法院的组织运行、政策制定和司法裁判要为国家发展战略的实现充分发挥制度支撑和政策保障作用，切实做到"加强保护、分门别类、宽严适度"。[1]

二是符合各地发展基本国情。改革开放以来，虽然我国各地区经济实力明显提高，但由于经济基础、资源环境、区域政策等因素的影响，各地区经济发展不均衡，地域差距较大且有逐年扩大的倾向。建立知识产权专门法院应坚持逐步探索、稳步推进的原则，[2] 要综合考虑全国各地经济发展水平、地理区划布局、案件数量多少、纠纷类型样态等因素，通过阶段性任务的完成推动整体目标的实现。

三是符合司法改革整体目标。设立知识产权法院是中国司法改革的重要尝试，知识产权法院制度设计要符合国家整体司法体制改革政策，充分考虑现实国情和未来发展，结合省级统管的司法管理体制改革和两区适当分离的司法管辖区划制度改革，实现司法管辖区与行政区划的有序分离。

---

[1] 参见最高人民法院副院长 2012 年 2 月 8 日在全国法院知识产权审判庭庭长研讨班上的讲话《准确把握当前知识产权司法保护政策 进一步加强知识产权司法保护》，《中国知识产权司法保护年鉴（2012 年）》，法律出版社 2013 年版，第 5 页。

[2] 参见最高人民法院院长周强 2014 年 8 月 25 日在第十二届全国人大常委会第十次会议第一次全体会议上对《最高人民法院关于提请审议〈关于在北京、上海、广州设立知识产权法院的决定（草案）〉的议案》所作说明，《人民法院报》2014 年 8 月 26 日。

四是符合现代国家治理要求。现代国家治理体系是一个有机、协调、动态和整体的制度运行系统。同样，知识产权法院制度的设计需要遵循知识产权审判规律，在深刻把握三审合一运行机制、集中审理管辖机制、确权纠纷解决机制、专业事实查明机制等各项机制运作机理的同时，注重发挥协同效应，强调各项机制的统筹运作和协调互动。

（二）关于知识产权法院的纵向架构

1. 四级两审

在改革的过程中，对框架的突破应当慎重，因为改变就意味着调整，人、财、物的资源重组将面临重重困难和现实矛盾。只要能有效实现目标，任何改革都应选择在既有的框架内，用最小的成本换取最大的收益。只有经过反复论证在非常必要的情况下才应当大胆突破现有框架，进行制度创新。知识产权审判体制改革的推进和知识产权法院体系的设计就应当遵循这一规律。我国现行的人民法院组织架构就是四级两审制。根据《人民法院组织法》，我国的审判权由最高人民法院、地方各级人民法院以及专门人民法院行使。其中，地方各级人民法院又分为基层法院、中级法院和高级法院。在我国知识产权法院体系的改造过程中，仍应当坚持这种四级两审的制度框架。从最高法院以下，高级法院、中级法院和基层法院都依法有权受理和审理相应知识产权案件，并施行两审终审。

有观点提出三级两审制即建立最高法院、知识产权上诉法院和知识产权初审法院的三级体系。但是，我国从1994年上海市浦东新区人民法院建立全国首家基层法院知识产权庭以来，截至2013年底，具有一般知识产权案件管辖权的基层法院已达160家。多年以来形成的这种知识产权审判格局，为知识产权审判任务的完成做出了重要贡献。尤其是在经济发达地区，基层法院已经成为审理普通知识产权案件的主力军。如果简单地施行知识产权法院的三级体系，将对现有框架产生巨大冲击。

2. 交错并行

在坚持四级两审制度框架的同时，应结合特定的案件受理范围实施专门法院和地方法院的交错并行。具体而言：

一是在高级人民法院层面筹建附设于北京高级人民法院的知识产权高级法院，与其他地方高级人民法院并行。该院作为专门法院集中受理全国技术类知识产权纠纷的上诉案件、专利商标授权和确权纠纷的上诉案件以及北京市辖区三家中级人民法院审理知识产权纠纷的上诉案件。各地高级人民法院知识产权庭仍然受理各地中级人民法院非技术类普通知识产权纠纷的上诉案件。在该项设计之时,并不排除在北京高级人民法院之外单设知识产权高级法院,这种制度安排更为彻底有效,但是需要的组织成本和资源投入更大。比较而言,选择附设于北京高级人民法院的知识产权高级法院或许是一个更为现实的方案。

二是在中级人民法院层面选择特定地区设立知识产权中级法院,与未设立知识产权中级法院地区的其他地方中级人民法院并行。知识产权中级法院亦作为专门法院集中受理非技术类普通知识产权一审和基层法院上诉案件、所辖省级区划乃至跨省片区范围的技术类知识产权一审案件。在加强辖区范围知识产权案件执法统一的同时,通过相对独立的知识产权司法行政管理格局,促进知识产权专门人才的培养,打造科技化、信息化的知识产权审判硬件环境。没有设立知识产权中级法院的其他各地中级人民法院知识产权庭受理案件范围不变,当前仍然保持与现状一致。

三是筹建专利商标确权的准司法机构。《国家知识产权战略纲要》明确提出要研究专利无效审理和商标评审机构向准司法机构转变的问题。建议改造专利复审委与商标评审委作为准司法机构,作为第一审级受理专利商标授权确权一审案件,当事人不服两委裁决的可直接向知识产权高级法院上诉。两委作为专业机构在队伍能力和知识储备上完全可以胜任该项工作,关键是通过这种设计减少专利商标授权确权案件的审判环节,在兼顾公平的同时大幅提高了此类案件的审理效率。

(三) 关于知识产权法院的横向布局

1. 均衡分布

我国知识产权法院体系的合理布局涉及全国片区区域的划分和片区区域内知识产权中级法院的选址。受经济发展特别是产业布局影响,我国各省、自治区和直辖市法院知识产权案件受理数量和纠纷类型样态差异较大。我国东部、沿海地区对外开放程度高、经济发展水平高,知识产权案件数量主要集中在这些地区,而中西部地区经济发展相对比较落后,发生的知识产权纠纷相对较少。2013年,全国法院共新收知识产权民事一审案件88583件,其中广东24843件、浙江10531件、北京9684件、江苏7777件、湖北5982件、上海4739件、山东4678件。这7个省、市受理案件之和为 68234 件，占到全国总量的 77%。也就是说，其他 24 个省、区、市受理案件仅占 23%。此外，2013 年全国法院新收知识产权行政一审案件 2886 件，其中知识产权行政确权机关所在地的北京法院受理 2780 件，所占比例超过 96%。① 对此，应综合考虑经济、地理、法制等各种因素，既考虑全国各地经济发展水平的实际需要，又照顾地理区划布局的诉讼方便，同时还要研究案件数量多少、纠纷类型样态等因素，在此基础上作出合理规划。目前，最高人民法院按照逐步探索、稳步推进的原则，在改革探索的起步阶段，选择北京、上海、广州试点知识产权法院。这种选择就充分反映了顶层设计对上述综合因素的全面考量。

2. 两区分离

中共中央《关于全面深化改革若干重大问题的决定》提出，要探索建立与行政区划适当分离的司法管辖制度，保证国家法律统一正确实施。在推进行政区划与司法管辖区划两区分离的实践中应当注重发展的阶段性，坚持逐步探索、稳步推进的原则。对此，可以适当借鉴日本的做法，建议先选择竞合管辖，再施行专属管辖。

特定地区设立的知识产权中级法院现阶段应首先实现在其所属省级行政区划范围内集中受理技术类知识产权一审案件。同时，在没有设立知识产权中级法院的省级区划，施行技术类知识产权纠纷的竞合管辖即当事人既可以选择在其省级区划范围内的地方中级法院起诉，也可以按照全国片区区域划分选择其省级行政区划范围之外的知识产权中级法院提起诉讼。

在全国知识产权中级法院合理布局并运行之后，视时机在条件成熟后再打破省级区划限制，施行专属管辖，由各家知识产权中级法院在全国分几大片区集中受理所属片区范围的技术类知识产权纠纷，不再施行竞合管辖，当事人不得再允许选择管辖。作为技术类知识产权纠纷的上诉法院，设立在北京的知识产权高级法院统一集中受理来自全国范围的上诉案件。

知识产权高级法院的建立是现行知识产权司法体制和机制改革的关键所在，是着眼于长远发展、标本兼治的理想模式。特别是集中受理全国技术类知识产权纠纷上诉案件，可以推进知识产权确权程序与侵权诉讼程序的有效衔接，对技术类知识产权案件实现确权纠纷与侵权纠纷在上诉审程

---

① 以上数据取自最高人民法院及各地法院对外公开发布的 2013 年度知识产权司法保护状况白皮书。

序的有机统一意义重大。同时，这种对某类案件司法终审权力作出统一归属的制度安排，是深化司法管辖区划与行政区划相分离的重要举措，有利于保障该类案件的执法统一与司法效率，实现知识产权司法的去地方化。

（四）关于知识产权法院的案件管辖

1. 三审合一

三审合一是指在知识产权法院或法庭统一管辖知识产权民事、刑事和行政案件。2008年6月发布的《国家知识产权战略纲要》明确提出要研究设置统一受理知识产权民事、行政和刑事案件的专门知识产权法庭。经中央批准于2009年3月发布的《人民法院第三个五年改革纲要（2009—2013）》也提出，在直辖市和知识产权案件较多的大中城市，探索设置统一受理知识产权案件的综合审判庭。目前，全国7个高级人民法院、79个中级人民法院和71个基层法院都已开展三审合一。[①] 不仅未来知识产权法院要做到三审合一，对那些受区域特点限制未建立知识产权法院的地区，仍有必要继续推进三合一知识产权审判庭的建设，这本身也是知识产权法院体系的重要组成部分。

三审合一并非简单地将知识产权民事、刑事和行政三类案件放在一起审理，还涉及较为复杂的程序问题。根据刑事诉讼法和行政诉讼法的一般规定，我国目前普通的一审知识产权刑事和行政案件仍应由基层人民法院普遍分散管辖，而且不论该基层法院是否具有知识产权民事案件的管辖权。因此，要真正做到三审合一还需要在机构设置和诉讼程序上加以协调。建议在各省级区划范围内指定一家或几家基层法院集中受理该区划范围内知识产权普通民事、刑事和行政案件。有基层法院知识产权庭地区，需要协调各行政区划之间的关系。可以适当增加管辖一般知识产权案件的基层法院，鼓励基层法院根据工作需要开展跨地区划片集中管辖。由于知识产权刑事案件还涉及公安局侦查抓捕和检察院提起公诉，需要处理被告人关押、提押与还押等问题。一方面要考虑检察院在批捕、提起公诉等项工作中是否也存在知识产权刑事案件的集中管辖可能，另一方面，在检察院管辖未作调整时，考虑到检察院与其提起公诉的法院很有可能不再属于

[①] 最高人民法院副院长陶凯元：《在全国知识产权新闻宣传周媒体见面会上的讲话》，《人民法院报》2016年4月22日。

同一行政辖区，应协调检察院提起公诉的具体法院。上述方案对知识产权纠纷多发的经济发达地区比较适用。

当然，作为另一种选择方案，根据《刑事诉讼法》、《行政诉讼法》规定，上级人民法院在必要的时候，可以审判下级人民法院管辖的第一审刑事或行政案件。对那些没有基层法院知识产权庭的地区可以参照知识产权民事案件的处理，提高一审知识产权刑事或行政案件的审级，提级由中级人民法院审理。各地可以根据自己的地区实际选择不同方案来实现三审合一。

2. 集中管辖

为确保执法统一，集中力量克服技术难题，当前国际上的趋势是集中管辖技术类知识产权案件，在我国实施创新驱动转型战略的背景之下，这种做法尤其值得借鉴。

在技术类与非技术类知识产权纠纷的识别上，一般而言，技术类知识产权案件包括专利权、集成电路布图设计权、植物新品种权、软件著作权和商业技术秘密等，非技术类知识产权案件包括商标权、著作权（软件著作权除外）、邻接权、不正当竞争案件（商业技术秘密除外）等。我国现仅就专利权、集成电路布图设计权、植物新品种权案件集中到部分地方中级人民法院一审管辖，有必要进一步将软件著作权和商业技术秘密等案件纳入集中管辖范围。

目前，有权一审管辖的中级人民法院主要是 31 个省、自治区和直辖市政府所在地以及部分指定的经济特区、沿海开放城市和计划单列市的中级人民法院。但是，对技术类知识产权纠纷而言，并非能够受理的中级人民法院越多越好。审理技术类知识产权纠纷不仅需要理解相关法律问题，更要理解技术问题，需要在查明技术事实的基础上进行法律专业判断。未来理想的规划是在知识产权中级法院和高级法院等专门法院的建制下，由其集中受理全国技术类知识产权纠纷一审和上诉案件；对于非技术类知识产权纠纷仍按照现有模式，由地方法院及其对应的上诉法院予以审理。按照在北京、上海、广州先行设立知识产权法院的方案，已经决定在这些直辖市或所在省对技术类知识产权案件实行集中管辖。对于广州知识产权法院而言，未来将集中受理全广东省的技术类知识产权案件以及广州市基层法院第一审著作权、商标等知识产权裁判的上诉案件。对于广东省其他地区如深圳、珠海、佛山等地的两级法院而言，仍将受理非技术类知识产权纠纷。

鉴于知识产权专门法院审判力量的加强，而知识产权本身的范围界定尚不明确，知识产权内容具有随科技创新不断更新的特性，可以考虑将知识产权相关诉讼以及以无形虚拟财产为标的相关诉讼纳入其管辖范围。此外，如果在案件主要争议点审理中需要知识产权专门知识或技术知识的，也应纳入其管辖范围。① 技术类知识产权案件集中管辖的考虑主要是基于其审理的专业难度，如果该类案件涉诉争议不涉及专门技术问题的，则应当允许当事人提出申请或依职权移送相应的地方法院管辖。②

（五）关于确权争议解决的审理程序

1. 准确定位

从简化知识产权确权纠纷的救济程序，推进争议的实质性解决出发，需要在诉讼程序上重新调整，对不同类别纠纷予以准确的程序定位。

专利复审委和商标评审委作为准司法机构作出裁决后，当事人不服两委在无效等程序中作出的确权裁判，可以另一方当事人作为被上诉人上诉至北京知识产权高级法院，由其按照民事诉讼程序而不是当前的行政诉讼程序作出二审终审裁判。知识产权确权纠纷案件性质比较特殊，其审理的关键在于当事人民事权利的效力，作出的决定也是对当事人民事权利状态的确定。作为确权程序后续司法审查不应局限于现有模式，不应仅针对被诉具体行政行为进行审查，而应将解决当事人争议问题作为审查的中心，围绕着专利、商标的实质性问题进行审理。要透过现象看本质，注重促进知识产权民事纠纷的实质性解决。

明确无效诉讼程序的民事诉讼性质，符合这类纠纷的民事争议性质，法院可以在诉讼中对特定知识产权是否无效、应否注册或者撤销等在裁判理由中明确表述，为相关行政机关重新做出决定提供明确指引，以此避免循环诉讼而导致纠纷的久拖不决，有利于及时有效解决纠纷。由专利复审委或商标评审委首先裁决但不作被告，也符合国际上有关不以专利复审委或商标评审委作为诉讼当事人的普遍做法，充分利用和相对节约了该两个

---

① 参见闫文军《日本知识产权审判情况概要》，《电子知识产权》2005年第3期。
② 参见张玲《日本知识产权司法改革及其借鉴》，《南开学报》（哲学社会科学版）2012年第5期。

机构的现有资源。①

对仅涉及单方当事人的专利、商标授权纠纷，仍采取行政诉讼模式，并赋予法院以司法变更权。申请人可以专利局或者商标局为被告提请专利复审委和商标评审委进行一审审查，对两委的授权复审决定不服的，仍以专利局或者商标局为被告，向知识产权高级法院提出上诉，法院按照行政诉讼程序审理并实行二审终审。②

2. 有效衔接

正是基于专利商标侵权诉讼中出现的拖沓反复和诉权滥用，为实现个案裁判的妥当性和公平性，追求纠纷的一次性解决，提高知识产权侵权诉讼审理的效率，有必要改造目前知识产权民事侵权程序与确权无效程序二元分立的现状，加强两者的有效衔接。

对此，最高人民法院提出，"要妥善处理行政程序与民事程序的关系，合理强化民事程序对纠纷解决的优先和决定地位，促进民行交织的知识产权民事纠纷的实质性解决。对于明显具有无效或者可撤销理由的知识产权，权利人指控他人侵权的，可以尝试根据具体案情直接裁决不予支持，无需等待行政程序的结果"③。这一司法政策通过对具有明显无效理由的知识产权直接裁决的方式，开启了法院在民事侵权诉讼中对知识产权有效性的适度审查，是在现行立法框架内的谨慎变革。

在直面现实问题积极寻求解决出路的过程中，鉴于事物规律的两面性，尤其需要谨慎的态度。这是因为法院在民事侵权诉讼中对知识产权有效性直接表态存在一定负面影响：一是侵权诉讼程序和无效确权程序在效力判断上可能存在冲突，二是不同法院在侵权诉讼程序中对效力判断可能出现不同结论，三是侵权诉讼程序对效力问题的审查同样面临当事人对诉

---

① 罗东川：《〈专利法〉第三次修改未能解决的专利无效程序简化问题》，《电子知识产权》2009 年第 5 期。

② 参见邰中林《境外知识产权专门法院制度对我国的启示与借鉴》，《法律适用》2010 年第 11 期。

③ 最高人民法院副院长奚晓明 2013 年 3 月 21 日在第三次全国法院知识产权审判工作会议上的讲话《解放思想　真抓实干　在新的历史起点上开创知识产权审判工作新局面》，见《中国知识产权司法保护年鉴（2013 年）》，法律出版社 2014 年版，第 3 页。

权的滥用。①

有鉴于此，应当借鉴学习日本和台湾地区的做法，坚持民事侵权诉讼程序中认定专利权无效的相对性，其效力仅限于个案，只在个案当事人之间发生效力，不具有普遍的对世效力。同时，相关法院对专利权效力的评判必须基于个案民事侵权纠纷的必要，如果无须表态通过其他方式即可解决纠纷，则不宜对专利有效性作出评判。

需要指出的是，基于审判、技术资源的配置和分布现状，最高人民法院目前仅就所谓明显的事由允许效力审查。未来在知识产权法院的框架之下，如果实现全国技术类知识产权纠纷初审和上诉案件的集中管辖，鉴于裁判标准的统一、案件审理的专业和审判力量的强化，可以取消目前关于明显事由的限制，允许知识产权专门法院在知识产权民事侵权案件中对各类无效事由进行审查和评判。

（六）关于专业技术事实的查明机制

1. 多元设计

知识产权法院的高效运行需要一整套程序保障，应当进一步完善诉讼程序和证据规则，探索建立技术事实调查制度。② 为此应当改造和创新知识产权法院在专业技术事实查明方面的程序规则，以应对知识产权案件审理技术性和专业性强的特点。在不同知识产权案件中，专业事实查明的难度不同，为此需要多样化的程序设计来解决不同难度的专业事实查明问题，通过这些制度程序充分发挥人民陪审员、专家证人、专家咨询、技术鉴定在解决知识产权审判专业技术事实认定难题中的作用。

一是完善专家鉴定制度。专家鉴定程序中，鉴定专家较为中立，客观性强，目前是我国知识产权审判实践中为解决技术难题普遍采取的方式。为充分发挥专家鉴定制度的功能，一方面要积极培育专业、公信和高效的鉴定组织，另一方面要强化规范，形成规则，妥善规定鉴定操作程序。法

---

① 参见朱理《专利民事侵权程序与行政无效程序二元分立体制的修正》，《知识产权》2014年第3期。

② 参见最高人民法院院长周强2014年8月25日在第十二届全国人大常委会第十次会议第一次全体会议上对《最高人民法院关于提请审议〈关于在北京、上海、广州设立知识产权法院的决定（草案）〉的议案》所作说明，《人民法院报》2014年8月26日。

院在鉴定中要牢牢把握鉴定方向和进程,建议在鉴定启动问题上,加强法官释明工作,重视法院依职权委托鉴定的开展。鉴定启动前要梳理技术问题,明确鉴定委托范围。在进入鉴定程序后,为防止当事人误导或诱导鉴定流程,需要明确规定鉴定所需技术资料的提交范围和提交时限以及鉴定专家的调查权限。在鉴定结论作出后,还应有妥当的质证和认证规则相配套。[①]

二是深化专家证人制度。相比较专家鉴定而言,专家证人可以更加灵活、便捷的方式解决技术争议。有些案件技术含量不高,通过专家对技术问题提供参考意见帮助理解和判断即可。最高人民法院《关于民事诉讼证据的若干规定》第 61 条的规定允许当事人向法院申请具有专门知识的人员出庭就案件的专门性问题进行说明。对此还需要进一步明确具有专门知识的人员即所谓专家的意见是否可以作为一种证据方法获得证据能力。在明确专家证人证据地位的基础上,合理设计专家证人的启动、选任和质证程序。

三是建立专家参审制度。专家参审制度作为人民陪审制度的组成部分,与人民陪审制度是特殊与一般的关系。一方面可以发挥专家作为普通民众所具有的善恶观念来保障司法民主,另一方面借助专家的专业素养可以推进案件的有效审理,改变"陪而不审"的局面。专家参审制度的设计包括专家参审程序的启动、参审专家的遴选和专家参加诉讼的具体行为规范。

2. 增设序列

对知识产权中级或高级法院而言,由于集中受理技术类知识产权纠纷以及知识产权授权确权等案件,对技术专业性的要求更高,建议在前述程序保障的同时再参考借鉴德国技术法官制度、日本的技术调查官制度以及中国台湾的技术审查官制度,为知识产权专门法院配备一支专业技术队伍加强相关案件的审理。这支队伍可以分为技术法官和技术审查官两个序列,前者属于法官序列,后者则是司法辅助人员。两者之间可以设定相应选任条件,在技术审查官符合条件时可晋升为技术法官。

在具体职责上,技术审查官要根据法官的要求,办理案件的技术判

[①] 参见胡震远《知识产权民事诉讼程序设计——以查明技术争议为中心》,见《完善知识产权执法体制问题研究》,知识产权出版社 2009 年版,第 215—223 页。

断、技术资料的搜集、分析，提供技术意见，并依法参与诉讼程序。具体包括：为使诉讼关系明确，就事实上及法律上的有关事项，基于专业知识对当事人说明或发问，对证人或鉴定人直接发问，就本案向法官作意见陈述；就争议点及证据的整理、证据调查的范围、次序及方法，向法官陈述参考意见；在证据保全时协助调查证据，在勘验前或勘验时向法院陈述应注意的事项，协助法官理解当事人就勘验标的所作的说明，并对于标的物的处理及操作提出意见等。[①] 在技术审查官的工作开展过程中，还要通过程序保障加强其中立地位，以提高当事人对法院的信赖度，从而实现公正、迅速的审判目的。

四　结语

当前，美、欧、日三大经济体正推动形成包含知识产权在内的新一代高规格的全球贸易和服务规则。同时，中国经济发展阶段性目标实现历史性转换，创新驱动已成为中国当前及未来发展的主旋律。在此形势和背景下，我国知识产权法院制度的规划设计应当始终从国内需求与国际环境两个方面出发，统筹国内外两个大局，找准政策需求，把握现实国情和制约因素，坚定不移地贯彻执行党的十八届三中全会深化改革的决定，从而构建和完善符合现代国家治理要求的审判体制和工作机制，强调各项机制的统筹运作和协调互动，以此提高知识产权审判整体效能。

---

① 参见李维心《谈智慧财产诉讼新制度》，《智慧财产季刊》第66期。

中国法官经济保障的实证研究
——以法官生存状况满意度调查为样本

胡昌明[*]

摘要：作为解决纠纷、维护正义的一支重要力量，中国法官经济整体状况不佳，由此造成法官的获得感缺失，法官的幸福度、满意度不断下降，甚至越来越多法官选择离开法官队伍。法官只有享受与其任职条件、职业限制和前期投入相匹配的薪酬待遇，才能维护好社会的公平正义。因此，建议通过法官单独职务序列、经费单独列支、完善退休制度和其他福利待遇等方法提高法官的经济保障水平。

关键词：法官职业保障；法官薪酬；单独职务序列；实证研究

十八大以来的本轮司法体制改革将健全司法人员职业保障制度基础性制度性措施之一。[①] 经济保障是司法人员职业保障的重要一环，特别是对于法官而言，经济状况对法官行为影响深远，有学者对法官需求状态的行为和法官的行为模式进行了研究，认为"收入低于生存和安全的需要，会导致法官容易突破道德底线；收入水平低于社会尊重需要之前，收入增长带来的法官尊重需求满足程度的增加，法官的公正和效率随之增加；收入水平满足法官社会尊重需要之后，非法收入的吸引力最低，且职业吸引力最大"[②]。

那么，中国法官的薪酬几何？法官对薪酬是否满意？是否需要改善法

---

[*] 胡昌明，中国社会科学院法学研究所助理研究员。
[①] 见《中共中央关于全面深化改革若干重大问题的决定》及《中共中央关于全面推进依法治国若干重大问题的决定》。
[②] 石必胜：《法官需求状态的解析与法官行为模式的规制》，《法治论丛》2005 年第 2 期。

官的经济状况？又如何改善？本文拟在对法官大规模问卷调查的基础上，将实证研究与理论探究相结合，对上述问题予以回应。

一　调查方法与问卷设计

虽然很多文章都描述中国法官收入微薄，不仅无法媲美国外的同行、国内的律师，甚至不如国内的普通公务员，然而，法官到底收入几何，与其他行业差距多大，却很难给出一个明确的数字。究其原因，首先，国家统计部门没有对行业，特别是法官行业收入进行过精确统计并公开发布类似的数据统计；其次，全国各地法官的收入项目差异巨大，各地法官收入包含内容五花八门，除了工资外，还有地区奖金、加班费、补贴等各类名目。① 仅统计工资未必准确，而统计所有收入则势必有所遗漏；最后，法官工资、人员不断变动，要统计全国20余万名法官的收入几乎是不可能的。

因此，本文采用问卷方法调查法官的收入状况。此外，问卷统计还能够比较准确地体现出法官对经济保障的感受，对收入的满意度，以及家庭支出、收入满意度等相关数据，并将其与法官个人状况相匹配，体现出不同年龄、层级法官的收入差异。

为此，笔者编制了一套"法官生存状况的调查问卷"，并对法官收入状况进行专门调查。问卷编制过程中，首先，根据调研目的，参考有关调查问卷的形式、编制方法，结合社会学理论，② 设计出调查问卷的初稿；其次，在向多名法律专家、法官征求问卷初稿意见的基础上形成修改稿；最后，参考了数名法官对问卷进行预答的情况最终确定调查问卷的内容。

调查问卷除了调查法官的基本情况，如受访者性别、年龄、法院所在地区、进入法院时间、所在法院层级、任法官年限、政治面貌、婚否、有无子女、学历、职务、职级、岗位、个人住房情况等外，还设置了法官的

---

① 根据笔者对各地法官的调研，有些地方法官的奖金、津贴远高于工资，有些地方住房公积金占收入的一半。

② ［美］艾尔·巴比：《社会研究方法》，邱泽奇译，华夏出版社2009年版；［美］波普诺：《社会学》（第十版），李强等译，中国人民大学出版社2005年版；风笑天：《社会学研究方法》，中国人民大学出版社2009年第3版等。

个人月收入、家庭月支出、收入满意程、理想的收入水平等问题。

信度（reliability）在社会学中是衡量测量方法质量的一个重要指标，即对同一现象进行重复观察是否可以得到相同的资料，它代表着调查的可信度。[①] 为保证该调查结果具有较高信度，笔者进行了如下工作：

第一，调查问卷发放范围广泛、时间较长。本次问卷发布时间长达20天，答卷法官涉及内地全部31个省、市、自治区，四级法院、院长、庭长到普通法官都积极参与，调查普及面较广，可信度较高。

第二，样本量较大。本次调查参与人数较多，本次调查共收集问卷2800余份，其中有效问卷2660份，占全国21万法官的1.4%，参与面十分广泛。

第三，调查过程的客观性，由于本调查主要是通过问卷网、微信公众号、新浪微博等网络媒体发布，完全由法官自愿参与填写，避免了硬性摊派填写问卷可能造成的调查结果偏差。

第四，匿名性。本次调查问卷在网上完成收集和填写，不要求填写者实名，因此最大程度保证了调查问卷结果的真实性和客观性。

二　基本调查结果：法官对收入普遍不满意

（一）法官收入状况

在国外，法官是社会的精英阶层，深居简出、衣食无忧。世界各国法官一般规定有专门的工资系列，与普通公务员相比，法官的工资一般定得较高，其他待遇也比较优厚。[②] 但是，调查发现，中国法官的收入不仅谈不上高薪，甚至达不到统计局公布的在岗职工平均工资水平。

问卷显示，法官中月收入不足2000元的31人，占1.17%；月收入2001元—3000元的698人，占26.24%；月收入3001元—5000元的1413人，占53.12%；月收入5001元—8000元的436人，占16.39%；月收入

[①] ［美］艾尔·巴比：《社会研究方法》（第十一版），邱泽奇译，华夏出版社2009年版，第143页。

[②] 胡健华：《法官的级别和工资待遇——外国法官制度简介之五》，《人民司法》1994年第5期。

8001 元—12000 元的 64 人，占 2.41%；月收入 12001 元—20000 元的 16 人，占 0.60%；月收入 20000 元以上的 2 人，占 0.08%。

从调查数据可以看出，法官的整体工资水平不高，月收入在三五千元的法官占绝大多数。月收入不足 5000 元的法官占八成多（80.53%），其中 27.41% 的法官月收入不足 3000 元，月收入超过 8000 元的法官，仅占 3.09%。粗略地计算一下法官的收入，月平均工资约为 4221 元，[①] 年均收入为 50652 元，竟比 2015 年度城镇非私营单位在岗职工年平均工资（63241 元）还少 10000 余元！

您个人的月收入？
答题人数2660

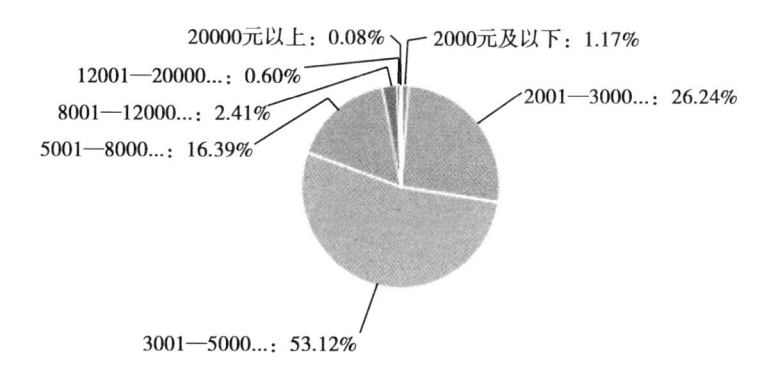

- 20000元以上：0.08%
- 12001—20000...：0.60%
- 8001—12000...：2.41%
- 5001—8000...：16.39%
- 3001—5000...：53.12%
- 2001—3000...：26.24%
- 2000元及以下：1.17%

（二）法官家庭支出状况

为了解法官的经济状况与经济压力，问卷还调查了法官家庭的支出情况。受调查的 2660 名法官中，月支出在 2000 元及以下的 194 人，占 7.29%；月支出 2001 元—3000 元的 675 人，占 25.38%；月支出 3001 元—5000 元的 978 人，占 36.77%；月支出 5001 元—8000 元的 539 人，占 20.26%；月支出 8001 元—12000 元的 185 人，占 6.95%；月支出 12001 元—20000 元的 75 人，占 2.82%；月支出 20000 元以上的 14 人，

[①] 法官平均收入系按照该选项上限值与下限值的中位数，再乘以该选项法官占全部受调查法官的比重之和得出。

占 0.53%。

从上述数据看，月支出在 5000 元以上的法官占 30.56%，而月收入超过 5000 元的法官仅占 19.49%，部分法官家庭负担较重。按照同样的计算方式，得出法官的月平均支出为 4820 元，为法官个人月收入的 1.14 倍。也就是说，从平均水平看，全国法官的收入尚不足以支撑整个家庭的支出。具体而言，与收入相比，个人收入足够支付家庭支出的法官 722 人，占 27.14%；个人收入与家庭支出平衡的 1070 人，占 40.23%；868 名法官的收入不足以支付家庭支出，如果没有家庭成员的其他经济来源，则将陷入入不敷出的境地，这部分法官也占到了将近 1/3（32.63%）。

另外，进一步分析发现，已婚有子女的法官家庭月平均支出达 5016 元，而单身无子女的法官家庭月平均支出仅 3510 元，前者比后者支出负担重 42.9%。

您家庭平均月支出？
答题人数2660

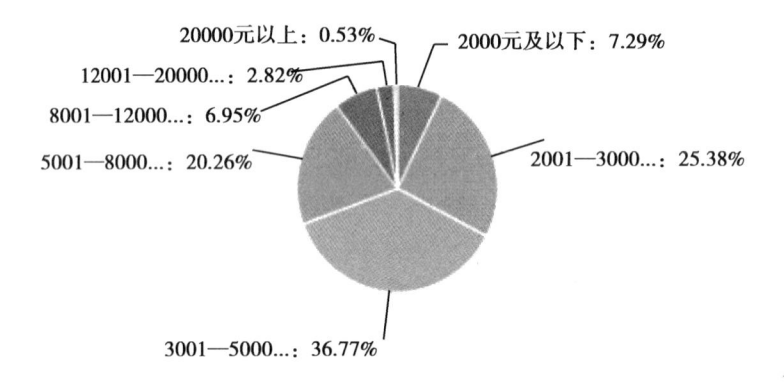

- 20000元以上：0.53%
- 12001—20000...：2.82%
- 8001—12000...：6.95%
- 5001—8000...：20.26%
- 3001—5000...：36.77%
- 2001—3000...：25.38%
- 2000元及以下：7.29%

（三）法官对收入的满意度

为了解法官的收入满意程度，问卷设计了收入满意程度和法官理想中的收入水平这两个问题。

调查显示，法官对自己的收入状况满意度极低。对自己收入非常满意的仅 15 人，占 0.56%；对自己收入比较满意的 39 人，占 1.47%；对自己收入一般满意的 345 人，占 12.97%；对自己收入不太满意的 825 人，占

31.02%；对自己收入很不满意的1436人，占53.98%。也就是说，2660名被调查法官中认为收入满意和比较满意的仅44人，占总数的2.03%。相反，对收入比较不满意和非常不满意的法官占85.00%，是满意法官的40余倍。

与此同时，调查也显示，法官期望的薪酬收入水平与法官收入水平差距较大。受访法官中，期望月薪为5001元—8000元占25.97%，期望月薪8001元—12000元的占38.80%，期望月薪12001元—20000元的占21.66%，期望月薪20001元—40000元的占10.07%，甚至有2.06%的法官期望月薪达40000元以上。法官期望的平均薪酬平均水平为月薪12522元（折合年薪约为15万元），是目前薪酬水平4221元的2.97倍。

然而，在现实生活中，年薪15万元的公务员收入至少要达到局级以上职级，在法院系统内只有最高人民法院的院、庭长，审判长和中、高级法院的院长们才能够到达这样的级别和收入，这对于绝大多数法官而言都是可望而不可即的。再加上外部法律服务市场中，相同年资的律师、公司法务人员的收入远高于法官，因此，法官对于收入的满意度处于较低水平。

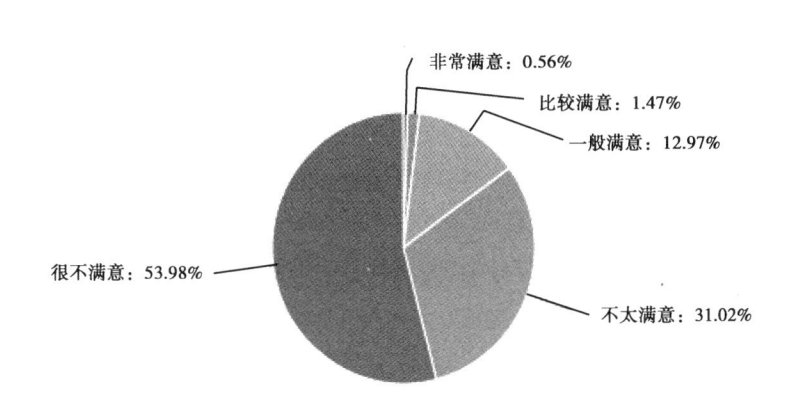

您对你目前的收入的满意程度？
答题人数2660

非常满意：0.56%
比较满意：1.47%
一般满意：12.97%
很不满意：53.98%
不太满意：31.02%

（四）法官间的经济状况差异

影响法官工资高低的因素很多，但是最主要的有学历、地域、职级、

您理想中的收入水平
答题人数2572

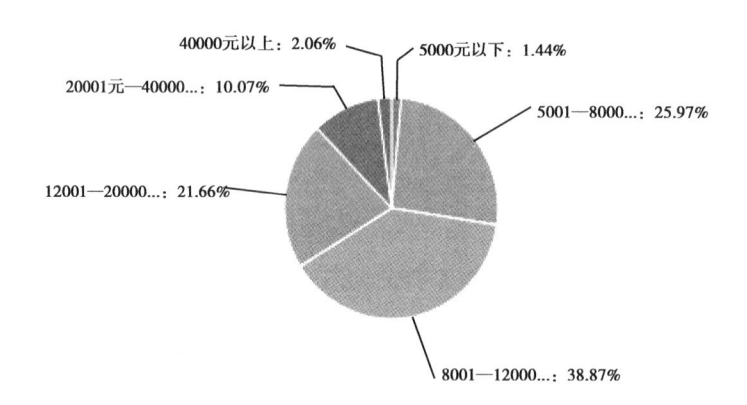

- 40000元以上：2.06%
- 5000元以下：1.44%
- 20001元—40000...：10.07%
- 5001—8000...：25.97%
- 12001—20000...：21.66%
- 8001—12000...：38.87%

法院级别、年龄等因素。

第一，学历因素影响。学历对法官的工作收入有重要影响，调查显示，大专及高中以下学历法官的平均月收入为3535元，本科学历法官的月平均收入为3872元，硕士法官的平均月收入为4841元，博士学历法官高达6600元。从以上数据看出，法官学历越高，收入越高。

第二，地域因素影响。虽然各地法官的职级差别不大，但是由于法院的奖金待遇都由各地政府发放，所以法官收入的地域差别也十分显著。根据不同省份，计算出各地法院的平均收入差别很大，月收入超过7000元的有两个省市的法官，分别是广东法官7585元、上海法官7341元；月收入5001元—7000元之间的是五个省份：西藏5681元、北京5525元、浙江5513元、福建5274元、江苏5207元；月收入4001元—5000元之间的有七个省市：天津4964元、海南4500元、青海4462元、内蒙古4293元、重庆4285元、贵州4283元、山东4107元；其余省份的法官月收入均在4000元以下：陕西3835元、吉林3804元、山西3734元、新疆3658元、湖北3648元、辽宁3636元、江西3625元、云南3604元、四川3573元、广西3467元、甘肃3465元、河北3326元、宁夏3308元、黑龙江3220元、河南3048元、湖南3034元、安徽2811元。收入最高的广东法官平均月收入是最低的安徽法官的2.7倍！法官工资普遍都不算高，只有广东和上海两地超过7000元，5000元以上的地区除了西藏外，都集中在东部沿海地区，而月收入不足4000元的省份17个，主要集中在中西部地区。

第三，职级因素影响。职级晋升是法官工资增长的主要途径，因此法官的收入受级别影响是显而易见的。调查表明，级别越低法官的平均收入越低，科员级法官占了法官群体的将近一半，其平均收入仅3705元，副科级法官平均收入4286元，正科级法官4815元，副处级法官5962元，正处以上级法官月收入则高达6875元。可见，行政级别的确是影响法官收入的关键性因素，而法官群体晋升晋级慢，晋升难成为法官收入不高的瓶颈之一。

第四，法院级别因素影响调查显示，不同人民法院法官收入也存在明显差别，基层法院法官平均月收入为4073元，中级法院法官为4519元，高级法院法官4986元，而最高法院法官平均收入8428元。收入随着法院级别的升高而升高，基层法院法官虽然审判任务最重、最忙、加班最多，但是收入却最低，随着法院级别的提升，法官的平均收入状况有所提升，生存状态有所改善。

第五，年龄因素影响。调查显示，25岁以下法官月均工资3263元，25—30岁法官月均工资为3497元，31—35岁法官月均工资4330元，36—40岁法官为4520元，41—50岁法官为4325元，50岁以上法官则为4483元。从调查数据可见，30岁以下法官的收入较低，25岁到35岁之间，法官收入有一定的提升，但是35岁以后，法官的工资上升并不明显，始终在4300元—4600元之间。这可能受到40岁以下年龄段，通常为2000年以后进入法院的法官，其学历水平较高等因素的影响，但是也从另一个侧面反映出，40岁以后大部分法官的职级遇到天花板，职级提升、工资上升并不明显。

总而言之，法官虽然整体上收入水平不高，不仅不如在岗职工平均工资，与法官自身的期待差距过大，法官对工资收入满意度很低。同时，不同特征法官的收入差别也比较大，通常而言东部沿海地区、高学历法官、高级别法官、高层级法院的法官收入较高，而中年以后法官的工资增加有限；相对而言，中西部地区、低学历、低级别和基层法官的收入较低。

三 为什么强调法官职业的"高薪"

给予法官优厚的待遇是世界各国的通行做法。那么，为什么法官给予充分、强有力经济保障会成为世界通行的做法？汉密尔顿的这段话无疑做了最深刻的阐述："就人类天性而言，对某人的生活有控制权，等于对其意志有控制权。"[①] 如果法官的生活、生存被他人所控制，那么，法官就不可能存在独立意志，法官独立行使审判权不受干涉也就成了水中月镜中花。具体而言，有以下几条。

(一) 法官任职条件高

世界各国资格对法官的任职要求都很严格，差别可能只是选拔的途径和方式各不相同。英美法系国家对于法官的司法经验要求非常苛严，例如，英国的法官必须从律师中挑选，即从英国4个法学会的成员（即出庭律师）中任命。担任地方法院法官（不含治安法官，但含"支薪治安法官"）须有不少于七年的出庭律师资历；担任高等法院法官须有十年以上出庭律师资历，而且年龄在50岁以上（亦称"普通法官"，是职业法官中最重要的一种）；担任上诉法院法官须有15年以上出庭律师或者两年以上高等法院法官的资历；担任常任法官贵族院议员，须有两年以上高等法院法官或者15年以上出庭律师的资历。[②]

大陆法系国家则对于法官初任选拔程序非常严格。在德国，根据德国联邦法官法的规定，法官资格经二次严格的考试及格而取得。其中还要经过两年的实习、三至五年的试用期、州法官挑选委员会挑选等关口。

在中国，法官任职条件低，曾被很多学者所诟病。但是即便如此，中国的法官的任职条件，相比于律师、其他公务员、企事业单位的法务人员等都要更加严苛。任法官必须符合高学历（大学本科以上学历）、高智商（需通过中国通过率最低的考试之一——司法考试，再加上公务员考试）、

---

① [美]汉密尔顿、杰伊、麦迪逊等：《联邦党人文集》，程逢如等译，商务印书馆1980年版，第396页。
② 周道鸾：《外国法院组织与法官制度》，人民法院出版社2000年版，第305页。

精通法律知识（从事法律工作达到一定年限），[①]遑论专业性不强的其他职业了。通常认为，进入门槛高、可替代性差的行业，应当给予较高的薪酬待遇。正是由于法官职业任职要求高、可替代性差，法官职位空缺后可以替代、补充的人选稀缺，[②]高薪是保证法官安心工作、心无旁骛的条件之一。

（二）法官职业限制多

法官的裁判不仅决定了当事人的重大财产、人身权益，并构成了社会公平正义的最后一道防线。因此，职业伦理要求法官在诉讼中保持绝对的中立地位，法律对法官及其家人的职业禁忌制定了相当多的"禁区"。首先，禁止兼职从政。一是禁止在行政机关或者立法机关兼职，参加社会组织及倾向性的政治活动。例如，西班牙法律规定法官、大法官在任职期间不得担任其他公职，不得参加政党。美国《法官职业道德准则》第五条规定，除了参选法官外，法官不得在政治组织中任职，也不得从事政治活动，如演讲、募捐、赞同或从事政治运动，不得讨论政治问题。二是禁止参加从事商业活动。美国《法官职业道德准则》第五条规定法官应避免参加金融和商业交易活动。意大利《法官职业道德法典》第八条规定，禁止司法人员参加公司企业，以便保证其地位的独立性。三是禁止担任律师。法官兼职从事律师职业是国际上普遍严格禁止的行为。《司法独立世界宣言》第2.29条规定，法官不得执行法律业务。美国《法官行为准则》规定，法官不应从事律师业务。[③]

在中国，对法官职业的限制也比较全面。《法官法》第十五条规定："法官不得兼任人民代表大会常务委员会的组成人员，不得兼任行政机关、检察机关以及企业、事业单位的职务，不得兼任律师。"最高人民法

[①] 《法官法》第九条第六项规定：担任法官必须具备下列条件高等院校法律专业本科毕业或者高等院校非法律专业本科毕业具有法律专业知识，从事法律工作满二年，其中担任高级人民法院、最高人民法院法官，应当从事法律工作满三年；获得法律专业硕士学位、博士学位或者非法律专业硕士学位、博士学位具有法律专业知识，从事法律工作满一年，其中担任高级人民法院、最高人民法院法官，应当从事法律工作满二年。

[②] 近年来，法院屡屡向律师和法律学者伸出橄榄枝，但是往往门庭冷落，少有人响应就是一个明证。

[③] 谭世贵等：《中国法官制度研究》，法律出版社2009年版，第470—474页。

院《关于严格执行〈中华人民共和国法官法〉有关惩戒制度的若干规定》第十三条规定:"法官不得从事营利性的经营活动。严禁有下列行为:(一)个人经商,办企业;(二)在经济实体中兼职;(三)从事有偿中介活动;(四)兼任律师、法律顾问。《法官职业道德基本准则》中法官禁止从事的活动和职业包括:商业活动或者其他经济活动,律师、企事业单位或者个人的法律顾问、盈利性社团组织、仲裁员等等。"

不仅如此,为了避免利益勾兑,法律对法官近亲属的职业也进行了严格的限制。例如,仅指法官的配偶和子女在任职法院辖区内从事律师职业。[①] 由于在中国,子承父业和夫妻同为法律工作者的比例不低,对法官近亲属职业的限制势必会影响法官的家庭收入,甚至增加其择偶成本。

由此可见,不管是国内还是国外的立法对法官兼职行为的约束范围广泛且程度上比较严格。[②] 上述这些对法官及其近亲属的兼职限定,避免了可能的"司法不公正",保证法官中立性的同时,也要求法官及其家人做出巨大的牺牲,减少了法官有可能获得的高额经济利益回报。因此,在限制法官参与营利性的组织和活动,近亲属进行职业限制时,也应对这部分经济利益的损失进行补偿,这是法官应当高薪的理由之二。

(三) 司法职业专业性强、投入高

人力资源理论认为,衡量一个人的工资高低,有两个标准,一是看他前期投入了多少,二是看他创造了多少价值。通常来说,一个职业"教育历时甚久并且花费很大,因此劳动价格必然进一步提高"。[③] 司法具有极强的专业性,需要运用法律知识和法律理性对纷繁复杂的社会矛盾纠纷进行判断,因此,社会上只有少数具有足够的法律知识、丰富司法经验的人,经过特殊训练才能成为合格的法官。"而考虑到人性的一般堕落状

---

① 《关于对配偶子女从事律师职业的法院领导干部和审判执行岗位法官实行任职回避的规定(试行)》第一条规定:"人民法院领导干部和审判、执行岗位法官,其配偶、子女在其任职法院辖区内从事律师职业的,应当实行任职回避。"

② 谭世贵等:《中国法官制度研究》,法律出版社2009年版,第478页。

③ [英] 亚当·斯密:《国富论》,谢宗林、李华夏译,中央编译出版社2013年版,第83页。

况，具有正直与必要知识的人其为数自当更少。"① 此外，由于法官的专业化要求高，因此，任何一名优秀法官乃至合格法官的淬炼都需要经过漫长的考验，最终成为法官这应当既能够精通法律知识，又能够具有丰富的司法实践经验，甚至要求具备丰富的人生阅历以及娴熟的司法技艺。

世界各国无一例外要求法官必须接受专门的法学教育，具有扎实的法律专业知识、丰富的法律实践经验。英美法系国家都需要法官具有丰富的法律实践经验，甚至是必须在执业经验的律师中产生。日本法官任职的基本条件是："（1）通过全国统一司法考试，这种考试极为严格，历年及格率都在2%—5%之间；（2）司法考试的合格者需要完成在司法研修所、检察厅、律师事务所一年半的司法研修。（3）再经过最后一次考试，合格者被授予法曹资格。法曹是法官、检察官、律师和法学学者的统称。如果进入裁判所，则要从判事补（相当于预备法官）做起，一般要在判事补的职位上做够10年，才能成为真正的法官——判事。"②

在中国，培养合格的法官成本也不低。首先，经过四年法律知识的积累，本科毕业后才有资格报考司法考试，等过五关斩六将地考过了司法考试、公务员考试，百里挑一进入法院。此后，还需要做三五年的书记员、法官助理的历练，不断熟悉司法的运作过程和学习审理案件的技巧，通过初任法官培训和考试，才能正式任命为法官。由此可见，成为法官的人力成本付出，显然无法与蓝领工人、普通公务人员相提并论。"法官并不是每个人都能胜任的轻松活。由普通人直接来执法或直接操纵审判过程就像由普通人直接行医或控制治疗过程、由普通人指挥军队、控制军事专门技术一样，都是不大可能的。"③ 法官的养成时间比较长，付出的成本比较高，这是法官应当高薪的理由之三。

（四）法官的工资决定了社会正义的价格

"经济学之父"亚当·斯密说，在一个社会中，医生和律师的劳动报

---

① [美]汉密尔顿、杰伊、麦迪逊等：《联邦党人文集》，程逢如等译，商务印书馆1980年版，第395—396页。
② 谭世贵等：《中国法官制度研究》，法律出版社2009年版，第71—72页。
③ [美]罗斯科·庞德：《普通法精神》，唐前宏、廖湘文译，法律出版社2010年版，第57页。

酬应该比较高，因为"我们把本身的健康托福给医生；把我们的财富，优势甚至把性命和名誉托付给律师和代理人。……所以，工作报酬让他们享有的社会地位，必须和他们被托福的重任相当"[1]。应该说斯密的话，代表的恰恰是经济学的基本原理，对于委以重任的人，应该予以较高的回报。

亚达·斯密说我们把财产、性命和名誉委托于律师，其实，我们更是把每个人的身家性命和社会的公平正义托付给了法官。每年进入法院审理的案件数以千万计，其中的刑事案件决定一个人的性命与自由，有些民商事案件标的额上亿，决定一个企业的生死存亡，法官决定着这上千万件案件的裁判和走向。我国已经形成了行业总收入高达 2000 多亿元的法律服务市场，这些行业某种意义上与正在改革的法院构成了人才竞争关系。[2] 如果不重视法官的经济保障，那么在职业流动越来越频繁，人力资源逐步市场化的当下，"法律服务市场必然对司法系统内部产生强烈的吸附效应"，[3] 法院内素质高、能力强、经验丰富的部分法官由于具有较强的市场竞争力而更加容易离职，可能在法院内出现劣币驱逐良币的现象。

法官职业的特殊性在于其在很大程度上影响和决定社会正义的输出方式，因此，赋予法官的福利待遇的高低，也就是整个社会愿意支付社会正义的价格。低价格最终只会导致得到正义的缺席，司法正义无法通过廉价的法官来实现，这是法官应当高薪的理由之四。

四　法官配置合理薪酬待遇的制度安排

由此可见，为了保证法官职业在法律市场中的竞争力，使更多优秀法律人成为法官，保障社会公平正义，应当给法官配置合适的薪酬待遇，并通过法律制度加以固化。

---

[1]　[英] 亚当·斯密：《国富论》，谢宗林、李华夏译，中央编译出版社 2013 年版，第 83 页。

[2]　参见吴洪淇《司法改革转型期的失序困境及其克服——以司法员额之后和司法责任制改革为考察对象》，《四川大学学报》（哲学社会科学版）2017 年第 3 期。

[3]　同上。

（一）重构法官薪酬待遇的标准

多年来，中国法官的工资标准一直实行行政机关公务员的工资标准，工资一直处于相对较低的水平。法官和行政机关公务员工作性质不同，实行公务员工资标准无法体现法官的劳动成果和价值。因此，建议参考以下几个原则和标准重构法官薪酬标准：

一是与法官付出相适应，[1] 法官职业要求广博的知识和超群的技能，案件审理也需要法官运用高级的技能，付出大量的脑力劳动和体力，责任重大、工作性质重要，此外法官的薪酬也可以与其处理案件的多少、难易程度相匹配。

二是与法律服务业的薪酬具有可比性。薪酬满意度在一定程度上是一个相对满意度，同为从事法律行业的法官与律师可比性较强，他们之间薪酬的比较无法避免。虽然从国际惯例来看，法官的薪酬都低于律师的薪酬，但是如果完全脱离法律市场，两者差距过大，必然增强法官的相对剥夺感，引发法官不满甚至离职。

三是根据所在地物价指数进行浮动。法官也是人，也需要一定的物质基础来维持日常生活，因此，法官的收入需要与法院所在地的物价相匹配，特别是在通货膨胀发生时，应建立随物价浮动的相关机制，保证法官收入不被降低。

四是与法官职业补偿相匹配。法官角色要求其人际交往、社会活动范围等受到严格限制，因此，法官的薪酬需要从两方面加以补偿：一是从事法官职业前，长期学习教育的补偿；二是从事法官职业后，不得从事违背法官职业伦理的一系列活动，以及家人不得从事律师、离开法院后不得从事诉讼代理业务等限制的补偿。

因此，重构法官的薪酬绝不能仅仅是"多收三五斗"，这无助于从根本上改善法官职业满意度，[2] 关键是要确定法官薪酬的合理计算方法以及

---

[1] 康士勇：《工资理论与工资管理》，中国劳动保障出版社 2006 年版，第 44—45 页。

[2] 按照目前的法官收入，法官薪资应当高出当地平均工作的 1—2 倍。调查表明，法官期望的平均薪酬平均水平为月薪 12552 元，约为 2014 年城镇非私营单位在岗职工年平均工资 4697 元的 2.67 倍。胡昌明：《中国法官职业满意度考察——以 2660 份问卷为样本的分析》，《中国法律评论》2015 年第 4 期。

通过法律来保障法官薪酬的合理增长机制。

(二) 司法经费单独列支

宪法确定了法院独立审判不受外界干涉的原则,然而,中国法院不具有独立的财权,"现行体制下各级法院的经费主要由各级地方财政支出,法院财政依赖于地方政府,从而导致'司法地方化',使'司法独立'难以真正实现"[①]。《关于司法机关独立的基本原则》第 7 条规定:"向司法机关提供充足的资源,以使之得以适当地履行其职责,是每一会员国的义务。"联合国大会《北京宣言》第 37 条规定:"法院的预算应由法院制定,或者由有关机关与司法机关共同列出。"当今世界上大多数国家都将司法机关的经费独立出来,单独列入国家预算,由中央财政统一划拨。这样的设置可以使法官经费管理体制独立于行政管理体制之外。

所以只有建立相对独立的法院经费管理体制,法院的经费单独列支,并保证其不得减少,由法院自身来支配的情况下,法院才有可能不受掣肘地推行提高法官的福利待遇。而且也只有如此,法官的福利待遇能够落到实处,并得到比较稳定地保障,且不随着司法部门的强势弱势、经济的发展情况而变化。

十八大后的司法改革方案也将实现法院人、财、物的省级统管作为司法改革重要举措之一,应以此为契机逐步推动整个法院财权的独立。

法院经费管理体制改革的具体设想是:第一步,实现法院经费的省级统管,由省级法院提出全省法院所需确保全省辖区法院正常运转所需的经费标准,提请该省级人大审理通过后,统一划拨给省高级人民法院,再由省高级人民法院逐步下拨到基层人民法院,从而建立起全省法院系统经费垂直管理体制。第二步,在通过5—10年的过渡期,实现法院经费的单独列支。由最高人民法院制定国家司法预算,提请全国人大审理通过后,由最高人民法院逐级下拨到基层人民法院,从而建立起全国法院系统经费垂直管理体制。从而避免法院在财政上对地方政府的依赖,减少地方政府干预司法的现象,为法院独立办案创造良好的条件;通过单独列支法院财政,为在全国统一实行相对独立的法官工资保险福利制度提供可靠的财政保障。

[①] 谭世贵等:《中国法官制度研究》,法律出版社 2009 年版,第 404 页。

(三) 设立法官单独职务序列

目前,制度框架内,法官参照公务员管理,法官工资纳入公务员的薪酬体系,法官工资、福利待遇完全参照行政级别确定和增长。由于和同级行政机关相比,法院在编人数相对较多,领导职位较为稀缺,法官晋职晋级的机会少,因此,在行政级别的晋职晋升上普遍比相同年资的公务员慢半拍。由于法官薪资收入主要取决于行政级别,低级别又导致法官工资收入低于相同年资的公务员。

同时,按照行政级别来给法官设置和发放工资,造成不同层级法院法官、同一层级不同资历的法官、法院领导与普通法官之间收入差距较大,对于基层法官、年轻法官和普通法官而言更显不公。

因此,法官单独职务序列是保障法官获得合理薪酬待遇的关键。应当根据法官职业的特点,根据法官的工作量、学历、工龄、贡献等合理确定法官等级,工资根据法官等级进行配置,不再对应相应的行政级别。今后,法官晋升晋级也应根据法官职业的特点进行,法官工资随着法官等级的晋升而提升。实现法官单独序列后,法官更加类似于工程师、教师、医生等职业,法官的职务晋升,工资福利等就不再与行政级别挂钩,就相当于承认法官具有专业技术等级,不必成为院、庭长,不必从审判岗位转变到管理岗位上才能够晋升职级,增加福利待遇。

这样,法官的等级、收入将不受法院行政级别职数的限制,有助于"打破法官职务晋升的'天花板',拓宽法官职业发展空间。而是通过专业技术等级的考核,实行按期晋升、择优选升和特别选升相结合的方式。各级法院法官只要认真履行职责,不必担任领导职务,也能按照任职年限逐级晋升到一定等级,而且可能比领导享受更高的福利待遇"[1]。

(四) 给予法官特殊的福利待遇

加强法官的经济保障不是为了使其成为社会中的"富裕阶层",但是要确保法官生存无忧、活得有尊严,不为五斗米折腰。除了薪酬收入外,为了保障法官过上有尊严、体面的生活,还应当给予法官一些特殊的福利待遇。

---

[1] 徐家新:《建立符合职业特点的法官管理制度》,《人民日报》2016年4月18日。

这在世界各国也成为通例,各国给予法官的特殊福利待遇包括医疗、保险、休假、交通、通信、住房免税方面的便利和特权,等等。这些立法和政策考量,旨在使审判权少受或者免受外界干扰,只有法官无欲则刚、安心办案,才可能实现法官的超脱中立和司法的公平正义。

由此可见,这些工资之外的其他福利待遇甚至特权也不是可有可无的。在中国,不必像一些西方国家那样给法官配备家庭佣人、警卫、司机等。但根据中国国情的现状,可以在以下几个方面给予法官一些优待:第一,人身和医疗保险。由于中国法官的职业风险比较高,日常工作繁忙,给予法官完善的人身和医疗保险还是必不可少的。第二,住房补贴或者提供住宅。由于国内房价高企,法官的正常工资远不能在一、二线城市买到合适的房子。而俗话说,"有恒产者有恒心",如果法官连安居的地方都没有,就不可能想象他可以安于清贫的工作,不可能乐于坚守法官清贫的职业。解决法官住房困难,也不必给法官提供豪华的住宅、别墅,而是需要给法官提供稳定的住所,保证其任职期间的住房稳定。第三,休假与培训。推进法官度假休养制度化,可以作为一项特殊的福利制度,提高法官健康水平又可以作为激励机制,激发法官工作热情。[①] 也可以借鉴我国台湾地区的做法,将法官休假与培训、进修相结合,台湾地区《法官法》第82条规定,实任法官每连续服务满七年者,得提出具体研究计划,向司法院申请自行进修一年,进修期间指令全额薪给,期满六个月内应提出研究报告送请司法院审核。在给法官充分修养的同时,给予一定时期的培训假或者进修假,督促法官不断学习进步,不断提升。第四,子女教育方面的优待。可以给法官子女优先进入优质资源学校等优待,保障法官的家庭稳定。

(五) 完善法官退休制度

由于法官退休后仍应遵守一定的伦理规范或者职业禁止规定。例如,香港法官在退休后两年内,不得从事法律规定的某些职业,如成为公司董事,否则会被暂停支付退休金。印度法律规定,最高法院大法官退休后不能到任何一个邦区担任律师,高等法院以下的法官退休以后,禁止到他担

[①] 谭世贵等:《中国法官制度研究》,法律出版社2009年版,第401页。

任过法官的邦区当律师。① 因此，给予法官退休金的优待也是各国通例。

我国法官退休后两年内也不得从事律师工作，但是法官退休的制度设计仍与公务员并无二致，无法体现法官职业的特殊性。因此，建议突出法官退休制度的特点：一是明确法官退休的年龄，对于法官退休年龄可以根据法官的身体状况和自身意愿适当延长。二是加强法官退休的经济保障，确定法官任职满20年的可以全薪退休，法官任职满10年不满20年的，退休后可以享受原薪酬80%的退休金。三是鼓励法官参与法律相关的公益活动，退休法官拥有丰富的司法经验和法律知识，在身体条件许可的条件下，应当合理开发退休法官的智力资源。其一，鼓励退休法官参与法院初任法官的培训，将其司法经验传授给初任法官、新人律师，西方不少国家退休法官就经常参与其中；② 其二，鼓励退休法官担任司法调解员、人民陪审员，充分发挥退休法官的审判智慧和特长；其三，鼓励退休法官担任法官的审判顾问，或者邀请其列席法官会议，为疑难复杂案件的研讨提供智力支撑。事实上这种设想并没有制度障碍，因为《法官法》也已经规定了"法官的退休制度，根据审判工作的特点，由国家另行确定。"

上述加强法官经济保障的举措，应当循序渐进逐步加以落实，特别是应当通过修改宪法、法官法等法律法规，在法律制度的层面加以落实。适时制定单独的《法官保障法》等，对法官的福利待遇加以专门的规定，并建立专门的法官委员会加强对法官福利待遇的保障。

---

① 谭世贵等：《中国法官制度研究》，法律出版社2009年版，第593、595页。
② 德国法官的培训过程中，新选任的法官可以从由三个退休法官所组成的小组那里吸取经验教训（怀效锋主编：《法院与法官》，法律出版社2006年版，第335页）；英国的退休法官常常对所属的律师公会里的新人律师进行培训。（贺绍奇：《英国法官制度》，载唐明毅、单文华主编《英美法评论》（第一辑），法律出版社2003年版，第285页。）

刑法与刑事诉讼法

共同实行犯中的主从犯区分方法探析

吴光侠[*]

摘要： 本文根据我国刑法共同犯罪规定，结合司法案例，对共同实行犯如何区分主犯与从犯所起主要与次要作用予以探析，总结出"地位与角色、主观与客观、全过程、原因力、犯罪利益、比较与排除"六种分析和判断方法，以便区分主犯与从犯，贯彻落实罪责刑相适应基本原则。

关键词： 共同实行犯；主犯；从犯；区分方法

根据我国刑法第 26 条和第 27 条规定，依据各共同犯罪人在共同犯罪中所起作用的不同，我们可以区分出主犯与从犯。共同实行犯由于各共同犯罪人都直接共同实施实行行为，共犯的主次作用的认定比较困难，再加上刑法规定比较概括和抽象，致使如何理解、掌握区分主犯与从犯的立法旨趣和认定方法，存有不同认识，有的甚至不予区分主犯与从犯，从而在一定程度上明显影响罪责刑相适应原则和宽严相济刑事政策的贯彻，影响到同类案件的量刑平衡。为此，本文拟结合司法实践，从判断共犯所起作用大小的思路和方法层面，对共同实行犯中的主犯与从犯区分认定问题进行探讨。

共同实行犯是指二人以上都共同故意实行刑法分则具体的构成要件行为的情形。在这种情况下，各共同犯罪人都是实行犯，在刑法理论上又叫共同正犯。成立共同实行犯，必须具备两个基本条件：其一，主观上有共同实行的故意，即二人以上的行为人不仅明知自己是在和他人共同实行危害行为，而且明知共同犯罪行为会发生危害社会的结果，而希望或者放任

---

[*] 吴光侠：最高人民法院审管办。

这种结果发生的心理态度。即行为人具有共同实行犯罪的意思联络，并有相互利用、补充对方行为，协力实现犯罪的意思。其二，客观上有共同实行的行为，即二人以上共同实施了某种犯罪的实行行为，各行为人分担实行行为，相互利用和补充其他共同者的行为，合作完成特定的犯罪。通常表现为两种情况：一是各共同犯罪人实行的是相同的行为；二是各共同犯罪人实施的是不同的行为，但是都属于某一具体犯罪客观方面要件的行为。

对共同实行犯追究刑事责任，遵循"部分实行全部责任"原则。由于各共同犯罪人相互利用、补充对方的行为，而使数人的行为形成一个整体，每个共同犯罪人的行为都是其他共同犯罪人行为的一部分，其他共同犯罪人的行为也是自己行为的一部分，故共同犯罪人不仅要对自己的行为及其结果承担刑事责任，而且要对所参与的整个共同犯罪承担刑事责任，即对通过其他共同犯罪人的行为所造成的结果承担责任；即使不能查清结果由谁的行为直接造成，所有共同犯罪人也要对该结果承担刑事责任。在司法实践中，有的鉴于主要与次要作用难以区分，而不在裁判文书中明确认定主犯或者从犯，仅表述为某一共犯相对其他共犯所起作用较大或者较小。但是，根据我国刑法规定，对共同实行犯采取部分实行全部责任的原则，并不意味着否认区别对待与责任自负的原则。我们认为，在坚持部分实行全部责任的前提下，对各共同犯罪人应区别对待，即依照刑法总则第26条至29条的规定要求，根据各共同犯罪人在共同实行犯罪中所起的作用大小，区分出主犯与从犯，依照罪责刑相适应的处罚原则予以处罚，而不能因为共同实行犯中"起主要或者次要作用"的鉴别和判断较难把握，就不予区分主犯与从犯。

通过调查研究，结合我国刑法规定和司法实践，我们从审判实践中，总结出以下六种鉴别和判断"起主要或者次要作用"的具体方法，以期对准确区分主犯与从犯有所裨益。

（一）地位与角色分析法

从共犯在共同犯罪中的地位和角色来看，主犯是在共同犯罪中处于支配和主导地位，扮演主角角色者；从犯则是在共同犯罪中处于被支配和从属地位，扮演配角角色者。其理论依据是唯物辩证法矛盾特殊性原理，认为矛盾着的事物的性质、地位等各个方面，以及矛盾解决的具体形式各有其特点。在复杂的矛盾群体中，矛盾力量在事物发展中占有不同的地位，起着不同的作用。主要矛盾是处于支配地位的、对事物的发展过程起决定作用的矛盾，由于其存在和发展，规定或影响着事物复杂矛盾体系中的其他矛盾的存在和发展。相反，非主要矛盾则是处于从属地位的、对事物的发展过程不起决定作用的矛盾。不论是主要矛盾还是非主要矛盾，矛盾双方的力量是不平衡的。其中一方处于支配的地位，起着主导的作用，而另一方则处于被支配地位；前者为矛盾的主要方面，后者为矛盾的非主要方面。对立统一规律转化为方法论就是矛盾分析法，要求把握矛盾的不平衡性并把它贯彻于矛盾的分析之中，对矛盾的双方不是主次不分，轻重无别，而是采取区别主次、轻重，进行有重点的分析。①

  根据唯物辩证法矛盾规律和矛盾分析法，我们认为在共同犯罪与被害人或者侵害法益的矛盾中，主犯是主要矛盾，在共同犯罪人中，主犯是与从犯相对应的一对矛盾概念。主犯与从犯在共同犯罪中的地位和作用是不相同的，主犯是矛盾的主要方面，处于支配和控制地位，起着主导作用，扮演着主角角色，对共同犯罪的产生、发展过程和结果起着决定性的主要作用，影响和决定着共同犯罪的进程和发展方向。主犯往往率先提出犯意，纠集共同犯罪人，制订共同犯罪计划，指挥和协调其他共同犯罪人的活动，积极参与全部或者主要部分的实行行为，直接造成严重危害结果。相反，从犯处于从属、顺从、服从、依赖主犯的被支配地位，不起主导和控制作用，扮演着配角角色。那些在共同犯罪中没有参与犯罪活动的策划，而只是对主犯的犯罪意图表示赞成、附和、服从，听从主犯的领导、指挥，被动接受任务，从事某一次要方面的犯罪活动的犯罪人，一般可以认定为起次要作用。

  例如，王某、傅某故意杀人案。2000年4月28日上午，被告人王某因在学校向同学沈某索要赌债，遭沈某拒绝后发生扭打。王某遂产生报复念头。同年5月6日下午4时20分许，王某纠集被告人傅某，到杭州市内一火锅店旁向放学回家路经此地的沈某索要赌债，遭拒绝后，王某即指使傅某一起殴打沈某。二被告人殴打被害人时，王某拔出尖刀猛刺被害人胸腹部数刀，并用刀划背部数刀，致沈某心脏破裂死亡。案发后，二被告

---

① 参见李秀林等主编《辩证唯物主义和历史唯物主义原理》，中国人民大学出版社1995年版，第186—191页。

人在投案途中被公安机关抓获归案。此案经浙江省高级人民法院二审终审认为，被告人王某因索要赌债纠集被告人傅某共同殴打他人，王某持刀刺死他人，构成故意杀人罪，情节恶劣，后果严重。二被告人有自首情节，傅某在共同犯罪中起次要作用，系从犯，故对王某从轻处罚，对傅某减轻处罚。据此，以（2000）浙法刑终字第541号判决书撤销对傅某宣告无罪的判决，以故意杀人罪判处其有期徒刑三年，缓刑四年，维持并核准王某的死刑，缓期二年执行，剥夺政治权利终身。[①] 本案中，被告人王某产生犯意后，纠集和指使被告人傅某一起殴打被害人，并持刀刺死被害人。王某处于支配和主导地位，扮演主角角色，直接造成他人死亡结果，对共同犯罪有重大影响和决定性，应当认定为主犯。而傅某参与共同殴打，放任和协助了王某行凶，在共同犯罪中处于被支配地位，扮演配角角色，是被纠集和指使者，对致人死亡的原因力较小，认定为从犯是正确的。

（二）主观与客观相结合分析法

从主客观两方面来看，主犯是在共同犯罪中的主观故意形成和客观行为实施过程中起主要作用者；从犯则是在共同故意形成和客观行为实施过程中起次要作用者。该方法以我国主客观相统一的犯罪构成理论作为其基本的理论支撑，认为共犯中主要作用的判断，可以从共同犯罪的主观与客观两个方面来分析。

在主观共同故意方面，在共同犯罪过程中，各共同犯罪人的共同故意有一个犯意产生、发出、传递、接受和反馈过程，从个别共同犯罪人产生犯意到共同犯意的形成，以及共同犯罪人对共同犯罪故意的进一步强化，各共同犯意人所起作用是不同的。我们通过对各共同犯罪人主观故意的分析比较，就可以看出哪个共同犯罪人的犯意产生时间最早，是犯意的产生和传播者，其犯罪意志比较坚定，态度比较积极主动，在共同故意形成中起主要作用。在客观共同行为方面，我们可以从各共同犯罪人在犯罪中的参与程度、行为分工、对犯罪结果的原因力大小等方面来把握。参与程度较深，实施全部或者主要实行行为，其参与实施的行为对共同犯罪的完成具有关键的作用，影响和决定共同犯罪的规模、危害程度和进程，造成严重危害结果的，就可以认定为主犯。反之，则可以认定为从犯。

---

① 参见王幼璋主编《刑事判案评述》，人民法院出版社2002年版，第417—426页。

例如，董某、赵某、张某抢劫案。2000年5月14日，被告人董某召集赵、张商议共同蒙面入室抢劫本村村民李某。董某说如被认出或者遭反抗就将被害人杀死。次日凌晨1时许，三被告人携带作案工具至被害人住处，董将房顶揭开，三人从洞口先后入室，实施抢劫。在抢劫过程中，董、赵的面具被撕破，怕被认出，遂用刮刀扎李某夫妇，致二人死亡，张乘机劫得现金4200元。山东省菏泽市中级法院审理认为，三被告人入户抢劫他人财物，并致二人死亡，其行为构成抢劫罪，且犯罪手段特别残忍，后果特别严重，应从严惩处。被告人董某将被告人赵某、张某召集到家，指明抢劫本村村民李某，又指使另外二被告人如被认出或遭反抗，就杀人灭口，起到组织、策划作用；赵按照预谋方案，实施抢劫并参与杀害二个被害人，其中董某、赵某还是累犯。据此，以（2001）菏刑一初字第36号判决书以抢劫罪判处董某、赵某死刑，剥夺政治权利终身，并处没收个人全部财产；判处张某有期徒刑12年，并处罚金1万元。本案中，董某不仅直接实施杀人行为，从共同故意方面来看，他召集其他二人，率先提出犯意和犯罪对象，并指使如被认出或遭反抗，就杀人灭口，在犯意产生、形成和抢劫行为实施中起到主要作用；赵某在共同故意形成中作用比董小，但是直接实施了抢劫杀人的全部行为，直接造成严重后果，在实施共同行为中起到主要作用；张某虽然参与抢劫的预谋和实行行为，但是只是实施了劫取财物行为，在共同犯罪中作用较小，可以认定为从犯。

（三）全过程分析法

从共同犯罪实施整个过程和共同犯罪人的实际参与程度来看，主犯是在犯罪的犯意产生、共同故意形成、犯罪准备、共同犯罪行为实施、共同犯罪完成的罪前、罪中甚至罪后整个过程中起主要作用者，从犯则是这一过程中起次要作用者。其基本理论根据就是马克思主义运动观、时空观，认为运动是物质的根本属性，是一切物质形态的存在方式，时间和空间是运动着的物质的存在形式，任何事物都是一个历史的过程。

辩证唯物主义这一观点对犯罪也是适用的，因为犯罪总是在一定时间和空间发生的。因此，我们判断一个共同犯罪人在共同犯罪中作用的大小，可以从共同犯罪故意和共同行为的发生、发展和完成的整个过程来分析。从犯意的产生，犯意的沟通、联络，共同故意的形成，到犯罪的准备，再到犯罪的具体实行过程，最后是犯罪的罪后行为，包括分赃、销赃以及毁灭证据、逃避侦查等一系列行为。通过考察其在罪前、罪中和罪后的表现，看各共同犯罪人在共同犯罪的每一个阶段的参与情况，处于怎样的地位，其行为在整个过程中起到多大作用，就比较容易看清其在共同犯罪中的作用大小。如果共同犯罪人参与全部或者大部分共同犯罪过程，在实行行为之前有出谋划策、拉拢勾结他人行为，在实行行为之中担当主角，有指挥、协调行为或者实施关键的主要危害行为或者直接造成严重后果，在实行行为之后有策划逃避惩罚等罪后处理行为，就可以认定该共同犯罪人为主犯。反之，则可以认定为从犯。

例如，张某、崔某强奸案。2001年1月8日下午5时许，被告人张某、崔某酒后到单县李新庄镇黄寺浴池6号单间洗澡，张某见只有女服务员王某一人放水，遂将门关上，搂住王某亲吻，并将其推到床上。在王某呼喊反抗的情况下，张某让崔某给他一块洗澡用的毛巾，堵住王的嘴，接着让崔摁住王某的手，然后张某强行将王某奸淫。山东省单县人民法院审理认为，被告人张某是主犯，崔某是从犯和未成年人，以（2001）单刑初字第53号刑事判决书判处张某有期徒刑四年，对崔某免予刑事处罚。本案中，张某参与犯意产生、暴力行为、奸淫行为的整个过程，对共同犯罪的实施和完成起主要作用，是主犯；崔某只是听从安排和指使，给张毛巾，并摁被害人的手，参与暴力行为的实施，在整个共同犯罪过程中处于从属和协助地位，起了次要作用，是从犯。

（四）原因力大小分析法

从造成危害结果的原因来看，主犯是共同犯罪中罪行较大、造成共同犯罪社会危害的主要原因者；从犯则是共同犯罪中罪行较小、造成危害结果的次要原因者。其理论依据是唯物辩证法原因等级区分理论，认为共同原因虽然是结果发生的总的原因，但是这些原因的作用力的大小并不是等同的，而是有大小、主次之分的。因此，我们要看各共同犯罪人对共同故意和共同行为的原因力大小，要看其对犯罪行为的完成和犯罪结果的原因力的大小。这里的原因既包括物理原因，也包括心理原因。

在共同犯罪中，行为人对共同故意、共同行为、共同结果具有较大的物理或者心理原因力的，就可以认定为主犯。反之，则可以认定为从犯。具体讲，一要看具体罪行的大小。具体罪行的大小是考察共同犯罪人在共同犯罪中的原因力大小的一个重要因素，因为共同犯罪虽然是一个整体，但共同犯罪人具体罪行又具有相对独立性，因此可以通过考察共同犯罪人在共同犯罪中的具体罪行大小，来确定其原因力大小和社会危害程度大小。二要看对犯罪结果的原因力的大小。大多数情况下都具有物质性的犯罪结果，虽然共同犯罪人的行为与这种犯罪结果的发生都存在因果关系，但原因力的大小是不同的，那些对犯罪结果所起的原因力较大的，直接造成危害结果的，就可以认为只是起到了主要作用。至于主要原因力的判断，在这里我们可以参考借鉴美国侵权法中的"重要因素标准"（substantial—factor test），即在事实上的因果关系的调查中，最根本的问题就是要解决被告的行为是否是造成损害的一个"重要因素"。被告的行为有下列情形之一的，就可以认为是重要因素，可以构成损害发生的事实上的原因：（1）被告的行为是损害发生的必要因素之一；（2）仅有被告的行为就足以造成损害的发生；（3）至少在某些情况下，虽然被告的行为既非必要原因，也非充分原因，但是由于其行为仍然是导致损害的重要因素之一。[①] 主要原因力由于在现实中不可分，只是观念上的度量，是相对于次要原因力而言的。主要原因力是从整体上观察该原因力在总原因中的所占分量，是各共同犯罪人原因力平均值以上的分量。"法律只有在使用数字概念时才是狭义的'明确'，因为只有数字概念是不模糊的。"[②] 如果参照民事共同损害中主次责任的划分，以一个共同犯罪人至少占10%（即一成）为一个度量单位，那么保持主犯质的量的限度，在共犯为2人时，其主要原因力分量应当大于等于50%而小于等于90%；共犯为3人时，其主要原因力分量应当大于等于33%而小于等于90%；共犯为4人时，其主要原因力分量应当大于等于25%而小于等于90%，依此类推。

例如，王某、李某故意杀人案。2003年8月14日晚上20时40分许，被告人王某、李某和几个朋友在山东省菏泽市牡丹区双井北街"冰冰酒吧"喝酒时，王某因点歌与邻桌喝酒的刘某等人发生口角，王某用啤酒瓶将刘某砸伤。与刘某同来的苏某即上前责问王某，并朝其面部打一巴掌。李某上前拉苏某，苏某朝李某脸上打一巴掌。王某即对李某说："捌她"（即打她），李某一脚将苏某踢倒在地，并朝苏某腹部踩了几脚。王

---

① 参见［美］Vincent R. Johnson《美国侵权法》，赵文秀等译，中国人民大学出版社2004年版，第110—111页。

② ［德］考夫曼：《法律哲学》，刘幸义等译，法律出版社2004年版，第112页。

某举起酒吧内的酒桌支架朝苏某面部猛砸，支架上的一根钢管插入苏某右眼部，致其颅脑严重损伤死亡。山东省菏泽市中级人民法院审理后认为，被告人王某是主犯，李某是从犯，并有自首和立功情节，以故意杀人罪判处王某死刑，缓期二年执行，剥夺政治权利终身；判处李某有期徒刑三年。本案中，被告人王某不仅指使他人参与犯罪，对李某参与犯罪有心理原因力，而且其行为直接造成被害人死亡结果，对共同犯罪结果有绝大部分物理原因力，约占80%的分量，其行为是被害人死亡的必要因素，仅有其行为就足以造成被害人死亡，所以是主犯；李某听从王某指使，将被害人踢倒在地，朝腹部踩，为王某砸死被害人提供了便利条件，也有一定因果联系，但只是造成被害人死亡的次要原因，约占20%的分量，所以是从犯。

（五）犯罪利益分析法

从所得利益方面来看，主犯一般是犯罪所得利益的主要拥有者，是占有违法犯罪所得的赃款、赃物的较大比例者；从犯往往是占有犯罪所得的较小比例者。这一分析方法是以经济分析方法为借鉴的，认为共同犯罪人一般为了实现其利益而故意实施犯罪，其中通过犯罪获得较大利益者一般也是主犯。

最高人民法院印发的《全国法院审理毒品犯罪案件工作座谈会纪要》也提到了这一方法，指出在共同犯罪中起意贩毒、为主出资、毒品所有者以及其他起主要作用的是主犯。据此，在共同犯罪中提供大部分资金、分赃较多，所得犯罪利益较大的，一般是主犯。而没有出资、出资较少，没有分赃、分赃较少，没有或者所得犯罪利益较小的，则一般是从犯。

（六）比较与排除分析法

主犯与从犯是相比较而言的，主犯是排除从犯（含胁从犯）以后的共同犯罪人。比较"也是一切人文科学达到某种共同认识的独特途经。人文科学的解释不得不总是借助比较来进行"①。此方法以唯物辩证法相对性为理论前提，认为在共同犯罪中，各共同犯罪人的作用是相对而言的。

---

① 参见［德］H. 科殷《法哲学》，林荣远译，华夏出版社2002年版，第210页。

我们只有通过对各共同犯罪人所起作用进行比较，才能正确认定其作用大小。在主犯难以认定而从犯比较容易认定的情况下，如果能够认定某一共同犯罪人是从犯或胁从犯，就可以排除其是主犯了。如果排除了从犯的存在，则可以认定为主犯。因为从犯必须以主犯的存在为前提，而主犯可以在共同犯罪中独立存在。如二人共同犯罪中的作用大致相当，则可以认定二人都是主犯，在这种情况下就没有从犯，不能认为二人作用相当，责任分散，从而认定二人都是从犯，离开了主犯，从犯就没有存在的基础。[1] 根据共同犯罪人在共同实行犯罪中所起作用和社会危害程度，如果都起主要作用，可以都按照主犯处罚。[2] 这一观点符合立法原意，也是我国司法实践中的普遍做法。如果某些共同犯罪人在共同犯罪中明显只是听从安排，负责一些或者部分次要任务，我们就可以比较容易的认定他们在共同犯罪中的次要作用，排除了这些起次要作用的共同犯罪人，那些主要作用者就显而易见了。一般认为，提供工具，指点对象、地点和路线，提出有关实施犯罪的时间、方法的建议，传递有关信息、望风、窥探被害人行踪，排除障碍、阻止被害人反抗，转移赃款赃物，事先同谋而窝藏共同犯罪人及其赃物或者销赃、转移赃物等，可以认定为从犯。

例如，张某、李某、薛某、丁某绑架案。在被告人张某、李某、薛某、丁某绑架一案中，薛某和丁某只是在张某、李某将被害人绑架以后出去勒索钱财时，负责看管受害人。薛、丁二人在共同犯罪中，听命于张某和李某的指挥，负责看管被害人这一次要任务，没有对受害人造成严重后果、罪行较轻、责任较小，比较容易认定为在共同犯罪中起次要作用的从犯。排除了从犯，则剩余的被告人张某、李某自然是主犯。

---

[1] 参见阴建峰等主编《共同犯罪适用中疑难问题研究》，吉林人民出版社2001年版，第286页。

[2] 参见马克昌主编《犯罪通论》，武汉大学出版社1999年版，第528页。

中国搜查措施的证据法规制*
——以反恐社区警务改革为视角、以搜查条件（证明对象）和证明标准为视角的探索

马　可**

摘要： 本文从搜查条件（证明对象）和证明标准的角度对搜查这一强制性措施进行证据法规制。首先，通过分析指出现行搜查制度中存在的问题。其次，探究搜查申请中侦查机关承担证明责任的法理依据，并指出我国在搜查中设置搜查条件及证明标准的必要性。再次在对域外法治国家搜查的证明问题进行考察后，论证了我国借鉴美国搜查条件和证明标准的可行性。最后，建议设定我国搜查措施的启动条件和证明标准，建立与之相适应的配套制度规制搜查措施滥用现象，完善我国搜查制度，使其符合法治精神，实现侦查效率价值与人权保障价值的平衡。

关键词： 搜查条件；证明对象；证明标准；相当理由

搜查，是指侦查人员依法对犯罪嫌疑人以及其他可能隐藏罪犯或证据的人身、物品、住处和其他有关地方进行搜索、检查。[①] 其作为侦查机关同犯罪行为作斗争的重要手段之一，在搜集证据、查获犯罪嫌疑人方面起到了举足轻重的作用。如今在实现控制犯罪与人权保障平衡的基础上完善侦查程序，各界业已形成共识。从我国刑事诉讼法的两次修改上来看，限制人身自由的强制措施受到了立法者更多的关注，尤其是审查批准逮捕中的证明问题，即逮捕措施合法性的证明问题，已基本得以解决。然而搜查

---

* 基金项目：中国社会科学院法学研究所创新工程项目组中期成果。
** 马可：中国社会科学院法学研究所。
① 崔敏：《刑事诉讼法教程》，中国人民公安大学出版社2002年版，第460页。

作为一种经常适用的强制性侦查措施,直接针对公民的人身自由权、财产权、住宅权和隐私权,往往因其具有明显的强制性而与公民基本权利发生冲突。如果将搜查与逮捕进行比较,我们甚至可以得出以下结论:从搜查的目的和结果来看,其对公民基本权利的干预更为广泛;从搜查的启动条件来看,其启动的恣意性更令人担忧。因此,如何加强对搜查措施的规制,已经成为当前亟待解决的重要问题。笔者认为,从证据法的角度,运用对搜查措施合法性的证明对搜查措施加以规制,也许可以跳出既有的藩篱,另辟蹊径,解决上述问题。

对搜查措施合法性的证明可以从证明对象和证明标准两方面展开。在搜查措施合法性的证明中,必须设定一个证明对象,才能使此后的证明有的放矢。正如逮捕措施合法性证明中的证明对象,实际上就是逮捕的条件,搜查措施合法性证明中的证明对象,实际上也就是搜查的条件。同样的,搜查措施合法性证明中的证明标准,也类似于逮捕措施合法性证明中的证明标准。搜查条件(证明对象)和证明标准的关系可以做如下描述:侦查机关应当证明其申请的搜查行为符合搜查的条件,也就意味着侦查机关要对搜查条件这一证明对象加以证明。那么,证明到什么程度才可以使审查搜查申请的人员认定符合搜查的条件呢?这就是搜查证明标准要解决的问题。为了和现行法中审查批准逮捕制度中的术语"逮捕条件"保持一致,笔者倾向于使用"搜查条件"这一较为直观的用语,而不是"搜查措施合法性证明中的证明对象"这一较为抽象的用语。

一 搜查措施分析

(一) 搜查措施对公民基本权利的干预

公民基本权利,是国家法律保障个人权利的最高依据和准则,是由宪法确认的以国家强制力保障实施的个人在社会的政治、经济和文化等方面不可缺少的权利。搜查会对公民基本权利造成侵犯,是由搜查的性质和功能所决定的,也是我们探讨搜查需要加以规制的起源,有必要厘清之。

第一,搜查的性质决定其具有干预公民基本权利的本质属性。传统侦查手段,如羁押、搜查、扣押,直接针对公民的人身自由、财产等基本权利，往往因其具有明显的强制性而与公民基本权利发生冲突，"当我们谈论刑事侦查中基本的法治标准的范围时，这些措施应当受到首要的、非同一般的关注"①。即使美国将"同意搜查"视为一种任意侦查行为，仍然不能改变其干预公民基本权利的本质属性。

第二，搜查的功能是确保被追诉人到案或减少社会危害性；收集作为证据之物，为后续的追诉奠定基础；查获作为犯罪之物（违法所得、犯罪工具和违禁品），以确保返还被害人和刑罚的执行。由搜查的功能决定，搜查是以发现应被追诉人或应扣押之物（犯罪证据或应没收之物）为目的，可见搜查的对象除公民人身外，还指向公民的财物（主要是住所搜查和对物搜查），因此，即使是合法的搜查也难免会侵犯公民基本权利，毋庸说非法搜查了。

第三，搜查会对公民基本权利造成直接的或间接的侵害。一般而言，搜查行为本身具有物理强制力，这种干预既可能对公民基本权利造成直接侵害，也可能造成间接损害。例如，在搜查过程中，难免暂时限制被搜查人的人身自由；执行搜查时可采取强行进入、开锁、启封等必要措施，这就对被搜查人的财产造成直接侵害；搜查时进入被搜查人的住所，难免会侵犯其隐私权。正是基于此，法治国家在对搜查程序进行设计时，都将保障人权作为其重要内容。

第四，从搜查与扣押的关系来看，搜查往往是一种前置性程序，扣押相关证据是其直接目的，因此，扣押通常是紧随搜查的一项强制处分，为扣押做准备是搜查的应有之义。搜查的结果必然是扣押相关犯罪证据，无疑会对公民财产权利造成直接侵犯。

综上所述，搜查所干预的公民人身权、财产权、住宅权乃至隐私权，都是宪法所规定的基本权利，理应得到刑事诉讼的尊重和认可。因此，我们在研究搜查时不应忽视控制犯罪与人权保障平衡这一重要的价值目标。需要说明的是，鉴于各国将搜查视为逮捕的随附程序，而将扣押视为搜查的随附程序，因此本文仅对搜查干预公民财产权进行阐释。

---

① [德] 苏姗娜·瓦尔特：《德国有关搜查、扣押、逮捕以及短期羁押的法律：批判性的评价》，载陈光中、[德] 汉斯约格·阿尔布莱希特主编《中德强制措施国际研讨会论文集》，中国人民公安大学出版社2003年版，第164页。

(二) 现行搜查制度中存在的问题

在我国的强制性措施体系中，只有逮捕存在着适用的条件以及证明标准，即"证据确实、充足"，而搜查作为一种适用更为广泛的强制性措施，与公民的人身自由、财产权等基本权利息息相关，即便是合法搜查，也会对公民的正常生活造成影响。随意启动搜查程序，必将对公民权利造成极大威胁。因此，搜查程序的启动必须十分慎重。在我国侦查实践中，存在着脱离实际需要、过度使用搜查措施的现象，其根本原因就在于搜查程序的启动过于随意，归结于一点就是搜查证明的缺失，具体体现如下。

1. 未对搜查条件做出明确规定

搜查条件，也称搜查的法定条件、搜查的法定适用条件、提请搜查的条件，就是侦查人员认为应当实施搜查行为的理由或者条件。从证据法学的角度来看，就是搜查合法性证明中的证明对象。设置搜查条件，一方面是使侦查人员的搜查请求符合合法性的要求，另一方面，也为搜查证的签发机关做出正确判断提供了依据。然而在我国刑事诉讼法及相关规定中，搜查启动的法定条件阙如。在侦查实践中，只要侦查机关出于收集犯罪证据、查获犯罪人的目的就可以进行搜查，也就是说，根据需要随时可以进行搜查而不受限制。细细推敲，我们就可以发现这样的规定是多么"危险"。因为在案件侦破之前，任何人都可能是嫌疑人，也可能是隐藏罪犯或犯罪证据的人，在不要求具体说明搜查的地点和对象，并有相当理由的情况下，那将导致搜查的启动任意化，必将造成人人自危局面的出现。可见我国的搜查条件设置非常不合理，这会对公基本权利造成侵犯，换言之，没有规制的启动搜查，侦查机关容易出于自身利益而恣意侵犯人权。

2. 搜查决定权由侦查机关行使

我国刑诉法与国外刑诉法相比，在搜查程序上的最大区别就是将签发搜查证的决定权交由侦查机关行使，实行侦查机关内部审查。根据我国《人民检察院刑事诉讼规则》和《公安机关办理刑事案件程序规定》的规定，检察长和县级以上公安机关负责人是搜查的决定者。现代诉讼理论认为，控辩双方应是平等对抗的两方，而将搜查的决定权交由侦查机关行使，无疑使侦查机关绝对地凌驾于被追诉人之上，违背了"平等武装原则"和程序正义的要求。正是因为我国刑事诉讼法中缺乏司法分权机制，才有学者批评我国刑事诉讼法是一部集权型刑事诉讼法。一方面侦查人员无需"可能的理由"就可请求对怀疑对象进行搜查,而另一方面,是否搜查的决定权就掌握在侦查机关手中,这两方面因素结合在一起,搜查程序启动的随意性就不可避免了。

3. 搜查对象和范围缺乏限制

在司法实践中,搜查的对象和范围不具体明确,凭一张搜查证侦查机关可以搜查多处、多种物品、甚至是多个人身。再加上搜查证记载的内容相当简单,既无搜查的理由,又无明确、具体的搜查范围,也无期限的限制,侦查人员的自由裁量空间非常之大,这为搜查的恣意实施大开方便之门,容易诱发违法搜查行为的发生,侵犯被搜查人的基本权利。

除此之外,我国搜查制度还存在着缺乏独立的司法审查、无证搜查语义不清、缺乏救济机制等问题。这些都与搜查的证明问题息息相关,有待立法予以规范。

二 搜查中侦查机关承担证明责任的法理依据

刑事诉讼的最终结果是惩罚犯罪以及保障无罪的人不受刑事追究,因此为了实现国家刑罚权,公权力机关对公民基本权利进行限制也是必不可少的。这些强制行为,有的是为了侦查犯罪的需要,有的是为了保全证据,从而保证诉讼的顺利进行及判决的有效执行,也有的是为了预防犯罪等。[1] 但无论何种情形,刑事诉讼法上的强制性措施均构成对基本权利的干预,即对公民的基本权利在以公共利益的需要为前提下,许可国家以制定法律的方式来限制。对基本权利加以限制的原因,并非因为国家可以在法律上有概括的优于人民的优越地位,而是因为宪法肯定基本权利的存在,但是这种自由的行使可能会影响到宪法所要保障的其他的或者更高的合法利益,包括公共利益和其他个人利益等。因此,宪法一方面肯定基本权利的存在,另一方面也认为这个利益可能被滥用,对他人及集体利益产生威胁,所以二者之间存在一个"潜在的紧张关系"[2],这种紧张在刑事诉讼中由潜在变为现实。

---

[1] 左卫民、王哉:《论宪法基本权利与刑事诉讼》,《铁道警官高等专科学校学报》2003年第3期。

[2] 陈新民:《宪法基本权利之基本理论》(上),元照出版公司1999年版,第185页。

在现代刑事诉讼理念下，搜查证明问题的核心，就是侦查机关的证明责任问题。侦查机关为什么要对搜查进行申请和证明呢？从法理上来看，主要源于刑事诉讼基本原则之需要。

（一）正当程序之需要

正当程序，也称法律的正当程序或正当法律程序，是源于自然法、形成、发展于英美国家的一项人权保障原则。经过近千年的发展，正当程序已经成为现代法治国家人权保障的最重要的核心理念。英国丹宁勋爵曾经对正当程序作了经典的描述："我所说的法律的正当程序，系指法律为了保持日常司法工作的纯洁性而认可的各种方法，促使审判和调查公正地进行，逮捕和搜查适当地采用，法律援助顺利地取得，以及消除不必要的延误等。"[1] 国外有关人权保障的立法与司法实践充分说明了正当程序在财产权保障方面具有重大的作用。可以说，没有正当程序的指引，搜查措施就会被滥用。因此，人权保障就是正当程序的价值追求，是衡量程序"正当性"的标准之一。

（二）比例原则之要求

刑事诉讼法的目的与作用决定了其必然对宪法所保障的公民基本权利加以限制。然而问题的关键在于，过度限制与失衡必将导致对公民权益的侵犯。如何来消弭及调和二者的紧张关系，考察法治国家之规定，一般都以防御性体制为主，最为典型的是以德国为代表的，在美、英、法、日等国家及我国台湾地区普遍适用的比例原则。

比例原则在自身的发展过程及各国的移植借鉴中不断得到完善，并渐渐跳出其行政法原则的范畴而被普遍上升为宪法原则，成为现代刑事诉讼的基本原则之一。具体内容为：一项法律文件对公民利益范围的触动，不但在目的上，而且在实现目的的手段上均要符合宪法；比例原则的宪法根据包括法治国家原则、平等原则和基本权利保障原则，其贯彻是对国家各种措施形式合法基础上的更高要求；立法者必须使用对公民利益侵害最小的法律来实现国家所追求的目标，并确保法律对公民利益范围进行必要限制所使用的手段是有效的，进而在利益上进行总体斟酌，考察此手段实现

---

[1] ［英］丹宁：《法律的正当程序》，李克强等译，法律出版社1999年版，第1页。

的目标价值，是否显著高于因实现此目标所使用的手段对公民人身财产等基本权利的损害价值。比例原则，将正义作为目的，将限度作为社会秩序的界线，将公平视为违背比例相称的可能性之间的中部，正是法律终极价值目标——正义的一种体现方式。比例原则不仅是法律体系内生的原则，同时也是各国法制所承认的实质法规范。① 它所显示的平衡与合法及斟酌的合理性，可以较好地限制公权，防止其出轨并保护公民的基本权利，这无疑是法治精神的精髓，应视为一国的宪法原则。比例原则不仅是审查行政裁量行为的基本标准，也应当是立法、司法等国家行为共同遵循的原则。

刑事诉讼的职权行为，尤其是实施刑事诉讼的强制处分或某些诉讼行为，对公民的基本权利进行公法限制时，由于这时的公权力与私权利存在直接的利益冲突，故一定要在追究犯罪与保障人权之间，寻求一个恰当的中部，保障刑事诉讼目的——实现刑罚权与为实现这一目的的手段——对公民基本权利的限制之间，能够达到最为理性化的平衡。所以，在刑事诉讼中一定要贯彻比例原则。这里的比例原则不能简单等同于"合比例"的思想，其精髓不仅仅是双方利益之间的衡量，更是一种目的与手段之间的价值选择。在刑事诉讼法的贯彻执行过程中，在"法律保留"的前提下，防止具体刑事诉讼运作在法律真空下出现权力滥用。最终使得刑事诉讼法在惩罚犯罪的追诉手段与保障公民权利、防止权力侵犯权利的目的之间实现平衡。②

（三）权利救济原则之需要

权利救济原则来源于人性尊严的需要，在"有权利即有救济"观念的指引下，世界各国法治理念得到了长足的发展，权利救济在保护人的人身、财产等方面起到了重要的作用。

法律上的权利救济之所以重要，在于法律规范能够最大限度地保证每个公民按照共同的规则安排自己的生活，实现自己的目标，意味着矛盾和

---

① 台湾行政法学会主编：《行政法争议问题研究》（上），五南图书公司2000年版，第94页。

② 左卫民、王戬：《论宪法基本权利与刑事诉讼》，《铁道警官高等专科学校学报》2003年第3期。

冲突解决的方式由公民私力救济向法律救济的转化，使公民理想的秩序转化为现实秩序。所以"冲突一方面意味着打破了原有规范权利体系表面和谐，使原有的冲突激烈化、尖锐化；另一方面，也意味着冲突已把静态意义上的规范权利带入了一个动态的过程，并为规范权利向现实权利转化准备着力量。救济既是权利冲突的必然结果，也就必然通过对冲突的遏制或解决把规范中的权利引入了一个现实的过程"[1]。因此，权利救济具有特别重要的现实价值和意义。

首先，权利救济是弱势群体得到国家、社会帮助的重要手段。基于公平、正义的思想基础，法治发达国家极其注重弱势群体的保护，表现在刑事司法领域，国家一方面通过强大的国家机器去维护公民的合法权利，另一方面通过限权机制和法律救济手段帮助公民基本权利的实现。

其次，权利救济适应了惩治司法腐败的实际需要。司法腐败除了常见的权钱交易、权权交易以外，危害更大之处表现在司法权未能得到有效监督制约、司法三权（指侦查、起诉、审判）的设置不尽合理等问题造成的司法不公。"权力趋于腐败，绝对的权力便绝对地腐败。"按照权力均衡理论的观点，以权利约制权力是维护公民权利的最好方法，而均衡理论的观点正是权利救济原则的核心内容之一。

最后，权利救济原则能够用以指导司法体制改革，能够验证诉讼构造是否符合人权保障的实际需要。在英美法系国家"救济先于权利"是其最为得意的法律作品，"没有救济就没有权利"是妇孺皆知的道理。大陆法系国家注重通过制定明确的法律原则来实现权利救济，并将人权由宣示性的道德权利上升至可司法性的法律权利，使权利救济成为限制国家权力、抵抗国家权力的伟大力量。

三　域外搜查的立法和司法实践

（一）域外搜查的发动和批准权限

启动程序是搜查程序的逻辑起点，由于不合法的和不必要的、缺乏合理性的搜查行为必然导致公民合法权益的损害，启动程序应十分慎重。许

---

[1] 程燎原、王人博：《权利及其救济》，山东人民出版社1998年版，第361页。

多法治国家对搜查申请、批准的主体，适用的条件都做出了严格规定。为防止搜查权力的滥用，保护公民的合法权益，域外众多法治国家或地区大都将搜查批准权和执行权予以分离。

美国基于联邦宪法第四修正案令状主义的要求，搜查权原则上属于法官，侦查机关只有在紧急情况下才可行使。在德国，根据《德国刑事诉讼法》第 108 条之规定，对于人身、物品、住所或者其他场所的搜查原则上由法官决定，但在延缓搜查会有危险时，也可以由检察官或他的辅助官员决定。法国的搜查权在初步侦查中属于司法警察，但须经被搜查人同意；在现行犯侦查中，搜查权属于司法警察和司法官；在正式侦查中属于预审法官，但预审法官可以授权司法警察官行使。意大利侦查期间的搜查，原则上由法官或检察官批准，并作出附理由的决定。在日本，批准搜查的是法官，执行搜查的是检察官，或者是司法警察职员，但应遵照检察官的指挥。俄罗斯对住宅及人身搜查原则上由法官决定，但有紧急情形时除外。

综合以上各国情况，不论是英美法系国家和地区还是大陆法系国家和地区，通常情况下有证搜查都需要经过处于中立地位的法官签发令状，警察和检察官无权自行签发令状进行搜查。将批准权和执行权分开，由不同的机关来行使，有利于从制度上和程序上对搜查进行有效的制约，防止搜查权力的滥用，保护公民的正当权益。[1]

（二）主要法治国家的搜查证明标准

搜查证明标准，也称搜查的实质要件，也有人把它称为搜查的证明要求，即在什么情况下司法机关才能签发搜查令状，它与搜查的程序要件相对应。西方法治国家除通过法律或判例确立了司法令状主义对刑事搜查予以节制外，基于人权保障和正当程序的要求，又确立了一层更高的门槛，即刑事搜查证明标准作为实质要件。由于法律文化传统和司法体制的不同，各个国家搜查的证明标准亦有所差异。

美国宪法第四修正案规定了"相当理由或合理根据"作为搜查的证明标准，其含义是：当执法人员认识到所掌握的事实和情况可以使一个具有合理警觉的人相信犯罪已经发生或犯罪正在发生（在逮捕的情况下），

---

[1] 刘继雁：《法治视野下的刑事搜查制度研究》，硕士学位论文，西南政法大学，2007年。

或者相信在某个地方或某人身上可以找到某件东西（在搜查的情况下），才可以认为存在相当理由或合理根据。① 美国在将搜查的司法令状主义作为宪法内容的同时，又从宪法层次确立了搜查的证明标准，使法院对搜查的控制具有现实的可能性、可操作性，避免司法控制流于形式，同时也使令状的签发带有实质的合理性和正当性。这在深层次上折射出美国对公民基本权利限制的慎重。

英国刑事诉讼程序确立了以"合理的理由"作为有证搜查搜查的证明标准。这里的"合理的理由"由法官根据申请人提供的材料判断，而不是由执行搜查的警察自行判断。考察英国《1984年警察与刑事证据法》之规定我们会发现，英国对不同对象的搜查适用不同的标准，对搜查人身或车辆采用了"合理的理由怀疑"，对住宅采用了"合理的理由相信"，"相信"的证明标准要高于"怀疑"。

在德国，由于被搜查人在诉讼程序中的地位不同，搜查的证明标准也不同，对于犯罪嫌疑人为"推测"可能搜集证据，而对于犯罪嫌疑人以外的其他人的搜查为"依据实事进行推测"。

在日本，对犯罪嫌疑人的搜查，法官"认为有必要时"可以进行，而嫌疑人以外的人则受"足以认为有应予扣押的物品存在"的限制。

法国的搜查一般由预审法官做出，但在不同的诉讼阶段有不同的要求。在初步侦查阶段，司法警察经检察官许可进行搜查，但搜查人身、住所须经被搜查人同意。在现行犯罪侦查阶段，司法警察根据犯罪的性质有权对可能参与犯罪或持有犯罪证据的人或住所进行搜查，司法官有权对律师的办公室或者住所以及医师、公证人、诉讼代理人的办公室或新闻或音像、通信部门的所在地进行搜查。在正式侦查阶段，预审法官有权对可能发现有利于查明事实真相之物件的地点进行搜查，但多数时候是由预审法官签发搜查证而由司法警察执行。可见由于法国的刑事搜查笼罩在浓厚的职权主义色彩下，法官或司法警察官进行搜查依职权自由判断搜查理由，搜查基本上属于任意性的。②

---

① 周宝峰：《刑事被告人权利宪法化研究》，内蒙古大学出版社2007年版，第205页。
② 宋敏振：《刑事搜查法律控制研究》，硕士学位论文，内蒙古大学，2008年。

(三) 搜查条件（证明对象）与证明标准之异同

在关于美国刑事诉讼法的翻译中经常存在这样的一个问题，就是"搜查条件"与"搜查的证明标准"常常混淆。搜查的证明标准一般被译作"相当理由"或"合理根据"，但在分析搜查的条件时，也使用"相当理由"或"合理根据"指代启动搜查需要符合的法定条件。这种表述经常会使人产生迷惑和误解。

实际上，在美国刑事诉讼中，搜查的条件可以表述为相当理由[①]，其证明标准同样也可以表述为相当理由，但二者内涵却是不同的。作为搜查条件的相当理由是指以下内容：A 要被扣押的财产是否与犯罪活动有关，而且 B 在要搜查的地方能否发现它。搜查条件实际上就是搜查事项的证明对象。侦查机关应当证明其申请的搜查行为符合搜查的条件，也就意味着侦查机关要对其证明对象加以证明。那么，证明到什么程度可以使法官认定符合搜查的条件呢？这就是搜查证明标准要解决的问题。美国刑事诉讼中的搜查证明标准也被界定为相当理由。不过，此"相当理由"非彼"相当理由"，与搜查的条件，即证明对象之相当理由的内涵不同。作为证明标准的相当理由特指警察机关的证明应使法官内心达到的确信程度——约为 50% 以上的主观内心确信程度。换个易于接受的说法就是，警察机关要向法官证明搜查符合法定条件，让法官在内心中大致可以相信在要搜查的地方能够发现与犯罪活动有关的财物。一个相当理由描述的是搜查应符合的法定条件是什么，另一个相当理由描述的是法官签署搜查令状时最起码得对搜查符合法定条件这个问题相信到什么程度。前者是搜查的条件，后者是搜查的证明标准。笔者尊重译者艰苦的工作，仍然使用"相当理由"的提法来描述搜查的条件与搜查的证明标准，同时指出其内涵上的差异，以避免在论述时造成误解。

英美法系国家在搜查的条件和搜查的证明标准上往往都会有所规定。以美国法为例，其搜查的条件与逮捕的条件一样都是相当理由，规定严谨详细。而大陆法系国家在证明对象和证明标准上较之英美法系国家则不是那么严格。我们可以发现一个有趣的现象，那就是越接近英美法系的国家，在搜查证明对象和证明标准上规定得就越严格越细致，反之，则对这

[①] 为分析时不引起歧义，本段只使用"相当理由"一词。

二者的规定越粗疏。

比如日本在第二次世界大战中被美国征服后，其法律制度迅速向英美法系靠拢，和平宪法和新刑事诉讼法中加入了大量关于保护公民权的规定，在搜查条件和证明标准的规定上也最接近美国，而德国虽然也在战败后吸收了大量英美法关于人权保护的规定，但由于其与东德等华沙条约组织成员国接壤的前沿位置，不可能不把社会控制放在第一位，因此其关于搜查条件和证明标准的规定也就相对粗疏[1]。而法国则在某种程度上处于故步自封的状态，其刑事诉讼的很多规定还停留在拿破仑时代，加之1942年被德国征服后法律制度的纳粹化残留，使之对搜查条件和证明标准的规定也较为粗疏。

除了以上原因之外，其实出现这种差别的重要原因还在于法德等大陆国家通过二级预审法官和侦查法官制度，使司法权前出至侦查阶段，由司法权在侦查阶段直接控制侦查权这一行政性质公权力。而且众所周知，预审法官力量非常强大，足以控制侦查权[2]。故而从这个角度上讲，也许法德通过这种方式找到了控制搜查权滥用的方法，因此没有必要像英美那样规定明确详细的搜查条件和证明标准，并通过一个一个的案例，由最高法院不厌其烦地作出解释。既然规定搜查条件和证明标准的目的是控制侦查权的滥用，那么不管采用什么样的方法，只要能达到相同的目的就可以，由于大陆法系自身的特点，也许这样的规定本身就可以解决搜查权滥用的问题，而不必与英美法系国家一样。

四　设定我国的搜查条件和证明标准

（一）我国搜查条件之建构

美国搜查的条件可以表述为两点：A 被扣押的财产是否与犯罪活动有关，B 在要搜查的地方能否发现它。这个条件是符合侦查实际的。搜查的目的就是寻找与犯罪有关的实物证据，因此在搜查前确定要被扣押的财产

---

[1] 笔者认为，是否规定以及如何规定搜查条件和证明标准，实际上是对侦查机关搜查行为限制多寡的试金石。

[2] 德国虽然取消了预审法官，代以侦查法官，但其职权仍足以影响和控制侦查行为。

是否与犯罪活动有关，在要搜查的地方能否发现要被扣押的财产，是直接与搜查目的相关的。同时，这种搜查的条件很好地平衡了侦查效率价值与公民财产权保障价值。搜查的两个条件限定搜查行为只能针对与犯罪活动有关的涉案财产，搜查涉及的场所只能是能够发现涉案财产的地方。除此之外，与犯罪活动无关的财产和不可能找到涉案财产的地方则不允许搜查。这种限定，看似简单，实则切中要害，可以有效地规制侦查机关滥用搜查措施肆意侵犯公民财产权的行为。这样的搜查条件和搜查的证明标准相结合，更是为防止搜查权的恣意使用上了双保险。

我国应当借鉴美国的搜查条件，设定自己的搜查条件。我国的搜查条件完全可以比照美国的搜查条件设定为：在准备实施搜查的地方存在与犯罪活动有关的财物。我国搜查条件亦可分解为两个要件：A 被扣押的财产是否与犯罪活动有关，B 在要搜查的地方能否发现它。可以想象，这样的搜查条件不会给启动搜查行为设置过高的标准，不会对侦查效率有丝毫的减损。同时，却可以填补我国搜查条件的空白，有效地遏制搜查权无节制滥用的现象，促使侦查机关合理谨慎地使用搜查权，保证其对公民宪法基本权利的最起码的尊重。综上，我国的搜查条件应设定为"在准备实施搜查的地方存在与犯罪活动有关的财物"。设定我国的搜查条件，无论从理论还是实践上都具有重大的现实意义。

（二）我国搜查证明标准之建构

搜查的条件设定后，必须要设定合理的证明标准，以使搜查条件的设定不会流于形式。在应然状态下，如果我国建立了针对搜查措施的司法审查制度或针对违法搜查的司法救济制度。那么，搜查条件的设定，可以使司法审查和司法救济对搜查行为合法性的审查有的放矢。明确的证明对象可以使控方的证明有的放矢，也可以使裁判方的认证有的放矢。而搜查证明标准的规定则可以使控方对搜查条件的证明有确定的标准。控方的证明达到了证明标准规定的主观内心确信程度，就视为控方完成了证明责任，裁判方应当批准搜查申请，允许启动搜查程序；如果控方的证明达不到证明标准规定的主观内心确信程度，就视为控方没有完成证明责任，裁判方应当驳回搜查申请，不允许启动搜查程序。

在实然状态下，当我国的搜查仍然以侦查机关内部的行政审批为唯一途径时，设定搜查条件和证明标准也多少可以对搜查权的滥用加以些许限制。在我国现行法中，搜查只有目的而没有任何限定条件，如果设定了搜查的适用条件，多少可以使侦查机关在适用搜查措施时，将其限定在与侦查条件相关的地点上，即确实与犯罪有关的地点，而不是毫无限制的任何地点。而合理设定了搜查的证明标准，则可要求申请搜查的侦查人员在申请搜查时最起码要有一定主观内心确信程度，除了单纯的怀疑之外要有一定依据。不但自己要内心确信，而且要通过证明让审查者具有一定的主观内心确信。而不能只凭借怀疑，甚至是不合理的怀疑就随意适用搜查措施。

当然，即便在侦查机关内部关于搜查的行政审批程序中设定了启动条件（搜查条件）和证明标准，其作用能有多大仍未可知。但是这种方法却是在无法触及《宪法》、《刑事诉讼法》关于司法职权配置的情况下唯一的选择。从积极的意义上说，也许是规制搜查权滥用问题迈出的第一步。

在申请搜查之前，控方应当对是否满足搜查的条件（即下列两个命题）有一定的主观内心确信程度——A 要被扣押的物品是否与犯罪活动有关，B 在要搜查的地方能否发现它。侦查机关应当对上述两个问题，依据现有证据材料、信息和事实具有一定内心确信之后，才能申请搜查。裁判者（无论是侦查机关的内部行政审批者还是外部司法审批者）都必须在侦查机关提出搜查理由和相关事实依据的基础上进行审查和认证。如果他已经能够基本确信要被扣押的物品与犯罪有关，而且在要搜查的地方能够发现它，那么，此时才能批准搜查。而不能像以前那样只凭怀疑或所谓的侦查需要，而不加区别地一味批准。

那么，搜查的证明标准要设定到什么程度才合适呢？笔者认为，美国搜查中的"相当理由"标准是符合证明理论与司法实践要求的。根据前文的分析，相当理由的标准大约对应 50% 以上的主观内心确信程度，可以通俗地解释为：执法人员认识到的和掌握的事实和情况可以使一个具有理性认知能力的人相信在某个地方或某人身上可以找到某件东西，相信要被扣押的物品与犯罪有关的可能性大于与犯罪无关的可能性，而且在要搜查的地方发现它的可能性大于不能发现它的可能性。

首先，设定相当理由的证明标准符合我国《宪法》关于公民权利的规定。《中华人民共和国宪法》第 37 条第 3 款规定："……禁止非法搜查公民的身体。"第 39 条规定："中华人民共和国公民的住宅不受侵犯。禁止非法搜查或者非法侵入公民的住宅。"2004年3月14日第十届全国人大第二次会议通过的宪法修正案已经明确规定:"公民的合法的私有财产不受侵犯。"而搜查作为一种强制性措施,从某种意义上说,正是对公民财产权的一种限制,也是对公民人格权的一种侵犯。由于搜查行为实施时,侦查人员直接进入公民的办公室、工作场所及住所,并会邀请被搜查处所的负责人员、工作人员、居民或居委会成员到场,对被搜查人的影响可想而知。如果搜查是必要的和合法的还罢,如果干脆是不合法的,那么就是对被搜查人人格权、名誉权的直接侵犯。日本刑事诉讼法要求,警察在搜查后如未发现任何可疑物品时,应当应被搜查人要求出具证明书,证明该搜查未出现任何可疑涉嫌物品,以清除公民的疑虑和不安,就是考虑到搜查行为对公民人格权、名誉权造成了伤害。如果说单纯对公民财产权的限制还不足以引起我们对规制搜查行为的重视的话,那么搜查行为可能引发的对公民人格权、名誉权的侵害是否可以再添一枚沉重的砝码呢?由于搜查行为可能对公民的财产权和人格权、名誉权造成较大侵害,因此采取搜查措施就应当慎之又慎。不能没有任何根据,仅凭无端猜测就启动搜查措施,而起码要达到一定的主观内心确信程度,也就是证明标准才可以决定实施。相当理由50%的主观内心确信程度是一种合理逻辑的证明标准——搜查申请者必须达到这样的主观内心确信程度才能申请搜查,而审查批准者必须具有这样的主观内心确信程度才能批准实施搜查。笔者以为,这个确信程度或者说证明标准是对宪法所规定的公民权利最低限度的尊重。

其次,相当理由的证明标准符合侦查的规律。设定搜查证明标准是为了规制搜查权的滥用,防止肆意使用搜查权对公民权利的侵犯,而并不是要降低侦查效率。侦查效率的价值始终是侦查阶段首要的价值,因此在设定搜查的证明标准时,该标准设定不宜过高,应当符合侦查的规律。在侦查的初始阶段,侦查机关不可能掌握十分充分的证据材料,在达到非常高的主观内心确信程度之后才去申请搜查。证据材料不是凭空出现的,是需要通过侦查机关的侦查活动收集获取的,而搜查措施正是侦查机关搜集获取证据材料的重要手段。因此设定过高的证明标准将使搜查活动难以启动。而且搜查措施本身就是搜集获取证据材料的重要手段,搜查活动难以启动也将使整个侦查活动陷于停顿。相当理由的证明标准是合理的,50%的主观内心确信程度在实践人权保障价值的同时又不会降低侦查的效率价值，不会出现搜查活动难以启动，侦查活动陷于停顿的情况。美国刑事诉讼数十年的成功实践，为我们提供了很好的域外样本和有力的证明。因此，笔者以为，将相当理由设定为我国搜查措施的证明标准是符合侦查规律的。

法治中国下反恐警务模式的理论审视和制度建构[*]
——以反恐社区警务改革为视角

姬艳涛[**]

摘要：反恐社区警务作为一种全民参与、预防为主的警务工作模式，不仅是社会治安防控的核心基石，更是反恐预防侦控的前沿阵地。"公共安全防御从每个社区开始。"针对当前《反恐怖主义法》实施背景下反恐立法与警务执法的衔接问题；新安全观下反恐警务和人权保障的动态平衡问题；"法治公安"建设下刑事法律一般原理与反恐特殊情况的对接问题；"公安深化改革"视域下警务现代化和警务社会化的双重冲击问题，本文拟在改革与实践、反思和重塑、进步与回归的基础上融社区警务与反恐防治为一体，尝试提出反恐社区警务战略学说，通过概念创造、模式分析、理论探讨和机制创新，着力为反恐理论研究和当前警务改革的进一步发展提供新方向、开辟新领域。

关键词：反恐警务；警务改革；社区司法；警察执法

反恐社区警务，又称为以反恐为导向的社区警务，是建立在第四次警务革命即社区警务改革基础上而衍生出的一种新型反恐警务模式。"四方上下谓之宇，古往今来谓之宙。"[①] 随着人类社会的发展演变，警务制度经历了从古代自治型警务、专业型警务、现代型警务再到社区警务不同历

---

[*] 项目基金：2016年公安理论及软科学研究计划项目《〈反恐怖主义法〉视域下的反恐警务机制研究》（项目编号：2016LLYJGADX041）研究成果。

[**] 姬艳涛，男，中国人民公安大学讲师，硕士生导师，研究方向：警察法学。

[①] 王大伟：《外国警察科学》，中国人民公安大学出版社2012年版，第180页。

史时期的发展改革历程。特别是现代社区警务模式的确立和完善，为法治公安视域下反恐警务机制的改革提供了全新的思路和方向，并形成了对现行高压型反恐警务模式的有力补充和回应。总的来说，反恐社区警务模式的萌发和发展，不仅重构了警民合作关系和社区生态平衡机制，增强了警民之间的相互沟通和了解，构筑了"警察即人民，人民即警察"的全民皆警新格局，而且极大地弥补了专业打击犯罪模式的缺陷和不足，形成了以整个社会为主体的强大抑制犯罪的能力和氛围。当前，随着法治国家的建设、社会文明的进步、公民权利意识的觉醒，倡导"全民反恐、主动预防"的反恐社区警务模式势必将成为引领今后警察哲学思想和公安基本理论发展的重要趋势。

一 问题和回应：反恐社区警务的逻辑起点

反恐社区警务，是指在警察专业化和警务现代化改革经验教训的基础上，为满足公众的社会服务需求和应对日趋严峻的恐怖主义形势，而构建的一种警察和社区相互信任、相互依赖、相互作用，共同预防和应对恐怖主义犯罪的新型警务运行模式。反恐社区警务的设立初衷就是要将犯罪预防而非犯罪后的被动反应作为警务工作的战略目标。正如"社区警务之父"罗伯特·皮尔的警务原则第一条所言："警察存在的基本使命是预防犯罪和混乱，是运用军事力量和严酷的法律惩罚镇压犯罪和混乱的替换品。"[1] 各国的反恐实践反复证明，军事的报复打击和严格的惩罚镇压不仅没有抑制恐怖犯罪的发生，反而却造成了"越反越恐"的局面。另外，高压反恐警务模式下对公民权利的过多干预以及公共安全成本的巨额支出，也使人们不得不对这一警务战略进行重新审视和反思。同时，警务改革的历程也表明，恐怖犯罪与警力配置、现代装备并不成正比关系，相反，恐怖主义产生的本源在于社会，特别是教育、宗教、民族、经济等因素是其滋生、蔓延之根源。"社会的问题需要在社会中来解决。"正是在这种局势下，各国警界开始寻求新的解决方案，并不再拘泥于"政府如何打击恐怖主义犯罪？"，而是更加关注"我们如何预防下一个危机的发生"，以及"如何从根源上清除恐怖主义犯罪的社会根源"。

---

[1] Rob Gurwitt, Communitarianism: You Can Try It at Home, Governing (August 1993), p. 39.

反恐社区警务正是建立在"主动预防"、"先发制人"、"标本兼治"现代警务理念基础上，以社会自治为导向，以互动、和谐的警民关系为基础，以发现和解决社区问题为宗旨的一种人人皆警、全民反恐的新模式。作为一种全新的反恐应对和警务改革理论，反恐社区警务不仅在理论与实践、进步与回归、反思和重构中，澄清了片面认识、重塑了警察形象、丰富了警察文化，而且在模式创新、权力解构、制度建构的基础上，拓展和深化了警察科学内涵和反恐应对理论体系。

首先，反恐社区警务在进步与回归中丰富和升华了警务文化和警察哲学。反恐社区警务不仅仅是一种管理模式或组织形态，更是一种新的警察哲学和警务文化，强调服务导向、公众参与、预防为主和问题解决的理念和思想。这一新的文化和哲学旨在启发社会重新认识犯罪特别是恐怖主义成因的复杂性和社会性。它以更加科学的角度向社会公众阐释恐怖主义的滋生和蔓延是社会、政治、经济和文化冲突的产物，警察对其抑制和控制并不是绝对性的，要全面有效地抑制恐怖主义，关键在于预防，而预防的核心则在于社区的共同参与和各部门的协同合作。[①] 可以说，反恐社区警务理论在对反恐警务现象进行哲学思辨和高度概括基础上，归纳总结出了根本性、普遍性和原则性的一般规律，充分阐述了反恐警务工作的本质规律和基本战略思想。意识观念领域的先行变革不仅促进了警察职业信仰体系、知识体系和价值体系的发展和完善，同是也为警察角色的转变、整体警务风格的塑造和反恐警务模式的升级提供了必要的心理铺垫和文化支撑。

其次，反恐社区警务在检讨和重构中促进了传统警务风格的转变和反恐警务理念的创新。为实现警务专业化模式下打击和控制犯罪的目的，欧美警界开启了以装备现代化为标志的警务改革发展之路。然而，高新技术虽然为装备现代化提供了无尽动力，但是现代化的车巡没有降低犯罪发案率，快速的反应时间没有提高破案率，武装到牙齿的单警装备同样也没有挽回公众的支持和信任。在对警务现代化的反思和检讨中，人们逐渐认识到了技术装备的局限性、社会公众的重要性以及回归社区的必要性。正是在这一背景下，反恐社区警务作为一种全新警务理念和警务风格应运而生，不仅在意识观念层面上推动了从"拘捕"到"预防"警务理念的转

---

① 王大伟：《外国警察科学》，中国人民公安大学出版社2012年版，第189页。

变，而且还在很大程度上促进了"被动反应"到"主动适应"警务风格的变迁。警务理念的转变使警察能够以帮助、支持者的身份而非社区对立面进入公众视野，从而有利于突破守法专业式的限制和实现预防和拘捕关系的平衡；警务风格的创新，则更加强调警察的创造性行为，要求其承担起更多的分析、宣传、组织和教育职能，并在警民关系的改良过程中与社会公众共同形成抑制和预防恐怖主义犯罪的合力。

最后，反恐社区警务在理论与实践中反思和重塑了警察角色和反恐认知。社区警务改革的推进过程，同时也是警察职能和警察角色的重新定位过程。在警察专业化的模式下，警察工作被界定为对暴力犯罪的侦查、破案和犯罪嫌疑人的逮捕，人们将这一时期的警察形象地称为"战士"。但随着"社区支配优先战略"学说的发展，警学界对警察性质的认定发生了根本性的转变，刑侦和破案不再作为警务工作的全部，社会公众的日常需要则成为警察更为重视和关心的问题。可以说，"战士"到"社会服务员"的角色转变，在很大程度上缓和了警民之间的紧张和对立关系，公众不再把警察当成陌生人，警察也不再视自己为独立于社区之外的力量。警民之间理解、信任的不断增强，使被破坏和侵蚀的社会生态平衡得以重新修复和矫正，并在相互协作、配合的基础上迸发出更为强大、持久的抑制犯罪的力量和潜能。

综上所述，反恐社区警务并不仅仅是社区警务的简单复制和警务改革的传统回归，而是社会关系重构、社区资源整合、多元价值重塑背景下警察哲学文化的反思和传统警务模式的超越。可以说，为推动公共安全体系的完善和警务改革的发展，反恐社区警务以社区情报体系的构建贯彻了"主动预防"的基本要求，以社区司法理念破解了"社会恢复"的制度难题，以问题导向警务推动了"安全防范"的纵深发展，从而在理论和实践双向维度上实现了对反恐难题和机制障碍的双重回应。

二 反思和重塑：反恐社区警务的理论基础

（一）社区司法理论

所谓社区司法（Community Justice），指以社区的秩序整合和提升社区生活品质为目标而由社区直接参与的犯罪预防以及社区主导的各种司活动的总称。① 社区司法是在新形势下为应对犯罪防控和恐怖危机问题和挑战而出现的一种新型司法体系，在问题处理和操作运行上具有实体与程序相衔接、惩罚与矫正相结合、法律与道德相互补、恢复与救助相融合的特征，因而也被称为"刑事司法的第二体系"。总的来说，作为社区主导下的新型司法范式，社区司法在价值和功能上融社区自治的能动性、问题处置的灵活性以及犯罪预防与社会恢复的双重性为一体，对凝结社区核心价值、构筑基层治安防控体系和完善反恐社区警务机制具有重要的指导和示范意义。

首先，社区司法的自治能动性凸显了社区在反恐防控方面的主导性和承载力。人自出生以来便往返穿梭于家庭、学校、工作单位以及各种社会组织，而这些物理性的空间场所无一例外地位于一定的社区之中。现实中，人们无论是为了更好地工作、学习，还是生活、娱乐都需要一个稳定有序的社区环境，特别是在国家权力收缩和市民社会成熟的背景下，通过培育社区自身的犯罪防控力量和自我防御系统便成为社区公众得到更为优质、可靠"公共安全产品"的必然选择。就这层意义来讲，社区本身不仅是社区司法运行的主体和承载者，同时也是抵御外来力量侵害的原始动力、推动社区健康发展的自治资源以及防御恐怖主义渗透和袭击的重要力量。

其次，社区司法在功能效用上突出强调犯罪预防与社会恢复的复合性。与刑事司法体系不同，社区司法更加强调犯罪根源问题的消除、社区秩序的规范和社会关系的修复。在国家刑事司法活动中，往往是通过刑罚措施的实施与执行来实现特殊预防和一般预防的目的，然而由于程序制度的制约和司法资源的限制使"正规"的司法行为往往流于表面，而无法触及犯罪背后的深层根源以及隐形于社区之中的潜在诱因。社区司法则另辟蹊径，通过各种正式和非正式的"柔性"司法行为不断增强社区聚合力和自我防御能力，以此来消除可能诱发无序和犯罪行为的消极环境因素，使社区内部功能性障碍得以清除、被犯罪破坏的社会关系得以修复、不当的违法行为得以教育和矫正。

最后，个性化的司法设计彰显了反恐应对处置方面的灵活性。"现代

---

① Todd R Clear and David R. Karp, *The Community Justice Ideal*. Westview Press, 1999, p. 25.

法制发展的重要瓶颈是法的复杂的程序和功能等因素限制了其核心价值的实现。"[1] 因而，如何在动态的刑事司法活动中，修正和弥补刚性司法程序在应对恐怖主义犯罪问题方面的缺陷和不足，达到适应法律经验性规则和满足实体正义的双重要求，便成为在追求纯粹法律技术性的成文法体系发展过程中的一个重要问题。

社区司法理论则是对这一难题的有力回应，其强调突破实体与程序法律的界限，尝试运用修复、矫正、和解、谅解、沟通、包容等超越法律规范的开放性的原则来实现实体法律所无法企及的目标。在具体的制度设计中，社区司法以"正当考量"代替了对抗制形态下的国家刑事司法体系中的"正当程序"，成为社区司法运行的主导原则。就本质而言，这里的"正当考量"类似于亚里士多德所言的"实践中的理性"，即在现实世界中并不总是存在放之四海而皆准的普适性公理，而要求人们在特定情形下运用理性来决定如何采取行动。社区司法正是在遵循司法民主、司法道德和法治理性的基础上，适度突破国家刑事司法体系条条框框的刚性束缚，综合运用社区预防、社区矫正和社区服务等更具开放性的司法活动，使恐怖犯罪的预防、处理、恢复等有关涉恐问题的应对措施更加柔性、灵活和富有成效。

（二）第三方警务理论

第三方警务，是指警务部门运用行政法律、刑事法律和民事法律以及社会动员和市场调控等方式，促使和强制相对于警方和犯罪人之外的第三方共同承担起犯罪预防和犯罪控制的职责。第三方警务模式运行的机理在于必须存在某种形式的法律杠杆（或称为"法律基础"），以促使第三方有动力或责任来积极承担起犯罪防控的角色和作用。借此，第三方警务的实施，一方面需要一个有助于控制和预防犯罪的中间渠道，即作为第三方的个人或组织，他们可以是利益相关者、学校、监护人、业主以及社区管理者等；另一方面，应当存在能够为警方提供强制执行的法律杠杆，以获得第三方的支持与合作，即警方利用行政、刑事以及民事法律法规，激励、说服、强制（或强迫）第三方参与到犯罪防控的活动中来。质言之，

---

[1] 李本森：《社区司法与刑事司法的双系耦合》，《法律科学》（西北政法大学学报）2014年第1期。

在第三方警务模式下，警方在原本犯罪监控失效或缺位的情境中，增强或创设了犯罪控制节点，从而使社会安全防控网络体系更加严密和完善。

第三方警务的兴起和发展透视出社会治理理念的革新和升级，是政府管理总体转型趋势下犯罪防控由国家集权向社会分权转变的众多产物之一。当前，在国家政府管理机制的改革中，西方诸多国家逐渐舍弃了对国家权力的强调和对权力网络的控制，转而依赖于自发管理以及通过对旧有命令控制手段和制裁方式的选择性应用进行强迫性的自我约束。新体系的实践效果使管理模式从国家权力控制到市场控制，从命令和控制的官僚层级体系到回应型管理，许多操作性管理和辅助功能被转移到市场、社区和其他社会机构上，管理逐渐成为一个由公共管理机构、专业和社区组织以及公众个体构成的分层网络。

满足需要的方法引出新的需要，解决问题的方法引出更多的问题。在政府管理模式改革以及国家权力收缩过程中，社会经济活动虽然逐渐摆脱了行政体系的束缚，却又越来越多地受其他社会风险因素的影响和控制。申言之，在风险社会中，风险管理的责任不再由政府大包大揽而逐渐向社会分散转化，即公众个体必须自己面对风险并管理自我安全。实践中，风险社会的到来不仅对政府改革和市民社会产生了巨大冲击，同时还从制度层面上对犯罪防控体系发生作用，特别是风险因素和警务社会化的结合在很大程度上促进了安全自治体系的产生和发展。正是在风险管理和社会治理结构性变革的影响下，法律规范和正式管理仅成为社会控制的形式之一，犯罪应对和公共安全服务不再由政府单独垄断，警察部门与社会团体、组织以及个人在社会安全防控领域的协同合作愈发成为警务改革发展的重要趋势。而且第三方警务模式的这一改革潮流，同时也对反恐警务制度的构建产生了巨大影响，尤其是该模式中对犯罪情景、热点地区以及目标群体的关注和控制，在反恐防恐基层基础工作的革新和完善中起到了积极的示范和引领作用。

首先，第三方警务中的"节点治理"有利于反恐防恐网络体系的构筑和完善。反恐实践的诸多现象表明，反恐预防体系网络的构建越发成为反恐警务改革的主流趋势。然而，在我国的反恐防控领域中，仍然大量存在着官方犯罪防控的垄断和社会参与预防不足的情况，这不仅加剧了反恐安全防范和有限警力资源之间的矛盾，而且还使社会安全防控体系的功效大打折扣。针对这一问题，第三方警务创造性地提出基于空间防控的

"节点治理",即通过节点网络(由国家机构与商业性或社区主体所组成)的强化来寻求社会集体安全的实效。在第三方警务机制下,警察部门仅成为反恐防控网络的众多节点之一,私人警察、保安公司、社团组织、企业机构以及社区、学校和家长则作为其他节点,共同担负起反恐预防和控制的职责。第三方警务模式的形式是多种多样的,其中最常见的是由警方确定一个"第三方"(如社区组织或学校),使用某种类型的"杠杆"(如法律法规),以强迫第三方采取某种行动引起潜在涉恐人员的日常活动产生一定的变化。某些情况下,警方也可以与参加第三方节点的多机构合作(如危险物品销售商),形成伙伴关系并强迫第三方改变他们经营状况中容易诱发暴恐行为的环境条件。同时,警方也可以通过契约的形式将犯罪控制的责任转移给某个监管机构,并使用监管权力来带头说服和强迫财产所有者(如房屋出租者)改变其财产(容易导致暴恐犯罪)的环境条件。

其次,有利于促进"全民反恐"下社区参与的纵深发展。在风险社会下,对犯罪的预防和控制并非仅是警方的责任,风险应对自治体以及公共安全多元化的构建需要更多社会力量的参与和协作。如上所述,社区警务理论的发展为社区导向下"全民反恐"和警民共治提供了更为广阔的操作空间和制度平台,但该模式中某些过度理想化的制度设计却使其实践价值和应用前景受限过多,即该机制的实施必须以良好的警民以及社区的积极参与为基础,否则将成为"无源之水、无本之木"而束之高阁。质言之,社区警务为警方提供了用于减少犯罪机会的宽泛的思想理念和技术方法,然而却没有对强制性的来源和目标问题展开论述,并且回避了辨识实现情境控制的程序问题。与之相对,第三方警务能够以"法律杠杆"的形式促使第三方承担起犯罪控制的责任,即立法通过确立警方对自愿或被动参与第三方的权威性,从而在法律框架和制度操作层面上为全民反恐下的社区参与提供更为科学、可行的程序保障。

最后,第三方警务的预防理念有助于暴恐犯罪空间的压缩和抑制。相较于传统防控的犯罪治理模式,以地点为防控对象的犯罪治理模式更加高效,即通过犯罪信息地理学的应用以及警力资源在热点地区的合理分布,不仅便利了犯罪风险的辨识和研判工作,同时也在地理空间层面上极大压缩和抑制了恐怖主义犯罪的活动。如上所述,我国当前警力资源紧张,如何在有限警力下应对漫长而严峻的反恐安保防线,一直是反恐基层基础防控工作的难度和重点所在。基于"空间防控"理念的第三方警务,则为犯罪预防和治理模式的完善提供了新的思路和方向，即第三方警务通过防控责任和职能的分解和转化，使得社区周边的社会公众能够以地点管理者身份介入防控机制，从而促使"全民反恐"下的警民合作与社区参与更加制度化和规范化。同时，需要注意的是，在第三方警务向反恐治理领域的延伸过程中，不能仅局限于警情监控以及犯罪聚集地点探测和罪犯距离分析等活动，还应在社会大数据分析、涉恐聚集规律把握以及线索信息交叉对比研判基础上，进行风险评估、反恐预警、精确引导和科学布控，通过城市空间环境的重塑以及环境内的警务应对和社区参与的相互促进，进而构筑更加科学、合理与严密的安全防卫空间。

（三）警务社会化理论

警务社会化是指在新管理主义和重塑政府理论的指导下，将企业精神和市场机制引入到公共安全管理体系中，通过有偿契约的形式将部分服务防范职能转移至社会化组织（如私营部门和非政府组织），由他们提供一直以来被公共警察机构所垄断的"公共安全产品"，以此来推进私人警务的扩展、警务多样化的形成以及社区安全服务社会化体系的完善。[1] 总的来说，作为一个全新的警务管理理念和工作运行范式，警务社会化理论为有效解决社区警力不足、警务效率低下和警察管理组织僵化等问题，提供了切实有效的解决途径和改革思路。

可以说，警务社会化是政治国家和市民社会二元分化以及社会结构多元化发展过程中，国家和社会双向互动法治道路的必然选择，即在国家权力和公民权利合理界定的大背景下，政府只有充分利用社会力量维护社区安全和完善社区自身的治安防控体系，才能弥补国家权力后退所造成的社区权威控制的真空。因而，反恐社区警务战略的本质就是对社区内公共警务资源、私人警务资源、混合警务资源以及其他社会治安防控资源的重新整合与优化，通过公共警务行政管理与现代社区自治的理性衔接与协同合作，共同构建起科学合理的反恐防控体系和公共安全服务制度。

综上所述，社区司法理论的兴起为社区自治与刑事司法体系的内在对接提供了坚实的理论基础，使社区警务战略学说由理想变为现实成为可能；新公共管理理念的引入为警察组织结构的重构和警务运行流程的革新

---

[1] 孔令驹：《中外社区理论与社区警务》，《江苏警官学院学报》2004年第2期。

提供了有力的智力支持，从而在很大程度上促进了警力前移、权力下放和警务效率的提高；警务社会化的发展为整合与优化公共警务资源、私人警务资源、混合警务资源以及其他社会治安防控资源提供了必要的理论支撑，从而为解决警力不足、司法资源有限以及社会整体控制力低下等问题提供了切实可行的路径选择。可以说，三大基础理论紧密相连、内在衔接、环环相扣、层层递进，不仅深化和丰富了反恐社区警务的基本内涵和概念外延，而且还从理论和实践双向维度充分论证了这一警务改革的合法性、必要性和可行性。

三 从"被动反应"到"先发制人"：反恐社区警务模式的表征

反恐社区警务是建立在现代警务改革和社区工作基础上的一种长效反恐警务战略，与被动反应的传统警务模式相比，更加突出犯罪的预防性、公众的参与性、问题的导向性、主动的适应性以及部门的协同性。

首先，犯罪预防性。"国土防御开始于当地警方和社区。"依据杜尔凯姆的犯罪学理论，控制犯罪的关键在社会，预防犯罪的重点在社区。过去的犯罪预防主要告诫人们"锁好门窗，看好财务"，但随着时间的推移特别是"9·11"恐怖袭击事件之后，犯罪预防不仅仅只是简单的安全检查和防范告诫，更加注重和强调的是警察和公众的双向互动和配合协作，使有限的治安防范资源在社会公众的参与下发挥出最大效用。

具体而言，针对当前恐怖主义犯罪的新形势，社区警务工作秉承"标本兼治"的基本理念，不仅只对影响犯罪的肤浅因素进行治理，而且还要探求和研究恐怖犯罪形成之根源，以实现斩草除根、釜底抽薪的效果。换言之，破案率的提高和犯罪率的下降是远远不够的，针对犯罪问题本质来解决社区中存在的问题才是预防犯罪之关键。正是在这一理念的驱动下，反恐社区警务构筑了一套行之有效的犯罪预防运行模式，即发现引起问题的原因，征求个人和机构的帮助，寻找潜在的问题解决方案，并在社区中心、公民组织、宗教组织、学校、社区服务机构等其他社会组织的参与合作下共同提出和实施相应的解决方案。

其次，公众参与性。社区安全是每个人的责任，预防犯罪是每个人的事情。依据社群主义的观点，"整个社区需要对它自己负责，这是一种倾向。人们需要积极的参与，不仅仅是指出他们的观点，更要给出他们的时间、精力和金钱"①。就本质而言，反恐的全民参与性是"警察即公众，公众即警察"这一传统警务理念的回归和体现；同时也是应对严峻反恐形势和解决有限警力资源问题的核心和关键。警察的使命就是保卫和平、维护秩序，但是仅仅依靠警察的力量是远远不够的，因为反恐预防事务远比警局所辖范围要宽广得多。然而，作为维护社会治安和抑制犯罪的基础性力量，社会公众在预防和打击恐怖主义犯罪活动中蕴含着无限潜能。无论是社区问题的提出，抑或解决方案的实施；无论是环境设计犯罪预防的构建，抑或社区情境犯罪预防的落实；无论是邻里守望机制的运行，抑或群防群治工作的开展，这些都与社区公众的协作与配合密不可分。可以说，公众参与不仅是社区警务工作的核心与灵魂，同时也是群众路线的题中之意，它使恐怖分子从人数优势变为劣势，警察从局部劣势变为整体优势，进而形成以整个社会为主体的抑制恐怖犯罪的网络格局。

再次，主动适应性。就警务改革的发展历程而言，反恐社区警务是在对传统警务理念和被动反应警务模式批评和反思的基础上，构建起的一整套先发制人的综合性治安防范措施。新的警务模式强调"警力前移"、"主动出击"，要求警察走出警局、深入社区，了解和掌握影响社区稳定和诱发恐怖犯罪的深层诱因，打造预防和抑制恐怖主义犯罪的自然和社会环境，并在社会各界通力合作与社区公众积极参与的双向互动过程中，推动和增进警民彼此之间的沟通、信任和尊重。可以说，社区警务的主动适应性不仅能够充分调查一切社会积极因素减少恐怖主义犯罪，使所有预防犯罪的理念和措施成为可能，而且还有助于警察在了解和解决社区问题和矛盾的过程中，更好地融入社区圈子、改变社区居民态度，将反恐治安防御体系不断拓展和前移。

最后，问题导向性。社区警务的问题导向性特征是对主动适应式警务的进一步延伸和拓展，旨在倡导警察积极主动地发现隐匿于社区中的影响犯罪的各种问题，并在对每类问题进行综合分析评估的基础上，设法寻求犯罪根源彻底清除的一种警务理念。这种以问题为导向的警务范式，强调警察工作不能只停留在案件处理的层次上，而应深入分析案件背后的深层

---

① 刘宏斌：《"公安人口"概念的实践与理论探讨》，《中国人民公安大学学报》（社会科学版）2006年第3期。

社会问题，进而将工作重点转移到问题的解决上来。

综上所述，相比传统的恐怖主义防控治理体系和警务应对处置机制，反恐社区警务更加强调犯罪的预防性、公众的参与性、主动的适应性以及问题的导向性。实践中，这四个特征并不是彼此独立、相互割裂的，相反它们内在衔接、相辅相成，统一于恐怖主义犯罪根源的成因探讨和问题解决之中。申言之，反恐警务社区理论体系以恐怖主义的预防和控制为目标、公众的参与和协作为依托、先发制人的主动适应为突破、问题导向的应对策略为形式，四个基本特征环环相扣、步步相连、紧密结合。犯罪的预防性从宏观上提出了反恐社区警务构建的价值导向和目标追求，而主动适应性、问题导向性和公众参与性则是则犯罪预防在内容上的进一步延伸和拓展。其中，主动适应性改变了被动反应的传统警务模式，引领了"先发制人"、"主动出击"警务改革之潮流；公众参与性逆转了恐怖分子的人数优势，切实提高了社会整体抑制恐怖主义犯罪的防控能力；问题导向性旨在挖掘和分析案件背后更为深层次的根源问题，并从技术层面上为彻底铲除恐怖主义提供了行之有效的警务运行范式。

四 改革与实践：反恐社区警务机制的构建

（一）反恐社区警务权的解构和配置问题

反恐社区警务作为一种全新的反恐战略理念，其本质核心在于突破僵化、单调的警务专业化模式，分权于公众，放权于基层，形成以社区警务为制度依托，以社会公众为治安防控主体的全民反恐网络格局。纵观警察发展历程，无论是现代警察职业的诞生，还是警察专业化的推进以及警务现代化的确立，每一次警务革命都从不同层面塑造和丰富了警察权的内涵和特性，并使其更加适应社会组织结构的变迁和经济文化的发展。警务改革的核心精髓就是警察权的重构或回应。就反恐社区警务制度的构建而言，社区警务权的配置和整合对于反恐社区警务战略功效的发挥以及整体机制的有效运转具有重要支撑和统领作用，因而，必须认真对待、科学处理反恐社区导向下警察权的解构和建构，合理界定权责边界、有效促进权力协同、科学规划权力的分解和让渡。

警察权特别是治安管理、犯罪预防、情报收集、人口管理、安全监督等权力是警察有效开展社区警务的合法依据和制度依托,同时也是连接反恐防控和社区警务的纽带和桥梁。对此,在具体的制度设计中可以考虑上述权力的适度下放以及指挥责任向低阶警察的转移,以此促进职责和权力的对应与统一,最大限度调动警察的主观能动性,并在警民互动合作的过程共同致力于社区问题的处理和解决。具体而言,在社区警务权的配置和构筑方面,应当充分反映社会需求和反恐需要,以社会需求为导向,以反恐防恐为核心,有力回应社会期待和重塑反恐防线;在警察权的运行方面,应鼓励自上而下的管理创新,赋予警察针对地方治安状况和特殊情况自主安排工作时间和选择工作方式的相对自由权,以保障问题解决导向下的"警察时间"和制度供给;在权力的规制和监督方面,应将警察权纳入到法治的轨道中来。警察权之所以成为社区警务的基础与核心,盖因为警察权的强制性和权威性使得社区管理、警民合作和全民反恐的方略成为可能。因而,要想维护警察权的公正性和权威性,必须以警察权的法治化标准来统筹和规制,以防止社区事务的警察化和警察事务的肆意化。另外,为促进权利与义务、权力与职责的有效整合、清晰配置,还应当注意保持警察权在社区警务活动中的独立性和中立性。因为警察权是社区警务的重要制度依据,警察是社区警务的主导力量,如果没有对合法性、合理性等独立于其他社区警务主体的法治和价值取向判断,那么这样的警务机制可能无法长久和持续。[1] 合法设立的警察机构必须享有独立性,警察机构只依据法律、根据其专业判断行使警察权,这样才能在警察职责和社区事务之间设立一道法治防火墙,防止因向私权领域和民众生活的无限扩张而走向制度的异变和消解。

同时,为激发社会公众参与反恐警务工作的积极性,鼓励社区群众以及社区自治组织、志愿团体、辅警力量、物业管理等成为社区警务的依靠和辅助力量,可以考虑将社区警务中的边缘职能如邻里纠纷调解、社区服务、邻里守望、重点人口监督等放之于公众,并随之相应将部分警察权进行适当分解和让渡。在这个过程中,一方面,应注意加强警务决策的参与性和透明度,构建社区事务的咨询、会商制度,鼓励社会公众和社区组织参与有关警务决策的商讨和制订过程;另一方面,注重创新警民合作模

---

[1] 李亮:《论社区警务中的警察权》,《中国人民公安大学学报》(社会科学版)2015年第1期。

式，拓展和丰富公众参与治安反恐的方式和路径，加强经费保障和社会资本的投入，通过反恐社区防控网络的不断细化，实现维护社会稳定和预防恐怖犯罪的目标和宗旨。

（二）反恐社区情报体系的结构和功能问题

社区情报是专门性公安情报和综合性社会信息的交叉结合点，是社区警察基于本地信息的搜集、整理，并经过分析、研判后能够预估风险和支持决策的情报信息。当前，随着恐怖主义活动的日益频繁，如昆明"3·01"和乌鲁木齐"4·30"等暴力恐怖袭击事件的相继发生，从不同程度和侧面折射出我国反恐情报体系所存在的结构性缺陷，即情报信息的收集只依靠公安情报人员和专业技术手段，而忽视了社会公众的动员和基础性情报信息的整合。当前，在社区警务模式和情报主导侦查模式双重建构的背景下，社区情报机制业已成为连接、合成两大现代警务模式的关键结点，并为我国反恐警务情报体系结构的重塑和优化提供了诸多方向性选择和可能性操作。

总的来说，在国内外非传统安全因素的影响下，要充分发挥社区情报在反恐和维稳方面的基础性作用，必须革新社区情报理念，推进多元化的警民"战略接触"，完善社区人际情报网络体系，构建融情报信息的收集、评估、研判、传递、共享和使用为一体的动态化和共享性的社区情报信息网络平台。一方面，与时俱进，树立现代化的社区情报观念。受传统警务工作模式的影响，社区信息的采集和应用更多服务于社会治安管理和刑事案件侦破，很多可能涉及国家安全和恐怖主义活动的情报线索被无视或遗漏，而搜集范围的片面性又直接影响到了社区情报在反恐防控方面的线索价值和前瞻功效。对此，社区警察应当不断提高认知、更新理念，准确认识社区情报对恐怖主义的早期预警和干涉防控等功效，牢固树立全面共享和动态化的情报主导理念，切实加强反恐社区情报的采集、分析、传递和应用。

另一方面，促进开源情报和人力情报相协调、数据研判和情报采集相结合、定期反馈与考核评估相衔接，构建科学、全面、动态化的社区情报网络。社区情报是警方或明或暗渗透社区、监控社区的一种有效方法，要求社区警察在社区人际网络的基础上，既要重视公开社区信息的采集，又需加强隐形人力情报的搜集，促进开源情报与人力情报的协同互补、有机统一，有效弥补现有反恐情报体系和数据分析系统的盲点和漏点。同时，在具体的情报工作中，还应注重对定期反馈与考核评估的制度衔接，促进社区情报搜集工作的规范化和系统性；推进传统情报工作模式和新技术、全媒体的技术互补，强化结点以拓展情报信息的覆盖范围；加强情报系统与人工研判的内在对接，充分发挥基础性情报工作的决策支撑作用，全面提高反恐警务工作的预见性、有效性和针对性。

（三）反恐社区警务中的重点人口问题

为加强对"回流"恐怖分子和有暴力恐怖主义倾向等重点人口的鉴别、监督和管控以及有效遏制恐怖主义本土化的发展趋势，建议发挥社区警务在人口管控方面的基础性支撑和综合性统辖作用，有效控制恐怖分子对社区基层的渗透和破坏，及时获取预警性、内幕性、深层次的反恐情报信息，并在社区人口管理的衍射中不断丰富社区警务的帮教、恢复、矫正职能，切实提高恐怖主义活动的打击力度、预警广度和防控深度。首先，规范和统一社区警察的人口管理工作，实现社区人口管理的精确性、有效性和动态化，进而为及时掌握社会治安动态、准确预测和发现社会问题提供全面、系统、鲜活的基础性数据信息。其次，在思想意识上树立"反恐防控始于社区"的紧迫感，加强社区级反恐信息的收集、研判和传递。社区人口管理作为"情报信息主导警务"的一个关键环节和重要构成，应当充分发挥其基础情报信息平台的动态更新和实时监控作用，为反恐警务活动提供必要的线索、情报和信息，以实现情报信息主导警务"积极预防、精确打击"的目标，有效增强主动先发警务和问题导向警务工作的预见性、针对性和实效性。再次，提高社区人口管理下的犯罪预防和控制功能。人口管理的出发点在于犯罪预防和保障社会治安秩序，即通过收集、整理、分析特定管理对象产生的社会行动信息，对特定主体行为实施特别关注和"实时监控"，预防可能发生的犯罪威胁和恐怖袭击。在具体的犯罪预防控制工作中，以社会危害性的不同可以将其划分为打击性预防、控制性预防和保护性预防。打击性预防，是指对于具有现实恐怖犯罪倾向性的重点高危人口进行实时控制，一旦发现犯罪线索，掌握犯罪证据，及时采取相应的刑事、治安手段，主动出击、先发制人，有效震慑暴力恐怖主义分子；控制性预防，是指对于有恐怖主义犯罪可能或尚没有掌握犯罪线索和证据的人员进行控制，以减少发生违法犯罪的可能，消除产生犯罪的不利因素；保护性预防，是指对于潜在袭击目标和恐怖威胁，公安机关根据相关情报信息及时给予保护性预防，干预恐怖主义犯罪的滋生和蔓延，有效提高反恐预防的目的性、准确性和及时性。最后，增强和完善社区警务中社区矫治和青少年帮教的职能和作用。为回应我国《反恐怖主义法》有关"社会恢复"的要求和宗旨，促进社区警务与反恐立法的制度衔接，应当充分发挥社区警务的工作优势和广大社会资源的力量，形成良性的社区矫治环境和青少年帮教氛围，切实做好文化知识和劳动技能的教育转化工作，帮助涉恐人员特别是未成年人回归正常的生产、生活以及减少重复犯罪的可能性。

(四) "全民反恐"下的社会动员和公众参与问题

反恐社区警务作为我国"群众路线"的现代转型和重要表征，其实质是以社区警务为依托，最大限度激活"邻里守望"和"群防群治"制度，充分利用社会资源推进警务社会化和反恐防控多元化，进而形成"人人皆警"、"全民反恐"的以整个社会力量抑制恐怖主义犯罪的反恐格局。然而，由于我国社会经济的转型，社会组织结构的变迁以及多元价值观和利益主体的分化，导致整个社会人际关系的冷漠，社会正义观念的缺失以及社会责任感的淡薄，对"公益"事业特别是社会治安管理缺乏参与的主动性和积极性。

对此，在反恐社区警务机制的构建中，一方面，应拓展公众参与的途径和方式，强化社区自治组织的构筑，设立反恐专群结合的长效机制。申言之，为解决新时期下社会公众平等参与社区管理的局限以及治安防控可依托自治资源的匮乏等问题，除应加强社区制度建设、促进管理机制创新和建立物质性保障机制外，还应特别关注社区自治资源的拓展和自治组织的完善。与西方橄榄型的社会结构不同，我国长久以来一直缺乏相当数量以民间性、自治性、志愿性以及非营利性为表征的非政府组织的民间团体。实践中，这些组织不仅能够协助政府承担大量社会公共和公益事务，呈现一般组织的社会经济属性，而且志愿社团内部个体之间的互动，还有利于社会成员自发交往空间的拓展和团结、认同、友爱社区意识的培育，对实现"熟人社区"对违法犯罪行为的自然监视和整体抑制具有重要影响。因而，建议以社区平安合作机制的构建为契机，全面挖掘本土资源和制度优势，丰富和强化社区自治组织的设立方式和自治途径，充分依托社区志愿者协会、社区治安联防队、治安保卫委员会、社区帮教小组、社区监管小组等社区自治力量来构筑以"公众参与"为基础的"全民反恐"和"专群结合"的反恐防治网络格局。

另一方面，注重对东西方文化价值的审度和汲取，继承传统道德文化精髓，培育现代市民精神，促进融"法"文化、"德"文化、"和"文化为一体的平安社区文化的建设。依据社群主义的观点，整个社区需要对它自己负责，这是一种倾向。人们需要积极地参与，不仅仅是指出他们的观点，更要求给出他们的时间、精力和金钱。诸多社区问题的解决方法并不在政府，而大多数在于社区本身。为树立和培育社会公众的现代市民精神和社区参与意识，建议将市民社会观念融入平安社区建设，塑造以"开放、平等、博爱、契约、创新"为基本标志的现代市民精神，适应分化与整合下的二元社会结构，摆脱个人狭隘的生活圈，建立与培养社区成员相互交流的对话框架和信任机制；用社区参与意识丰富平安文化内涵，将平安社区文化建设作为开展群众工作、促进良好社会行为养成以及培育治安意识和反恐意识的过程和途径；以反恐安全认知深化平安文化的建设，通过网络媒体、报纸杂志、宣传册、布告栏、设立咨询点等安全知识的宣传以及犯罪预防信息和反恐防范技能的提供和演练，切实提高社会公众的反恐安全认知和参与集体安全防范的能力。

反恐预防治理作为一项综合性的社会防控工程，纯粹在刑事范畴寻求理论突破以及问题解决方法的尝试是值得商榷的。对此，笔者在现代警务改革基础理论的基础上，提出和阐述了社区警务和反恐防控相融合的反恐社区警务思想，主张"国土安全防御从社区开始"和"公众参与"的全民反恐理念，强调在问题导向警务模式下从根本上消除恐怖主义犯罪之根源。在具体的制度构建中，通过对社区警务权的解构和建构，有效促进部门权力的协同合作、权责边界的合理界定以及权力分解和让渡的科学配置；通过对反恐社区警务框架下重点人口管控机制的创新和拓展，发挥社区警务在人口管控方面的基础性支撑和综合性统辖作用，有效控制恐怖分子对社区基层的渗透和破坏，并在社区人口管理的衍射中不断丰富社区警务的帮教、恢复、矫正等职责，切实提高恐怖主义活动的打击力度、预警广度和防控深度；通过对反恐社区情报体系结构和功能的革新和完善，促进开源情报和人力情报相协调、数据研判和情报采集相结合、定期反馈与考核评估相衔接，有效弥补现有反恐情报体系和数据分析系统的盲点和漏洞，全面提高反恐警务工作的预见性、有效性和针对性；通过对社会动员机制的重塑和公众参与途径的拓展，全面挖掘本土资源和制度优势，充分发挥社区自治力量构筑以"公众参与"为基础、"全民反恐"和"专群结合"为依托的现代反恐预防治理体系。

民商法

个人信息传统保护模式的评估

——兼论个人信息保护规则的框架思路

廖宇羿[*]

摘要： 对于民法应当以何种模式来保护个人信息，学界现有的论证都是围绕概念分析、比较分析或价值分析的进路来展开，而忽视了对于我国个人信息现有保护模式的效果评估。通过对于相关典型案例的分析，隐私权保护模式虽然能够扩张自身保护范围将个人信息纳入其中，但是无法真正地为权利主体提供相适应的救济手段。一般人格权保护模式借助其在内涵上的延展性和开放性，在个案中表现出较为明显的优势，但是在现有的司法实践之下仍无法期待其能够在整体上为个人信息保护提供完善的途径。结合这两类保护模式在司法实践中暴露出来的问题，个人信息保护规则的应然设计应当妥善处理事前防范与事后救济、立法论与解释论的关系。

关键词： 个人信息；隐私权；一般人格权；制度保护需求

自 2016 年以来，以"徐玉玉案"为代表的一系列个人信息案件的发生，再一次引发了社会公众对于个人信息安全的高度关注。[①] 同时，全国人大常委会于 2016 年 11 月 7 日审议通过了网络安全法，首次在法律层面

---

[*] 廖宇羿：法学博士，中国应用法学研究所博士后科研工作站博士后研究人员。

[①] 徐玉玉是一名已经被南京邮电大学录取的高中毕业生，2016 年 8 月 19 日，其母亲接到诈骗电话，电话称需要将银行卡中的 9900 元汇入某指定账号，以便激活银行卡来获取助学金。被骗后徐玉玉前往派出所报警，在回来的路上心脏骤停，最终于 8 月 21 日抢救无效去世。由于徐玉玉在此前恰好参加了一个助学金的资助活动，因此该案被普遍认为与徐玉玉个人信息的泄漏密切相关。

明确了个人信息的定义,这也使学界有关个人信息保护的讨论进一步升温。[1] 总体而言,学界普遍认为虽然个人信息的保护是一个涉及多法律部门的综合性问题,但是民法的保护在其中发挥着核心作用。然而对于民法应当以何种模式来保护个人信息,学者的观点之间具有较大的分歧。一些学者主张应当设立专门的个人信息权,并且明确提出个人信息与个人隐私之间具有显著的区别,对于个人信息的保护不能够依附于隐私权之下;[2] 另一些学者则认为不应当对个人隐私的概念进行人为的限缩,未来仍然应当在隐私权的框架下开展对于个人信息的保护,[3] 他们还进一步指出个人信息权的理论实际上是对于德国联邦宪法法院判决的误读,其无法成为个人信息保护的理论基础。[4]

纵观学者们的论证方式,或者是采取概念分析的方法探究个人信息和个人隐私的概念内涵,或者是采取比较分析的方法考察美国法上的隐私权和德国法上的个人信息权,或者是采取价值分析的方法对个人信息和个人隐私背后的价值基础进行类型化处理。但是这些研究或多或少都忽视了对于我国个人信息现有保护模式的效果评估。在我国现有的民事法律制度框架之中,事实上对个人信息起到保护的是隐私权和一般人格权,相关的司法实践也一直在努力适应个人信息保护的需要,未来的制度设计显然不能够脱离这一司法实践而成为"空中楼阁"。因此,本文将基于我国现有的民事法律制度,通过对于相关司法案例的分析,评估隐私权保护模式和一般人格权保护模式在实践中的保护效果,以期为我国个人信息保护的立法模式提供司法实践层面的参考。

---

[1] 网络安全法第76条:"本法下列用语的含义:……(五)个人信息,是指以电子或者其他方式记录的能够单独或者与其他信息结合识别自然人个人身份的各种信息,包括但不限于自然人的姓名、出生日期、身份证件号码、个人生物识别信息、住址、电话号码等。"

[2] 参见王利明《论个人信息权在人格权法中的地位》,《苏州大学学报》(哲学社会科学版)2012年第6期;王利明:《论个人信息权的法律保护——以个人信息权与隐私权的界分为中心》,《现代法学》2013年第4期;谢远扬:《信息论视角下个人信息的价值》,《清华法学》2015年第3期;等等。

[3] 参见马特《无隐私即无自由》,《法学杂志》2007年第5期;《个人资料保护之辩》,《苏州大学学报》(哲学社会科学版)2012年第6期等。

[4] 参见杨芳《个人信息自决权理论及其检讨——兼论个人信息保护法之保护客体》,《比较法研究》2015年第6期。

一 隐私权保护模式的评估

笔者选取了中国裁判文书网、北大法宝司法案例数据库、无讼案例数据库这三个目前最为主流的案例数据库，以"隐私权纠纷"为案由进行检索，排除了重复的判决书之后一共获取了 132 份判决书，本节对于隐私权保护模式的评估即以这 132 份判决书作为基础。

（一）隐私权保护范围的界定

如前所述，对于我国民法应当以何种模式来保护个人信息，学者之间的一个重大分歧就是我国民法上隐私权的保护范围，一方学者认为隐私权仅仅保护传统意义上的个人私密，另一方学者则认为隐私权同样能够将个人信息纳入其保护范围之中。那么在我国的司法实践中是如何界定隐私权的保护范围的呢？

在笔者检索到的 132 份判决书中，共有 125 份判决书对于隐私权的保护范围进行了明确的界定，其中主要形成了两种观点，一种观点（92 份）认为隐私权的保护范围是"自然人个人的、与公共利益无关的个人信息、私人活动和私有领域"，另一种观点（33 份）则认为隐私权的保护范围是"个人的私生活安宁、私生活秘密"。[1] 尽管存在着一定的重合，但还是可以比较明显地看出前一种观点侧重于将不涉及个人隐秘的个人信息也纳入到隐私权的保护范围之中，后一种观点则倾向于在传统的个人私密的意义上对隐私权的保护范围进行限定。

值得注意的是，尽管司法实践中的多数观点认为我国民法上隐私权的保护范围包括了个人信息，但是在个案的具体论证中又常常认为系争的个人信息并不满足"隐私"的构成要件。较为典型的两个案件是"涂尚豪、陈裕爱与南方都市报隐私权纠纷案"[2] 和"某物业管理（上海）有限公司与王某某隐私权纠纷案"。[3] 在前一起案件中，系争的个人信息是《南方都市报》在对某海归博士（与两原告系近亲属关系）坠楼身亡一事进

---

[1] 类似界定还包括"不为公众所知的秘密"、"私人信息秘密"，在统计中一并归入此类。
[2] 案件字号：（2010）杭西民初字第 506 号，审理法院：杭州市西湖区人民法院。
[3] 案件字号：（2012）徐民一（民）初字第 6891 号，审理法院：上海市徐汇区人民法院。

行报道时所披露的死者姓名与照片。法院一方面开宗明义地指出"隐私权是指自然人享有的对其个人与公共利益无关的个人信息、私人活动和私有领域进行支配的一种人格权",却又在综合原、被告所提交的证据进行论证之后指出死者坠楼身亡的事实已经在一定程度上为众人所知晓,被告在报道中所使用的死者姓名、照片等个人信息并不满足"隐私"的构成要件,因此判决被告不构成侵权。这显然是一个自相矛盾的论证,因为在法院对于隐私权保护范围的界定中并没有强调其需满足"不为他人所知晓"的要件,但结果法院却以该要件为由认为本案中的个人信息不属于所谓的"隐私"。在后一起案件中,作为被告的物业公司在楼层里加装了摄像装置,这些摄像装置的摄像方向均为小区布告栏,同时被告还在小区内公布了相应的监控摄像资料。原告认为被告加装摄像装置的意图在于限制业主在布告栏上不具名发表意见的自由,并主张被告公布相应监控摄像资料的行为侵犯了其隐私权。法院一方面同样认为"隐私权是指自然人支配并保有其与公共利益无关的个人信息、私人活动不被他人非法知悉、利用和公开的权利",另一方面却又指出小区的布告栏主要是为相关主体就小区公共事宜发布公共信息所用,相应的行为本就应当公开地进行,因此判决被告的行为不构成对于隐私权的侵犯。不难看出,法院在论证上的自我矛盾与前案如出一辙。通过这两起案件我们可以发现,虽然法院在界定隐私权的保护范围之时将个人信息纳入其中,但是在进行具体论证的过程中却又是在传统的"个人私密"的框架下讨论隐私的构成要件,这不禁令人怀疑最初的宽泛界定究竟意义何在。

另一方面,"自然人个人的、与公共利益无关的个人信息、私人活动和私有领域"的界定方式在实践中还引发了其他问题。其中所包含的"公共利益"本身是一个不确定法律概念,这使法院在进行具体认定之时很容易出现不当。例如在"黄培与天津一汽丰田汽车有限公司隐私权纠纷案"中,[1] 原告黄培在就职被告天津一汽丰田汽车有限公司期间因盗窃罪、职务侵占罪被法院处刑,天津一汽公司也与其解除了劳动关系。随后天津一汽公司在其内部培训教材中选用黄培的犯罪事实作为案例,并在其中使用了黄培的真实姓名,黄培遂向法院起诉天津一汽公司侵犯了其隐私权。一、二审法院均认为黄培的犯罪事实已经被人民法院的判决书所确

---

[1] 案件字号:(2015) 二中保民终字第65号,审理法院:天津市第二中级人民法院。

认，而判决书本身具有向不特定的社会公众公开的法律效力，是与公共利益和群体利益相关的信息，不属于隐私的范畴，因此天津一汽公司并未侵权黄培的隐私权。该案判决的问题一方面在于"向不特定的社会公众公开"仅仅是"与公共利益相关"的必要不充分条件，从前者并不必然能够推导出后者；另一方面则在于即使能够认定系争个人信息与公共利益相关，也不意味着附着于其上的公共利益在利益衡量上就超过了个人利益，天津一汽公司将已经为判决书载明的事实列入其内部培训教材固然没有侵犯黄培的个人隐私，却在相当程度上使黄培在与外部环境的交互过程中处于自身不可控的不利地位，因为其个人信息在违背个人意愿的情况下被处理和传播了。

对此，有学者指出法院将个人信息纳入隐私权保护范围的做法只是一种权宜之计，因为我国尚未针对个人信息进行专门立法，法院只能够退而求其次选择隐私权模式对个人信息进行保护，而正是这种权宜之计导致了司法实践中的一系列问题。① 从以上几个典型案例中可以看出，虽然法院面对现实生活中与日俱增的与个人信息相关的纠纷所带来的压力，不得不采取将个人信息纳入隐私权保护范围的方式使这些纠纷得以进入司法救济的途径，但是在实际审理的过程中又由于系争个人信息明显不符合我国现有法律制度下"隐私"的定义，最终无法对当事人的权益进行有效的救济。这种尴尬局面的频发也表明隐私权保护模式在面对那些明显与个人隐秘无关的个人信息之时呈现出巨大的不适应。

（二）隐私权具体权能的界定

当然，在笔者检索到的许多案件之中，法院还是成功地完成了将系争个人信息切实地纳入到隐私权保护范围之中的论证，那么接下来我们需要考察的就是法院对于隐私权具体权能的界定情况。如果从学理上的认识出发，我们可能会推断主张隐私权保护范围为"自然人个人的、与公共利益无关的个人信息、私人活动和私有领域"的法院同时也会主张隐私权的权能应当包括积极的支配和控制，而主张隐私权保护范围仅为"个人的私生活安宁、私生活秘密"的法院则也会将隐私权的权能限制在消极

---

① 参见王利明《论个人信息权的法律保护——以个人信息权与隐私权的界分为中心》，《现代法学》2013年第4期。

的防御。但是对于实际案例的分析表明，同一法院对于隐私权保护范围和隐私权权能的界定并不必然存在上述的对应关系，似乎表明法院对于隐私权固有的权能究竟为何并没有一个很清醒的认识，与在保护范围的认定上所面临的问题相类似，法院也只是出于应对实践中与日俱增的相关纠纷的压力，单纯地根据个案情形来"搭配"隐私权的保护范围和具体权能。

当然，单纯从这个角度所提出的质疑的力度还是偏弱，因为法院的意图毕竟是一个主观性的存在，我们只能够根据个案的情形加以合理的推断，却无法作出肯定的确认。因此真正有力度的质疑是，在那些合理地认定了隐私权的权能包括积极的控制和支配的案件中，法院最终是否为当事人提供了与这样一种积极权能相适应的救济。如果法院确实提供了，那就说明其无论是对于隐私权保护范围还是对于具体权能的界定都不仅仅是一种形式意义上的宣示，而是能够提供切实的保护；如果法院没有能够提供相应的救济，那就说明法院将个人信息纳入隐私权保护范围和将隐私权的具体权能扩充至积极的控制和支配的做法就真的只是一种面对现实压力的"权宜之计"。

在此，首先需要考察的是在"积极的控制和支配"这一较为笼统的表述之下，法院在司法实践中究竟赋予了隐私权以怎样的具体权能，笔者结合以下两个典型案例加以说明。在"中国联合网络通信有限公司上海市分公司与孙伟国隐私权纠纷案"中，[①] 法院认为"法律、法规保护隐私权的目的是赋予权利主体对他人在何种程度上可以介入自己私生活的控制权，以及对自己是否向他人公开隐私以及公开范围的决定权"，因此"只要有未经许可向第三人披露他人个人信息的事实存在即可构成侵害，就侵害的成立而言无须考虑第三人究竟给原告带来的是利益还是损害，私人信息为第三人所知本身即为损害"。在被称为"中国'人肉搜索'第一案"的"王菲诉张乐奕名誉权、隐私权纠纷案"中，[②] 法院认为被告在网络上披露原告的个人信息之前，已经明知披露对象超出了相对特定人的范围，而且应当能够预知这种披露行为在网络上可能产生的结果。而被告在此种情况下依旧在网络上披露原告的个人信息，扩大了原告个人信息向不特定

[①] 案件字号：（2009）浦民一（民）初字第9737号，审理法院：上海市浦东新区人民法院。

[②] 案件字号：（2008）朝民初字第10930号，审理法院：北京市朝阳区人民法院。

社会公众传播的范围，对部分网民向原告发起"人肉搜索"谩骂原告、骚扰原告及其父母正常生活的不当行为有相当的推动和促进作用，严重干扰了原告的正常生活，因此侵犯了原告的隐私权。

我们可以初步总结出法院在司法实践中赋予隐私权的"积极的控制和支配权能"具体包括以下几个方面：第一，权利主体能够控制他人在何种程度上可以介入自己的私生活；第二，权利主体能够自主决定是否向他人公开自身隐私；第三，权利主体能够自主控制对外公开自身隐私的范围；第四，权利主体能够自主决定是否扩大本已对外公开的自身隐私的范围。应当说这几个方面确实比较完整地构成了"积极的控制和支配权能"的内涵，比较充分地保障了权利主体对于个人隐私和个人信息的自主权利。为了切实地保障隐私权的这些权能，当隐私权受到侵犯之时，法院应当为当事人提供与之相适应的救济手段。按照常理进行推演，这些救济手段至少应当包括：第一，要求侵权者停止正在进行中的对于权利主体个人隐私的公开、披露等行为；第二，要求侵权者（如果其为相关隐私的实际控制人）保证为权利主体的个人隐私提供一个恰当的保存环境，并承担相应的报告义务，或者要求侵权者（如果其不是相关隐私的实际控制人）不得对权利主体的个人隐私进行随意的公开、披露等；第三，要求侵权者（如果其为相关隐私的实际控制人）保证权利主体能够在自身的个人信息和个人隐私失去正确性和完整性之时进行及时的变更。

那么，在以上案例中法院最终为当事人所提供的救济手段是否满足了上述条件呢？在"中国联合网络通信有限公司上海市分公司与孙伟国隐私权纠纷案"中，法院最终仅仅判决被告中国联合网络通信有限公司上海市分公司向原告书面赔礼道歉，对于原告对其个人信息所应享有的（同时也是法院自己明确认可的）"控制权"和"决定权"要如何得到保障则未置一言；在"王菲诉张乐奕名誉权、隐私权纠纷案"中，法院最终判决被告删除其在网络上所披露的原告的相关个人信息，向原告书面道歉，并赔偿相关费用。相较于前案而言，本案中的法院至少还是做到了要求侵权者停止侵害，但是这样一种单纯的"止损"救济并不能够保障原告对其相关个人信息进一步传播和扩散的自主性，与法院先前所声称的"权利主体能够自主决定是否扩大本已对外公开的自身隐私的范围"不相吻合。

此种局面的产生从表面上看起来是受限于隐私权在我国法律体系下的

制度架构,但是从本质上而言,这还是由于隐私权在价值取向上旨在维护私人生活安宁,难以仅仅通过对其的解释来填补与现实需要之间的差距。① 所以尽管法院能够在具体案件中展开精密的论证,为隐私权赋予详尽而完备的积极权能,却难以在最终救济上保障权利主体所应享有的这些权利内容得以实现。

(三) 隐私权保护模式下的举证责任规则

在"罗镇杉诉郴州申湘天润汽车有限公司、中国太平洋财产保险股份有限公司隐私权纠纷案"中,② 原告罗镇杉诉称其多次被被告之一的中国太平洋财产保险股份有限公司电话推销保险,且后者在电话推销过程中精确地说出了其所购车辆、保险到期日、真实姓名等信息,在交涉过程中原告了解到本人相关信息是由其车辆销售商即另一被告郴州申湘天润汽车有限公司提供给保险公司的,于是其向法院起诉称两被告侵犯了其隐私权。在庭审过程中,郴州申湘天润汽车有限公司辩称其没有泄露原告的个人信息,同时中国太平洋财产保险股份有限公司也拒绝说明其所获取的原告个人信息的来源。法院经审理认为,原告没有能够提供充分的证据证明其个人信息是郴州申湘天润汽车有限公司所泄露的,因此判决驳回了原告针对郴州申湘天润汽车有限公司的诉讼请求。显然,在该案中车主和汽车销售商之间的地位相当不对等,汽车销售商拥有车主的个人信息,同时又掌握着庞大的商业交往渠道,因此可以轻而易举地利用车主的个人信息谋取利益,而车主无法随时获知其个人信息的处理情况,严重欠缺对其个人信息处理和利用的自主性,在该案中其所能够举出的证据也仅限于与保险公司员工之间一段内容具有歧义的电话录音。法院的判决固然是合乎现有法律制度规定的,但显然所依托的举证责任规则是难以适应个人信息保护的需要的。

(四) 小结

从学理层面来看,受限于既有的民事法律制度架构,我国法上的隐私

---

① 参见谢远扬《信息论视角下个人信息的价值——兼论对隐私权保护模式的检讨》,《清华法学》2015 年第 3 期。

② 案件字号:(2014)郴北民二初字第 947 号,审理法院:郴州市北湖区人民法院。

权仅仅是一项具体人格权,其保护范围既不能等同于比较法上的一般人格权,也需要与其他具体人格权相区分,同时也不包括与个人私密无关的个人信息。受这一保护范围的影响,我国法上的隐私权所体现的仍然主要是消极意义上的防御权能,而难以涵盖学者们所设想的积极的控制和支配权能。另外,其所适用的也是一般性的举证责任规则,并未对权利主体有所倾斜。从司法实践的层面来看,尽管有相当数量的法院将不涉及个人私密的个人信息纳入隐私权的保护范围,同时赋予隐私权以相当完备的积极权能,但是在提供救济的过程中,仍然受既有的法律制度架构所限,无法真正地为权利主体提供相适应的救济手段,只能够停留在"止损"的层面。同时,隐私权所适用的普通举证责任规则在面对保护个人信息的现实需要之时也暴露出其缺陷。

二 一般人格权保护模式的评估

(一) 一般人格权对于个人信息的保护射程

在"中国工商银行股份有限公司个旧支行与段明波一般人格权纠纷案"中,[①] 法院认为上诉人(原审被告)个旧支行在被上诉人(原审原告)段明波已经提前还清贷款本息的情况下,在向征信中心报送段明波的个人信用信息之前,没有认真负责地向贷款业务委托单位核实段明波的还款情况,以至于错误地向征信中心报送段明波逾期还款的个人信用记录。并且在段明波得知该情况向个旧支行提出更正错误信用信息的要求之后,个旧支行仍旧不予重视,未及时向征信中心报送段明波的正确信用信息。其长期未启动纠错程序,并未对用户个人信用信息予以及时纠正的行为,对段明波的"人格信誉、经济、生活秩序"造成了不良影响,并在一定程度上给段明波带来了精神上的痛苦,已经侵犯了其一般人格权。可以看到,单纯从保护范围上而言,本案中当事人的个人信用信息也可以归入隐私权的保护范围之中,但是本案中个人信用信息所受到的侵害并非来自外界的非法干涉,而是信息的实际控制人明知其存在错误却长期不予纠正,对于此种类型的侵害,隐私权保护模式显然是难以提供合适的救济

---

① 案件字号:(2010)云高民一终字第43号,审理法院:云南省高级人民法院。

的。而一般人格权保护模式则能够将其有效地纳入自身的辐射范围，同时还能够对个人信用信息的实际控制人——本案中的银行科以恰当保存、及时维护的义务，这些都是隐私权保护模式所难以做到的。

（二）一般人格权对于个人信息的保护权能

在"上海市某物业顾问有限公司与王某一般人格权纠纷案"中，[①] 原告王某在某网站上发布了出租某处房产的信息，并公布了自己的手机号码。随后，其持续地接到来自被告物业公司业务员的电话和短信推销，严重干扰了其正常生活。后经了解，被告物业公司为发展业务需要，要求业务员每天必须打满一定数量的推销电话，遂使业务员对王某进行持续的电话骚扰。法院在审理过程中首先指出"一般人格权是公民的一项重要的合法权益，它保护权利人不可侵犯的个人生活领域，在这个范围内，没有权利人的同意，他人不得进行干涉"。显然，法院对于一般人格权的界定着重突出了权利人的自主性，其中自然也包含了权利人自我形成和自我决定的权能。接下来，法院指出"在现代社会，信息技术发达，信息传播速度快、影响力大、覆盖面广，保证个人信息的隐秘、安全和正当合理使用已经成为维护个人生活领域安宁、保持个人良好生活秩序的不可或缺的手段，因此个人信息应当属于一般人格权的重要内涵，属于法律保护的合法权益"。对于本案中被告的行为究竟在何种意义上侵犯了原告的个人信息权益，法院进行了如下的论证：原告将出租信息发布到网上，目的是寻找合适的客户，其中也确实包含了通过房屋中介为其寻找客户的目的。被告业务员在初次与原告进行沟通之时，可以认定为是符合前述目的的。但是在原告明确告知不愿再行联系甚至进行投诉之后，被告业务员仍然频繁地对其进行电话和短信骚扰，则显然已经超出了对于原告个人信息的合理使用范围。从中我们可以看出，虽然由于原告是主动将其个人信息公布在网络上，使该个人信息失去了个人私密的特征而无法在隐私权模式下得到有效的保护，但是在法院看来，对于业已公开的个人信息的"超出合理适用范围"的利用同样会构成对信息主体的权益侵犯，这正是一般人格权保护模式相较于隐私权保护模式的突出优势所在。

[①] 案件字号：(2010) 浦民一 (民) 初字第 22483 号，审理法院：上海市浦东新区人民法院。

(三) 小结

从以上两个典型案例中可以看出，由于一般人格权本身在内涵上的延展性和开放性，使其在面临个人信息保护问题之时可以很容易地推导出个人信息维护权、个人信息使用权等一系列在隐私权保护模式下难以形成的权能，从而展现出其突出的优势。但是我们需要注意到，一般人格权保护模式在个案中的优势并不能够直接转变为在一般意义上的优势。如果我们将视野扩展到一般人格权在司法实践中的一般性适用，就会发现其中存在着颇多混乱和随意的景象。一方面，法院将许多原本可以合理地从其他具体人格权的规范内涵之中推导出来的法益交由一般人格权加以保护，最为典型的例子就是生命权和健康权，这使具体人格权和一般人格权在适用的位阶关系上产生了巨大的混乱；另一方面，法院对于规范依据的选取并没有确定的规律，甚至于相似情形的案件适用完全不同的规范依据，体现出极大的随意性。[①] 更为重要的是，法院在适用一般人格权的过程中综合使用了"拟制"、"衡平"和"准立法"多种法律适用手段，这些手段使原本已经被法律所实证化的权利内涵转而变得更不清晰，干扰了法律权利的逻辑化和体系化，导致法官权力的滥用。[②] 这一系列问题表明，尽管一般人格权保护模式在某些个案中可以为个人信息提供良好的保护效果，但是在现有的司法实践之下，还不能过于乐观的期望其能够在整体上为个人信息的保护提供一个完善的途径。

三 个人信息保护规则的框架思路

在我国现有的民事法律制度架构之下，面对个人信息的制度保护需求，无论是隐私权保护模式还是一般人格权保护模式都面临着一定的问题。当然，随着学理上对于我国民法中隐私权和一般人格权的规范认识不断深入，以及相关司法判决对于裁判规则的不断发展，我们有理由对这两种保护模式在未来发挥更好的保护效果给予合理的期待，这也是"解释

---

① 沈建峰：《论我国司法实践中的一般人格权制度——以司法机关公布的案例为考察重点》，《法律适用》2009年第8期。

② 同上书，第27页。

论"立场的应有之义。但是同时我们必须意识到,隐私权保护模式和一般人格权保护模式中所固有的一些缺陷,例如隐私权在保护范围和具体权能上的受限性,一般人格权在适用上的补充性、举证责任规则的不平衡等问题,很难通过法律解释或者法律续造加以彻底地解决,新的保护规则的创设是有其必要性的。结合个人信息的制度保护需求和隐私权、一般人格权保护模式在实践中所暴露出来的问题,笔者认为相应的保护规则应当遵循如下的框架思路。

(一) 事前防范与事后救济的关系

无论我们是在现阶段讨论如何运用隐私权保护模式和一般人格权保护模式来保护个人信息,还是面向未来设想如何创设一项新型的个人信息权以更好地适应个人信息保护的需求,在法学的抽象视角下我们都是在讨论如何保护一项权利。从逻辑上而言,对于一项权利尤其是民事权利的保护包括以下两个方面:事前的防范和事后的救济。事前防范所关注的是在侵害行为尚未发生之时,通过有效的手段和途径保证权利的各项权能都能够得到无障碍的实现,借助提高侵害成本、形成有效威慑等方式来遏止潜在的权利侵害行为。事后救济所关注的则是在侵害行为已经发生之后,如何通过有效的手段和途径使受到侵害的权利得以恢复原状或者得到相应的补偿。传统上,法学对于权利保护更加关注的是事后救济的一面,法谚有云:"有权利就有救济" (Ubi jus, ibi remedium),其中所体现的正是这一层意思。但是前文的分析结果表明,隐私权保护模式和一般人格权保护模式对于个人信息的保护效果并不尽如人意,其中的一个核心问题就是这两种保护只能够制止侵权人的继续性侵害行为,却无法切实保障信息主体的自主控制性。这一问题所引发的深层次思考是,对于个人信息的保护而言,事后救济所能够发挥的保护效果是否具有较大的局限性?

我们可以暂且跳出个人信息的层面,从一个更为一般性的视角来思考前述的问题。无论是归属于隐私权,还是归属于一般人格权,抑或归属于新型的个人信息权,对于个人信息的保护无疑都属于人格权的问题范畴。对于人格权的保护同样可以在逻辑上区分为事前防范和事后救济两个方面,从而与对物权、债权等财产权的保护形成一个逻辑一致的民事权利保护体系。但是这一体系真的就是那么逻辑一致吗?对于已经受到侵害的人格权,真的可以像损害赔偿之于财产权那样通过事后救济实现真正的保护吗？一个最为典型的例子是具体人格权中的生命权，当主体的生命仍然存续之时，生命权并不存在受到侵害的问题，而一旦生命权受到了侵害，其实也就意味着主体的生命已经终结，"生命"这一人格利益已经烟消云散。从事后救济的角度而言，法律除了规定损害赔偿之外别无他法，而损害赔偿是绝无可能令死者复生的，事实上法律无法提供任何手段来起到起死回生的效果。这也就意味着在生命权的情境之中，所谓的"事后救济"其实并未能真正发挥救济的效果。对于生命权的真正保护，只能够从事前防范的层面进行。

生命权的例子可能较为极端，事后救济全然无法发挥真正意义上的救济效果，要切实地保护生命权唯有仰仗事前防范一端。但是其他类型的具体人格权同样存在着这种现象，对于权利的事后救济所能够提供的保护效果是相当有限的。究其根本原因，是因为人格权所要保护的法益是人的尊严，在康德的哲学体系中人的尊严只能够源于其自在目的性地位，对于人格权的侵害也就意味着对于人的尊严的侵害、对于人的自在目的性地位的侵害，而人的自在目的性一旦受损，就很难再得到真正的恢复。有学者甚至认为，以权利及其救济的思路难以解释人格权保护的问题，换言之，所谓人格权其实并不处于权利体系之中。[①] 本文虽然并不认同这样一种过于极端的立场，但是也分享了其背后的思路，亦即事后救济的思路在解释人格权保护的问题之时会面临很大的困难。

个人信息也面临着类似的情况，其价值基础在于信息主体对自我表现和外部交互的积极控制，这种控制的利益一旦受损，所造成的负面影响是很难得到弥补的。因此对于个人信息的保护同样需要取向于事前的层面。同时个人信息还具有另外一个特点，对它的泄露和侵害动因具有很强的利诱性，因为个人信息中蕴含了相当大的经济和商业价值，而互联网技术的大规模运用所带来的技术风险又在客观上极大地降低了侵害的成本，这些因素综合起来使得个人信息在源头上很容易受到侵害，这种情况显然是不利于信息主体的人格自由发展的。

在笔者看来，这种局面的产生根源于法律规则与技术发展的对接失效。技术尤其是网络技术的发展是日新月异的，而传统法理学认为法律具有保守性，必然与社会现实之间存在着一定的差距。但是在现代这样一个

---

① 朱庆育：《民法总论》，北京大学出版社2013年版，第395页。

信息社会之中，如果法律规则与技术发展之间的脱节过于严重，无疑就会导致法律的社会控制效果逐渐失灵，对于个人而言其权益就越来越难以得到法律的有效保护。扭转这一局面的关键就在于使法律规则与技术发展重新衔接起来，运用法律规则将技术所可能带来的风险规制在前，而非等到风险转变为实际的损害之后再加以救济。

因此，无论是从人格权在权利保护问题上的特殊属性出发，还是从法律规则与技术发展之间的辩证关系出发，笔者都认为对于个人信息的保护应当重点关注事前防范的阶段，注重从源头上对于各种可能产生的风险加以必要的规制，保证网络用户能够切实地享有自主控制的利益。

(二) 立法论与解释论的关系

关于这一对关系范畴，笔者需要说明以下几点：第一，尽管笔者个人支持通过立法的方式对于个人信息提供更为完善的保护，但是本文的分析对于"是否应该通过新的立法来提供更为完善的保护"这一问题持开放态度。也就是说，本章对于保护规则的讨论并非全然无视现有解释方案和教义学规则的"另起炉灶"，恰恰相反，笔者赞同即便是创制法规范的"法律政治"活动，也不可能在没有充分地把握和了解现有法律秩序的情况下得以开展，否则新创制的法规范在概念、逻辑和体系等各个层面都无法与现有的法律秩序相融贯，这会导致在未来的法律解释和适用过程中，新创制的规范由于无法有效地适用和解释而被搁置不用，要避免此种现象发生，就必须在创制法规范的过程中贯穿固有的法律思维，用这种看似古板的方式去表达概念和概念之间的联结。因此，本文对于相应保护规则的讨论会充分考虑到与现有解释方和教义学规则的相协调，尽可能保证其在"解释论"的立场下也能够得到有效适用，只有在现有规则确实无法通过解释或者续造以满足个人信息的制度保护需求的情况下，笔者才会考虑创设与之不同的保护规则。

第二，本文的讨论对于"是否应当创设独立的个人信息权"这一问题同样持开放的立场。如果未来的立法中单独设立了与隐私权相并列的个人信息权，那么围绕着这一新设的具体人格权进行相应的保护规则设计固然是更为方便的；但是即便未来的立法没有设立单独的个人信息权，也并不妨碍我们通过创设单独的保护规则来防范因个人信息被不合法使用而可能产生的抽象危险。因此，本章对于相应保护规则的讨论会充分考虑其

"兼容性",着重关注规则自身所能够发挥的保护效果,而不被权利的"名实之争"所束缚。

第三,个人信息的保护很难限定在某一部门法的领域,在"互联网+"的背景下正需要构筑一个民法、刑法、行政法等部门法综合参与的多元化保护体系,以实现对个人人格尊严更为完备的保护,弥补因科学技术超前发展所带来的不利后果。笔者个人也认为,要彻底解决个人信息保护背后所存在的法律与科技发展之间的矛盾,行政规制相较于民事救济可能会发挥更大的作用。

论民法总则第 85 条营利法人决议撤销的法律适用

何　建[*]

摘要：民法总则在法人制度方面进行了重大创新，将法人分为营利法人、非营利法人与特别法人三大类。公司属于典型的营利法人，民法总则第 85 条和公司法第 22 条同时对公司的决议撤销作了相应规定。两者内容上既存在共同点，也有一些差异。在民商合一的立法体例下，该条文的法律适用将尤其明显地反映出特别法与普通法、新法与旧法之间存在的冲突。因此，选择该条规定作为讨论的切入点，以期调适民法总则与公司法之间的抵牾，明晰商事审判过程中如何适用民法总则，实现新法的最大功用，减少具文现象。

关键词：民法总则；公司法；决议；撤销；法律适用

2017 年 3 月 15 日，民法总则经第十二届全国人民代表大会第五次会议表决通过，并于 2017 年 10 月 1 日起生效实施。民法总则以"提取公因式"的立法技术，规定了民事基本法律制度。在普通法和特别法均作规定的情况下，如何进行法律适用；在特别法或旧法尚未作出修改或回应，新法与旧法并存、普通法与特别法交叉、重叠与竞合的现象必将影响审判实践。因此，如何准确理解与适用民法总则的每一个条文，是摆在裁判者和法律实务者面前的迫切问题。

---

[*] 何建：最高人民法院中国应用法学研究所博士后、法学博士，上海市第一中级人民法院法官。

一　民法总则第 85 条规定的理解

民法总则和公司法分别对营利法人公司的决议撤销之诉做了相应规定。公司法相对于民法总则而言，当属特别法。本文选取公司决议撤销之诉的法律适用问题作为透视焦点，对营利法人的决议撤销之诉问题展开讨论。

（一）法条内容的比较

民法总则第 85 条规定："营利法人的权力机构、执行机构作出决议的会议召集程序、表决方式违反法律、行政法规、法人章程，或者决议内容违反法人章程的，营利法人的出资人可以请求人民法院撤销该决议，但是营利法人依据该决议与善意相对人形成的民事法律关系不受影响。"

公司法第 22 条规定："公司股东会或者股东大会、董事会的决议内容违反法律、行政法规的无效。股东会或者股东大会、董事会的会议召集程序、表决方式违反法律、行政法规或者公司章程，或者决议内容违反公司章程的，股东可以自决议作出之日起六十日内，请求人民法院撤销。股东依照前款规定提起诉讼的，人民法院可以应公司的请求，要求股东提供相应担保。公司根据股东会或者股东大会、董事会决议已办理变更登记的，人民法院宣告该决议无效或者撤销该决议后，公司应当向公司登记机关申请撤销变更登记。"

通过比较可以发现：民法总则仅规定了营利法人的决议撤销之诉，并无确认决议无效的规定；公司法规定了股东请求法院撤销决议的期间限制和担保要求，而民法总则对此存在留白；民法总则以但书的方式，规定决议撤销之后，营利法人依据该决议与善意相对人形成的民事法律关系不受影响，而公司法仅明确决议无效或撤销之后，根据决议已办理变更登记的，公司应当向公司登记机关申请撤销变更登记；民法总则和公司法在决议撤销之后的溯及力问题上存在共识，但对于系争决议做出后受让出资的股东可否提起决议撤销之诉，民法总则和公司法均未回应。

股东会等出资人会是营利法人的权力机构，董事会是营利法人常设的执行机构，即经营决策机关。股东会等出资人会和董事会通过召开会议，形成决议行使权力。上述决议一旦依法作出并生效，则变为法人的意志，对法人及股东或出资人具有约束力。因此，股东会等出资人会及董事会决议对出资人关系重大，有关决议有瑕疵的，可能损害出资人的合法权益，出资人有权对其提起撤销之诉。根据民法总则第 85 条之规定，股东会、股东大会和董事会决议的瑕疵分为内容瑕疵和程序瑕疵；内容瑕疵分为违反法律、法规的瑕疵和违反章程的瑕疵；程序瑕疵主要指召集程序、表决方式违反法律、行政法规及违反章程的瑕疵。由于法人权力机构和执行机构的决议能否顺利执行，直接影响法人行为的效率，而决议是否公平、合法也是涉及出资人权益的重要问题，法律规定对三者均要兼备。本条分不同情况，考虑到决议内容的瑕疵和程序瑕疵在法律后果上轻重有别，违反法律及违反章程的瑕疵从性质及后果上也不相同，本着兼顾公平和效率的原则分别做了规定。营利法人的股东会等出资人会、董事会的决议在会议召集程序和表决方式上违反本法及其他有关法律、行政法规的，任何出资人可以提起撤销之诉。上述决议无论是在内容还是在程序上有违反章程的瑕疵的，出资人只能提起撤销之诉。出资人在提起这一诉讼时，其应当持有法人的出资，即具有原告的主体资格。决议被人民法院撤销的，自撤销之日起失去效力。

决议撤销之诉与一般民事诉讼相比，并无特别之处，应当按照民事诉讼法关于原告就被告的原则，由公司的主要办事机构所在地人民法院管辖；无法确认公司的主要办事机构所在地的，可由公司的注册登记地人民法院管辖。决议撤销之诉在性质上属于形成之诉，相比确认之诉，形成之诉的主要特点在于当事人对于现存的法律关系作为事实的存在并无争议，只是意欲通过该诉讼消灭或者变更该法律关系的内容。因此在生效裁判做出之前，该法律关系应属有效。

（二）决议系法人的意思形成

决议应当为公司内部形成的意思，在未经公司代表机关将其内容对外做出表示时，不产生法律效果意思。拉伦茨认为："决议是作为对外统一行动的集体的董事会所形成的意思，这种意思只对社团内部有意义，对第三人没有直接的效力。要把这种意思付诸实施，董事会必须代表社团就这种意思做出相应的表示。"[①] 韩国商法学者李哲松认为，股东每个人的意

---

① [德]卡尔·拉伦茨：《德国民法通论》，王晓晔、邵建东等译，法律出版社 2013 年版，第 214 页。

思决定只限于在股东大会上的表决权的行使，决议本身没有执行力，其内容是通过董事会或代表董事的业务执行来实现。① 我国台湾地区学者黄立认为，决议是创造了组织的代表人对外意思表示的基础。② 决议是社团内部意思的形成，需要公司业务执行机关加以落实，已成为各国学者的共识。出于保护善意第三人和维护交易安全的考虑，在公司内部意思形成过程存在瑕疵的情况下，只要对外的表示行为不存在无效的情形，公司就应受其表示行为的制约。③ 换言之，决议如被撤销，根据决议对外与善意相对人形成的民事法律关系应遵循公平原则，合理确定各方的权利和义务，既尊重营利法人的意思，又顾及交易安全，保护善意第三人利益。

二 与公司法规定之间的调适

公司法定代表人在决议被撤销之前，已按照该决议实施行为，此行为的法律效力是否也随决议的撤销而必然溯及无效？对此，公司法裁判实践给出了答案。

（一）民法总则第 85 条对公司法裁判实践的吸收

一般而言，公司事务的实施，区分为两个阶段，即意思形成阶段和意思表示阶段。其中，意思形成是通过某种特定机制或程序形成对公司相关事务的管理意思，此种意思尚停留在公司内部阶段，未对相对人宣告；而意思表示阶段是通过某种特定机制或程序，将已经形成的公司意思对外表达出来，使相对人知晓。④ 决议为公司机关产生的内部意思，属于公司意思表示之意思形成阶段，意思表示之表达须有公司代表机关以公司名义将此向外部表示的行为。⑤ 对此，最高人民法院认为，"在民商事法律关系

---

① ［韩］李哲松：《韩国公司法》，吴日焕译，中国政法大学出版社 1999 年版，第 351—352 页。
② 黄立：《民法总则》，中国政法大学出版社 2002 年版，第 198 页。
③ 参见最高人民法院（2010）民提字第 48 号民事判决书，载《最高人民法院公报》2011 年第 3 期。
④ 参见蒋大兴《公司法的观念与解释 II：裁判思维 & 解释伦理》，法律出版社 2009 年版，第 166 页。
⑤ 何建：《公司意思表示研究》，博士学位论文，复旦大学，2014 年。

中，公司作为行为主体实施法律行为的过程可以划分为两个层次，一是公司内部的意思形成阶段，通常表现为股东会或董事会决议；二是公司对外作出意思表示的阶段，通常表现为公司对外签订的合同。出于保护善意第三人和维护交易安全的考虑，在公司内部意思形成过程存在瑕疵的情况下，只要对外的表示行为不存在无效的情形，公司就应受其表示行为的制约"[1]。在另一起案件中，最高人民法院则认为，"公司内部决议程序，不得约束第三人，公司法定代表人违反公司章程的规定对外提供担保应认定为有效。对于公司法定代表人越权对外提供担保的情形，公司对外仍应对善意第三人承担民事责任"[2]。纵观民法总则第85条的立法规定，对营利法人决议的溯及力问题上，既吸收了当前的司法裁判实践，亦在某种程度上寻求与域外理论和立法规定相接轨。然而，遗憾的是，我国民法总则第85条或公司法第22条所作的规定，既未对公司内部决议的内容是否涉及后续性决议行为进行区分，亦未对外部行为涉及的"善意"或"相对人"概念给出界定，此将给决议撤销之诉的法律适用造成混沌。

（二）域外视点的分析和启示

日本大多数观点认为决议撤销后具有溯及力，但也有学者认为，决议撤销后不应当具有溯及效力。如在公司盈余分配决议中，决议撤销如果自判决生效时起只对未来发生，无法请求返还，撤销就失去意义；而在董事选任决议撤销判决中，如果认可具有溯及力，势必影响交易安全和法律关系的稳定，只能认可自判决生效时起。不管是从解释论，还是立法论，都不应承认决议撤销的溯及力。[3] 在韩国，根据决议机关和内容进行区分，是否溯及公司法定代表人的行为，从而决定是否保护善意第三人。如果是必须由股东大会决议的事项，缺少决议或决议有缺陷而无效、取消时，被认为等同于股份公司本身欠缺意思，从而绝对无效。韩国的学者认为，法律的规定视为强行规定，而且可以视为第三人事前已经预计过，毕竟法律

---

[1] 《绵阳市红日实业有限公司、蒋洋诉绵阳高新区科创实业有限公司股东会决议效力及增资纠纷案》，《最高人民法院公报》2011年第3期。

[2] 《中建材集团进出口公司诉北京大地恒通经贸有限公司、北京天元盛唐投资有限公司、天宝盛世科技发展（北京）有限公司、江苏银大科技有限公司、四川宜宾俄欧工程发展有限公司进出口代理合同纠纷案》，《最高人民法院公报》2011年第2期。

[3] 参见［日］前田庸《公司法入门》，王作全译，北京大学出版社2012年版，第305页。

规定为股东大会决议的事项，对公司利益非常重要，比起保护第三人，保护公司的利益更为恰当。[①] 日本商法学者铃木竹雄教授也认为，对于股东大会决议的事项，第三人应当知道其在法律上的必要性，代表董事未经股东大会决议而实施的行为无效。[②] 如未经过股东大会决议进行营业转让，该转让当然无效，股东会决议瑕疵具有溯及既往的效力和较强的对世性。[③] 在韩国商法中，通过对部分后续性法律关系限制溯及力的方式，解决对以决议为有效前提而设立的法律关系所造成的影响。[④] 对于董事会决议，从交易安全角度考虑，视决议内容而定，如是内部行为，则溯及既往应属无效；若是对外交易行为，则保护善意相对人。[⑤] 也有观点认为，决议撤销后效力溯及既往，并及于有利害关系的第三人。[⑥] 韩国商法规定依有瑕疵的董事会决议召集的股东会做出的决议或新股发行的决议，决议瑕疵被吸收在后续行为中，可以后续决议作为争议内容进行主张。[⑦] 依此理解，在韩国公司法上，公司法定代表人依瑕疵决议而召集的股东会决议行为应当属于无效。相比较而言，韩国商法典上的规定和处理方式值得借鉴，既考虑做出瑕疵决议的主体，又细化瑕疵决议的内容，且对公司意思进行内外区分。德国的主流观点认为，股东会决议因瑕疵而无效会产生溯及所有人的效力，决议无效是自始就没有法律效力，这却与董事会所拥有的代表权存在冲突。因此，有学者认为，有关决议在对外关系方面已经发生了作用，必要时应根据法律表象规则给予第三者相应的救济。[⑧] 实际上，在德国，也已经认识到一刀切产生的严重问题，主张应当根据决议内容和事项确定溯及力，不能一概而论。

综上所述，决议在未被宣告撤销或无效前，首先，要从维护交易安

[①] ［韩］郑灿亨：《韩国公司法》，崔文玉译，上海大学出版社2011年版，第310页。
[②] 参见周继红《日本公司法中的公司法人代表制度》，《青海民族学院学报》（社会科学版）1999年第2期。
[③] ［韩］李哲松：《韩国公司法》，吴日焕译，中国政法大学出版社1999年版，第349页。
[④] 同上书，第430页。
[⑤] 同上书，第456页。
[⑥] 梁宇贤：《商事法要论》，台北三民书局2013年版，第136页。
[⑦] ［韩］李哲松：《韩国公司法》，吴日焕译，中国政法大学出版社1999年版，第456页。
[⑧] ［德］托马斯·莱塞尔、吕迪格·法伊尔：《德国资合公司法》，高旭军等译，法律出版社2005年版，第279—281页。

全、尊重公司法定代表人的代表权和保护善意第三人利益角度出发，公司法定代表人据此而对外表示的行为应当有效。其次，要视决议的内容而定。如果公司法定代表人做出意思表示所依据的决议内容仅涉及公司内部事项，比如董事报酬、公司盈余分配等决定，或涉及决议后续性决议行为，不影响外部第三人的利益，且只有否定决议的效力才能达到撤销决议时，决议的撤销当然溯及行为的效力。最后，要视决议是否构成公司法定代表人所做意思表示的有效要件。即公司法定代表人的行为如取决于决议的成立或生效为要件，且公司法定代表人的行为与相对人利益攸关，比如合并、资产重组等行为，为了维护交易安全，根据公司代表权的限制不得对抗善意第三人之法理，应保护相对人。[①] 不管是当前的民法总则，还是公司法，对于公司决议撤销的规定，仅进行了部分的内外关系区分及赋予决议有限的溯及力。

三　司法的回应与适用

公司对法定代表人代表权所加之限制不得对抗善意第三人，一般而言，更不应以决议的效力瑕疵而影响公司对外行为的效力。要区分决议存在瑕疵的原因及瑕疵产生的后果来决定是否影响公司对外所建立的法律关系和溯及的时间。

1. 新法优于旧法，特别法优于普通法。立法法第92条规定："同一机关制定的法律、行政法规、地方性法规、自治条例和单行条例、规章，特别规定与一般规定不一致的，适用特别规定；新的规定与旧的规定不一致的，适用新的规定。"这确立了我国司法实践中法律适用的一项基本规则即"新法优于旧法"的规则。但在司法实践中仍然存在一些问题需要进一步梳理。立法法第94条规定："法律之间对同一事项的新的一般规定与旧的特别规定不一致，不能确定如何适用时，由全国人民代表大会常务委员会裁决。"民法总则第11条规定，"其他法律对民事关系有特别规定的，依照其规定"。因此，公司法仍有适用余地。

2. 保留公司法除斥期间的规定。应当说，在决议未被撤销前，公司法定代表人享有独立存在的代表权，而随时撤销会影响交易安全和当事人

---

① 参见柯芳枝《公司法论》，中国政法大学出版社2003年版，第236—237页。

权益，不安定的状态不宜长期存续，公司法正基于此对决议撤销权的行使规定了除斥期间。从代表权的限制不得对抗善意第三人角度言，"举重以明轻"，不宜一概否定公司法定代表人做出的意思表示效力，决议撤销的效力仅溯及撤销之日起，以维护公司法定代表人对外发生的法律关系的稳定性。

3. 提起决议撤销之诉的原告应具有适格性。虽然民法总则第85条未规定除斥期间，但公司法对于决议撤销之诉有60日的期间要求。公司作出决议和股东请求人民法院撤销，存在两个时间段。如原告在起诉时不具有股东资格，则不存在诉的利益，因此，原告的主体必须适格。对于隐名股东、实际出资人等，无权提起决议撤销之诉。股东受让股份而取得股东资格者，不影响撤销权的行使，法律上并无限制。唯一的例外规定是，决议后因发行新股而原始取得股东资格的人，一般不享有撤销权，但如果瑕疵决议影响其利益的，应赋予其撤销权。① 最高人民法院《关于适用〈中华人民共和国公司法〉若干问题的规定（三）》规定了股东除名制度，股东除名的决议在未被撤销前，属于有效，由于被除名股东与公司存在利害关系，其享有诉的利益，理应有权提起决议撤销之诉。

---

① 钱玉林：《公司法实施问题研究》，法律出版社2014年版，第128页。

我国股权众筹的监管机制及其对策探讨

朱绵茂[*]

摘要： 多年来我国中小型企业尤其是初创型企业融资困难是中国目前存在的一大问题，随着互联网的发展和互联网应用的推广，互联网金融在解决中小型企业融资困难、弥补传统融资体系不足方面起到重要作用。股权众筹融资作为新兴互联网金融领域的一种众筹融资模式，是互联网与金融相结合的产物。在我国，还缺乏对股权众筹的法律监管。股权众筹市场秩序混乱。本文重点研究我国股权众筹的法律监管机制，借鉴股权众筹融资法律监管体系较为发达国家的立法经验和法律监管经验，对于构建我国股权众筹融资法律监管体系，提高完善股权众筹融资法律监管水平，促进我国股权众筹融资全面健康发展。

关键词： 股权众筹；法律风险；法律监管；JOBS 法案

近年来，我国社会经济不断发展，社会融资总量不断上升，但由于银行等金融机构的借贷门槛较高、手续复杂，基本面向大型企业，中小型企业的融资问题并没有得到缓解。中小企业尤其是初创型企业融资困难是目前存在的一大问题，而这就迫切需要一种新的融资方式的出现。伴随着互联网金融的发展，股权众筹应运而生。股权众筹作为一种新兴的、独立于正规金融体系之外的投融资方式，从出现开始就显现出强大的发展潜力。它以社交网络和信息平台为基础，对接投资方与筹资方，完成各自的需求

---

[*] 朱绵茂：海南政法职业学院副校长、教授、法学博士后。本文是作者主持的 2016 年国家社会科学基金项目（批准号 16BFX130）《互联网金融市场准入和风险法律监管研究》的阶段性成果。

匹配。到目前为止，我国已经发展出"美微"、"贷帮网"、"京东众筹"等一大批众筹平台，已为中小型企业融了巨额资金，形成了我国中小企业初具规模的新型融资模式，同时推动了小微经济，促进了普惠金融的发展，丰富了我国的融资体系。2013年被称为中国的互联网金融元年，2014年互联网金融继续火热不减。如果说2013年是P2P网贷独领风骚的话，2014年则是众筹异军突起，成为互联网金融在中国的主升浪。世界银行预测到2025年全球众筹年均市场规模将达到960亿美元，其中中国市场500亿美元。但是在其快速发展的过程中，最突出的问题是没有明确股权众筹在我国的法律地位，缺乏相应的法律监管。中小型企业在运用股权众筹平台融资的时候存在不容忽视的各种风险。因此，为了更好地促进大众的股权筹资，降低股权众筹的风险，特别是涉众风险，关键是要建立一个透明的、公平与合规的市场环境，建立和健全好股权众筹的法律监管机制和制定良好的监管法律。

一 由我国首例股权众筹审判案件

众筹（Crowdfunding）起源于众包（Crowdsourcing），是指企业在生产或销售产品时，通过网络公开的方式，将某一任务外包给众人，利用集体智慧共同完成某项工作。2006年，迈克尔·萨利文在网络平台fundavlog上通过视频为一项目融资，并获得人们的关注，众筹的概念和模式自此传播开来。2009年4月，Kickstarter在美国正式上线，这是一家以众筹为运作模式的专门网站，网站刚建立不久，就为平台上的多个创意项目成功募得资金，作为一种新兴融资模式，众筹开始受到公众的广泛关注。2010年2月，《麦克米伦词典》将Crowdfunding定义为："使用网页或者其他在线工具获得一群人对某个特定项目的支持。"2011年11月，《牛津词典》将Crowdfunding收录其中，指"通过互联网向众人筹集小额资金为某个项目或企业融资"。[1]它由发起人、跟投人、平台构成，具有低门槛、多样性、依靠大众力量、注重创意的特征，是指一种向群众募资，以支持发起的个人或组织的行为。而股权众筹作为众筹融资模式中的

---

[1] 黄健青、辛乔利：《众筹——新型网络融资模式的概念、特点和启示》，《国际金融》2013年第9期。

一种，是指项目发起人将自己的项目情况、融资需求及出让股份公布在众筹网站平台，由注册的投资人认购股份支持创业项目或企业的发展，投资者按出资额比例持有企业的股份，待项目结束后分享项目收益或承担项目亏损。股权众筹一般用于创业团队或中小企业用于筹建项目或企业运营资金，是互联网发展到一定时期，与融资相结合以适应社会需求的产物。股权众筹因以一定份额的股权为回报，投资者可以从中获取资金回报，这种具有较明显盈利的性质能够吸引大量的投资者。股权众筹融资是新兴互联网金融融资模式，整个融资的流程包括信息发布、项目审核、投融资方信息交流与沟通、交易执行和信息反馈等。这些环节都通过互联网在股权众筹平台上完成，投资者不必像认购股票一样，需要到证券公司开立资金和证券账户；也不必花费大量时间去搜寻投资机会，与传统融资模式的征信、审核流程都有巨大的差别。通过互联网中介平台完成整个商业模式流程，是股权众筹融资的一个最基本特点。

借助股权众筹的企业一般是初创型企业，这些企业在抵抗市场风险和行业风险的能力方面表现较为薄弱，投资风险巨大，可能存在研发失败、产品缺乏市场性等原因，继而难以维持企业的正常运转，使股权价值下跌，投资者难以通过股权的交易弥补损失。但是，也不缺乏企业产品具有较大的市场，使股权需求旺盛，股权价值飙升，为投资者产生数倍与投资额的收益。

股权众筹融资具有自身独特性。股权众筹融资模式具有更多的证券发行属性，与其他众筹融资模式最大的区别在于股权众筹融资创新的权力模式结构：筹资者拥有对比其他融资方式更强的融资能力和选择机会。[1] 股权众筹融资平台通过互联网平台发布信息、提高投资和融资需求的对接并且协助资金进行转移。[2]

2015年8月20日，北京海淀法院审理了全国首例股权众筹案，融资方北京诺米多公司因开店需要，通过北京飞度公司运营的"人人投"众筹平台进行融资，最终融资失败，双方对簿公堂，因该案涉及股权众筹平台交易是否合法合规等热点、焦点问题，所以备受社会、行业以及投资人的广泛关注。成为全国股权众筹第一案。

---

[1] 柏亮主编：《众筹服务行业白皮书（2014）》，中国经济出版社2014年版，第26页。
[2] 参阅《私募股权众筹融资管理办法（试行）（征求意见稿）》，http://www.pkulaw.cn/。

原告系经营"人人投"股权众筹平台（国内股权众筹行业市场交易量排名第一）的公司主体，被告委托原告融资88万元，以经营一家餐馆。融资成功后，原告认为被告提供的主要交易信息即房屋权属存在权利瑕疵，信息披露不实，故依约解除了合同，并诉请法院判令：（1）被告支付原告委托融资费44000元；（2）被告支付原告违约金44000元；（3）被告支付原告经济损失19712.5元；三项合计107712.5元。2015年9月15日，海淀法院对该案进行宣判。法院认为本案投资人均为经过"人人投"众筹平台实名认证的会员，且人数未超过200人上限，案件所涉众筹融资交易不属于"公开发行证券"，该交易未违反《证券法》的有关规定。北京飞度公司在取得营业执照、电信与信息服务业务经营许可证等手续的情况下开展业务，目前并无法律法规上的障碍。故法院认定《委托融资服务协议》有效，判决被告方北京诺米多餐饮管理有限责任公司需支付给原告委托融资费用2.52万元、违约金1.5万元，飞度公司返还诺米多餐饮出资款16.72万元。2015年12月23日，北京市第一中级人民法院二审维持一审判决。

目前，我国还未对股权众筹出台专门的法律法规，对于刚刚发展起来的股权众筹，大多数人还是抱着怀疑的态度。通过股权众筹第一案，我们不难发现法院在审理此案中还是比较保守的，而这种保守的审判方式则可能留给股权众筹行业更大的发展空间。虽然最后"人人投"胜诉，但判决后法院也告诫"人人投"平台，应认真审视自身交易模式的设定，进一步自查规范经营行为，避免问题的发生。海淀法院的殷法官分析，目前在互联网金融、股权众筹平台领域内存在以下风险：假借互联网金融平台实施非法集资以及其他传统刑事犯罪的风险；股权众筹等交易模式违法违规的风险；股权众筹平台恶意违约、"跑路"而导致消费者权益受损的风险；具体交易中融资方恶意违约的风险等。而从案件审理及相关信息来看，众筹融资领域的风险实际上没有P2P网贷领域的风险多。因此投资人应该客观衡量自身抗风险能力，考察网络融资平台时，注重其资质、信誉和实力，在交易中注意保留证据。[①]

---

① 参阅《"人人投"赢了股权众筹第一案 法官：投资人应注意风险》，人民网（2016年8月26日 http://www.takefoto.cn）。

二 我国股权众筹存在的法律风险

股权众筹作为一种新兴事物，必定存在法律的滞后性、存在一定的矛盾冲突。因此，对股权众筹的三个主体逐个分析，从而使三者在合法的范围内运营、融投资者利益最大化。

(一) 投资者的风险

股权众筹作为一种新兴的投资方式，其发展速度超出时代的监管。股权众筹融资模式下的投资者与一般意义上的投资者有所不同。股权众筹融资模式下，投资者往往经济实力较弱，属于典型草根投资者，缺乏大型投资机构或有专业投资知识投资者的职业分析能力，获取投资信息能力较弱，风险承受能力极差，投资更具有盲目性和非理性。所以，对于股权众筹融资模式下的投资者保护更加困难，加大了法律监管难度。对于股权众筹融资模式投资者的保护，需要从投资者范围界定和数额限定方面进行合理的限制。[①]

股权众筹投资者所面临的最大风险有以下三点：

(1) 股权众筹中投资者具有被欺诈骗的风险，由于股权众筹存在法律的盲区，投资者在众筹中担任出资方与利益分红牵扯方，可能陷入股权众筹所引发的非法集资活动，而非法集资活动与股权众筹有着本质上的区别，然而大多数人并不能明确地区分股权众筹与非法集资的区别。

(2) 投资者股权收益具有不确定性。众所周知，投资者的收益来自股权分红，而股权的变动跟随着市场的变动具有很强的不确定性。大部分资料显示，目前市场上众筹创业风险巨大，多数资金无法追回，十有八九打了水漂，成功比例较低。

(3) 投资者所面临的民事法律风险。在股权众筹中，大多数众筹企业不是给予投资者股权分红，而是直接给予股权。这样就代表着在投资中，如果众筹机构发生内部问题，作为持有股权的投资人也有不可推卸的责任，而在实际情况中，投资者大多是普通老百姓，不具备专业的眼光和对市场的正确分析，使得投资者对投资企业的状况、内部信息等无从考

---

① 冯雅奇：《股权众筹融资监管研究》，硕士学位论文，华东政法大学，2015年。

证，可能产生民事上的纠纷。

(二) 融资者的风险

融资者在众筹中属于利益制造与分配者，在融资的过程中，由于股权众筹监管机制的不完善容易出现下面三点风险：

(1) 融资者对投资者作出承诺收益后，由于市场风险的存在与运营资金不当导致分红利益未达到预期目标而与投资人产生的利益纠纷，大多数案例中这种利益纠纷往往得不到很好的解决，从而引发其他经济事故与法律责任。

(2) 由于股权众筹面向广大的社会投资者，筹资产品的质量、市场接受程度具体不确定性，股权众筹行为中面临突发性问题的可能性很大，存在融资不到位的风险。融资者可能在股权众筹平台上发布融资信息，而由于发布的信息不够完善，造成广大投资者不能明确投资项目，导致资金难以募集到预计资金数额。

(3) 在股权直接融资的多层次资本市场中，公开上市的直接融资方式，大规模融资和股票上市的有深圳证券交易所和上海证券交易所，规模逐步减小与层次逐步降低的有深圳证券交易所的中小企业板及创业板；非公开上市的直接融资方式中，有"新三板"。股权众筹比"新三板"的层次更低，属于企业发展阶段更早期的融资，正如一些股权众筹平台所强调的那样，是创业投资中的"天使投资"。[①] 而股权众筹可以是"公募"也可以是"私募"，如果是"公募"则需要证监会的监管，但在证监会的监管之下，必定会有复杂的程序要走，融资者的门槛就上升了。一般来说，股权众筹的发起人主要是初创企业或中小企业，难以满足《首次公开发行股票并上市管理办法》中，"公开发行股票的发人必须是股份有限公司，有限责任公司和合伙企业不能通过发行证券的方式募集资金"的规定。

(三) 股权众筹平台的风险

股权众筹融资平台的收益来自于线上融资项目的成功，在逐利性的促

---

① 钟娟娟：《我国股权众筹监管法律制度研究》，硕士学位论文，重庆大学法学院，2015年。

使下,平台存在着降低推出股权众筹项目的门槛,让更多筹资者上线进行融资尝试。股权众筹融资平台首先是信息中介。但是目前没有法律监管规则对其信息掌握、披露和核实程度进行规定。在信息原本就不对称的前提下,股权众筹融资平台出于自身利益考虑,可能利用信息中介的有利条件,在投资者和筹资者之间制造更大的不对称,这使股权众筹融资平台先天具有潜在的道德和法律风险。

(1) 众筹平台不能明确发起人即融资人的真实信息,很有可能被利用构成非法集资以及诈骗等犯罪活动。在我国现行法律制度框架内,违反《证券法》、《公司法》等法律法规的规定进行非法集资的法律后果,往往是构成非法吸收公众存款罪或擅自发行股票罪。[1] 非法吸收存款罪要满足"未经批准"、"公开宣传"、"承诺回报"、"社会公众"这四个要点。而股权众筹融资者在其平台上公布募集信息,未经证监会批准,符合第一、二、四这几点,存在非法集资的嫌疑。而现实中,确有融资人做出过承诺,如"大伙投"平台上的"蓝鼎新三板挂牌前增资"项目承诺,两年锁定期内,投资者享受最低年化6%的股息分红,这已触及非法吸收公众存款的红线。

(2) 众筹平台内部人员利用平台发布虚假信息,向投资人作出虚假承诺以及不能做到公平公正地让投资者理性投资、融资者谨慎发布融资信息,确认融资的真实性与合法性,防止出现融资手续不合法、程序不规范的现象。股权众筹平台的工作者必须严格要求自己,遵守职业道德和相关法律规定。

(3) 存在泄露投资者隐私与融资人商业秘密的风险。股权众筹平台具有保护客户隐私的责任与义务,相关法律法规也规定互联网平台对其用户信息负有保密义务,但是网络信息安全问题已成为互联网时代的一大难题。《私募股权众筹管理办法(试行)(征求意见稿)》规定了投资者投资前需要进行实名认证,并且平台必须对投资者的信息真实性、资产状况以及承受风险的能力进行审核并且存档。如"天使汇"、"人人投"、"大家投"等股权众筹平台,投资者在投资项目时必须进行实名认证,上传个人身份证明、工作单位等个人信息,"天使汇"、"大家投"等需要对投资者进行合格投资者认证的平台,要求投资者上传证明其收入或资产的相

---

[1] 刘宪权:《互联网金融股权众筹刑法规制论》,《法商研究》2015年第6期。

关信息。大数据时代许多企业或组织基于数据巨大价值的驱动,无限制地收集、使用和发布个人信息,或者是与其他方共享用户信息。[1]故网站信息泄露事件时有发生,如 2014 年 3 月,携程网就被爆出存在安全漏洞,支付过程中的调试信息可被任意黑客读取,大量用户的姓名、身份证、银行卡号等信息泄露。[2]若股权众筹平台保密措施不周全或者技术不到位,投资者与融资人的信息数据等隐私存在被非法窃取、篡改或者泄露的风险,融资人的公司信息或项目信息泄露可能导致项目创意这一商业秘密被窃取,由此引发著作权、发明专利、商业秘密等争议。[3]因此如何保护投资者的隐私或融资人的商业秘密成为股权众筹平台面临的险峻法律问题,必须予以克服。

三 主要国家对股权众筹的法律监管

(一) 美国乔布斯法案

股权众筹作为新兴的融资模式,受到了全世界许多国家的关注。每个国家在面对股权众筹的方式方法上必定会有不同。当今世界当属美国的股权众筹的监管法律规定最为完备,框架且较合理。因此,本文重点对美国的股权众筹法律予以分析。

2012 年 4 月 5 日,美国总统奥巴马签署了《JOBS 法案》,标志着法案正式生效。《JOBS 法案》通过修订 1933 年《证券法》和 1934 年《证券交易法》,消除了部分条款中的不利因素,使股权众筹在美国得以合法立足。可以说,《JOBS 法案》的颁布实施给美国资本市场带来了巨大变化:一是允许初创企业和中小企业未经 SEC (Securities and Exchange Commission, 美国证券交易委员会) 注册公开发行证券,向社会公众筹集资金;二是允许公众投资者投资中小企业,打破只有高净值的合格投资者

---

[1] 刘雅辉、张铁赢、靳小龙、程学旗:《大数据时代的个人隐私保护》,《计算机研究与发展》2015 年第 1 期。

[2] 《携程被爆漏洞可泄露支付信息》,2016 年 9 月 7 日 http://finance.ifeng.com/a/20140323/11957542_0.shtml。

[3] 宋柯均、吕笑微:《国内股权众筹网站发展探析》,《金融法苑》2014 年第 8 期。

才能投资中小企业的传统。

《乔布斯法案》对发行机构、中介机构和投资者都进行了合理的规定，以规范三者在市场中的行为。

1. 对发行主体。法案规定能够开展股权众筹的企业必须是新兴成长企业（EGC），且在 2011 年 12 月 8 日之前未发行证券，排除了大型企业和上市公司，确立了对众筹融资的发行豁免条件：发行人每年最高合计的众筹融资不超过 100 万美元，豁免 EGC 向 SEC 提交财务报告的义务，且 EGC 在向 SEC 申请公开发行证券时，不必提交 2 年以上的财务报告，也不必遵守 2002 年《萨班斯—奥克斯利法案》（Sarbanes-Oxley Act）新的或修改后的财务会计标准。这些规定，大大降低了 EGC 的发行要求和成本。同时，《JOBS 法案》还放宽了对 EGC 的证券发行、公开劝诱、年度报告及财务要求，且 EGC 发行人无须遵守证券法规定的公开发行证券的"静默期"（1933 年《证券法》规定，自发行人向 SEC 递交正式发行证券的申请至 SEC 认定发行人提交的注册文件合法期间，发行人只能向公众公开少量的信息）的规定，允许 EGC 向公众公开说明正在进行的事项，说明筹资的原因和目的。有关取消"静默期"的规定，充分考虑了互联网和股权众筹面向公众的公开性特点。[①] 《乔布斯法案》在降低发行主体的同时也规定了发行主体必须履行的义务。

2. 对中介机构。根据《乔布斯法案》规定，股权众筹的中介机构要么是已经注册的经纪人，要么是集资门户。中介作为股权众筹运作过程的核心机构，《乔布斯法案》规定中介机构负有九条必须履行的义务：

（1）必须注册或登记成为至少一家自律机构的会员；

（2）必须披露有关发行人和门户网站的信息，以防证券欺诈；

（3）必须披露 EGC 的证券投资风险及其他投资者教育资料；

（4）确保投资者知晓其投资小公司的风险性及买入证券的非流动性，向投资者充分揭示风险；

（5）负有投资者教育义务，确保每个投资者已阅读并充分理解投资小公司的风险，并确认投资者已知晓投资面临所投资金的全部损失；

（6）必须在 EGC 发行证券后的 21 天内，向 SEC 和潜在投资者披露有关发行人提供的所有信息；

[①] 钟娟娟：《我国股权众筹监管法律制度研究》，硕士学位论文，重庆大学，2015 年。

(7) 必须保护网站用户的隐私；

(8) 不得为自己公司融资；

(9) 确保投资者在限投范围内投资，即投资者在 12 个月内的总投资额不得超过法案规定的允许限额。

3. 对投资者。《JOBS 法案》根据投资者的收入和净资产值，有差别地限定最高投资数额：如果年收入或净资产不足 10 万美元，最多能投 2000 美元或者年收入或净资产的 5%，即不超过 5000 美元；如果年收入或净资产高于 10 万美元，最多只能投 1 万美元。根据法案规定，不管投资者的年收入或净资产多高，投资总额最多不超过 1 万美元，而且必须通过经纪人或资金门户进行众筹融资。

（二）日本对股权众筹的法律监管

日本股权众筹又可细分为基金型众筹和股票型众筹。从市场规模来看，日本众筹市场自 2011 年开始发展，距今发展时间较短。矢野经济研究所的调查显示，2012 年的众筹投资总额仅为 69 亿日元。而 2014 年日本国内众筹市场投资总额增长至 197 亿日元，其中 156 亿日元为"借贷型"众筹，占总额的八成左右。2013 年 10 月，日本证券业协会提出《非上市证券的交易制度相关的工作报告》，提出了股票型众筹的相关设想。同年 12 月 25 日，政府在金融厅主导的金融审议会上公布了《有关新兴成长企业风险资金供给方法等工作报告》（简称"WG 报告"），提出发展投资型众筹的必要性和立法修订建议。报告中指出，众筹是"新兴成长企业通过网络与资金提供者链接，从多数资金提供者处分别获得小额资金的模式"，众筹可分为赠与型、预购型和投资型等。其中投资型众筹为《金融商品交易法》的适用对象。发展投资型众筹，要考虑新兴企业的融资便利和投资者保护之间的平衡，既要促进资金供给便利，尽可能减少发行人负担，建设方便融资中企业者入市的制度规则，又要从保护投资者的角度出发，防止欺诈行为，确保整个证券市场的信用。

2014 年 3 月 14 日，为了进一步提高日本金融资本市场的综合实力，促进金融领域的发展，在参考国外的立法经验与实务操作经验的基础上，金融审议会起草的《金融商品交易法等部分修改法案》被正式提交国会，该法案可以说是 WG 报告所提出的制度改革的具体化体现。金商法的修订以促进基金型和股票型众筹发展的制度设计为目标，以方便中介者入市、减少发行人负担、防止欺诈行为发生为核心进行了规则变化。法案中提出为促进投资型众筹发展，对发行总额不足 1 亿日元，且针对该募集的投资者每人出资 50 万日元以下的小额电子募集业务的金融商品交易业者的准入资格相对放宽。另外对于通过网络的资金募集行为很可能被恶意欺诈者利用的这种情况进行了特别强调，增加了加强投资者保护、增强市场信用的立法修订。而根据日本法律规定，投资型众筹的融资平台是指代替发行人进行有价证券募集和私募的机构，属于以从事有价证券募集为业的"金融商品交易业者"。以股票的募集和私募为业的，属于"第一种金融商品交易业者"；通过集团投资方案持股方式募集和私募的，属于"第二种金融商品交易业者"。如果众筹平台进行承销，则属于有价证券的承销业务，需要按照"第一种金融商品交易业者"进行注册。在 2014 年 5 月发布的金商法修订中对平台入市门槛进行了改正：第一种电子募集交易业者的最低注册资本金由之前的 5000 万日元降低到 1000 万日元，第二种金融商品交易业者的最低注册资本金降低到 500 万日元。同时日本证券业协会也对小额非上市企业股票的营销进行了解禁。同时，此次法案的修改规定了众筹从业者须遵守协会自主规则的义务。由于此前筹资者以及众筹交易业者是自主决定如何进行信息披露，并没有全部加入业界协会。而此次规定金融商品从业者即使没有加入业界协会，也必须根据协会的自主规则制定企业内部规则，并遵守协会自主规则，大大健全了众筹市场的规范。[1]

四　完善我国股权众筹法律监管之对策

美国从最初的立法尝试到《JOBS 法案》的出台，已勾勒出相对较为完整的股权众筹监管框架。许多欧盟国家、日本、新加坡等国家均受到其影响，纷纷修改现有法律法规或制定专门监管规则，将股权众筹纳入了监管体系内，而他们修改或制定的思路大致沿用美国的蓝本和豁免公开放行的路线，针对股权众筹平台的具体监管规定也是多有借鉴。因此，可以通过国务院制定我国的《中华人民共和国股权众筹管理条例》进行详细规

---

[1] 田於筱：《日本如何对众筹市场进行监管？》，https://www.zczj.com/news/2016-06-10/content_7425.html. 最后访问日期：2016 年 9 月 17 日。

范，我国的股权众筹法律监管应该采取以下对策。

（一）完善立法，建立良好的监管机制

股权众筹在进入我国之后发展迅速，导致相应法律法规的空缺和不健全，所以在2015年，我国北京市审理了第一起由股权众筹引发的案例，观察其案情，正是典型地钻了法律空缺，就我国现有相关法规来看，不论是证监会出台的关于股权众筹若干意见或者是民法、刑法等，都不能对股权众筹作出明确的规范与引导。所以通过制定《中华人民共和国股权众筹管理条例》，从源头上解决问题杜绝漏洞的发生：

1. 建立小额发行豁免制度。小额发行豁免制度，就是指小额证券的发行人由于其发行的证券所涉数额小，或公开发行的特征有限，对投资者和公众利益的影响范围可控，为了便利资本的形成，证券监管机构特别准予该类证券发行免于依据证券法进行注册或核准的法律制度。[1] 小额发行豁免制度的建立，一方面可以避免将有限的监管资源用于小金额的发行，节约监管成本；另一方面也可以有效降低小微企业的准入门槛，促进小金额、低风险企业的融资活动，为小微企业提供更加便利的直接融资机会。

2. 建立完善的股权众筹信息披露制度。股权众筹中的信息披露制度，就是指小微初创企业在融资过程中，依照法律规定以一定方式向投资者和众筹平台公开与项目企业设立、经营有关或可能影响投资者参与投资与否的所有信息的制度。信息的保全对于股权众筹中的融资者等多方当事人来说是十分重要的，关系着企业的商业机密，关系着投资人的出资能否得到回报。

3. 通过立法规定合格投资人制度。主要从保护投资人利益出发，设置了投资人最高的投资金额限制，以此来控制投资人非理性的投资所造成的经济损失。该制度也采用了分级式的处理方式，对不同经济能力的投资人，限定了不同级别的投资总额上限，在控制投资人风险的同时，也能够继续使股权众筹得到良性发展。

4. 加强我国股权众筹中介机构的制度完善建设。美国监管层通过对两种中介机构不同的性质定位，给予了它们不同的职责分配。同时加大了

---

[1] 洪锦：《论我国证券小额发行豁免法律制度的建立——以美国小额发行豁免为例》，《湖北社会科学》2009年第4期。

对中介机构的监督和增强中介机构抗风险能力，以此完善中介机构的工作机制，从而刺激和促进整个股权众筹交易的朝公平性、专业化道路发展。在我国也应该更加注重中介机构的制度建设，参照美国立法对中介机构的权、责、利进行详细的规范。

5. 建立股权众筹资金托管制度。为了避免众筹平台因经营不善而挪用交易资金从而给投融资双方带来巨大经济损失，未来立法有必要设立众筹资金托管制度。具体而言，资金托管就是为确保客户资金安全，将投资者所投资金委托给足够信任的第三方金融服务机构（通常为银行）进行专门管理，而不经过股权众筹平台的银行账户。[①] 这样有利于减少各种风险的发生。

（二）明确监管主体，依法进行监管

不论是新兴的股权众筹，还是原有的融资方式，要建立监管机制，明确监管主体是关键。从近几年发生的股权众筹案件中，我们不难看出，大多数案件引发的源头正是监管机制的不完善以及相互之间分工的不明确。导致股权众筹纠纷发生的时候，没有一个明确的主体出面调解纠纷。

根据证券市场监管的一般理论知识，证券市场的监管主体和监管方式主要有两方面：一是政府机构，通过制定和实施法律进行监管；二是行业协会，通过会员准入条件及对会员的管理进行。

从发行证券的角度考虑，应将股权众筹纳入我国证监会的监管范围。鉴于股权众筹融资模式属于创新产物、舶来品，股权众筹发展迅速、变化过快、专业性较强、操作复杂等特点，需要专业人士的指导和规范，而行业协会监管比政府监管更具专业性和灵活性，因此在现阶段通过加强行业协会监管可能更为有效，而且行业协会的监管可以减少政府干预，更能充分释放股权众筹市场发展的创新性。《意见稿》也规定，由我国证券业协会对众筹融资行业进行自律管理，众筹平台须在证券业协会备案，成为协会会员。由此看来，股权众筹在我国由行业协会监管是合理适当的。[②]

[①] 《什么是 P2P 平台第三方资金托管?》，http://jingyan.baidu.com/article/e4d08ffdd23a6-80fd3f60d63.html。

[②] 钟娟娟：《我国股权众筹监管法律制度研究》，硕士学位论文，重庆大学，2015 年。

(三) 提高行业自律,加快模式创新

社会的发展已经进入一种全新的模式,就股权众筹行业而言,应当提高整体行业自律性,毕竟法律的制定与颁布只是为了引导和规范行为,且作为最后一道保障利益的屏障,在行业发展与创新的同时,我们应当自觉遵守制度,不能一味依赖于法律的监管与监督。

1. 投资者在受到侵权的时候,要自觉地利用法律手段维护自己的权利。保护投资者合法权益,提高股权众筹融资的稳定性,减少侵权行为发生是一个系统问题。股权众筹模式下保护投资者利益存在的困难,症结在于举证责任分配不明、损失计算标准不清以及赔偿损失的追偿方式困难。投资者往往因为高额的追偿成本和低下的赔偿效率而选择放弃。投资者应该善于运用法律,维护自己在股权众筹投资中合法利益的损失。

2. 融资者要自觉向股权众筹平台披露必要的信息。我国《公司法》、《证券法》以及《上市公司信息披露管理办法》等法律规章制定了严格的上市公司信息披露制度,从信息披露的义务人、信息披露的范围、义务、具体上市流程中的招股说明书、募集说明书和上市公告书等,都有严格的审核规范。股权众筹融资模式目前没有发起人以及众筹融资平台信息披露规范性法律规定,股权众筹融资模式出于降低融资成本、促进资本形成效率的角度,也必将会弱化筹资方与股权众筹平台的信息披露内容。所以,为了维护股权众筹融资投资者的利益,降低风险,融资者应当自觉披露公司、企业的必要信息,股权众筹融资者更应该自觉完善信息披露制度,从自身做起。

3. 股权众筹平台自身也应该自觉地维护我国股权众筹市场的秩序。股权众筹融资平台作为股权众筹融资的中介机构,应当自觉做到以下几点:

(1) 对股权众筹融资项目的合法性、项目发起人所提供的项目资料、项目发起人自身行为的合规性和项目发起人的信用情况进行充分的审核。

(2) 坚持实名注册的方式并且对投资方的信息真实性进行必要的审核。

(3) 将股权交易平台上的投融资交流信息、与投资方或者与融资方单独签订的信息进行长期保管以备查询。

(4) 股权众筹融资平台应当建立风险知识宣传和风险提示机制,确

保投资者熟悉所进行的投资项目的风险。

（5）股权众筹融资平台要承担传统交易中介机构承担的职责，比如保守客户商业秘密、协助证券监管机关进行监管工作等，维护股权众筹融资交易市场的秩序，促进交易的推进执行。

同时在学习借鉴外国先进的股权众筹管理经验的同时，实现自主创新的能力。时代在进步，创新无处不在，众筹作为一种新兴的事物，已经开始慢慢融入大众的视野。未来的社会，将会有越来越多的企业与个人参与进来，这是一个机遇，同时也要看清背后所潜伏的巨大隐患。只有提高行业的整体自我约束能力，同时依靠完善制度的监管，我们才能将众筹做到良性的发展。

五　结论

股权众筹融资作为新型融资方式自2013年以来在我国迅速发展，投资者和融资者通过众筹网络平台得以快速对接，一方面拓宽了中小企业的融资渠道，降低了企业融资成本和门槛；另一方面弥补了传统投资模式下，项目来源匮乏、投资渠道狭窄、投资门槛高等不足。然而股权众筹融资在我国还处于起步阶段，由于市场不成熟、信息不对称，法律限制和监管缺失，股权众筹在目前发展受阻。因此，我们必须加快法制的建设，通过制定国务院层面的行政法规，迅速地给股权众筹提供一个健康有序的发展环境，通过依法监管有力地促进股权众筹在我国的依法有效发展。

股票担保业务在民事规则适用方面的特殊性及解决思路

杨 光[*]

摘要：经济发展现实要求在民事规则适用时关注金融担保的特殊性，股票担保具有代表意义。股票担保分为股票质押和融资融券中的股票担保两种类型，我国股票担保具有特殊性。股票担保在设定方面的特殊性表现在标的物价值变动、合同条款的内容和股东名册的公示公信等方面；在效力方面的特殊性表现在所担保的债权范围、所及的标的物范围以及转质等方面；在实现方面表现在实现方式、证券结算原则导致的特殊性以及强制平仓权等方面。但金融担保以传统民事担保制度为基础，在民法典"物权编"中不宜独立成章。

关键词：股票担保业务；民事规则适用；解释论

"依法治市"是保证资本市场平稳、持续、健康、长期发展的前提和基础。在中国证监会"依法、从严、全面"的监管理念指导下，资本市场中的任何业务都应当首先符合法治的基本要求。这里的"法治"，必须是良法、善法，是符合基本经济规律的法治。然而，作为我国经济领域法治根基的民事规则在制定时更多着眼于简单商品经济中的民事法律关系，对金融领域中民事法律关系的特殊性关注不足，从而导致民事担保制度存在漏洞、亟待完善。完善金融担保中民事规则的适用，体现出的是法律制

---

[*] 杨光：法学博士，中国证券监督管理委员会博士后科研工作站与中国社会科学院法学所联合培养博士后科研人员。研究方向：公司法、金融法。本文所有内容仅代表作者本人的观点，不代表作者所在单位、部门的意见和建议，也不表明或暗示作者所在单位会以此为决策依据。

度变革符合经济发展现实的必然结果。

随着我国从简单商品经济逐步发展到发达商品经济（包括市场经济），[①] 投资者需求日益多元化，导致金融市场逐渐形成并在经济生活中占据核心地位。金融市场的主要功能在于促进资金在需求方与供给方之间有效流转，实现资金最优配置。[②] 但需求方与供给方之间的信息不对称使得资金流转存在风险，金融市场的高流动性需求以及科技发展导致的交易模式创新又进一步增强了前述风险的传导效应和乘数效应。在此背景下，以担保制度为核心的风险防范制度就显得尤为重要。以1986年民法通则、1995年担保法、2000年担保法司法解释以及2007年物权法为核心构建而成的我国担保制度已在经济生活中发挥着重要作用，这些法律规范虽在一定程度上反映了金融担保的需求（如物权法第181条规定了浮动抵押制度，第231条为企业间留置预留了空间），但大多数条文仍以传统民事担保制度为基础，与金融市场实践并不完全相符。本文认为，民法作为规范国民经济的根本大法，物权法作为确认我国财产权属制度的纲领性法律规范，应当切实符合金融市场发展现实，关注金融担保的特殊性。股票担保是近年来发展较为迅速的金融担保形式之一，与信贷担保和保证保险等金融担保形式相比具有较强的特殊性和代表性，同时，在2015年我国股市异常波动期间及2016年"宝万之争"中引起了较大争议。因此，本文拟以股票担保为例，以点带面，对金融担保在民事规则适用方面的特殊性及其解决思路进行阐述。

一　股票担保在我国的发展现状

（一）我国股票担保的类型

股票担保本质上是权利质权。对于我国股票担保的类型，有学者从学理角度将股票担保分为"担保物权型股票担保"以及"权利转移型股票担保"，前者包括证券公司股票质押以及融资融券中的股票担保，后者包

[①] 参见高德步、王珏《世界经济史》，中国人民大学出版社2016年版，第8页。
[②] 参见［美］弗雷德里克·S.米什金《货币金融学》（第9版），郑艳文等译，中国人民大学出版社2011年版，第3页。

括约定式回购、股票质押式回购以及股票场外配资。① 本文认为，股票质押及融资融券中的股票担保属于股票担保自不待言，但对于"权利转移型股票担保"则有进一步探讨的必要，其并非股票担保或者并非独立的股票担保类型。

第一，约定式回购是指符合条件的资金融入方向资金融出方卖出特定股票以获得资金，并约定在未来某一时刻以约定价格买回特定股票从而偿还资金（包括融资利息）的业务。该业务本质上存在两个买卖合同（初始交易和回购交易）：(1) 在初始交易中，资金融入方为出卖人，卖出特定股票并获得资金，资金融出方为买受人，买入特定股票并支付资金；(2) 在回购交易中，资金融入方为买受人，买入特定股票并偿还资金（包括融资利息），资金融出方为出卖人，卖出特定股票并收回资金（包括融资利息）（图1）。因此，约定式回购实为特定股票的买卖，只是在不同买卖合同中出卖人与买受人发生了互换，并且不同买受人支付的资金数额存在差异，其并非权利质权，因此不属于股票担保。

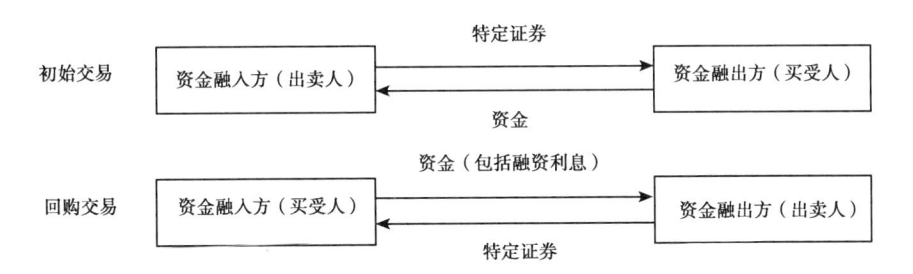

图1 股票约定式回购业务模式分析

第二，股票质押式回购是在传统股票质押基础上进行的业务创新，是指符合条件的资金融入方将其持有的特定股票向资金融出方设定质押以获得资金，并约定在未来某一时刻返还资金（包括融资利息）、解除质押的业务。该业务本质上存在两个合同，一个是借款合同，一个是质押合同：(1) 在初始交易中，资金融入方为借款人，借入资金并以其持有的特定股票设定质押，资金融出方为出借人，借出资金并接受特定股票作为质押；(2) 在回购交易中，资金融入方仍为借款人，偿还资金（包括融资

---

① 参见王乐兵《系统性风险视角下的股票担保融资》，载《中国商法学研究会2016年年会论文集》（上册），第384—401页。

利息）并解除质押，资金融出方仍为出借人，收回资金（包括融资利息）并返还特定股票（图2）。因此，股票质押式回购中所谓的"回购"，其实是资金融入方向资金融出方履行还款义务后并解除质押合同，并非买回质押的股票，因为股票并没有被"卖给"资金融出方。股票质押式回购的基本法律关系与传统股票质押相同，并非独立的股票担保类型，只是在业务便捷性、公正手续、违约处置、质押率和利率等方面①通过业务规则设计降低了资金融入方的融资成本，拓宽了融资渠道。

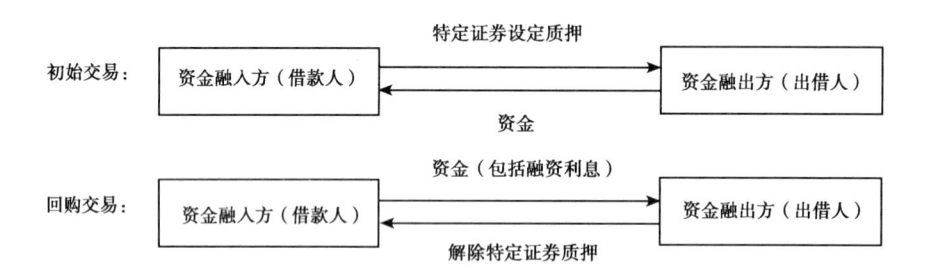

图2 股票质押式回购业务模式分析

第三，股票场外配资的本质是在场外市场通过股票担保以获得资金，基本法律关系与传统股票质押相同，并非独立的股票担保类型，只是由于其无法像场内股票担保一样及时进行信息披露和数据统计，因此在金融监管方面存在"盲区"。解决此问题的思路包括建立不同金融监管机构之间的信息共享平台或者规定股票场外配资必须在证券登记结算机构进行登记等，但无论如何均不妨碍其本身所具有的权利质权属性。

综上，本文认为，股票担保在我国可分为两种类型：一类是股票质押（包括传统股票质押、股票质押式回购等），另一类是融资融券中的股票担保。二者所担保的法律关系均为借贷法律关系，但不同之处在于所担保的借贷法律关系性质不同：（1）股票质押所担保的借贷法律关系主要为借款合同，而融资融券中的股票担保所担保的借贷法律关系既可以是借款合同（"融资"），也可以是借券合同（"融券"）；（2）股票质押所担保的借贷法律关系本身并非证券交易业务，而融资融券中的股票担保所担保

---

① 高伟生、许培源：《证券公司股票质押式回购业务的现状、问题及对策》，《证券市场导报》2014年第7期。

的借贷法律关系本身即属于狭义的证券信用交易业务,① 并且主要是保证金交易业务（margin trading）。

（二）我国股票担保的特点分析

在明晰我国股票担保类型的基础上，通过数据分析，可知目前我国股票担保存在以下特点：

第一，从不同市场的角度观之，场内市场股票担保的透明度更高。虽然场外市场的交易活跃度和交易总量有可能大于场内市场，但场内市场的数据较场外市场更易获取，因此场内市场的股票担保较为规范，透明度更高，风险相对可控。目前，上海证券交易所、深圳证券交易所和中国证券登记结算有限公司均有针对股票担保的市场数据统计专栏，一般将股票质押与融资融券分开，并定期（一般为每周）公布相关数据。股票质押公布的内容主要包括股票质押回购总量（包括初始交易金额与购回交易金额等）、单一证券质押回购总量（包括证券代码、证券简称、初始交易数量、购回交易数量、待购回无限售条件证券余量以及待购回有限售条件证券余量）、平均质押率等。融资融券公布的内容主要包括融资买入额、融资余额、融券卖出量、融券余量等。

第二，场内市场股票担保的标的主要为在中小板和创业板上市的股票，即大多数为中小盘股。比如，对于股票质押，万德（Wind）数据显示，交易活跃的2015年5月31日至2016年5月31日，沪深两市共有1423只股票用于场内市场股票质押，其中沪市367只（占25.8%），深市1056只（占74.2%）。在深市1056只股票中，主板184只（占17.4%），中小板514只（占48.7%），创业板358只（占33.9%），后两者占比合计为82.6%。对于融资融券，以深市为例，在可作为融资融券标的的395只股票中，主板162只（占41.0%），中小板170只（占43.0%），创业板57只（占14.4%），后两者占比合计为57.4%。

第三，场内市场股票担保业务呈现出明显的"非对称性"。对于股票质押，股票质押式回购业务远远超过传统股票质押业务，占比为90%以上，而在股票质押式回购业务中，大股东（持股5%以上的股东）的股票

---

① 广义的证券信用交易业务除融资融券业务外，还包括期货交易和期权交易等。

质押式回购业务同样占比为90%以上。对于融资融券，融资业务远远超过融券业务，以沪市2016年5月31日为例，当日融资买入额为29411838246元，而融券卖出量仅为33599650股。从参与主体方面来看，股票担保业务的参与主体主要是机构投资者和具有一定投资经验及资金实力的个人投资者，专业化程度较高。同时，与商业银行和信托公司相比，股票质押对于证券公司而言是一种创新业务，仍有较大发展空间。

第四，股票担保是信贷市场与资本市场的"连接器"，并同时受两个市场影响。比如，若央行宣布降息降准，则市场上资金供给量增加，获得资金的难度降低，通过股票担保获得资金的动力减少，股票担保业务出现萎缩。又如，资本市场处于下跌周期时，通过股票担保获得资金的成本增加，股票担保业务同样出现萎缩。同时，融资余额增加代表投资者对资本市场的"看多"，将促进资金借贷；而融券余额增加代表投资者对资本市场的"看空"，将导致资金逃离资本市场。

第五，股票担保有可能成为规避法律法规的工具。比如，投资者可通过融资融券的普通账户和信用账户进行"对敲"和"对倒"，也可通过融券业务变相实施"T+0"。同时，还可通过股票质押实现在创业板借壳上市。具体方式是大股东将足够导致控制权变更的大部分股票通过场外质押形式质押给某资产管理公司，而该资产管理公司为借壳主体的全资子公司，并签署相关协议、进行公证。随后，大股东故意违约，资产管理公司随后凭公证协议向法院起诉，在法院判决后，资产管理公司去登记结算机构划转股权并公告。由于证监会无权干预司法判决，所以能够通过股票质押实现股票所有权的移转。

二 股票担保在设立方面的特殊性

股票担保在设立方面的特殊性体现在三个方面，一是标的物价值的变动方面，二是合同条款的内容方面，三是股东名册的公示公信方面。

（一）标的物价值的变动需要注意

担保本质上是以担保标的物的价值保证债权的实现，若担保标的物的价值很小或者不易确定，则无疑等于担保人向担保权人开了一张"空头支票"，无法实现担保制度的目的，因此担保标的物价值的确定在担保制度中就显得尤为重要。

股票担保的标的物即为股票，与传统民事担保的标的物相比，其价值具有较强的变动性，需要注意。股票是虚拟资本的载体，本身并无价值，其交换价值或市场价格来源于其能够产生的未来收益。[①] 因此，股票的市场价格反映了市场参与者对该股票未来收益能力的评估。市场价格基本围绕股票的内在价值形成。内在价值是一种相对"客观"的价格，由股票自身的内在属性或者基本因素决定，不受外在因素（比如短期供求关系变动、投资者情绪波动等）影响。在资本市场完全有效[②]的情况下，股票的市场价格和内在价值一致，但现实中资本市场并非完全有效，[③] 因此市场价格总是高于或者低于内在价值。股票的市场价格低于其内在价值的部分，被称为"安全边际"（Margin-of-safety），是任何投资活动的基础。[④]

仅以市场价格衡量股票价值不完全可靠，因为有些情况下，某种股票可能没有活跃的市场价格（比如停牌股票）；有些情况下，即使发生交易，交易价格也未必真实。鉴于此，估值模型被引入股票价值评估中。但仅以模型定价衡量股票价值也不完全可靠，因为估值模型千差万别，变量和假设各异，导致股票价值不具有唯一性。因此，应在衡量股票价值时将市场价格和模型定价相结合，并引入公允价值。详言之，如果设质股票存在活跃交易市场，则以市场报价作为其公允价值；否则，采用模型定价确定公允价值。

我国场内市场股票担保的标的主要为中小板和在创业板上市的股票，

---

① William Sharpe, Capital Asset Price: A Theory of Market Equilibrium under Conditions of Risk, 19 Journal of Finance 425 (1964).

② 证券市场的有效性表现为证券价格能否反映所有相关信息。在一个完善的市场、交易成本为零的情况下，证券市场的价格一定会反映所有的相关信息。按照证券价格对信息的反映程度，可分为弱势有效市场（即证券价格反映所有历史价格信息）；准强势有效市场（即证券价格反映所有公开信息）；强势有效市场（即证券价格反映所有信息，无论是否公开）。所谓证券市场完全有效是指强势有效市场。Eugene Fama, Efficient Capital Markets: A Review of Theory and Empirical Work, 25 Journal of Finance 283 (1970).

③ 检验证明，美国纽约交易所和纳斯达克市场基本达到了准强势有效市场。对我国证券市场是否达到弱势有效，目前还有争议。胡亦春、周颖刚：《中国股市弱势有效吗?》，《金融研究》2001年第3期；张兵：《中国股票市场有效性分析》，南京大学出版社2004年版。

④ [美]本杰明·格雷厄姆、戴维·多德：《证券分析》，巴曙松、陈剑等译，中国人民大学出版社2013年版，第267页。

大多数为中小盘股，由于体量小，因此极易被操纵，导致股票价值变动较大。同时，从总体情况着眼，我国股票普遍被高估值，存在着"虚高"现象。鉴于此，可以考虑在规则中明确设定股票担保时降低股票的折算率，同时增加作为标的物的大盘股种类（比如规定蓝筹股所占的比例），从而确保标的物价值的稳定。

（二）合同条款的内容应包括相关业务规则

股票担保合同多为格式合同，但对于合同条款所包括的内容存在争议。比如，对于融资融券而言，虽然证券业协会公布了《融资融券合同必备条款》以下简称"《必备条款》"，但《必备条款》并未包括所有的融资融券业务规则，从而产生相关业务规则是否属于股票担保合同条款的问题。

对于上述问题，本文的回答持肯定态度，即认为股票担保业务规则，无论是否明确规定于股票担保合同条款中，都是股票担保合同的重要组成部分，属于合同条款的内容。从解释论角度着眼，法律依据在于"附和缔约理论"的适用。

所谓附和缔约，是指合同条款由当事人一方预先拟定，对方只有附和该条款（意思）方能成立合同的缔约方式。附和缔约可分为商业性合同中的附和缔约与消费性合同中的附和缔约两类，二者缔约规则不同。对商业性合同中的附和缔约，适用"共同了解理论"，[1]即若合同相对人"了解"格式条款的使用人是以"某种特定的格式条款"作为合同内容，即使双方当事人"以往没有交易惯例"或"虽有交易而不频仍"，格式条款仍因"共同了解"而订入合同。此时，除非格式条款被明示排除，否则不待约定即当然订入合同。[2] 交易所的业务规则无疑属于格式条款，股票担保合同属于商业性合同，双方当事人均为资本市场的主要参与者，具有相当的经验及知识，有足够的注意能力和交涉能力，当然知晓交易所规则的存在，符合"共同了解理论"，因此股票担保业务规则不待约定即当然

---

[1] 刘宗荣：《免责条款之订入定型化契约》，载郑玉波主编《民法债编论文选辑》上册，台北五南图书公司1984年版，第270页。虽然该理论是针对免责条款提出的，但对于格式条款同样适用。

[2] 崔建远：《合同法》，法律出版社2010年版，第65页。

订入合同。

从立法论角度着眼，则应明确股票担保业务规则不待约定即当然订入股票担保合同。

(三) 股东名册的公示公信效力有待加强

物权法第 226 条规定，以"证券登记结算机构登记的股权出质的，质权自证券登记结算机构办理出质登记时设立"。结合物权法第二章第二节关于"动产交付"的规定，可知对于股票担保，实际上是通过在"证券登记结算机构办理出质登记"来代替"交付"作为公示公信的方式，以使得其他交易参与人在与出质人进行交易时，知晓出质人的特定股票上已经设立了权利质权，可能有被质权人优先受偿的风险，需要对该特定股票特别注意，以实现自身收益的最大化。但实践中，在"证券登记结算机构办理出质登记"无法实现公示公信的目的。

物权法虽然规定在"证券登记结算机构办理出质登记"，但对于具体在哪个文本上办理出质登记语焉不详。结合公司法和证券法的相关规定，可知在股东名册上办理出质登记最符合本条的立法原意。[①] 我国上市公司的股东名册由中国证券登记结算有限公司负责办理登记，但由于目前实行股票无纸化，因此并不存在一个被称为"股东名册"的常备纸质文本或者电子文本，所存在的只有每个账户的账户信息。每个账户的账户信息记载着投资者通过该账户持有股票的名称、数量等，当需要某个上市公司的股东名册时，可以输入相关上市公司的信息（如上市公司名称或者股票代码等），即可得知持有该上市公司股票的投资者信息，并在此基础上生成 EXCEL 或者 PDF 格式的股东名册。因此，股东名册是临时生成的。鉴于此，在进行出质登记时，实际上是登记在投资者的个人账户中，而非股东名册上，登记的方式是对设质股票进行标记，或/并放入质押库中，融资融券则是放在单独开立的客户信用交易担保证券账户中。由于个人账户内的信息属于个人商业信息，受到保密条款的保护，因此现在公众无法随时通过中国证券登记结算有限公司直接获知相关股票的质押情况。从立法论角度着眼，为保障公示公信目的的实现，建议未来应设置常备的股东名册电子文本，同时可供公众随时查阅，但为了保护商业信息，可以对查阅

---

① 参见范中超《证券无纸化的法律问题》，中国政法大学出版社 2009 年版，第 92 页。

的内容进行合理限制。

同时，公示公信原则还要求明确股票的实际持有人，但对于股票担保人而言可能难以达成共识。比如，融资融券中，放在客户信用交易担保证券账户中用于担保的股票的实际持有人一般为投资者，但由于客户信用交易担保证券账户以证券公司的名义开立，因此股东名册记载的持有人为名义持有人——证券公司（并非投资者），这实际上已经突破了我国关于证券直接持有制度的规定，而采用了证券间接持有制度，建议立法上对此予以明确。

三　股票担保在效力方面的特殊性

（一）所担保的债权范围不包括质物保管费用

权利质权所担保的债权范围原本主要包括主债权及利息、违约金、损害赔偿金、质物保管费用和实现质权费用。但从股票担保角度着眼，质物保管费用是否应纳入所担保的债权范围值得进一步讨论。

目前，我国实行股票托管、存管制度。托管是指投资者将其持有的股票委托给证券公司保管，并由后者代为处理有关股票权益事务的行为；存管是指证券公司将投资者交给其保管的股票以及其自身持有的股票统一交给证券登记结算机构保管，并由后者代为处理有关股票权益事务的行为。在账户记录方面，由于实现了无纸化，证券登记结算机构一般以证券公司为单位，采用电脑记账方式记载证券公司交给的股票；证券公司也采用电脑记账方式记载投资者交给的股票。股票转移则通过账面划转实现。

质物保管费用应是质权人固有利益的损失，如此才能纳入所担保债权的范围。然而，在股票担保中，质物保管费用实际上就是股票保管费用。由于股票托管、存管制度的采用，在证券公司开立资金账户一般不收管理费，开立沪深股市股票账户则要收取管理费，转托管也要收取一定费用。但这些费用均由股票持有人（即出质人）承担，而非由质权人承担，并不属于质权人固有利益的损失。因此，股票担保所担保的债权范围不应包括质物保管费用。

(二) 股票担保所及的标的物范围包括分红派息，但不包括配股

股票担保所及的标的物范围是指权利质权在股票上产生的效力边界，研究的是"量"的问题。一般而言，权利质权所及的标的物范围应包括从物、孳息、代位物和添附物。但在股票担保中则需要具体分析。

1. 分红派息

股票担保所及的标的物范围会涉及分红派息。分红派息主要是上市公司向其股东派发股利的过程，也是股东实现自己权益的过程。分红派息的主要形式包括现金股利（也可称为"现金红利"）和股票股利（也可称为"红股"）。本质上，分红派息是因某种法律关系所产生的收益，因此属于股票的法定孳息。根据物权法213条的规定，除合同另有约定外，质权人有权收取质押财产的孳息。但股票担保的实际情况却并非如此。

虽然股票设定质权后应转移至质权人特别席位下存放，但股东名册上股票的实际持有人仍为购买该股票的出质人。根据交易所相关规则，上市公司董事会根据股东大会审议的分红派息方案，向社会公告，并规定股权登记日。随后向中国结算公司位于上海、深圳的分公司以及上海、深圳证券交易所提交申请材料和公告申请日。分红派息主要通过中国结算公司的交易清算系统进行，投资者领取现金红利和股票股利无须办理其他申请手续，将由交易清算系统自动派发到股东名册记载的投资者账户上。若T日为公告刊登日，则A股现金股利于T+8日发放；B股现金股利于T+11日发放；A股股票股利于T+3日发放；B股股票股利于T+6日发放。因此，按照既有规则，分红派息根据股东名册进行发放，股票担保中的法定孳息（分红派息）直接进入出质人账户，而非质权人账户。

对这一矛盾，从解释论角度着眼，可采用以下思路解决。第一，交易所的分红派息规则无疑属于格式条款，股票担保合同属于商业性合同，双方当事人均为资本市场的主要参与者，具有相当的经验及知识，有足够的注意能力和交涉能力，当然知晓交易所规则的存在，交易所规则属于该商业性合同的组成部分，因此满足物权法第213条中的"合同另有约定"。第二，物权法第116条的适用。该条规定："法定孳息，当事人有约定的，按照约定取得；没有约定或者约定不明确的，按照交易习惯取得。"其中"取得"一词表明该条规定的是法定孳息的所有权人，而第213条

中的用语是"收取",与"取得"的含义显然不同。因此,可将交易所规则视为对法定孳息所有权人的规定,而非对收取权人的规定,此时可适用的请求权基础为物权法第 116 条,而非第 213 条,从而解决上述矛盾。

当然,从立法论角度着眼,为明确分红派息的归属,将来应同时从两方面对相关法律进行修订。首先,在证券法中明确规定"股票设质的,该股票产生的分红派息由出质人收取";其次,将物权法第 213 条第 1 款"除合同另有约定外"修改为"除法律另有规定或合同另有约定外"。

2. 配股

配股是上市公司向原股东发行新股、筹集资金的行为。按照惯例,公司配股时新股的认购权按照原有股权比例在原股东之间分配,即原股东拥有优先认购权。配股以股东已经持有的股份为基础,但配股所得股份并非原有股份的代位物;同时,由于配股所得股份未常助原有股份之效用,因此不是原有股份的从物;配股所得股份并非依照原有股份的自然性能或变化规律而取得,与原有股份缺乏从属性法律关系,亦并非让渡原有股份一定期限内的使用权而得到的收益,因此不是原有股份的孳息;最后,配股所得股份与原有股份之间缺乏结合为一个物或共同因加工而成为新物的情形,因此不是原有股份的添附物。总之,应明确配股不属于股票担保所及的标的物范围。

(三) 股票担保的转质应当允许

物权法第 217 条规定了质权人的转质权。所谓转质,是指质权人在质权存续期间,为担保自己或者他人的债务,将质物移交给第三人,在该质物上设立新质权的行为,包括责任转质和承诺转质两种。但无论何种转质,本质上都是质权人将其直接支配的交换价值赋予转质权人,故转质权人取得的乃是质权人所得支配交换价值内的另一优先支配权,实际上是质押物再次出质。[①] 据此,对于股票担保中的转质应就该股票在证券登记结算机构再次进行出质登记。

但《证券质押登记业务实施细则》(以下简称《实施细则》) 第 12 条规定,"证券一经质押登记,在解除质押登记前不得重复设置质押",

---

① [日] 我妻荣:《民法讲义Ⅲ·新订担保物权法》,申政武等译,中国法制出版社 2008 年版,第 136—140 页。

似乎对股票担保的转质持否定态度，我国关于融资融券的相关规则更是明确禁止对作为担保物的股票进行转质。对此，从立法论角度着眼，本文认为应从以下角度进行理解：

首先应当允许股票担保转质。实际上，《实施细则》第12条的规定主要是为了避免多重设质情况下因股票价格不断变化，导致担保物价值显著低于债权总额，无法发挥担保功效。但出质人重复设置质押与质权人转质毕竟不同。第一，出质人重复设质时，其原本已受限制的权利进一步受到限制，担保负担加重；而转质情况下，原质权人（而非出质人）通过原质权所支配的同一担保价值的一部分为自己的债权进行担保，并可在其他权利未受限的部分为自己的债务附加限制，担保负担是从无到有的过程。第二，转质权人在订立质押合同时亦知晓其取得占有的是转质物，应承担因自己选择而带来的不利益。因此，股票担保转质不应被禁止。

其次应明确转质的性质。对于转质的性质，见解不同："质权债权共同入质说"认为转质是以质权及其担保的债权一同入质之行为，由此可以说明质权人为何可自由处分质权；"附解除条件的质权让与说"认为质权附解除条件（该条件为转质权所担保的债权消灭时质权复归于原质权人）转移于转质权人；"质权设质说"认为转质是质权人为担保自己或他人的债务，在自己的质权上设质；"质物上质权之再度设定说"认为转质是质权人为担保自己或他人的债务，在质物上设质。①

上述学说中，"质物上质权之再度设定说"最为合理。"质权债权共同入质说"的不足在于若被担保的债权一同入质，则产生债权质，而非转质。"附解除条件的质权让与说"混淆了质权转让和以质权提供担保，前者质权人丧失质权，而后者质权人仍然保有质权。"质权设质说"的不足在于质权的标的物应为可转让的财产权，但质权具有附随性，不能与被担保的债权分离让与，只能一同转让，② 无法作为质权标的物。因此，股票担保的转质是在设质股票上再度设定质权。

最后应对"重复设置质押"进行限缩解释。《实施细则》第12条中的"重复设置质押"可包含两种情形，第一类是出质人重复设置质押，

---

① 史尚宽：《物权法论》，中国政法大学出版社2000年版，第364—366页。
② [德] 鲍尔·施蒂尔纳：《德国物权法》下册，申卫星、王洪亮译，法律出版社2006年版，第541—542页。

即出质人就设质股票对质权人以外的人再度设质，比如甲将自己持有的股票向乙设质后，再就该股票向丙、丁……设质；第二类是质权人转质，即甲将自己持有的股票向乙设质后，乙再就该股票向丙设质，丙再就该股票向丁设质……第 12 条是否完全禁止上述两种情况，不得而知。因此，若对第 12 条进行限缩解释，即仅禁止第一类情况，则股票担保可以转质。由此也可以说明即便存在《实施细则》第 12 条的规定，股票担保转质仍存在解释空间。但由于股票价格的不稳定性，股票担保中出质人重复设置质押应受到限制。当然，从长远看，应对《实施细则》第 12 条及融资融券相关规则进行修改，明确股票担保转质的合法性

实践中，质权人如何将其特别席位下存放的设质股票足额、及时转移至转质权人的特别席位，并保证原有质权不消灭，需要交易所和证券登记结算机构出台具体的业务规则予以明确，目前看来以特别标记的方法分别标记原质权和转质权较为可行。

四　股票担保在实现方面的特殊性

（一）基本规定

股票担保实现的条件包括债务履行期限届满，债务人不履行债务以及发生当事人约定实现质权的情形。实现方式包括折价、拍卖和变卖证券三种。根据境外立法例，若为无记名股票，其实现与一般权利质权的实现方式类似；若为记名股票，其实现也适用一般权利质权的方法，但需要注意的是，由于拍卖、变卖本质上属于股票转让，因此记名股票担保实现时，如果其他法律对其转让有特殊规定的，则必须遵守这些特殊规定。[1] 日本商法对记名股票的规定则较为特殊，即将其区分为股份略式股票和股份登记质，主要区别在于对前者允许适用流质条款，从而允许债权到期后，质权人可依其与出质人之前达成的协议取得设质股票或就设质股票折价受偿，并退回超过债权的部分。[2] 但由于我国现行物权法第 211 条明确禁止

---

[1] 徐海燕、李莉：《物权担保前沿理论与实务探讨》，中国法制出版社 2012 年版，第 347 页。

[2] 胡开忠：《权利质权制度研究》，中国政法大学出版社 2004 年版，第 321 页。

"流质条款",因此上述区分将在下文进一步考察。

需要提及的是,有观点认为,若担保权人在股票担保实现前已从公司取得一定的分红、股息等财产,则应在拍卖或变卖股票时从清偿额中扣除。[①] 本文认为,该观点从理论上讲无可厚非,但正如前述,公司的分红派息一般直接进入出质人(而非质权人)的资金账户或者证券账户,质权人无法在股票担保实现前取得分红、股息,因此不会发生清偿额扣除问题。

(二) 实现方式宜以拍卖为主,协商为辅

股票是一种特殊的标的物,在股票担保实现时,应确保设质股票估值定价的公允性。除遵循公允价值的定价方法外,应明确以拍卖作为优先适用的实现方式,同时允许当事人理性协议定价。物权法第219条将折价、拍卖和变卖三种方式并列,但拍卖的特点在于公开竞价,折价、变卖的特点在于非公开竞价的买卖方式(如多家询价、竞争性谈判和单一买主出卖等)。[②] "鹬蚌相争,渔翁得利"。拍卖方式作为公开市场竞价手段,有助于发现股票的最优价格,使出质人获得最高买价,同时大幅提高质权人的优先受偿率,堪称"一举三得"。因此,应明确规定除非出质人和质权人合意采取其他方式,否则股票担保的实现方式原则上应为拍卖,实践中即为通过交易所集中竞价交易或者大宗交易确定拍卖价格。

即使采用拍卖以外的方式,质权人也有权聘请具有法定资质的资产评估机构对设质股票的价值进行公允评估,以发现合理转让价格,实现出质人与质权人利益共赢。世界上没有绝对公平、绝对合理的价格,资产评估机构的估价也未必绝对公允。公允价值作为买卖双方的心理感受,由买卖双方在信息对称、谈判平等的基础上协商确定。因此,应允许买卖双方在设质股票公允价值的基础上协商确定转让价格。

(三) 证券结算原则导致的特殊性

证券结算包括清算与交收。清算是指每一营业日中对每个结算参与人的证券和资金的应收、应付数量或金额进行计算的处理过程;交收是指依

[①] 参见林建伟《股权质押制度研究》,法律出版社2005年版,第220页。

[②] 刘俊海:《现代公司法》,法律出版社2015年版,第334页。

据清算结果现实进行证券与价款的收付,从而结束整个交易过程。清算是交收的基础和保证;交收是清算的后续与完成。但清算不发生财产实际转移,仅确定应转移数额;而交收则发生财产实际转移。

证券结算需要遵循净额清算、货银对付(Delivery Versus Payment, DVP)等原则。股票担保实现时,需变更股东名册,同时将设质股票从质权人特别席位登记过户至买受人[①]证券账户。此过程中,需要注意以下问题:

第一,传统民事质权实现时,质权人所得资金额基本等于买受人取得设质标的物的价值,[②] 但根据净额清算原则进行的股票担保实现则不然。

净额清算原则是指在一个清算期(比如一天)中,对每个交易结算人价款的清算只计其各笔应收、应付款项相抵后的净额,对证券的清算只计其每一种证券应收、应付相抵后的净额。目前,交易所和证券登记结算公司多采用多边净额清算方式,即指将结算参与人所有达成交易的应收、应付证券或资金予以充抵轧差,计算出该相对人相对于所有交收对手方累积的应收、应付证券或资金的净额。

股票担保实现时,由于多边净额清算在当天交易结束后才开始,因此质权人当日所得资金额除卖出该设质股票所得金额外,还包括与其他各笔应收、应付款项相抵后的净额,并不必然等于买受人取得设质股票的价值。买受人所得该设质股票的数额除买入的设质股票外,还包括通过其他途径买入、卖出的该类股票,因此并不等于质权人所卖出的设质股票。总之,在多边净额清算方式,质权人所得资金额与买受人取得设质标的物的价值之间不存在必然的相等关系。

第二,传统民事质权实现时,基本可以实现资金与质物之间的同时交付(虽然时间上不可能完全一致),但根据当前货银对付原则进行的股票担保实现则不然。

货银对付原则又称款券两讫或钱货两清,是指证券登记结算机构与结算参与人在交收过程中,当且仅当资金交付时给付证券,证券交付时给付资金。通俗来说就是"一手交钱,一手交货"。该原则通过实现资金和证

---

① 这里的买受人是指折价、拍卖和变卖等实现方式中的买受人,既可以是出质人、质权人,也可以是第三人。

② 谢在全:《民法物权论》,中国政法大学出版社 2011 年版,第 1047—1050 页。

券的同时划转，可以有效规避结算参与人交收违约带来的风险，提高证券交易的安全性。现行证券法与证监会2006年发布的《证券登记结算管理办法》已经要求在实行净额清算的证券品种中贯彻货银对付原则。但实践中，除权证、ETF等一些创新产品实行了货银对付外，A股、基金等老品种的货银对付制度尚在推行中。因此，建议规定对于以老品种股票为标的物的股票担保实现时，应当在股票交收日（T+1日或T+3日）再通过银行转账给付价款，而不应先行转账，从而实现"货银对付"，避免对方违约风险。同时，守约方还应有效利用同时履行抗辩权制度，积极维护自身合法权益。

（四）强制平仓权与"禁止流质条款"的有限缓和

2015年股市异常波动前后引发出的一个问题便是对于股票担保是否可以行使强制平仓权。所谓强制平仓权，是指当资金融入方提供的股票担保价值低于警戒线时，资金融出方直接处分担保股票的权利。反对的理由主要包括：

第一，强制平仓权与传统民事担保制度中的"禁止流质条款"相悖。所谓"禁止流质条款"，是指"质权人在债务履行期届满前，不得与出质人约定债务人不履行到期债务时质押财产归债权人所有"，只有在债务履行期限届满，债务人不履行债务以及发生当事人约定实现质权的情形时，才可以先经过协商，再决定采用拍卖、变卖或者折价的方式实现质权。"禁止流质条款"的主要目的在于避免给债务人施加过重压力，促使其尽最大可能履行债务。[①] 但强制平仓权的行使没有经过协商环节，直接处分了担保物，给债务人造成了损失。

第二，强制平仓权加剧了市场下跌。强制平仓权行使的宏观经济背景一般为股市下跌导致作为担保物的股票价值无法维持在警戒线以上，但强制平仓权行使后卖出股票将增加市场的"看空"预期，致使市场继续下跌，从而引发下一轮强制平仓，如此循环，助长了市场加剧下跌，并未起到及时止损的效果。

---

① 参见高圣平《担保法论》，法律出版社2009年版，第303—304页。

第三，强制平仓权的行使侵蚀了证监会的监管权。[1] 此次股市异常波动期间，除证券公司因持有证券经营牌照而进行强制平仓之外，HOMES系统等配资软件的使用者（比如信托公司、私募基金等）虽没有证券经营牌照，但均进行强制平仓，这一协同效应使得资本市场出现"千股跌停"的惨象。

本文认为，上述理由均具有合理性，但仍然需要有限缓和"禁止流质条款"，赋予证券公司在特定情况下享有强制平仓权。强制平仓权在美国和我国香港地区被称为"特殊经纪权"，其行使的前提是"持有相应证券经营牌照+担保物价值降至警戒线之下+无法将担保物价值维持在警戒线之上"。因此，除证监会核准发放证券经营牌照以及从事股票担保业务牌照的证券公司以外，其他机构和个人无权行使强制平仓权。同时，在担保物价值降至警戒线之下时，强制平仓权并不能立刻行使，而是需要看债务人能否继续将担保物价值维持在警戒线之上，若否，则可行使强制平仓权，如此规定与资本市场行情的快速变化特点密切相关，否则可能导致更大的损失。

五　一个初步的结论

金融担保是金融创新的重要组成部分之一。但正是这种"创新"，使金融担保在某些方面存在特殊性，并与我国物权法、担保法的相关规定产生了矛盾。本文针对这些特殊性和矛盾，以极具代表性的股票担保为中心展开论述，在现有法律法规框架内，从解释论和立法论的角度提出了解决思路。但若要彻底解决问题，则需要在以下三个方面进一步研究。第一，构建证券间接持有制度（名义持有制度）。在目前证券直接持有制度下，质权人在质权设立、孳息收取和质权实现等方面存在诸多不便，因此，质权人名义持有制度势在必行。我国目前的股票质押和融资融券制度实际上已经实现了证券间接持有，下一步需要通过法律予以确认。第二，完善非典型性担保。在物权法定原则下，物权的种类和内容只能由法律规定。由于我国物权法规定的担保物权种类较少，相关条文与金融担保实践并不相

---

[1] 刘燕：《场外配资纠纷处理的司法进路与突破——兼评深圳中院的〈裁判指引〉》，《法学》2016年第4期。

符，从而阻碍了金融担保制度保障下金融市场融资功能的发挥。因此，应在现有担保物权种类的基础上完善非典型性担保物权，满足市场参与主体需要，激发投融资活力。第三，金融创新理念与金融风险防控的平衡协调。金融担保是市场发挥资源配置作用的结果，来源于市场主体为满足自身融资需要而进行的金融创新，值得提倡。但同时，金融担保也存在担保率设定不合理、风险系数高、审查不严格和金融机构内控机制不健全等风险。如何在有效预防风险的基础上发挥金融担保的制度优势，将是未来重要的研究课题。

结合当前正在制定的民法典，本文初步认为金融担保的特殊性在民法典"物权编"中应有所体现，但不宜独立成章。原因在于，金融担保与传统民事担保相比，虽然在设立、效力及实现等方面均存在特殊性，但本质上仍然以传统民事担保制度为基础，与传统民事担保制度是特别法与一般法的关系。上文对股票担保的论述，均从传统民事权利质权制度的基本原理与规则出发展开，然后结合股票担保的特殊性从解释论和立法论的角度指明规则完善的方向，便很好地说明了这一点。美国统一商法典第9章、欧盟金融担保协议指令（Directive 2002/47）虽然对金融担保进行了单独规定，但一方面上述国家和地区没有明确的民法、商法、经济法等部门划分，另一方面即便在上述法律规范中也同样以传统的合同、物权、担保基本规则为基础。而同属大陆法系的德国、日本和中国台湾地区，则直接在民法典中反映出金融担保的特殊性，对此不可不察。因此，在未来民法典"物权编"中"担保物权"一章中，可以考虑采用除外条款或者单条规定的方式指明金融担保的特殊性，但不宜将金融担保独立成章，否则会人为割裂金融担保与传统民事担保制度之间特别法与一般法的关系，造成法律适用上的掣肘。

论破产程序中税款滞纳金的债权性质与清偿顺位

乔博娟[*]

摘要：以一起破产债权确认纠纷案为分析样本，明确税款滞纳金的法律性质、其在破产程序中的债权顺位以及如何确定税款滞纳金的具体数额。由于税款滞纳金兼具行政执行罚和给付延迟之损害赔偿的性质，故破产案件受理前产生的税款滞纳金属于普通破产债权，其后产生的滞纳金属于除外债权，而具体数额则受到课征标准和起止期限的影响。鉴于征收税款滞纳金属于行政强制执行的具体方式，厘清其争议性质、救济途径以及法律适用等问题，有利于改进税收征管方式、保护纳税人的合法权益。

关键词：税款滞纳金；破产债权；税收优先权；行政强制；税收征管

依法治国，是坚持和发展中国特色社会主义的本质要求和重要保障，是实现国家治理体系和治理能力现代化的必然要求。而财政是国家治理的基础和重要支柱，科学的财税体制是优化资源配置、维护市场统一、促进社会公平、实现国家长治久安的制度保障。因此，必须深化税收体制改革，转变税务机关职能，完善税收执法程序，创新税收征管方式，做到严格规范公正文明执法，增强税务机关公信力和执行力。而破产程序中税款滞纳金清偿问题看似简单，实则复杂，不仅理论上存在争议，而且实践中纠纷频发。一方面，《税收征收管理法》与《企业破产法》的冲突由来已久，集中表现为税款滞纳金在破产程序中的债权顺位，即滞纳金是否享有税收优先权；另一方面，《税收征收管理法》与《行政强制法》在滞纳金

---

[*] 乔博娟：中国社会科学院法学研究所博士后，北京航空航天大学法学院讲师。

的征收程序、标准和数额等方面规定不同，往往引发法律适用冲突。对此，《税收征收管理法》在修订过程中先后两次试图对"滞纳金"进行更名以区别于《行政强制法》中的滞纳金，也从侧面反映了滞纳金的性质界定与法律适用之争。本文无意评判现有法律体系，而是以一起破产债权确认纠纷案为分析样本，在理论和规范层面对税款滞纳金的法律性质、债权顺位以及数额确定进行探讨，以期对破产程序中滞纳金清偿的法律适用和争议解决有所裨益。

一 破产债权确认纠纷案引发的思考

（一）基本案情与判决结果[①]

1988年5月25日，中国华阳金融租赁有限责任公司（以下简称华阳公司）经中国人民银行批准设立。2000年7月17日，由于华阳公司严重违规经营，不能支付到期债务，为了维护金融秩序稳定，保护债权人合法权益，中国人民银行决定于2000年8月3日撤销华阳公司，并且自公告之日起，停止其一切金融业务活动，指定清算组对其进行清算。

2000年9月20日，北京市西城区国家税务局（以下简称西城区国税局）向华阳公司清算组申报金额为959506.77元的债权，同时向华阳公司清算组发出催缴税款通知书，催收其欠缴的营业税税款479389.88元，并且自缴纳期限届满的次日起按日加收滞纳税款2‰的滞纳金。经审查，华阳公司清算组确认西城区国税局债权959506.77元，包括欠缴的营业税479389.88元和所得税480116.89元，但均未计算相应的滞纳金。2001年4月12日，西城区国税局向华阳公司清算组提出异议，认为追缴欠税时应一并征收滞纳金，二者合计为1448092.73元。

2006年6月14日，北京市第一中级人民法院（以下简称一中院）受理华阳公司提出的破产清算申请，并于2006年6月29日裁定宣告华阳公司破产。2006年7月20日，西城区国税局申报破产债权，欠缴税款为959506.77元，而截至2006年7月20日滞纳金为2773639.7元，二者合

[①] 根据北京市第一中级人民法院（2012）一中民初字第1112号判决书整理，参见"北京市西城区国家税务局诉中国华阳金融租赁有限责任公司破产债权确认纠纷案"。

计3733146.47元。对此，华阳公司清算组仅确认西城区国税局申报债权中的欠缴税款959506.77元，而未确认滞纳金2773639.7元。

2011年12月9日，西城区国税局收到华阳公司清算组函寄的《破产财产预先分配方案》、《最终确认债权表的公示》等文件，文件显示华阳公司清算组所确认的债权金额只包括欠缴税款，未包含滞纳金。经沟通，华阳公司清算组同意西城区国税局按照《企业破产法》规定的清偿顺序全额受偿税款959506.77元。

2011年12月29日，一中院受理了原告西城区国税局与被告华阳公司破产债权确认纠纷案。西城区国税局请求法院依法确认华阳公司欠缴的截至2006年6月14日（即破产案件受理之日）的滞纳金2756368.58元作为《企业破产法》规定的第二顺序债权。在诉讼中，西城区国税局提交了欠缴税款滞纳金计算说明，其中截至2000年8月3日（即中国人民银行撤销华阳公司之日）的滞纳金总额为1340616.34元。华阳公司对截至该日的滞纳金金额无异议。经审理，一中院认为原告西城区国税局的诉讼请求于法无据，遂判决驳回其诉讼请求。

(二) 争议焦点及问题提出

根据案件事实和判决结果可知，本案主要争议焦点在于，在破产程序中滞纳金是否享有税收优先权？围绕这一焦点，具体展开分析如下：

首先，破产企业欠缴税款产生的滞纳金是否属于破产债权？根据《最高人民法院关于税务机关就破产企业欠缴税款产生的滞纳金提起的债权确认之诉应否受理问题的批复》，税务机关就破产企业欠缴税款产生的滞纳金提起的债权确认之诉，人民法院应依法受理。依照《企业破产法》、《税收征收管理法》的有关规定，破产企业在破产案件受理前因欠缴税款产生的滞纳金属于普通破产债权。对于破产案件受理后因欠缴税款产生的滞纳金，人民法院应当依照《最高人民法院关于审理企业破产案件若干问题的规定》第六十一条规定处理。据此规定，人民法院受理破产案件后债务人未支付应付款项的滞纳金，包括债务人未执行生效法律文书应当加倍支付的迟延利息和劳动保险金的滞纳金，不属于破产债权。因此，以人民法院受理破产案件之日为界，破产企业在此之前产生的税款滞纳金属于普通破产债权，在此之后产生的税款滞纳金不属于破产债权。本案中，华阳公司在破产案件受理前因欠缴税款产生的滞纳金属于普通破产债权；而其在破产案件受理后产生的税款滞纳金则不属于破产债权。

其次，在破产程序中，税款滞纳金处于何种清偿顺位？根据《企业破产法》第113条，破产财产应当优先清偿破产费用和共益债务，然后依次清偿职工债权、税收债权和普通破产债权。如果破产财产不足以清偿同一顺序的债权，则按照比例分配。据此，破产财产分配时，在前一顺序的债权得到全额清偿之前，后面顺序的债权不予分配；同一顺序的债权不能得到全部清偿时，按照各债权的比例进行分配。这意味着税收债权处于第二顺位，优先于普通破产债权受偿；而破产企业在破产案件受理前因欠缴税款产生的滞纳金属于普通破产债权，只能末位受偿。至于破产案件受理后产生的税款滞纳金，属于除外债权，不得在破产程序中受偿，或处于普通破产债权之后受偿。

最后，如何计算税款滞纳金的起止时间与具体数额？根据《税收征收管理法》第32条，如果纳税人未按照规定期限缴纳税款，则税务机关除责令限期缴纳外，应从滞纳税款之日起，按日加收滞纳税款万分之五的滞纳金。《税收征收管理法实施细则》第75条进一步规定加收滞纳金的起止时间为法定税款缴纳期限届满次日起，至纳税人实际缴纳税款之日止。据此，税款滞纳金的加收率为0.5‰；始于税款缴纳期限届满次日，止于实际缴纳或者解缴税款之日。然而，考虑到人民法院受理破产案件后产生的税款滞纳金不属于破产债权，故在破产程序中，计算税款滞纳金的期限实际截至破产案件受理之日。需要说明的是，经过对《税收征收管理法》的数次修订，税款滞纳金的加收率不断下降。本案中，西城区国税局自1999年1月12日起向华阳公司按日加收滞纳税款2‰的滞纳金，但自2001年5月1日起，该加收率已降至0.5‰，故应根据不同的加收率分段计征税款滞纳金。[①]

纵观此类案件的判决，可以得出如下结论：首先，破产企业在破产案件受理前欠缴的税款属于破产债权，并且享有税收优先权；其次，其因欠缴税款产生的滞纳金属于普通债权，只能末位受偿；最后，法院受理破产

[①] 《国家税务总局关于贯彻实施〈中华人民共和国税收征收管理法〉有关问题的通知》（国税发〔2001〕54号）第四条规定，滞纳金分两段计征，2001年4月30日前按照千分之二计算，从2001年5月1日起按照万分之五计算，累计后征收。

案件后产生的滞纳金不属于破产债权,不得在破产程序中受偿。尽管上述结论符合破产法的相关规定,且已成为法院审理此类案件的裁判规则,但税务机关对此颇有微词,原因在于对滞纳金的法律性质及其在破产程序中的清偿顺位尚存争议,故仍需进一步探讨。

二 破产视角下税款滞纳金的法理解析

通过分析前引案例不难发现,《企业破产法》及其司法解释与《税收征收管理法》及其实施细则之间存在法律冲突,集中表现为税款滞纳金的债权性质、清偿顺位以及起止时间。尽管依照特别法优于普通法的原则能够解决上述法律冲突,但仍有必要对相关问题进行深入分析,包括厘清税款滞纳金的法律性质,判断其在破产程序中的债权顺位,并在此基础上确定税款滞纳金的具体数额。

(一) 税款滞纳金的法律性质

所谓加征滞纳金,是指在税款滞纳后,为督促税收债务人履行税收债务,而在其原负之税款债务外,就滞纳税额,按滞纳期间经过之日数,乘以滞纳税额之一定比例,加征之金钱的给付义务。① 简言之,税款滞纳金是指由税务机关对未按照规定期限缴纳税款的纳税人或扣缴义务人从滞纳税款之日起按日加收滞纳税款一定比例的金额。由于各个国家和地区规定的滞纳金标准和征收方式并不一致,因此,不能空泛地谈论滞纳金的性质,而应该结合各国和地区的具体规定进行探讨。然而,在各国和地区的税收立法中,滞纳金的标准一般介于利息和罚款之间,这样才使理论界对滞纳金的性质难于决断。②

针对我国税款滞纳金的法律性质,税法学界通说为行政执行罚兼给付

---

① 参见黄茂荣《税法总论》,台湾植根法学丛书编辑室,2008年,第853页。
② 如果一国和地区规定的课征标准较低,且根据滞纳期间的长短持续征收,那么滞纳金的性质更接近于损害赔偿。如果一国和地区规定的课征标准非常高,甚至有时不考虑滞纳期间的长短,那么滞纳金的性质当然更接近行政处罚。参见刘剑文、熊伟《税法基础理论》,北京大学出版社2004年版,第290页。

延迟之损害赔偿说。① 从行政执行罚的角度看，行政法学界普遍认为滞纳金是最为典型的执行罚的表现形式。② 这意味着执行罚的数额由法律明文规定，从义务主体应履行义务之日起按天数计算，而且可以反复适用，如义务主体履行其义务，则不再适用执行罚。从给付延迟之损害赔偿的角度看，民法上一般规定给付迟延的法律后果之一就是赔偿因迟延而给债权人造成的损害。由于损害赔偿责任的目的在于补偿受害人的全部损失，故其数额多少应与所造成的损失相当。因此，滞纳金的性质不可一概而论，必须结合具体税法条文中规定的滞纳金征收标准和征收方式进行判断。

具体而言，一方面，2001年修订前的《税收征收管理法》规定，按日加收滞纳税款2‰的滞纳金，该比例相当于银行年利率的73%，这明显地体现了滞纳金的惩罚性质，属于非常严厉的行政执行罚。而修订后的《税收征收管理法》规定，按日加收滞纳税款0.5‰的滞纳金，相当于银行年利率的18.25%，而且大体相当于民间借贷的利息成本。③ 由此可见，我国税款滞纳金的惩罚功能有所下降，赔偿性质更为明显。另一方面，《税收征收管理法》规定从滞纳税款之日起，按日加收滞纳税款0.5‰的滞纳金，这说明滞纳金的征收考虑了滞纳期间的长短，不同于仅规定处罚幅度而不考虑滞纳期间长短的罚款。此外，《税收征收管理法》针对滞纳税款的行为同时规定了滞纳金和罚款，这也说明二者可以并处，性质有所不同。有鉴于此，我国税款滞纳金兼具行政执行罚和给付延迟之损害赔偿的性质。

(二) 税款滞纳金的债权顺位

首先，税款滞纳金不同于税款本金，不得享有税收优先权。尽管税法规定和征管实践都习惯性地将税款本金与滞纳金相提并论，然而二者性质不同，不可等量齐观。赋予某种债权以优先权，主要考虑债权的产生原因

---

① 关于税款滞纳金的法律性质，学界主要有以下四种观点：其一，给付延迟之损害赔偿说。其二，行政执行罚说。其三，行政秩序罚说。其四，行政执行罚兼给付延迟之损害赔偿说。参见黄茂荣《税法总论》，第853—863页。

② 执行罚，也称罚锾、强制金，是指行政机关在相对人逾期不履行他人不能代替履行的义务时，以科处新的金钱给付义务的方式，促使其履行义务的强制执行方式。在行政执法实践中，执行罚常常表现为按时加处罚款或者滞纳金、一次或者多次加处一定数额的罚款等。参见应松年《行政法与行政诉讼法学》，中国人民大学出版社2009年版，第215页。

③ 参见刘剑文、熊伟《税法基础理论》，第292—293页。

及法律性质，并且体现特定的立法政策。既然设立税收优先权的主要目的在于保证税收债权优先受偿，那么在税收附带债务中，纯粹为了填补损失的利息应当享有优先权，而完全意在制裁的罚款不应享有优先权，问题在于兼具行政执行罚和给付延迟之损害赔偿性质的税款滞纳金是否享有税收优先权？从理论上讲，理想的做法是区别对待，即赋予给付延迟之损害赔偿部分的滞纳金优先权，而禁止行政执行罚部分的滞纳金优先受偿。然而，实践中并不可能将二者截然分开，因而也无法实现上述理想做法。从实践上看，2001年修法前规定的2‰的加收率明显过高，远超过了填补损失所应有的比例，以致丧失享有税收优先权的合理性；修法后0.5‰的加收率虽仍高于银行借贷利息，但主要功能在于填补损失，而非惩罚，如将税收优先权的适用范围及于税款滞纳金倒也无不可。事实上，是否赋予税款滞纳金以优先权，更多地取决于立法选择。通过分析已有法律规定可知，无论是税法还是破产法在确立税收优先权时均未明确包含滞纳金，因而不宜扩大解释，即税款滞纳金不得享有税收优先权。[1]

其次，税款滞纳金不同于行政罚款，不应列入除外债权。无论是从税法的角度看，旨在制裁的罚款与税收组织财政收入的目的不符，还是从破产法的角度看，针对债务人违法行为采取的处罚措施不应转嫁给全体债权人，罚款不仅不能享有优先权，而且应当被排斥于破产债权之外或者劣后于普通债权受偿。然而，尽管税款滞纳金具有部分行政执行罚的性质，属于行政强制执行，但是并不同于行政处罚中的罚款。其一，滞纳金是强制拒绝履行义务的义务主体履行其原有义务；而罚款则是强制拒绝履行义务的义务主体履行新的义务。其二，滞纳金的主要目的是通过罚缴一定数额的金钱，促使义务主体履行其应履行却尚未履行的义务；而罚款则是对已经发生的行政违法行为给予金钱制裁，目的在于防止其以后再实施违法行为。其三，滞纳金可以针对同一事项反复适用；而罚款则必须遵循"一事不再罚"的原则。[2] 因此，

---

[1] 《国家税务总局关于税收优先权包括滞纳金问题的批复》（国税函[2008]1084号）指出，税款滞纳金在征缴时视同税款管理，税收强制执行、出境清税、税款追征、复议前置条件等相关条款都明确规定滞纳金随税款同时缴纳。税收优先权等情形也适用这一法律精神，《税收征管法》第四十五条规定的税收优先权执行时包括税款及其滞纳金。该批复属于国家税务总局作出的部门规范性文件，不仅其效力级别过低，而且存在扩大解释之嫌，有违法律适用原则。

[2] 参见姜明安《行政法与行政诉讼法》，北京大学出版社、高等教育出版社2007年版，第331页。

鉴于税款滞纳金不同于行政罚款，不应列入除外债权。

最后，在破产程序中，破产企业在破产案件受理前因欠缴税款产生的滞纳金属于普通破产债权，破产案件受理后产生的税款滞纳金则为除外债权。如前所述，既然税款滞纳金既不同于税收本金，不得享有税收优先权；又不同于行政罚款，不应列入除外债权，那么折中的办法就是将其视为普通破产债权，这也符合其行政执行罚兼给付延迟之损害赔偿的性质。需要注意的是，能够视为普通破产债权的仅限于破产企业在破产案件受理前因欠缴税款产生的税款滞纳金，不包括破产案件受理后产生的滞纳金。从行政执行罚的角度看，破产企业已丧失清偿能力，加征滞纳金不仅无法实现强制执行的目的，而且减少破产财产，损害全体债权人利益；从给付延迟之损害赔偿的角度看，破产法规定附利息的债权自破产申请受理时起停止计息，包含滞纳利息的滞纳金也应停征。

（三）税款滞纳金的数额确定

一般情况下，计算税款滞纳金的基数为未缴纳的税款总额，除此以外，影响其数额的主要因素为课征标准（即加收率）和起止期限。

一方面，就世界范围而言，滞纳金并没有统一的课征标准，大体可分为分段加收率和固定加收率两类，二者区别在于是否考虑滞纳期间的长短。如果加收率的高低随着滞纳期间的长短而有所不同，即在初期适用较低的加收率或者有一定的豁免额，而随着时间的延长加收率逐渐增高，则为分段加收率。例如，根据德国《租税通则》第240条，在到期之日届满之前未缴纳的税，滞纳每开始一月，按所拖欠税额四舍五入后金额的百分之一收取滞纳金；征收附加税时，滞纳金不成立；对三日以内的滞纳，不收取滞纳金。[①] 反之，如果加收率的高低与滞纳期间的长短无关，即在整个滞纳期间统一适用统一比例，则为固定加收率。例如，我国《税收征收管理法》第32条规定，从滞纳税款之日起，按日加收滞纳税款万分之五的滞纳金。

另一方面，税款滞纳金征收的始期为税收清偿期届满的次日，其终期则为税款实际缴纳之日，或者通过抵消、强制执行而被清偿之日。在实践中，由于非现金支付命令发出日与实际付款日以及资金到账日之间存在差

[①] 参见《外国税收征管法律译本》编写组《外国税收征管法律译本》，中国税务出版社2012年版，第1720页。

距,纳税主体采取不同的支付方式可能会影响税款实际缴纳日的确定,有必要针对不同的付款方式作出相应的规定。此外,如果税款是通过强制执行程序而缴纳的,其具体缴纳税款的时间如何确定,将直接影响到滞纳金的终止日期。① 具体到破产企业的税款滞纳金,其终期实际为破产案件受理之日,即法院裁定受理破产申请之日。

此外,滞纳金的数额从义务主体应履行义务之日起,按天数计算,法律并未对滞纳金的上限作出规定,这意味着只要义务主体不履行义务,滞纳金就可以一直适用。因此,实践中出现了大量"天价滞纳金",即滞纳金的数额远远高于本应缴纳的金额本身,本文前引案例即属于此种情况。然而,作为执行罚的滞纳金旨在督促义务主体尽快履行义务,但是不断加重、甚至高出本金的滞纳金负担,反而会使义务主体更加不愿意或者不能够履行义务,因而无法实现滞纳金本来的功能。有鉴于此,《行政强制法》对滞纳金的数额作出封顶限制,以符合比例原则的要求。②据此,《税收征收管理法》应当修改与此不符之处,对税款滞纳金的上限作出规定,使之不得超过未缴税款的数额。③ 值得一提的是,为减轻纳税人负担,2015年《税收征收管理法修订草案(征求意见稿)》中增加了滞纳金(或称税收利息)中止加收、不予加收的规定,④ 但遗憾的是该建议最终未被采纳。

---

① 参见刘剑文、熊伟《税法基础理论》,北京大学出版社2004年版,第288—289页。
② 例如,根据《道路交通安全违法行为处理程序规定》第52条,交通执法领域的滞纳金总额不得超出罚款数额。
③ 对于征收税款加收滞纳金的金额能否超过税款本金这一问题,国家税务总局曾在其官方网站上答复如下:"税收滞纳金的加收,按照征管法执行,不适用行政强制法,不存在是否能超出税款本金的问题。如滞纳金加收数据超过本金,按征管法的规定进行加收。"对此,笔者认为值得商榷,具体理由详见下文论述。http://www.chinatax.gov.cn/n8136506/n8136563/n8136874/n8137351/12026595.html,访问日期:2014年6月7日。
④ 根据《税收征收管理法修订草案(征求意见稿)》第六十条:"下列期间,税收利息中止计算:(一)纳税人、扣缴义务人的财产、银行账户被税务机关实施保全措施或者强制执行措施,导致纳税人、扣缴义务人确实难以按照规定期限缴纳或者解缴税款的,从措施实施之日起至措施解除之日止;(二)因不可抗力,致使纳税人、扣缴义务人未按照规定期限缴纳或者解缴税款的,从不可抗力发生之日起至不可抗力情形消除之日止;(三)国务院税务主管部门确定的其他情形。非纳税人、扣缴义务人的过错,致使纳税人不能及时足额申报缴纳税款的,不加收税收利息。"

三 破产程序中税款滞纳金争议的法律救济

实践中，税务争议比比皆是，加之税法与行政法在税务争议解决方面的规定存在冲突，往往令当事人难以适从。倘若纳税主体进入破产程序，则使情况更加复杂。欲解决破产企业与税务机关之间的税款滞纳金争议，唯有在准确界定争议性质的基础上采取相应的救济方式，并且妥善处理法律适用冲突等问题。

（一）税款滞纳金争议的救济方式

根据《税收征收管理法》第88条，纳税人与税务机关发生纳税争议时，必须先依照税务机关的纳税决定缴纳税款及滞纳金或者提供相应的担保，然后才可以申请行政复议；如对行政复议决定不服，则可向人民法院起诉。相反，如果当事人对税务机关的处罚决定、强制执行措施或者税收保全措施不服，那么既可以申请行政复议，也可以向人民法院起诉。据此，争议性质不同，则救济方式不同。因此，当纳税主体与税务机关仅就税款滞纳金问题发生争议时，如何界定争议性质将直接影响当事人可能采取的救济方式。如果税款滞纳金争议属于纳税争议，那么纳税主体必须先缴纳税款及滞纳金，或者提供相应担保，然后才能申请行政复议，此为纳税义务前置；对行政复议决定不服的，可以向法院起诉，此为行政复议前置。如果税款滞纳金争议属于纳税争议之外的税务争议，则纳税主体既可以申请行政复议，也可以向法院起诉，无须复议前置。

关于税款滞纳金争议的性质，现行法律并无明文规定。[①] 然而，理论界和实务界还是倾向于将滞纳金争议视为纳税争议。在理论上，有学者认为，既然滞纳金的性质以损害赔偿为主，滞纳金争议总体上就应当归入纳税争议，而不是行政处罚争议。[②] 也有学者认为，滞纳金争议涉及计税依据，因而可以理解为纳税争议。在实践中，由于过于强调税款及时入库，税务机关普遍要求滞纳金争议遵循纳税争议的解决途径，即纳税主体必须

---

① 参见《税收征收管理法实施细则》第100条，该规定并未明确将税款滞纳金争议纳入纳税争议的范围。

② 参见刘剑文、熊伟《税法基础理论》，第295页。

先履行纳税义务，才有机会申请行政复议；对行政复议决定不服的，才可以向法院起诉。如此一来，不仅加重纳税主体的负担，而且变相剥夺了当事人获得法律救济的权利。事实上，单纯地争论税款滞纳金争议的性质并无多少实际意义，关键在于采取何种程序设计更加有利于税务争议的解决。

暂且不论税款滞纳金争议到底应该采取何种救济方式，仅就纳税义务前置和行政复议前置的制度设计而言，就值得商榷。一方面，关于纳税义务前置的规定一直饱受诟病。人们普遍认为仅仅出于确保税款及时安全入库的考虑，就为当事人申请行政复议设置前提条件，其手段和目的之间实在缺乏必要的平衡，不仅严重违背了法治国家所要求的比例原则，甚至存在剥夺当事人申请救济的权利之嫌。[①] 对此，《税收征收管理法》在修订过程中曾试图发挥行政复议的主渠道作用，对在纳税上发生的争议，取消先缴税后复议的规定，[②] 可惜最终修订稿仍维持了纳税义务前置的规定。照此逻辑，因丧失清偿能力而无力负担税款和滞纳金的破产企业岂不毫无权利救济可言。另一方面，行政复议前置的规定实属多余。尽管从理论上讲行政复议前置具有一定的合理性，如有效利用税务机关专业知识和经验快速解决纠纷，节约司法资源，降低相对人的诉讼成本等，但是从实证角度分析可知，由于我国复议机关缺乏独立性和公信力，难以作出公正的复议决定，相对人往往会选择向人民法院提起行政诉讼。如此一来，不仅降低争议解决效率，浪费行政和司法资源，而且容易产生新的争议，加剧当事人与行政机关之前的矛盾。基于以上分析，建议取消纳税义务前置和行政复议前置的双重限制，赋予纳税主体自主选择的权利。事实上，任何一个理性的当事人都会基于自身利益最大化的考量，在行政复议和行政诉讼之间作出选择，这不仅符合权利救济的应有之义，在某种程度上也会促成行政复议制度的改革完善。

此外，一旦纳税主体进入破产程序，税款滞纳金争议实际上就是破产

---

① 参见刘剑文、熊伟《税法基础理论》，第488页。
② 根据《税收征收管理法修订草案（征求意见稿）》第一百二十六条："纳税人、扣缴义务人、纳税担保人同税务机关在纳税上和直接涉及税款的行政处罚上发生争议时，可以依法申请行政复议；对行政复议决定不服的，应当先按照复议机关的纳税决定缴纳、解缴税款或者提供相应的担保，然后可以依法向人民法院起诉。"

债权争议。根据破产法的一般规定，法院受理破产案件后，债权人只有在依法申报债权并且得到确认后，才能行使在破产程序中的参与、受偿等权利。换言之，尽管破产程序启动前某项债权客观存在，但是只有经依法申报并取得确认后，破产债权才能够受偿。如利害关系人对债权确认的结果有异议，则应通过债权确认诉讼的方式解决，即向受理破产申请的法院提起诉讼。本文引例即为税务机关就破产企业欠缴税款产生的滞纳金提起的债权确认之诉。

(二) 税款滞纳金争议的法律适用

2012年1月1日起施行的《行政强制法》，有利于规范行政强制的设定和实施，保障和监督行政机关依法履行职责，维护公共利益和社会秩序，保护公民、法人和其他组织的合法权益。其中，该法规定的行政强制执行的方式之一即为加处罚款或者滞纳金。对于金钱给付义务的执行，《行政强制法》较《税收征收管理法》作出以下改进：在程序要求方面，行政机关作出强制执行决定前，应当事先催告当事人履行义务。在执行和解方面，行政机关可以在不损害公共利益和他人合法权益的情况下，与当事人达成执行协议；当事人采取补救措施的，可以减免加处的罚款或者滞纳金。在征收标准方面，加处罚款或者滞纳金的标准应告知当事人。在数额限制方面，加处罚款或者滞纳金的数额不得超出金钱给付义务的数额。相比而言，得益于对程序规则的重视、权利保护意识的增强以及立法技术的提高，上述规定无疑更加有利于保护行政相对人，尤其是纳税人的合法权益。

由于《行政强制法》与《税收征收管理法》在滞纳金的征收程序、标准和数额等方面的规定有所不同，因而导致法律适用冲突问题。根据法律适用基本原则分析，首先，二者同为全国人大常委会制定的法律，是同一机关制定的效力级别相同的同位法；其次，在税收强制领域，《行政强制法》是一般法，《税收征收管理法》是特别法；最后，就颁布时间而言，《行政强制法》是新法，《税收征收管理法》是旧法。因此，对于两法中的不同事项，应当遵循新法优于旧法，特别法优于一般法；而对于两法中同一事项的不同规定，即新的一般法与旧的特别法之间的冲突，则应根据《立法法》第85条的规定，法律之间对同一事项的新的一般规定与旧的特别规定不一致，不能确定如何适用时，由全国人民代表大会常务委员会裁决。

值得一提的是，为了与《行政强制法》相衔接，《税收征收管理法》在修订过程中先后对"滞纳金"进行了两次更名：2013年《税收征收管理法修正案（征求意见稿）》将"滞纳金"更名为"税款滞纳金"，并完善税收行政强制执行程序和费用承担规定；而2015年《税收征收管理法修订草案（征求意见稿）》则将"滞纳金"更名为"税收利息"，利率由国务院结合人民币贷款基准利率和市场借贷利率的合理水平综合确定。由此可见，立法者已经意识到两法在滞纳金规定上的冲突，两次更名均旨在与《行政强制法》中的滞纳金相区别，不过最终公布的修改决定[①]并未采纳上述修改建议，仍然沿用了"滞纳金"这一称谓。当然，更名之举似乎并未厘清税款滞纳金的法律性质及其与执行罚的区别，而且名称上的所谓区别显然无法成为税务强制不受《行政强制法》约束的正当理由。《税收征收管理法》应当修改或废止有违《行政强制法》的规定，尤其是对矛盾突出的滞纳金问题作出必要调整。作为由行政强制执行形成的税收附带债务，税款滞纳金的制度设计应当遵循法定、适度、合理、有效的原则，对于丧失清偿能力的破产企业而言更是如此。如此一来，既可以发挥税款滞纳金补偿、惩罚和督促的功能，又可以避免天价滞纳金的滥罚之嫌。遗憾的是，此次《税收征收管理法》修订充其量只是小修小补，仅仅强化了减免税征管规定，[②]而此前征求意见稿中的诸多亮点几乎均未被采纳，并未如外界所预期的完善税收利息制度、取消先缴税后复议的规定以及实现与相关法律的衔接等，如此微调实属不尽如人意。事实上，无论是从督促税务机关依法征税、保护纳税人合法权益的角度考虑，还是从顺应立法趋势、提升法治水平的角度出发，《税收征收管理法》都应对上述争议问题有所回应，借修改之机实现自我完善。

---

① 《全国人民代表大会常务委员会关于修改〈中华人民共和国港口法〉等七部法律的决定》已由中华人民共和国第十二届全国人民代表大会常务委员会第十四次会议于2015年4月24日通过，自公布之日起施行。

② 最终，全国人大常委会只对《税收征收管理法》中有关行政审批的规定作出修改，即将第三十三条修改为："纳税人依照法律、行政法规的规定办理减税、免税。地方各级人民政府、各级人民政府主管部门、单位和个人违反法律、行政法规规定，擅自作出的减税、免税决定无效，税务机关不得执行，并向上级税务机关报告。"

四 结语

由于我国税款滞纳金兼具行政执行罚和给付延迟之损害赔偿的性质，故破产企业在破产案件受理前因欠缴税款产生的滞纳金不得享有税收优先权，而应属于普通债权；破产案件受理后产生的税款滞纳金因受自动中止效力约束，则不属于破产债权。至于破产企业税款滞纳金的数额，目前万分之五的加收率并无不妥，但是应当对其上限作出规定，使之不得超过未缴税款的数额，而且实际征收期间应为税款缴纳期限届满次日起至法院裁定受理破产申请之日止。此外，在破产程序中，税款滞纳金争议实为破产债权争议，无须纳税义务前置和行政复议前置，而应向受理破产申请的法院提起债权确认之诉。至于《行政强制法》与《税收征收管理法》之间的法律适用冲突，尽管原则上应由全国人民代表大会常务委员会裁决，但必须承认的是前者在滞纳金的征收程序、标准和数额等方面已有较大改进，而后者则亟须修改完善相关规定，这也是推进依法行政的应有之义。

论互联网行业竞争中相关市场的界定

逄晓霞[*]

一 问题的提出

从美国的微软反垄断案到谷歌、雅虎等在美国、欧洲受到的反垄断调查再到我国百度的"竞价排名"案件,由于互联网产业反垄断案件数量的不断增加,针对互联网产业实施的关于捆绑销售、强制交易、附加不合理交易条件等涉嫌滥用市场支配地位的行为而开展的一系列反垄断调查引起了社会的广泛关注。

在对互联网产业反垄断案件进行针对性分析的过程中,相关市场的界定无疑是第一个应当思考的问题。纵观互联网巨头的反垄断案件,相关市场的界定既具有基础性意义,同时又往往是争议的焦点问题,尤其是双边甚至是多边互联网平台。在互联网市场之中,没有一个普遍的"传统智慧"指导反垄断进行。[①]

互联网产业的多边平台现象是其最为显著的特征之一,同时也给传统的相关市场界定带来了前所未有的挑战。迎合不同客户群体需求而形成的互联网产业多边平台并非新鲜事物,然而伴随着相关产业的发展壮大,在反垄断法领域给予互联网多边平台一个明确的定位并及时针对该种平台的特点适时更新竞争规则的适用就具有了突出的重要性。这种重要性不仅来自于互联网产业本身发展的需要,更是因为相较于实体的企业,互联网产

---

[*] 逄晓霞:中国社会科学院法学所博士后。

[①] 参见劳尔斯·柯约比《互联网产业:多边市场和竞争规则的适用》,《竞争政策研究》2015年第2期。

业的特点使其天然更具有集中的趋势，容易使个别大企业具有市场支配地位，从而带来实施相关垄断行为的可能性。

二 互联网多边平台反垄断法适用的实践

面对互联网多边平台发展给相关市场界定带来的新问题、新情况，各国反垄断执法和司法机关在相关市场的界定中进行了许多改革，但同时也存在许多问题。

（一）模糊相关市场界定

互联网产业反垄断是一项新事物，因此，即使是反垄断规则制度较为成熟的欧美国家在该方面的执法和司法经验也较为匮乏。在一些早期案例中，法院在做出反垄断判决时，对相关市场界定的问题有意采取了模糊甚至是回避阐述的态度，不主动对该方面的问题进行说明和论证。例如在 Kinderstart.com LLC v. Google Tech. Inc. 案件中，[①] 法官在判决中指出了搜索引擎市场和搜索广告市场之间的区别，也针对原告对被告垄断行为的指控做出了相应回应。但是，法院并没能进一步准确地对平台双边市场进行准确界定，也没有指出二者之间存在怎样的相互关系或者能否对彼此造成市场支配地位上的影响。在该案件中，法官由于对互联网多边平台的特殊性难以把握而对相关市场的界定采取了模糊处理的态度，没有在竞争影响的分析过程中进行正式完整的相关市场界定。这样对相关市场的淡化处理，很可能会导致竞争规则适用的扩大化，从而产生很多反垄断"伪案"。[②]

（二）忽视互联网多边平台特征

交叉网络外部性和价格结构非对称性是互联网多边平台的基本属性，然而在反垄断实际操作中，这两种特征对相关市场界定的影响极为复杂，法官们往往会直接选择忽视多边平台特征的影响。在 2008 年人人信息公

[①] See No. C 06—2057 JF RS ，(N. D. Cal.)，March 16，2007.
[②] 关于反垄断"伪案"，参见郑文通《我国反垄断诉讼对"滥用市场支配地位"规定的误读》，《法学》2010 年第 5 期。

司起诉百度垄断纠纷一案中，法院注意到了价格结构非对称性的特征，没有被"免费"的搜索引擎服务本身所限制，将其界定为独立的相关市场，这是我国反垄断法的进步。但是搜索引擎作为一个多边平台，其所在的相关市场至少应该包括服务使用者通过平台满足自己对搜索内容的需要（搜索引擎服务层面），广告商针对搜索内容通过平台发布相关广告（搜索引擎广告层面），满足用户搜索需求的网站通过平台向用户提供搜索的结果（搜索引擎内容层面）。[①] 而在"百度案"中，法院忽视了平台各边之间的交叉网络外部性影响，没有将搜索引擎用户数量的增减与搜索引擎广告市场的规模和吸引力紧密联系起来，仅机械地将企业所占市场份额高的市场界定为相关市场。各个平台市场间的相互关系没有得到确定和明晰的梳理，简单地将与原告没有直接关系的搜索引擎服务市场界定为该案的相关市场，忽视了百度公司作为一个多边平台的互联网企业，还存在着其他平台上的广告服务市场等，形成了对百度"竞价排名"行为所在相关市场的不准确界定。

在法国 Bottin Cartographes v. Google 案中，原告提供收费 B2B 在线地图服务，而被告谷歌则向公司客户提供免费的在线地图服务。巴黎商事法庭在判决中指出，谷歌在法国搜索引擎市场上占有事实上的垄断地位，由于搜索引擎市场、广告市场、在线地图市场之间存在紧密的联系，所以被告谷歌能够顺畅地将其在搜索引擎市场上的市场支配地位传导至广告市场和在线地图市场，从而在广告市场和在线地图市场上同样占有支配地位。巴黎商事法庭在该案的判决中注意到了搜索引擎多边平台交叉网络外部性的特征，但是却忽视了其价格结构的非对称性。判决中没有分析搜索引擎多边平台不同用户群体对价格的不同反应，直接将其界定为一个单边市场，适用单边市场分析方法，支持认定谷歌向公司客户免费提供在线地图服务是滥用支配地位行为。这样直接将多边平台界定为单边市场的行为，无疑使反垄断案件审理中的法律分析和逻辑推理变得简洁、明确。然而，将经营者被认定在相关市场上占有支配地位确定为启动反垄断法干预的唯一标准值得商榷。

[①] See Thomas Hoppner, "Defining Markets for Multi—Sided Platforms: The Case of Search Engines". *World Competition 38*, No. 3 (2015), p. 356.

（三）需求替代性和价格成本分析困难

2016年8月1日，"滴滴出行"宣布收购"优步中国"全部资产的消息因涉及反垄断规制引起了广泛关注，该收购行为与2014年美国司法部指控Bazaarvoice非法收购PowerReviews一案情形类似。Bazaarvoice、PowerReviews都属于在线产品评分及评论网站，由于交易金额未达到反垄断法规申报标准，2012年6月，Bazaarvoice未经政府审查收购了PowerReviews。但不久美国司法部就对这项交易展开了反垄断调查，并向加州北区地方法院提起诉讼，指控Bazaarvoice通过收购Power Reviews消除了唯一的主要竞争对手，很可能会压制价格竞争和大幅削弱在线评分及评论网站的创新空间，违反了反垄断法。2014年1月，法院作出判决支持司法部的结论。[1] 法院在判决中注意到了Bazaarvoice和PowerReviews作为互联网多边平台的特点，然而在对其进行需求替代性分析的过程中，没有能够对交叉网络外部性导致使商户数量和用户数量之间的双边需求互相影响进行综合考量，还是采用了单项进行的需求替代性分析。在竞争约束方面只考虑了提供类似收集整理客户信息的专项平台，没有将其他也提供评分功能的综合性多边平台纳入竞争关系，判定被告可以利用集中后在评分市场所占的份额形成垄断地位，这实际上造成了对相关市场界定的狭隘性。互联网多边平台在选择使整体利润最大化的价格结构时，既要考虑各边的需求弹性和边际成本，也要考虑各边需求之间的关系和平台运行的成本。为了取得企业利润最大化而采取的价格倾斜策略使价格成本分析更为困难。这种困难性在平台向部分用户提供免费产品和服务的情况下表现得更为明显，该案中即是如此。Bazaarvoice对于发表评价的用户一边采取了免费的模式，而判决中的价格分析并未充分体现对免费用户影响平台另一边价格的考量，仅关注其向企业收费的相关市场。法院没有在对多边平台的特征有明确认知的前提下针对需求替代关系和价格成本关系的复杂性有效地调整相关市场界定。

综合上述典型案例的分析，可以得知，在互联网产业反垄断中，竞争规则的适用面临着相关市场界定的存在必要性被淡化、互联网多边平台特

---

[1] 关于该案判决详情，参见 U.S. v. BAZAARVOICE, INC. Case No. 13—cv—00133—WHO. United States District Court, N.D. California, San Francisco Division.

征被忽视等问题；在一些案例中，即使在多边平台的特征被认识到的情况下，也可能由于竞争约束的复杂性和价格成本的复杂关系而不能得出准确的相关市场界定结果。基于实践中出现的种种问题，相关市场的界定需要重新检视。

三　多边平台相关市场界定的重新检视

（一）重新审视相关市场界定之作用

由于多边平台的产生和发展增加了对于相关市场进行界定的难度，因此一些学者针对互联网产业提出了淡化相关市场界定，直接认定滥用市场支配地位的垄断行为的观点。对于这种提法，笔者持保留意见。所谓"滥用市场支配地位"，其基础应当是垄断者拥有"市场支配地位"。然而如果不在反垄断实施的一开始就对相关市场进行界定，那么何来"市场"？又如何确定"市场支配地位"？因此，相关市场的界定在互联网企业反垄断实施中一样具有基础性意义，不能因噎废食，通过淡化和模糊的方式来回避对相关市场的界定问题。传统上仅通过市场份额来判定市场势力的认定，固然是存在问题的，但解决问题的方式应当是在肯定相关市场成立且明确其范围的情况下，通过改革原有方式发现新方法去认定市场主体的市场势力，而并非对相关市场界定本身的彻底摒弃。

（二）考虑多边平台交叉网络外部性影响

多边平台的交叉网络外部性特征决定了一边平台的变化会对其他平台的需求产生相应的影响。平台经济学的一个基本观点是：消费者福利取决于平台各边的聚合效应。[1] 关键问题在于：某一边平台产品设计改变之后，这一变更的效益与成本会传递到整个平台上。这种改变可能会产生正网络外部性，也可能会带来负网络外部性；正的网络外部性可能是利润的提高，而负网络外部性可能就是成本的增加。这种利润和成本的改变会传递到整个多边平台之上。

---

[1] 参见 Koren Wong-Ervin：《多边平台的经济学分析及反垄断启示》，《竞争政策研究》2016 年 3 月号，第 33 页。

根据产业实践角度的不同，互联网双边平台被分为市场创造型、受众制造型和需求协调型三种。有学者根据每一种市场类型交叉网络外部性的不同分析垄断力量在不同双边平台中的传递情况。即双边市场具有正的交叉网络外部性的条件下，平台一边的市场支配力量可以经平台向另一边传递，而在具有负交叉网络外部性的条件下，则不存在市场支配力量从平台一边向另一边传递的问题。进而根据垄断力量传播与否对互联网企业反垄断指控做出不同应对。①虽然学界对于上述观点中支配力量具体的传递过程和影响有不同意见，②但是这种对垄断力量在平台各边传递进行分析的思路对于多边平台的反垄断具有重要的借鉴意义。

针对多边平台各边外部性的关系对其相关市场的市场控制力方面的影响有学者提出以下观点：多边平台每一边的市场力量，不管是增加价格还是减少需求的形式，均会受到平台其他边交易减少的限制，这样的限制会削弱互联网企业在相关市场中的市场力量。互联网多边平台企业为了免于这样的风险会尽可能地保持较低的价格水平和较高的产品服务质量。基于这样网络外部性的影响，为了提供一个可靠的相关市场和市场竞争力的评估，不同客户群体之间需求的相互依赖性应当被加以细分。与此同时，当平台向某些用户提供免费的服务时，无价格市场的竞争也要予以高度关注。此外，市场份额的概念在确定相关市场和市场力量的过程中要谨慎使用，特别是当它只反映平台某一边情况的时候，不要因为平台某边的免费服务就忽视其外部性的相互依赖作用，也不要因此就判定平台免费一边的价值不具有经济上的意义。③

网络交叉外部性是多边平台的核心特征，互联网无形市场的存在形式又使这种特征给相关市场界定带来更大难度，对平台各边之间的网络外部性有明确的认识和界定并非易事，也不可能一蹴而就。但千里之行，始于足下，只有通过理论和实务两方面共同的努力判断互联网企业在某一边平

---

① 蒋岩波：《互联网产业中相关市场界定的司法困境与出路——基于双边市场条件》，《法学家》2012 年第 6 期。

② 参见林平、刘丰波《双边市场中相关市场界定研究最新进展与判例评析》，《财经问题研究》2014 年第 6 期。

③ David S. Evans: Multisided Platforms, Dynamic Competition and The Assessment of Market—Power for Internet—based Firms. COASE—SANDOR INSTITUTE FOR LAW AND ECONOMICS WORKING PAPER No. 753, p. 15.

台市场中的支配地位是否会对其他平台相关市场产生影响以及会产生怎样的影响，才能不断提升在对多边平台的相关市场进行界定的准确性。

四 结语

互联网多边平台的发展代表了当今世界经济发展的潮流和趋势，同时也为反垄断法领域带来了新的挑战。目前在多边平台的概念确认和相关市场的分类和界定方面还存在着诸多争议，尚未出现形成高度统一的学界共识或者是指导反垄断司法和执法机关行为的一般规则。从理论分析上来说，对于多边平台各边所在相关市场的界定并非难以完成，但在实际操作中要求用规范的经济模型和测试来对理论研究的结果检验确定则囿于各种因素的影响而相当困难。尽管如此，相关市场基本内涵和概念本身仍然是反垄断法对互联网产业多边平台进行规制的基础，需要改变的是具体的思考方式和界定方法。

认识和研究互联网企业多边平台多边供给、多边需求的构成特点和价格结构非对称性、交叉网络外部性的特征并在此基础上对相关市场测试方法做出调整和改进，同时引入新的分析工具来科学有效地确定平台各边的相关市场，从而实现对多边平台竞争行为的有效规制。这是《反垄断法》为适应多边平台的互联网经济发展所做的必要变革，同时也是运用《反垄断法》更好地规制市场行为、促进互联网经济良性发展的必经之路。

"依法治藏"背景下的藏区草场纠纷治理[*]

杨继文[**]

摘要： 在我国藏区社会现代发展过程中，依法治藏具有重要意义。以草场纠纷案为例，引出藏区草场纠纷治理的实践逻辑与问题，揭示出藏区民众法律观念与国家治理意愿之间可能存在某种程度的疏离，体现为藏族习俗应用的有限性和国家治理能力的不足等。在历史上，藏区草场纠纷的治理呈现出的是法律、道德与宗教的浑然一体。而藏区草场法律管理相关制度的完善、环境公共利益制度的构建、习惯法与国家法的良性互动以及多元化解决机制的构建，构成了我国藏区解决草场纠纷等法律适用问题的应对出路。这丰富和发展了依法治藏的内容和表现。

关键词： 依法治藏；藏区农村；草场纠纷；综合治理

在十八大以后，尤其是中央第六次西藏工作座谈会上，习近平总书记指出："依法治藏，就是要维护宪法法律权威，坚持法律面前人人平等，无论什么民族、信仰什么宗教，具体问题具体分析，属于工作问题就改进工作，属于违法问题就依法处理，不能简单贴标签，把出现的问题归结为民族宗教问题。"依法治藏对于我国藏区的现代化转型与发展具有重要意义。它是贯彻落实党和国家依法治国战略，构建社会主义和谐藏区的具体体现，是实现藏区经济社会富裕繁荣，实现跨越式发展的有力保障，是藏

---

[*] 本文系国家社科基金重大项目"十八大以来党中央'治边稳藏'战略思想的理论体系研究"（项目编号：16ZZD051）之阶段性成果。本文的主体内容和核心思想，曾发表于《贵州民族研究》2016年第3期。

[**] 杨继文（1985— ）：男，山西大同人，法学博士，西南财经大学法学院师资博士后，法学综合实验教学中心主任，研究方向：刑事诉讼法学、藏族法律文化等。

区持续稳定、长期稳定、全面稳定的需要。① 因此，在依法治藏的背景下，本文从藏区草场纠纷的实践治理逻辑出发，引出藏区依法治理草场纠纷的问题所在，并对历史上所存在的藏区草场纠纷治理进行考察，提出藏区草场纠纷治理应当是一种依法治理意义上的综合治理。

一 实践样态：藏区草场纠纷的治理逻辑

青藏高原草原生态文明建设事关牧区民生、国家生态安全、民族团结和边疆稳定。② 而在我国藏区，草场纠纷是藏民在青藏高原农村生产与生活过程中常见的纠纷类型之一。例如，因挖虫草等引发的草场纠纷大致每年发生上百起，其中村与村之间占60%，乡与乡之间大约25%，县与县之间10%，跨地市之间占5%。刑事案件每年也有10起以上；引发的较为严重的群体性事件每年也达十余起，并且跨乡、跨县甚至跨地市之间为此产生的矛盾纠纷有扩大和升级趋势。③ 在藏民解决草场纠纷的过程中，形成了一种不同于国家治理的实践样态和技术理性。从国家依法治藏的角度来看，这种民众法律观念与国家治理意愿之间可能存在某种程度的疏离，表现为藏区草场纠纷治理的实践取向与实用逻辑。

（一）问题引出：一件藏区草场纠纷案件的治理过程

1. J村与Z村草场环境纠纷案的发生缘由

笔者曾于2013年7—8月间，在我国四川藏区进行调研，收集了这样一件草场纠纷案件。在S藏族自治州，有一个风景秀美的山沟，里面蕴含着丰富的草场资源。在这个山沟里有两个距离较近的藏族村庄，即J村和Z村。J村在这个沟的最里面，而Z村就在J村外面，离沟口较近。从历史传统来看，这个草场本应由两个村庄共同所有，共同放牧。在1994年，

---

① 曾燕：《西藏社会现代化转型与依法治藏的理性思考》，《西藏大学学报》（社会科学版）2015年第2期。

② 刘刚、泽柏、张孝德：《论青藏高原草原生态文明建设》，《农村经济》2015年第7期。

③ 嘎松美郎：《谈坚持依法治藏问题——以加强冬虫夏草资源管理为例》，《理论观察》2015年第1期。

Z村将两村之间属于本村的草场,借让给G乡来放牧。G乡为了感谢,请客喝酒表示感谢。结果,邻居的J村藏民以主人身份把酒喝了,为此Z村居民感到面子受损,就草场的归属权与J村发生纠纷与争议,只因"气不过自己的草场被别人利用"。从本质上来说,这个案件的主要源头是草场的归属问题,即当地的草场自然资源到底属于哪个村?双方草场的边界究竟在哪里?

2. 本案的处理经过

两村之间草场归属权纠纷,自此之后持续了多年。在这期间,他们通过一些争斗、武力的方式来解决;也尝试通过藏族习惯法来处理,如请两村有名望的老者、村长和有说服力的人进行调解,但都没有根本性地解决问题。在本案处理的过程中,双方完全是通过私力救济的方式来进行。这是因为,"在双方长时间的接触过程中,两村村民心里都明白草场的归属权,只是不点破而已。而如果请当地政府乃至司法机关参与进来的话,可能会得不偿失"。而引发案件争议的也仅仅是其中一村的名誉(面子)受到损害,而不是什么财产利益。因此,该案也就在双方不断争议的过程中持续发酵。但是,关于草场自然资源的归属问题,并没有彻底解决。由于没有地方政府以及司法机关的参与,只是两村人之间应用藏族习俗及习惯法等来进行调解,使该案有可能成为未来两村再次发生纠纷的导火索之一。

3. 本案的处理结果以及影响

经过双方采取的上述一系列措施,以及不懈地努力,最终以J村承认自己错误而告终。在本案发生以及发展的过程中,双方关系并没有进一步恶化。主要是由于两村自古就相邻,而且相互经常往来,也相互通婚。在亲情、友情等的影响下,此案件也就在两村之间慢慢交往中自行地化解了。而在这个案件的处理过程中,藏族习俗及习惯法的调处功能和实践价值是一个缓慢发展与持续作用的过程。也许本案体现出的是:藏族习惯法远没有学者所谓的极高地位和深远影响。藏区民众法律观念与国家治理意愿之间可能存在一定程度的分离。因此,国家"依法治藏"的提倡和藏民的法律观念的树立势在必行。让法融入到农村藏民生活中,让藏族习俗、习惯法与国家司法制度在一个案件中共同使用、相互补充,这也许就是藏区草场纠纷治理的未来。

(二) 藏区草场纠纷治理的逻辑与问题分析

1. 草场环境问题与纠纷现状考量

2015年8月，习近平总书记在中央第六次西藏工作座谈会上指出，青藏高原是"世界屋脊"、"中华水塔"、"地球第三极"，保护好青藏高原生态就是对中华民族生存和发展的最大贡献。必须加大草地、湿地、天然林保护力度，坚持把藏区发展建立在生态安全的基础上。例如，在以S州为代表的藏区，草场生态环境正在进一步恶化。究其原因，一方面是藏区高海拔的自然环境，导致其生态极其脆弱；另一方面，藏区藏民们不合理的开发利用，导致藏区草场资源迅速退化。如"在2008年，全州近90%的草地发生退化，其中重度退化的草地面积占全州的30%，中度退化的占50%。"[1] 而藏区草场资源的稀缺以及上述案例所体现出的草场产权模糊，使得藏区的草场纠纷时有发生，有的案件还引发了严重的环境群体性暴力冲突。而"人口增长、过度放牧、自然灾害、气候恶化等造成原本就稀缺的草场资源变得更稀缺，再加上历史上形成的一系列草场勘界纠纷，新中国成立后，并未得到彻底解决，从而引发新的草场资源争夺纠纷，给纠纷区牧民的生命财产造成巨大损失。"[2]

2. 草场边界的历史争议与逻辑延续

历史上的草等自然资源一般由部落首领、封建领主、寺庙等所有，而随着国家集体所有制变革和家庭承包责任制建立，使这种情况发生了根本性的变化。藏区牧民定居政策的颁布与落实，使农田与草场有了明显的区分。而且在历史乃至当代，藏区宗教和习惯的显著影响，对于草场纠纷的处理难以在国家层面得到很好的沟通与互动，形成了藏区草场纠纷治理的历史难题。[3] "由过去的集体游牧共同保护草场变为现在的一家一户定居定点放牧后，草场和农田之间本质的区别得到了体现。只要在放牧的情况下，草场的经营收益权就无法得到保证，反而成为具有排他性低和竞争

---

[1] 杨调芳：《草场纠纷的成因及其司法困境——以甘南藏区为例》，《湖北警官学院学报》2012年第4期。

[2] 范庆芝：《以史为鉴的藏区草场纠纷调解机制管窥》，《西北民族大学学报》（哲学社会科学版）2013年第2期。

[3] Michael L. Walter, Buddhism and Empire—The Political and Religious Culture of Early Tibet. Leiden, The Netherlands, Koninklijke Brill NY, 2009: 2.

性高特征的典型公地。"① 而藏区牧民只发展牲畜数量,不对草地等自然资源进行保护的粗放型发展,导致了典型的"公地悲剧"。有利益就会有纠纷,这在藏区也有着同样的体现。藏区草场产权的不明确以及边界的模糊性,更加重了草场等环境纠纷冲突与争议的复杂程度。

3. 藏族习惯法应用的局限性

对于藏区相关文献和案例的分析与研究表明,藏区习惯法生于藏区社会生活中,而且是藏民自然形成的一种解决各种纠纷的相关经验,其中包含了大量宗教法和伦理道德规范。例如,藏区的"戒杀生"环保习惯法,对于保护当地生态环境以及调处环境纠纷具有重要作用。但是,这种习惯法作为一种私力救济方式,在处理各种类似草场纠纷的环保纠纷时,也会出现一定的问题与局限。"藏区私力救济的方式也有不可避免的弊端,比如随意性较大、'公正—公平'没有办法保证等。"②

4. 转型国家纠纷治理能力的不足

在藏区"稳定压倒一切"的国家政策背景下,涉及自然资源的保护以及社会民生等问题,国家更突出转型的特点与协商姿态。对于藏区草场纠纷的治理,国家一方面体现了协商与妥协的态度,充分尊重藏民的自由意志与民族习惯;另一方面,也体现了国家环境治理能力的不足,国家法治和司法的权威无法真正树立,无法从根本上保证草场纠纷处理的效力与效果,表现为一种"两难困境"。"藏区的草场纠纷调解机制正处于从传统向现代的转型时期,在理论和实践上面临诸多两难困境:传统机制其有充分协商的优点,但由于政府强制力不足而在保障协议执行方面存在缺陷;现行机制突出了政府权威和国家法原则,却影响了民意的充分表达,因此经常出现毁约行为和纠纷反复。"③

二 历史考察:藏区草场纠纷治理的变化发展

藏族有着悠久的历史文化,自6世纪吐蕃时期到现在所经历的近两千

---

① 旦增遵珠、多庆、索南才让:《从习俗和惯例中考察藏区草场纠纷行为》,《中国农村观察》2008年第1期。
② 杨继文:《"戒杀生"与藏区生态法律秩序》,《贵州民族研究》2014年第2期。
③ 扎洛:《社会转型期藏区草场纠纷调解机制研究——对川西、藏东两起草场纠纷的案例分析》,《民族研究》2007年第3期。

年的历史长河中，形成的各种解决矛盾纠纷的方式层出不穷。《法律二十条》确立的纠纷和解方式，在藏区的冲突解决中占据着重要的地位。例如，在《狩猎伤人赔偿律》中规定："在狩猎过程中因过失致人死亡的，赔偿一定数量的金钱即可。""行为人如果赔偿了'命价'，可以免除处罚。"《赔罚法》、《十三法》、《部落秩序维护法》、《红本法》等法律中都有关于纠纷解决的治理以及赔偿和解习俗的规定。

从藏区法律与道德的关系视角来看，关于藏区草场纠纷的解决内容也体现了藏区治理体系的综合性特点，即法律、道德与宗教的浑然一体。藏区有些法律规范与道德规范两相混合、浑然一体、相互推进，法律对多元、多变的道德观念、道德规范加以取舍，甚至用法律创设新的道德规范引导人们加以遵从。[1] 这种融合现象与制度整合趋势，生动地体现了藏区社会治理的历史渊源与发展脉络。

在近现代的草场纠纷案件中，除了当地司法机关依照国家法律进行处理外，当事人之间往往还要进行协商与和解，否则草场纠纷是不能彻底解决的，受害人的下一代乃至下下一代会无休止地进行报复和复仇。在纠纷的解决过程中，藏民不会拒绝履行他们对于其部落和族人的义务。他们有义务采取适当的方式和途径来支持和保护自己部落人们的利益。[2] 这表明从古至今藏民对于实质正义观念的不懈追求和渴望，可为国家法律与宗教习俗的制度整合提供精神动力和智力支持。随着时间的推移，社会公众从多元视角来衡量纠纷解决的意义，而不仅仅限于报复。纠纷的解决被认为是维护社会的必须。[3]

在古代藏区草场纠纷的解决过程中，一般通过藏族习俗及其习惯法来治理。尤其是部落之间的草场纠纷，如前所述主要通过头人、活佛等出面进行调解和协商。在近代藏区的理塘县，主要按照以下程序来解决草场纠纷：群众之间发生涉及草场的纠纷，由威信较高的老人和活佛出面调处，事后向头人报告。较大的草场纠纷，则必须由头人判处。对头人或者头人

---

[1] 徐晓光：《藏族法制史研究》，法律出版社2001年版，第351、365页。

[2] Geoffrey Samuel, Civilized shamans: Buddhism in Tibetan society [M]. Washington, SMITH-SONIAN INSTITUTION PRESS, 1993: 118.

[3] Gilbert B. Stuckey & Cliff Roberson & Harvey Wallace: Procedures in the Justice System [M]. New Jersey, Prentice—Hall, 2001: 359.

会议的判决如果不服，可上诉到理塘寺木拉孔村处；对木拉孔村的判决如仍不服，则可向理塘寺调解委员会上诉，调解委员会下的调解书，当事人必须执行。[1] 当时的调解委员会与我们现在所说的调解委员会不可同日而语。不过，这种藏区草场纠纷解决的技术与路径，可以为当代的治理实践所借鉴和吸收。从更广义的范畴来看，这种实践运作可以认为是藏民族习惯乃至文化政策的一个重要组成部分，从而成为法律与习俗归位与整合的历史渊源和文化支撑。在藏区文化政策的发展过程中，代表民族习俗的宗教人士更多考虑传统文化与司法、公平信念与理想的冲突，而其他主体则重点考虑文化竞争与冲突。其结果导致了藏区历史发展过程中的民族鲜明特色。

而规则史是一种规制体系的变化发展历程。虽然由于规则文献的欠缺而准确性不足，但是在一定的历史维度中还是有着完整的解释力。规则的历史，由三种不同的重大事件组成：规则产生、规则修订和规则废止（或死亡）。[2] 藏区历史上的草场纠纷解决，也体现了这一规则史的变化发展轨迹。历史上的费用规则，更是显著地体现了制度整合的技术理性与成本需求。起初，面对藏区草场纠纷的解决，当事人必须向头人、活佛等献哈达和送礼物。在近代玉树部落，草场纠纷的和解解决需要交纳一定的"诉讼费用"、调解费和招待费等。而且诉讼费用依照草场纠纷的不同类型、特点和持续时间而不同。而在近代，双方当事人必须向和解人（调解人）交所谓的"调解费"或者"衙门钱"，有罪责的一方还需要提交"消恨费"、"道歉费"等。

三 对策路径：藏区草场纠纷的综合治理

对于藏区农村草场纠纷的治理，需要构建一种综合的治理观念和整合的治理系统（如图1）。这种纠纷治理类型，是"依法治藏"的显著体现，并丰富和发展了"依法治藏"的内容和表现。具体来说，藏区草场纠纷的综合治理，在依法治藏的背景下需要完善藏区草场法律管理相关制

---

[1] 徐晓光：《藏族法制史研究》，法律出版社2001年版，第351、365页。

[2] [美]詹姆斯·马奇、马丁·舒尔茨、周雪光：《规制的动态演变——成文组织规制的变化》，童根兴译，上海人民出版社2005年版，第77页。

度，需要构建藏区环境公共利益制度，需要藏族习惯法与国家法的良性互动，需要充分利用藏区草场纠纷多元化解决机制。

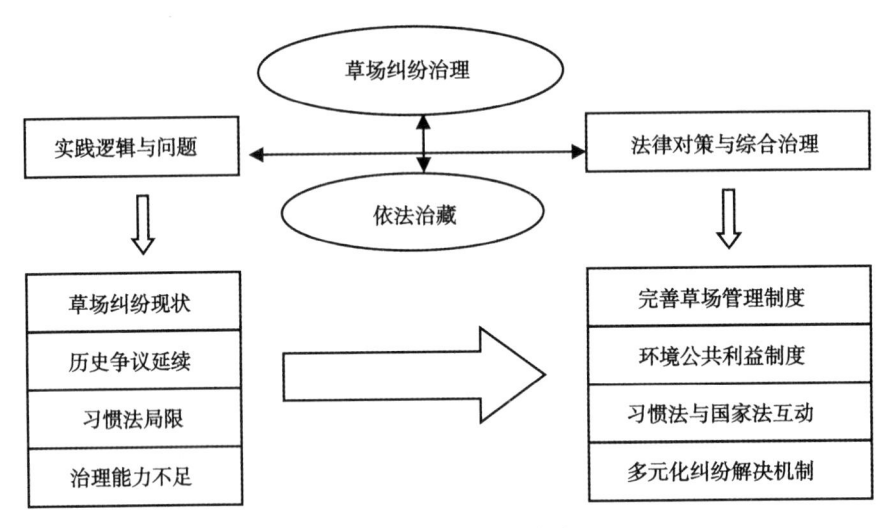

图 1　藏区草场纠纷综合治理

（一）完善藏区草场法律管理相关制度

由于藏区环境的变迁和人为因素的影响，当地草场自然资源越来越有限。合理运用有限的草场，首先要明确草场的产权，将引发环境资源矛盾纠纷的问题规范化处理。而藏区草场纠纷一般属于产权纠纷。前述案例表明，藏区农村草场资源的转让、承包、租赁等，都存在一定程度的产权问题，极易引发环境纠纷。因此，科学合理地利用草地自然资源，在法律规范保证下的产权明晰，采取灵活的方式、方法来共同放牧、共同利用草场，可以有效地避免争夺草场自然资源纠纷的发生。其次，重视国家的作用与规范指引。国家在完善牧民草场产权的基础上，应本着共同利用与共同治理的原则，鼓励牧民集体行动、自主管理，通过多样化的牧区自主合作，来实现藏区草原的合理利用和优化管理。最后，藏区草场法律管理制度应不断完善。一方面，要加强藏区地方政府的治理力度。对于草场纠纷案件发生的历史缘由、现实表现以及发展过程等，要认真地展开调查研究，科学合理地制定解决方案，充分发挥党和国家在藏区草场纠纷处理过程中的地位和作用。另一方面，藏区地方政府也要大力发展藏区特色优势产业，在"生态保护第一、尊重群众意愿"的原则下，重点发展特色农牧业。例如，在四川，取消了对藏区州、县 GDP 考核，并重点发展特色优势农牧业、生态文化旅游业、清洁能源产业，以产业发展带动当地群众增收，据统计，2010 年至 2014 年当地农牧民人均纯收入年均增长 21.8%。这些措施有力地缓解了藏区草场纠纷的发生和发展。同时，藏区地方政府也要着力进行法制的宣传与教育，加强地方政府行政权力的规范化行使，让藏区人民懂得法律的重要性和政府为人民服务的宗旨，避免藏区国家权力行使的变异与偏离。

（二）构建藏区环境公共利益制度

为避免藏区草场环境纠纷的发生，可以引入环境公共利益制度。通过建立适合藏民主体需求的环境公共利益，可以有效避免因个人或者私主体的违法行为而导致的草场资源损失与环境恶化。在构建过程中，当地政府应当重点发展基于环境公共利益的"生态功能区"，从而"保护森林、草原、生物多样性、湖泊、河流、湿地、沙漠化防治、耕地等"[①]。而且也要充分考虑当地藏民的意见和宗教组织等的态度，以防止藏民合法利益以及其他主体的财产损害与威胁。"如果以减损私人利益却又不给予必要补偿的方式来增进环境公共利益，就会背离正义与公平。"[②] 例如，在我国西藏地区，通过建立符合环境公共利益的"联合牧业专业合作社"[③]，有利于妥善地处理当地牧区的草场纠纷，有效地提高了当地藏民的生产和生活水平。

（三）实现藏族习惯法与国家法的良性互动

藏族习惯法是藏族同胞经过千百年的历史积淀而发展形成的，在藏族社会中充当着规范秩序的角色，同时也是藏族民族文化中不可缺少的重要组成部分。而作为国家组成部分的广大藏区，法律法规的遵守与实施又不能忽略。因此，对于藏区草场纠纷的治理，必须实现藏族习惯法和国家法

[①] 吴越：《国外生态补偿的理论与实践——发达国家实施重点生态功能区生态补偿的经验及启示》，《环境保护》2014 年第 12 期。

[②] 杨春桃：《环境公益损害的法律救济现状及对策研究》，《环境保护》2014 年第 9 期。

[③] 谢伟：《解决草场纠纷的"良药"——记班戈双湖联合牧业专业合作社》，《西藏日报》（汉）2012 年 2 月 14 日。

的互动。一方面，通过上述的法律宣传与教育工作，使藏区居民充分了解和知晓国家法的重要作用。从草场纠纷解决的目的归属与价值判断来说，国家法与藏族习惯法有着本质的一致性，这为国家法和藏族习惯法的良性互动提供了理论支撑。另一方面，可以从藏区农村的实际情况出发，以藏区某些典型案件为突破口，公布成功处理的典型案例，从实践层面体现国家法与藏族习惯法是能够互相补充和互动发展的。例如，可以考虑在藏区建立适合藏民环保习惯与民族文化特点的"草场管理办法"，既合理吸收藏区习惯法的环保理念与宗教信仰成果，又在民族变通的前提下不违背国家法律的规定，从而实现习惯法与国家法的协调与相容。

（四）充分利用藏区草场纠纷多元化解决机制

多元化解决机制是指在一个社会里满足社会主体各种需求的诉讼与非诉讼的纠纷处理体系、程序和系统。多元化纠纷解决机制的治理功能也可以同样适用于藏区农村所发生的草场环境纠纷。这是因为藏区习惯法的内容主要是调解法，而藏民对这种调解法的习惯内容有着很高的认识程度，而且都非常认可这种习惯法的处理方式与处理结果。它的程序没有像国家司法程序那么复杂，时间方面相对短暂，各方面赔偿也都能在近期内兑现。在藏民农村草场纠纷处理方式中，既有民间适用较多的谈判、协商等，又有第三方主持参与的宗教组织、活佛、智者、长者等调解，还有代表国家行政权力的政府职能行使和代表司法公正、公平的法院诉讼系统。它们各自都有不同的能力、路径、程序与效果，只待藏民合理地选择、判断与考量。在藏区草场纠纷处理机制的选择过程中，当事人往往有着其特有的理性标准，选择对自己最为有利的处理方式。如果藏族习惯法不能解决案件或者处理草场环境纠纷，他们也会走向司法诉讼程序。同时，国家也会通过司法制度的健全和完善，认真查办严重破坏能源资源和生态环境的犯罪，为藏区经济持续快速健康发展提供有力司法保障。[①]

四　结语

藏区草场纠纷的实践逻辑，体现了我国农村法律治理的多样性和复杂

---

① 张培中：《为全面推进依法治藏提供有力司法保障》，《人民检察》2015年第4期。

性，也体现了依法治藏的现实性和紧迫性。这种纠纷的妥善解决，一方面有利于提高我国尤其是民族地方各种纠纷的治理能力；另一方面也有利于我国藏区法治的建设以及现代化的普及。从历史上看，藏区草场纠纷的治理呈现出了不同于其他地方的一些特点。如，藏区纠纷治理的综合性特点、藏民习惯法适用的普遍性以及纠纷解决的费用规制特点。针对这些现实与历史中的问题，有必要构建一种综合性的藏区草场纠纷治理系统，以依法治藏为核心理念，通过完善藏区草场法律管理相关制度、构建藏区环境公共利益制度、实现习惯法与国家法的良性互动以及充分利用藏区草场纠纷多元化解决机制来达成。

国际法与环境保护法

论国际仲裁立法"国际标准"的形成及对我国仲裁法改革的启示

张 志[*]

摘要：党的十八届四中全会明确提出要"完善仲裁制度，提高仲裁公信力"。研究各国仲裁法"现代化"进程中所呈现的国际标准，能够为完善我国仲裁立法提供借鉴。本文试图通过梳理国际仲裁立法协调化和统一化的历程，说明在国际仲裁立法活动中有关"国际标准"的形成。而各国仲裁立法通过吸收以示范法为代表的仲裁法制"国际标准"，完成本国仲裁法律的现代化，对我国仲裁法改革有着的较强的借鉴意义。

关键词：仲裁；立法改革；国际化趋势

自20世纪80年代以来，全球仲裁立法经历了一场深刻的变革。有超过100个国家或独立法域新制定或大规模修订了其仲裁法，其中有74个直接将《联合国国际贸易法委员会国际商事仲裁示范法》（以下简称《示范法》）吸纳为本国（地）仲裁法。如此集中的仲裁法改革是前所未有的。我国也于1994年8月31日通过了历史上第一部仲裁法。自该法1995年9月1日实施以来，我国仲裁事业得到迅猛发展。然而，经过二十多年的实践，该法也面临诸多难以克服的问题，实务界和学术界对修改仲裁法的呼声很高。全国人大早在2003年就将仲裁法的修改列入"五年立法规划"。[①] 2014年党的十八届四中全会首次以全会的形式专题研究部署全面

---

[*] 张志：男，德国海德堡大学法学博士，中国政法大学博士后，现任郑州商品交易所法律合规部负责人，主要研究方向国际商事争议解决。

① 参见庄会宁《全国人大五年立法规划正式出台五年立法：人民利益至上》，《瞭望新闻周刊》2003年第49期。

推进依法治国这一基本治国方略。会议通过的《中共中央关于全面推进依法治国若干重大问题的决定》明确提出要"完善仲裁制度，提高仲裁公信力"。因此，考察各国在实现仲裁法"现代化"进程中所呈现的趋势，不仅可以增进我们对现代仲裁制度的理解，还可以为我国仲裁立法改革提供借鉴和立法资料准备。本文试图通过研究近年来各国仲裁立法改革中所呈现的国际化趋势，以期对我国仲裁立法改革的整体思路有所启发，同时在经济全球化背景下促进我国与其他国家仲裁法律的协调。

一 仲裁立法"国际标准"的形成历程

随着"二战"后国际经贸投资的快速发展、经济全球化的进一步深入，各国在制定本国仲裁法律制度时，"国际化"就成为一个特别需要考量的因素。[①] 各国立法机关对国际化的重视，为国际仲裁法律制度的不断协调和统一提供了条件，也为仲裁立法的"国际标准"形成提供了机会。各国仲裁法的不断协调和统一主要是通过国家间的密切合作而完成的。特别是通过制定和传播联合国国际贸易法委员会（以下简称贸法会）的《示范法》、仲裁领域的国际公约、国际双边和多边条约，以及那些包括仲裁规定的贸易和投资领域的国际公约，使各国仲裁立法呈现出高度协调的态势，[②] 甚至在一定区域一些国家的仲裁法内实现了统一，最终促成了仲裁立法"国际标准"的形成。

（一）国家间合作促成仲裁立法"国际标准"的形成

1. 仲裁立法国际标准在全球层面上的发展，具有开创性的是1923年9月24日制定的《日内瓦仲裁条款议定书》（以下简称《日内瓦议定书》）。这是第一个具有现代意义上的国际商事仲裁条约。[③] 该条约是由当时刚成立的国际商会（ICC）提议，通过国际联盟批准颁布的。1923年

[①] Gottwald, *InternationaleSchiedsgerichtsbarkeit*, S. 18; Lew, *Contemporary Problems in International Arbitration*, p. 1. 对该问题的集中讨论参见 Hunter/Marriott/Veeder (ed.), *The Internationalisation of International Arbitration*.

[②] Weigand, *Practitioner's Handbook on International Arbitration*, Part 1 para. 74.

[③] Redfern/Hunter, *Law and Practice of International Commercial Arbitration*, paras. 1–147.

《日内瓦议定书》首次规定了生效仲裁协议的国际效力。但是,《日内瓦议定书》仅适用于各缔约国内提交仲裁的法律主体。此外,由于规定有缔约国商事保留限制,《日内瓦议定书》的适用受到了进一步的限制。

于是,国际联盟又于1927年9月26日制定批准了《关于执行外国仲裁裁决的日内瓦协议》(以下简称《日内瓦协议》)。1927年《日内瓦协议》要求各缔约国原则上应当相互承认和执行仲裁裁决。但是,该协议第1条第2款(d)项又同时规定,当事人必须先在仲裁裁决作出国获得可强制执行裁定。这种"双重授权"机制往往被认为是昂贵和费时的。[1] 可以说,上述两个公约是仲裁协议和仲裁裁决在国际范围内获得承认和执行的第一步。

两个日内瓦公约所存在的不足,最终导致了1958年6月10日《承认与执行外国仲裁裁决公约》(以下简称《纽约协议》)的颁布。建议制定一个新的关于执行国际仲裁裁决的公约依然是由国际商会所发起。1953年,国际商会向联合国提交了一份有关国际仲裁的整体解决方案草案。草案不仅包括仲裁庭的组成,还包括仲裁程序的具体规定。[2] 按国际商会的初衷,国际仲裁只应根据国际公约开展,从而排除国内法干预。然而这种理念并没有被大多数国家所接受。联合国经济和社会理事会于1955年也提交了一份草案,该草案与国际商会草案存在着明显差异,更接近于上述两个日内瓦公约。[3] 最终,两份草案达成妥协。最终版本从文本上更接近于国际商会的草案,但内容主要限于仲裁协议效力和裁决的承认与执行。而《纽约公约》建立在两个日内瓦公约基础上,并根据第七条第二款取代上述两个公约。与两个日内瓦公约相比,《纽约公约》向前迈进了一大步。首先,《纽约公约》的适用范围比两个日内瓦公约更广。只要缔约国没有根据《纽约公约》第1条第3款第一句宣布互惠保留,非缔约国制作的仲裁裁决也会得到承认和执行。[4] 通过将举证责任由胜诉方转嫁给败

---

[1] Schlosser, *Das Recht der internationalenprivatenSchiedsgerichtsbarkeit*, Rn. 55; Redfern/Hunter, *Law and Practice of International Commercial Arbitration*, paras. 1-146, 10-22.

[2] Van den Berg, *The New York Arbitration Convention of 1958*, p. 7.

[3] Schlosser, *Das Recht der internationalenprivatenSchiedsgerichtsbarkeit*, Rn. 57; Van den Berg, *The New York Arbitration Convention of 1958*, p. 7.

[4] Van den Berg, *The New York Arbitration Convention of 1958*, p. 8 f.

诉方,《纽约公约》所建立的获得承认和执行外国仲裁裁决的方式更为有效。[①] 由于在第 3 条第一句规定了缔约国的承认义务,有关《日内瓦协议》的双重授权问题也得到了解决。此外,在有效仲裁协议前提下,《纽约公约》对仲裁协议排除法院管辖权的效果也比《日内瓦议定书》更广泛,对仲裁协议的形式要求也作出了统一的规定。

如今,《纽约公约》已成为当今国际商事仲裁领域最重要的国际公约和最成功的制度工具。它也许是迄今为止国际商事法律中最有效的国际立法范例。截至目前,有超过 140 多个国家和地区加入了《纽约公约》。《纽约公约》中对仲裁协议的规定,对仲裁裁决效力的规定,以及对拒绝承认和执行仲裁裁决原因的规定,已经成为全球仲裁立法的标杆。

然而,《纽约公约》的目标在于仲裁裁决的执行,因此对各国国内仲裁法制的协调效果是有限的。20 世纪下半叶以来,随着国际贸易不断增长,各国纷繁复杂的仲裁法律所带来的不确定性,日渐成为解决国际贸易纠纷的一个不利因素。[②] 1973 年,贸法会在其第六届会议上决定起草一部仲裁规则,以便出现国际贸易争议后,由当事人进行临时仲裁时选择适用,从而减少不同仲裁法律制度差异所带来的问题。这份由贸法会提交的仲裁规则草案,于 1976 年 12 月 15 日在联合国大会上得到通过,并被推荐给各国建议采用。

由于贸法会的中立性以及成员的广泛性,贸法会所制定的仲裁规则往往能得到世界各地当事人,特别是来自发展中国家的当事人大量使用和广泛传播。例如,贸法会仲裁规则出台后不久,中美洲商事仲裁委员会(IACAC)就将该规则替代了自己原来制定的仲裁规则。贸法会仲裁规则还一度成为在海牙建立的伊朗—美国索赔仲裁庭的程序规则。2004 年的《瑞士商会国际仲裁规则》也以贸法会的仲裁规则为基础。许多仲裁机构也都允许当事人协议按照贸法会仲裁规则开展仲裁程序。贸法会的仲裁规则标志着联合国国际贸易法委员会在国际仲裁领域所进行的新开拓,并对

---

① Redfern/Hunter, *Law and Practice of International Commercial Arbitration*, paras. 1—147; Van den Berg, *The New York Arbitration Convention of 1958*, p. 9.

② Weigand, *Practitioner's Handbook on International Arbitration*, Part 1 para. 82.

制定《示范法》产生重要影响。①

贸法会仲裁规则仅仅是一个国际组织推荐的仲裁规则。它只有经过当事人同意才能被适用，因此不具有法律强制约束力。因此，有必要对各国仲裁法律制度进一步协调。于是，贸法会《示范法》应运而生。《示范法》的制定过程表明，它是业界对国际仲裁程序有关原则和规则达成普遍共识的结果。② 1985年12月11日，联合国第112次全体会议通过决议，建议所有国家鉴于统一仲裁程序法的需要和国际商事仲裁实际执行的具体需要，在制定本国仲裁法时对国际商事仲裁《示范法》给予适当的考虑。③ 这也使所有国家有责任进行审视，本国仲裁法是否以及如何与《示范法》相匹配和融合。④ 因此，《示范法》对各国仲裁程序法的立法协调效果是显而易见的。一些有仲裁传统的国家（如英国和瑞典）虽然有意识地没有吸纳《示范法》，但是在本国仲裁立法现代化进程中都特别顾及了《示范法》的规定。《示范法》关于协调各国仲裁程序法的目标，正随着越来越多的国家吸纳《示范法》而得以实现。

2. 仲裁立法"国际标准"在区域层面上的发展

《纽约公约》、贸法会的仲裁规则和《示范法》都属于联合国框架内的统一的法律体系，旨在通过全球合作，公平有效地解决国际商事纠纷。⑤ 此外，一些国家在区域层面上还专门就仲裁问题订立了条约。这些在特定经济区域方面的跨国合作，同样对国际仲裁程序法的统一化和协调化起到了重要作用。

《纽约公约》签署三年后，联合国欧洲经济委员会于1961年4月21日在日内瓦通过了《国际商事仲裁欧洲公约》（以下简称《欧洲公约》）。《欧洲公约》的主要目的是尽可能减少国家法院对仲裁程序的干预，以推动东西方贸易。该公约根据第10条第8款规定于1964年1月7

---

① Sanders, The Harmonising Influence of the Work of UNCITRAL on Arbitration and Conciliation, in: Center for Transnational Law (ed.), *Understanding Transnational Commercial Arbitration*, p. 43 (47 f.).

② Lionnet/Lionnet, *Handbuch der internationalen und nationalen Schiedsgerichtsbarkeit*, S. 131.

③ UN—Doc. A/RES/40/72, para. 2.

④ Calavros, *Das UNCITRAL—Modellgesetz über die internationale Handelsschiedsgerichtsbarkeit*, S. 2.

⑤ Holtzmann/Neuhaus, *A Guide to the UNCITRAL Model Law*, p. 6.

日生效。与《纽约公约》不同的是，《欧洲公约》并不以仲裁裁决为出发点，而是以仲裁协议为基础。该公约仅适用于在订立合同时在缔约国有住所或惯常居住地的当事人。因此，仲裁地在公约适用上并不发挥任何作用。《欧洲公约》作为国际性制度工具，其创造性在于首次对整个国际仲裁程序进行了具体规定，无论是从方法上还是从内容上，《欧洲公约》都有所突破，并对此后各国仲裁立法产生了很大的影响。①

1972 年 5 月 26 日，经济互助委员会（以下简称经互会）成员国在莫斯科通过了《仲裁解决经济、科学和技术合作民事法律纠纷公约》，该公约于 1973 年 8 月 13 日生效。经互会执委会还于 1974 年通过了一个《统一仲裁规则》，并推荐各成员国采用。该仲裁规则逐渐成为在被申请人所在国商会仲裁庭进行仲裁的程序基础。但是东欧剧变后，该公约已被认为不再具有效力。②

拉丁美洲各国在仲裁领域的合作肇始于 1889 年的《蒙得维的亚条约》。此后，1975 年 1 月 30 日在巴拿马召开的第一次美洲国际私法特别会议（CIDIPI）上，美洲国家组织（OAS）各成员国通过了《美洲国际商事仲裁公约》（又称《巴拿马公约》）。该公约的许多条文（如第 1 条，第 4 至第 6 条）都是根据《纽约公约》制定的。《巴拿马公约》和《纽约公约》的主要区别在于它还规定了诸多程序事项（如第 2 和第 3 条）。由于 1975 年只有四个拉丁美洲国家加入《纽约公约》，因此，《巴拿马公约》对当时拉丁美洲各国家仲裁法的协调起到了非常重要的作用。

此外，在拉丁美洲南方共同市场框架下，有关仲裁法制协调的成效也是显著的。以推动自由贸易为目标，阿根廷、巴西、巴拉圭和乌拉圭等国签订了一系列"亚松森条约"。1998 年 7 月，南方共同市场关于国际仲裁条约在布宜诺斯艾利斯签订，该公约于 2002 年 11 月 8 日生效。③ 在起草南方共同市场条约过程中，贸法会《示范法》被充分予以参考。与《巴

---

① Fouchard/Gaillard/Goldman, *On International Commercial Arbitration*, para. 27, 281; Schlosser, *Das Recht der internationalenprivatenSchiedsgerichtsbarkeit*, Rn. 55; Schlosser, *RIW 1982*, 857 (861 f.).

② Fouchard/Gaillard/Goldman, *On International Commercial Arbitration*, para. 293.

③ 见 1998 年 7 月 23 日《南方共同市场国际商事仲裁协议》(*Agreement on International Commercial Arbitration of MERCOSUR*)；有关形成历史和西班牙语和英语文本见 Kleinheisterkamp, *International Commercial Arbitration in Latin America*, pp. 39-43, 635-647.

拿马公约》一样，在当事人未进行约定时，适用《美洲仲裁委员会仲裁规则》。①

在阿拉伯国家之间也有一些涉及司法合作和仲裁裁决执行的多边公约。1974年的《阿拉伯国家间解决投资争端公约》，就以《华盛顿公约》为蓝本，规定了以仲裁方式解决投资争议。在商事仲裁领域，最新和最重要的发展是《安曼阿拉伯商事仲裁公约》。作为第一个阿拉伯间商事仲裁公约，其成员国囊括除埃及以外的所有阿拉伯国家，并对仲裁庭的组成以及仲裁程序进行了规定。

非洲商法协调组织（Organization for the harmonization of business law in Africa, OHADA），由非洲14个国家通过《非洲商法协调条约》（Treaty on the Harmonization of Business Law in Africa）而建立，并于1999年颁布了《统一仲裁法》（Uniform Act on Arbitration）。非洲商法协调组织的《统一仲裁法》被认为是国际仲裁法制统一活动的最新努力。由该组织设立的联合法院和仲裁庭（Joint Court of Justice and Arbitration）具有双重作用：一方面，它作为仲裁机构根据仲裁协议能够管理仲裁程序；另一方面，它作为法院能够对仲裁裁决进行司法审查。

（二）特殊领域公约对仲裁立法"国际标准"形成的影响

除了私法领域有关一般仲裁程序的国际公约以外，还存在一些以主权国家作为一方当事人，有关国际投资和贸易等问题的仲裁国际公约。这些公约中的仲裁规定大多独立于各国的仲裁法，国家主权由此受到一定限制，②而仲裁作为一种经济纠纷的解决方式则得到各国立法机关的再次肯定。

1. 世界银行1965年《华盛顿公约》对仲裁立法"国际标准"形成的影响

为促进国家对外国私人投资的保障，国际复兴和开发银行（世界银

---

① 见《南方共同市场条约》前言第8段和第12条第2款（b）和第17款；参阅 Kleinheisterkamp, *International Commercial Arbitration in Latin America*, pp. 47, 49.

② Lynch, *The Forces of Economic Globalization: Challenges to the Regime of International Commercial Arbitration*, p. 145; Redfern/Hunter, *Law and Practice of International Commercial Arbitration*, paras. 1-121.

行）于 1965 年 3 月 18 日通过了《解决国家与他国国民间投资争端公约》（亦称《华盛顿公约》或《世界银行公约》）。《华盛顿公约》的最终文本交由世界银行成员国签署，并于 1966 年 10 月 14 日生效。根据《华盛顿公约》，解决投资争端国际中心（ICSID）正式得以成立。设立解决投资争端国际中心的目的，是为了给《华盛顿公约》缔约国和其他缔约国的国民提供便利，以调解和仲裁方式解决有关投资纠纷。此外，还有超过 900 个双边投资条约和 4 个多边协定（北美自由贸易区——NAFTA，南方共同市场——MERCOSUR，卡塔赫纳自由贸易协定——Cartagena Free Trade Agreement 和能源宪章条约——Energy Charter Treaty）将解决投资争端国际中心指定为仲裁机构。

《华盛顿公约》开创了一个新的路径。在《华盛顿公约》以前，私人投资者很难找到一个中立的平台。很多人不得不向各自的政府寻求"外交保护"。[①] 根据《华盛顿公约》，一个国家和其他国家国民之间的法律纠纷可以直接在解决投资争端国际中心提起，并依法得到裁决。

根据《华盛顿公约》第 25 条第 1 款，书面的仲裁协议依然是解决投资争端国际中心受理仲裁案件的一个先决条件，即当事人各方必须达成共同的意思表示，将争议提交解决投资争端国际中心进行仲裁。而仅凭加入《华盛顿公约》，并不足以使缔约国受解决投资争端国际中心仲裁管辖权约束。然而，较为常见的是，有关国家可以通过在各个投资协议中的仲裁条款，以及通过在国内投资法或双边投资协定（BIT）中声明，同意将有关纠纷提交上述中心仲裁解决。上述同意仲裁的声明可以被投资人视为要约而进行的承诺。这样，作为仲裁最基础的自愿原则就得到了保证。其他有关仲裁的基本原则，如仲裁庭的自裁管辖权（第 41 条第 1 款）、仲裁裁决的法律约束力（第 53、54 条），都在《华盛顿公约》中得以承认。

2. WTO 和 GATT 对仲裁立法国际标准形成的影响

1995 年 1 月成立的世界贸易组织（简称世贸组织，WTO），致力于在全世界范围内"切实降低关税和其他贸易壁垒"，并负责管理执行 1947 年《关贸总协定》（GATT）及其相关条约。[②] 世贸组织的一项重要任务就是执行《建立世界贸易组织协议》附件 2 所包括的《关于争端解决规则

[①] Redfern/Hunter, *Law and Practice of International Commercial Arbitration*, paras. 1-123.

[②] 《建立世界贸易组织协议》序言第 3 段。

与程序的谅解》(以下简称《争端解决谅解》,DSU)。根据《争端解决谅解》第 2 条第 1 款,世贸组织专门设立一个争端解决机构(DSB),负责管理有关规则和程序,以及适用各种协议的磋商和争端解决规定。在《争端解决谅解》框架内,"主流"的争议由专家组管辖,[①] 但同时也规定了以仲裁方式解决纠纷。

世贸组织的仲裁程序,更大程度上属于国际公法上的争端解决方法。然而,由于其成员国数量庞大,亦使仲裁程序规则在世界各地得以传播。与 1947 年的《关贸总协定》(GATT)相比,在世贸组织框架下外交谈判的空间和自由度减少了,有关活动更强调以规则为主导。[②] 世贸组织的各种协议被作为全球贸易自由、非歧视和法治原则的规则保证。[③] 作为解决国际贸易争端的一种重要方法,仲裁被引入国家间的经济纠纷解决,在此背景下,仲裁法的基本原则,如私法自治、平等对待当事人和仲裁庭独立等,再次得到各个国家的认同。

(三)"国际标准"形成的原因分析

国际法制的统一,在国际法律关系领域具有十分重要的现实意义。法律的统一给国际经济交往提供了安全性和可预见性,能够帮助减少不同国家法律制度和冲突法所带来的不确定性。在仲裁法"国际标准"的发展进程中,逐步形成了各种"国际标准"。这种统一标准的形成,首先与经济全球化潮流有密切关系。特别是第二次世界大战以来,仲裁的作用通过经济全球化得到空前加强。正如人们通常对经济全球化所描述的那样:各国经济相互依存,国家间贸易往来与日俱增,基于多边和区域自由贸易协定的自由市场占主导地位,全球资本市场一体化,强大的跨国企业逐渐形成,以及信息技术和数据网络领域的创新不断涌现。[④] 随着经济全球化,国际贸易自 20 世纪中期以来得到持续增长,国际贸易合同数量也日益增

[①] Chazournes, "Arbitration at the WTO: A Terra Incognita to be Further Explored", in: Charnovitz/Steger/Van den Bossche (ed.), *Law in the Service of Human Dignity*, p. 181.

[②] Feddersen, *Der ordre public in der WTO*, S. 33.

[③] Petersmann, *The GATT/WTO Dispute Settlement System*, p. 53; Beise, *Die Welthandelsorganisation* (WTO), S. 96—100.

[④] Lynch, *The Forces of Economic Globalization: Challenges to the Regime of International Commercial Arbitration*, pp. 39-49.

加。在这些合同中，一般都会面临如何选择争议解决方式的问题。仲裁作为传统的国际贸易争端解决方式，由于在世界范围内具有较强的强制执行保障，其作用也变得更加强大。在国际合作的推动下，这些"国际标准"逐步由一系列的基本准则、原则规定和具体规则而形成。这些统一的"国际标准"，首先有利于在纠纷解决程序中提高法律的确定性和可预见性，特别是对于那些来自不同法律制度的当事人而言更具有意义。此外，统一标准能够在一定程度上确保国际竞争的公平性，即所谓的"公平竞争环境"（level playing field）。[1] 毕竟各国仲裁法各具特点，容易导致对外国当事人不利。[2] 各国仲裁法不断出现协调统一的另一个原因是能提高程序的经济性和效率性。在国际贸易中，法律成本属于一种额外的固定费用。提高各国法律制度之间的相互融合程度，可以大大减少这种"信息费用"，同时为小型交易提供可能的市场。

还有两个因素对形成统一的仲裁立法"国际标准"起到了重要作用。一个因素是国际律师事务所和国际仲裁机构的服务在全球化的背景下不断得到扩展和增长。一些大型律师事务所在全球各贸易中心开设分所，与不同国家的律师事务所开展合作，对国际仲裁经验交流起到了促进作用。大多数涉及国际投资和贸易的法律纠纷，都是通过国际商会（ICC）、伦敦国际仲裁院（LCIA）、美国仲裁协会（AAA）、斯德哥尔摩商会仲裁院（SCC）、中国国际经济贸易仲裁委员会（CIETAC）、香港国际仲裁中心（HKIAC）或者新加坡国际仲裁中心（SIAC）等主要国际仲裁机构来解决的。经常会出现上述一个机构修改了仲裁规则，其他仲裁机构出于竞争也跟进修改的情形。另外一个因素是，随着国际仲裁变得越来越重要，相关学术交流也日益变得更加活跃。近年来国际上有关仲裁的文献，如专著、论文和文献汇编大量涌现，有关论述的集中程度和详尽深入也是其他法律领域所少有的。[3]

这些"国际标准"在《示范法》中得以集中展现：很多国家在修改本国仲裁法时均以《示范法》为基础。《示范法》的出台是仲裁法制国际

---

[1] Redfern/Hunter, *Law and Practice of International Commercial Arbitration*, paras. 2-26.

[2] Lynch, *The Forces of Economic Globalization: Challenges to the Regime of International Commercial Arbitration*, p. 202.

[3] Gottwald, *InternationaleSchiedsgerichtsbarkeit*, S. 18.

化进程中至关重要的一步。

二 通过吸纳"国际标准"实现国内仲裁法的现代化

（一）《示范法》的基本内容及原则

《示范法》的起草者从一开始就试图拟定一部全面而完整的法律，以使其尽可能地解决仲裁程序中出现的所有法律问题。[①] 以 1976 年联合国贸法会仲裁示范规则为蓝本，《示范法》的各项规定仅是涵盖最低程度的非强制性规范，以确保在当事人未达成协议的情形下仲裁程序得以顺利开展。[②] 因此，《示范法》规范的完整性和统一性，实际上仅体现在其结构上。除了总则部分的规定以外，《示范法》的结构基本上是随着仲裁程序的进程而设置的。《示范法》从仲裁协议规定开始（第 7 条及以下数条），继而规定仲裁庭的组成（第 10 条及以下数条）和管辖权（第 16、17 条），然后是具体仲裁程序的展开（第 18 条及以下数条），再接着规定仲裁裁决和仲裁程序的终止（第 28 条及以下数条），以及对仲裁裁决的救济（第 34 条）和仲裁裁决的承认和执行（第 35、36 条）。

私法自治是《示范法》的一项基本原则，对众多《示范法》条文都起着指导作用。《示范法》的起草者期望在开展仲裁程序过程中赋予当事人最大可能的自由空间。因此，《示范法》体现当事人自治的有关规定比比皆是。如：放弃异议权（第 4 条），当事人将争议提交仲裁（第 7 条第 1 款）。在开展国际仲裁程序活动中，仲裁庭的自治对摆脱国内程序法的桎梏意义重大。仲裁庭有权决定自己的管辖权（第 16 条第 1 款第 1 句）。《示范法》在第 16 条第 1 款第 2 句和第 3 句中遵循了国际通行的仲裁条款独立性观念（也称作可分性学说，SeparabilityDoctrine）。《示范法》在 2006 年新增加的有关临时措施（Interim Measures）和初步命令（Preliminary Orders）的条款，进一步加强了仲裁庭的独立性（第 17—17J 条）。

[①] UN—Doc. A/CN.9/207, para. 23.

[②] Sekolec, Croat. Arb. Yb. 1 (1994), 27 (39).

《示范法》另外一个重要特点是限制法院的干预，扩大国家对仲裁的支持范围。《示范法》（第 5 条）明确规定了严格限制法院对仲裁进行干预，该规定也被视为《示范法》的核心内容。[1]《示范法》第 5 条的规定具有开创性，对以往仲裁与诉讼之间的对立关系做出了新的界定。[2]《示范法》继而还列举了法院干预仲裁的具体职权，以使当事人不必担心各国法律出现意想不到的司法干预规定。法院对仲裁的监督职能主要被限制在三个方面：因程序原因拒绝承认和执行临时措施（第 17I 条），撤销仲裁裁决（第 34 条）和拒绝承认或执行仲裁裁决（第 36 条）。与此相对应，示范法要求法院切实履行司法支持职能。《示范法》第 6 条规定了有关法院或主管当局应对支持开展仲裁活动负责。一些具体的支持仲裁的职责在示范法中也得到明确规定。此外，有关仲裁员的回避和仲裁职权的终止（第 13 条第 3 款和第 14 条），也主要是站在法院的司法支持角度上在《示范法》中进行了规定，从而确保仲裁程序能在正确的轨道上进行。

《示范法》通过一些强制性规范（Mandatory Provisions）来保证程序的公平和有效性。[3] 但是，《示范法》的起草者并不把当事人和仲裁庭的自治看成绝对的，而是通过设置"公平裁决"（Fair Trial）这一强制性条款加以限制，以确保平等对待当事人原则和法定听审原则不受损害（见第 18 条，在第 24 条第 2 款和第 26 条第 2 款得到具化）。程序公正基本原则与私法自治原则一样，被称作仲裁程序的"大宪章"（Magna Carta of Arbitral Procedure），是开展整个仲裁程序各项规则的核心。[4] 由于这些规则涉及国家或当事人的根本利益，因此不允许当事人或仲裁庭偏离。其他强制性的条款，如对仲裁协议的形式要求（第 7 条第 2 款）、仲裁裁决的形式和内容（第 31 条第 1 款和第 3 款），以及仲裁程序的终止（第 32 条）等，都是以提高仲裁程序效率为目标的。这些规定则符合当事人对仲裁的期望：尽可能地快速解决争端，并尽可能地保持较低的费用。

---

[1] Schlosser, *Das Recht der internationalenprivatenSchiedsgerichtsbarkeit*, Rn. 124.

[2] Granzow, *Das UNCITRAL—Modellgesetzüber die internationaleHandelsschiedsgerichtsbarkeit von 1985*, S. 80.

[3] Herrmann, *Arb. Int'l* 1 1985, 6 (12).

[4] UN—Doc. A/CN. 9/264, Art. 19, para. 1; Holtzmann/Neuhaus, *A Guide to the UNCITRAL Model Law*, p. 550.

（二）全球范围的仲裁法改革和对《示范法》的吸纳

一些国家自20世纪70年代（如比利时和英国）至80年代初（如法国和奥地利）就开始不断修改其仲裁法。但是，各国集中开展仲裁法改革的潮流还是在《示范法》出台以后。1985年至2011年间，共计有100多个主权国家或独立法域对其仲裁法进行了改革。这其中有74个将《示范法》纳入为本国国际商事仲裁法律。虽然各个国家的立法改革动机并不相同，但都在仲裁法改革中大量采用《示范法》，对本国那些过时或不恰当的仲裁法律进行现代化，以满足改革需要。

虽然贸法会在其网站上列出相当数量的"示范法国家"，但贸法会本身并没有设置一个固定的标准或最低要求以确认"示范法国家"。① 在实践中，下列条件通常会被贸法会认真考虑：第一，各国立法者立法之初就以《示范法》为模板，并在没有对其进行实质性修改的情况下，将《示范法》接纳为国内法。如果相反，立法机关仅仅将《示范法》作为若干模板中的一个，或者仅仅吸纳一些《示范法》的基本原则，贸法会就认为条件不够充分；第二，《示范法》的大多数条文规定应当直接被各国法律所吸纳，特别是那些有关基本原则的条文（例如第18，19条和第34—36条）；第三，该国法律不得包含不符合现代国际商事仲裁规则的规定（例如排除外国仲裁员）。② 由此来看，上述要求主要是为了契合《示范法》的立法宗旨，以及贸法会关于协调和统一国际商事仲裁的目标。

自1985年《示范法》公布以来，在世界范围内，无论是普通法系还是大陆法系，都有众多国家将《示范法》吸纳为本国法。因此在协调国际商事仲裁立法方面，《示范法》获得了巨大的成功。示范法国家在全球各区域的分布也是均匀的，每个地区、每个法律文化圈都有各自的代表。在接纳《示范法》的国家中，不仅有众多作为《示范法》主要目标群体

---

① Montineri, Legal harmonisation through model laws, in: UNCITRAL/SIAC (ed.), *Celebrating success: 20 years UNCITRAL Model Law on International Commercial Arbitration*, p. 8 (14).

② Redfern/Hunter, *Law and Practice of International Commercial Arbitration*, Appendix L Fn. 1; Binder, *International Commercial Arbitration and Conciliation in UNCITRAL Model Law Jurisdictions*, paras. 1-009.

的发展中国家,还有许多缺乏仲裁传统的发达国家。而具有较长仲裁传统的国家,则更倾向于保留原有法律框架,并在这个框架内实现本国仲裁法的现代化。① 即便是这样,《示范法》同样会被视为该国仲裁法改革的"底线"。②

典型的例子就是英国 1996 年仲裁法。虽然英国在《示范法》起草方面发挥了非常积极的作用,但在修改英国仲裁法时,该国法律修改机构——Departmental Advisory Committee(DAC)却反对全部纳入《示范法》,而是主张制定一部独立的新仲裁法。③ 英国新仲裁法的重要特点就是结构更为合理、规定比较明确、语言相对简明。④ 更为重要的是,《示范法》的主要原则(如私法自治、限制司法干预)都在新法第 1 条开宗明义地进行了概括规定。⑤ 在新法中,私法自治原则通过众多法律条文得到了细化,这些规定不仅包括在仲裁程序中,而且包括在仲裁程序开始前的阶段。⑥ 仲裁条款的独立性原则,可仲裁性,仲裁庭的职权和平等对待当事人等规定,不仅在实践中具有重大意义,同样也是《示范法》重点规范的内容(《示范法》第 16 条,第 18 条和第 19 条第 2 款),均在 1996 年仲裁法中得到一一体现。

瑞典 1999 年仲裁法同时适用于国内仲裁和国际仲裁,但该法也没有逐字逐句地吸纳《示范法》。在起草过程中,草案工作组的主要目标是使陈旧的瑞典仲裁法与现代仲裁实践,以及过去几十年以来的判例相适应,从而使国外用户简便而快速地熟悉瑞典仲裁法。但《示范法》在仲裁法

---

① Craig, *Tex. Int'l L. J.* 30 (1995), 1 (27).

② Sanders, The Harmonising Influence of the Work of UNCITRAL on Arbitration and Conciliation, in: Center for Transnational Law (ed.), *Understanding Transnational Commercial Arbitration*, p. 43 (48); Redfern/Hunter, *Law and Practice of International Commercial Arbitration*, paras. 1-151.

③ 见 Mustill 勋爵所主持的英国政府官方咨询机构 DAC 于 1989 年所做的有关《示范法》的报告: *A New Arbitration Act for the United Kingdom? The Response of the Departmental Advisory Committee to the UNCITRAL Model Law* (Mustill Report)。该报告发表在 Mustill, *Arb. Int'l* 6 (1990), 3-37。

④ Weigand, *RIW 1997*, 904 (906).

⑤ Lynch, *The Forces of Economic Globalization: Challenges to the Regime of International Commercial Arbitration*, p. 256.

⑥ 详细讨论参见 Haas, *ZZPInt* (1997), 409 (413);有关英国 1996 年仲裁法与示范法相似渊源的对比表格参见 Harris/Planterose/Tecks, *The Arbitration Act 1996*, pp. 20-22.

起草过程中得到特别的关注。①《示范法》中最重要的一些条文都在新法中相应地得到采纳,为了与《示范法》保持一致,旧法中的一些规定(如作出仲裁裁决的期限)也被删除。

(三) 国际和国内仲裁法律制度的统一

尽管《示范法》最初只是专为国际仲裁(第1条)而制定,然而有许多国家在纳入《示范法》时将其统一适用于国际和国内仲裁。在示范法国家中,如德国、日本、加拿大(在联邦层面)、挪威、奥地利、波兰、韩国等,新仲裁法并不区分国内和国际仲裁。

随着经济全球化的不断深入,对国内和国际仲裁进行区别似乎显得不合时宜且没有必要。如果同时存在两个仲裁法律制度,一个适用于国际仲裁,另一个适用于国内仲裁,这种区分就可能带来不同法律适用上的问题与冲突。②德国立法机关就决定不再另设单独的国际仲裁程序,并提出如下理由:

"如果考虑尽可能不加改动地接纳《示范法》,并将其作为国际商事仲裁程序的特别法,同时倾向于将民事诉讼法第十章内容继续保持不变,这就会导致在结构、范围、术语上出现双重的互相偏离的规范组合,有关分歧几乎无例外地不能得到客观的解释;此外,这种做法还必然会导致许多由于两套规则相互影响而出现的疑难问题。相反,如果新法寻求将国内程序所适用的法律同样纳入到一个完全客观的标准之中,那么这就会使两套规则在结构、范围、术语上保持一致。"③

即使不区分为两套制度规则,而是将国内仲裁制度作为基础,国际仲裁程序作为一个附属的法律规定(如秘鲁和突尼斯仲裁法),也可能会导致法律解释上的困难。④因此,在联合国国际贸易法委员会进行咨询的过程中就认可,《示范法》虽然基本上是针对国际仲裁程序,但并不妨碍各国将《示范法》作为国内仲裁程序法。⑤在许多非示范法国家(如荷兰、

---

① 见草案起草说明: *The draft new Swedish Arbitration Act: the Presentation of June 1994*,重印于 *Arb. Int'l* 10 (1994), 407 (409)。

② Sanders, *Arb. Int'l* 11 (1995), 1 (4).

③ 见德国仲裁法草案政府立法说明,BT—Drucks. 13/5274 vom 12. Juli 1996, S. 25.

④ Sanders, *Arb. Int'l* 11 (1995), 1 (6).

⑤ UN—Doc. A/CN. 9/264, Art. 1 para. 22.

英国和瑞典）最近修改的仲裁法中，也不再区分国内仲裁程序和国际仲裁程序。

一个统一适用于国内和国际仲裁的仲裁法，不仅会减轻立法机关工作，还有利于法院和其他法律工作者不再拘泥于对国际和国内仲裁的区分。同时，由于受到《纽约公约》等"国际标准"的限制，各国法院对国际仲裁的干预，通常比对国内仲裁更严格，因此采用统一的仲裁法律制度更能促进各国对旧仲裁法实现自由化和国际化。此外，采用统一的仲裁法律制度，并在很大程度上与基于《示范法》和其他国际公约而形成的"国际标准"接轨，为国际法律秩序的协调和统一做出贡献。

（四）《示范法》转化为国内法的不同方式

由于吸纳《示范法》的国家数量众多，在《示范法》转化为国内法时也形成不同类型的吸纳方式。以下是两种比较常用的方式。

1. 通过引用吸纳《示范法》

有些国家和地区通过法律中的一般性援引条款，指明准用法律附录中的《示范法》。通过引用方式将《示范法》转换为国内法，能够使《示范法》保持完整不变。巴林是唯一通过援引将《示范法》完整且无条件地纳入本国法律体系的国家。还有一些普通法系国家或独立法域，如美国、加拿大、澳大利亚、新加坡、香港、百慕大和苏格兰，也采用引用方式纳入《示范法》，但同时在法律中又规定了对示范法修改和补充。但有关修改都是比较有限的，主要涉及基于当事人书面协议对示范法的选择适用（opting-out）或选择不适用（opting-in）。① 由于整个《示范法》一字不差地得到采纳，这种引用吸纳的转化方式最符合贸法会关于统一和协调国际商法的目标。

2. 逐条吸纳《示范法》

有的国家将《示范法》逐条不加修改或几乎完全一致地直接转化为本国法律。例如，塞浦路斯将《示范法》作为国际商事仲裁的特别法，完整地将各条文转化为本国法。在吸纳《示范法》条文时，有些国家将

---

① 在新加坡，当事人可以通过协议排除在国际仲裁中适用示范法；见 Sanders, *Arb. Int'l* 11 (1995), 1 (5 f.); Lynch, *The Forces of Economic Globalization: Challenges to the Regime of International Commercial Arbitration*, p. 250.

《示范法》条文作为现有民事诉讼法中的一个部分,而有些则经过修改,将《示范法》直接作为一部独立的法律。这种直接纳入示范法的形式,随之经常出现条文的更改和补充,并由此带来各示范法国家的仲裁法在条目、更改形式上存在差异。由于各国进行了相应修改,示范法的结构也并不能总是保持一致,因此进行全面的比较依然较为困难,会给外国用户的理解带来一定的困难。[①] 各国对《示范法》的修改和补充,可以算作立法者将《示范法》转化为本国法律过程中的一种"本土化"现象,使《示范法》更能契合本国司法制度。

三 《示范法》所确立的"国际标准"对我国仲裁法改革的启示

通过梳理国际仲裁立法协调化和统一化的历程,我们对国际仲裁程序"国际标准"的形成有了更为深刻的理解。而各国仲裁立法通过吸收以《示范法》为代表的仲裁法制"国际标准",从而完成本国仲裁法律的现代化,则对我国仲裁法改革有着较强的借鉴意义。

《示范法》已经成为判断各国仲裁立法现代化的主要标准。1994年通过的我国第一部仲裁法,初步建立了现代仲裁法律制度框架。然而,无论是从立法技术还是从制度设计上,我国仲裁法律制度与蓬勃发展的仲裁实践相比显得十分滞后。例如,一些国外通行的仲裁方式,如临时仲裁在我国还属于空白;对仲裁协议生效条件的规定过于苛刻;仲裁庭作出临时保全措施的职权不足,在"仲裁地"的国际竞争中处于劣势;有关司法支持和监督的管辖与程序规定均不明确;对仲裁委员会及其办事机构的性质规定模糊,导致仲裁机构官僚化严重,等等。与现代成熟国际私法体例相比,我国涉外民事关系法律适用法对仲裁的规定比较单薄,未将国际仲裁管辖权、外国仲裁裁决的承认与执行、仲裁程序法律适用等事项囊括进来。另外受我国仲裁法有关机构仲裁制度规定的影响,法律适用法以仲裁机构所在地为联结点,这在国际上也较为罕见,不利于国际法制的协调。因此,改革我国仲裁法律制度已经十分迫切。

---

① Binder, *International Commercial Arbitration and Conciliation in UNCITRAL Model Law Jurisdictions*, paras. 1-013.

《示范法》以尊重当事人和仲裁庭意思自治为原则，限制有关体现国家强制力的规定，缩小法院对仲裁的司法监督范围，扩大法院对仲裁的司法支持力度，充分反映了现代国际仲裁发展趋势。研究《示范法》的主要原则与精神，对克服我国机构仲裁体制下"行政化"顽疾有着特殊意义。在起草过程中，《示范法》在国际范围得到充分讨论，条文、结构较为科学。各国在吸纳《示范法》时又做了修改和补充，有关立法经验具有很好的借鉴意义。因此，《示范法》对我国未来仲裁法律制度的修改和完善具有很强的指导意义。鉴于《示范法》已经成为各国实现仲裁立法现代化的主要标准和途径，我国立法机关也应当通过采纳《示范法》，从而克服现有法律缺陷，解决我国仲裁理论和司法审查实践工作的诸多问题，真正实现仲裁程序中的私法自治，同时在经济全球化背景下增进中国与其他国家仲裁法律的协调，提高我国广泛参与国际仲裁业竞争的能力。

南海仲裁案中有关岛礁法律地位裁决的分析[*]
——以条约解释为切入点

马金星[**]

摘要：条约的正确适用依赖于正确解释条约。岛礁法律地位问题是南海仲裁案核心仲裁事项之一，《联合国海洋法公约》第 121 条是南海仲裁案裁决中有关岛礁法律地位问题的核心条款。由于该条款部分内容存在模糊，仲裁庭在适用该条款进行裁决前对其作了解释，但具有强烈的主观倾向，将该条款界定的标准被引向苛责。仲裁庭通过推定意图为缔约国创设权利和义务，偏离了有疑从轻解释和演变性解释的合理化路径，以"释法"之名行"立法"之实，背离了条约解释的目的，无法支撑其裁决的合法性和有效性，更无法掩盖有关岛礁法律地位争端的本质，是中国与菲律宾间的领土主权及海域划界争端。

关键词：南海仲裁案；岛礁法律地位；条约解释有疑从轻推定意图

2013 年 1 月 22 日，菲律宾依据 1982 年《联合国海洋法公约》（以下简称《公约》）第十五部分以及附件七的规定，就中国与菲律宾之间有关南海问题的争端，单方面发起对中国的国际仲裁（以下简称"南海仲

---

[*] 本文系中国博士后科学基金项目（2016M590174）阶段性研究成果。
[**] 马金星：中国社会科学院法学研究所博士后、助理研究员，最高人民法院"一带一路"司法研究基地研究人员。

裁案"）。2016年7月12日，仲裁庭作出最终裁决（以下简称《裁决书》），[1] 其中第6部分涉及岛礁法律地位问题。[2] 仲裁庭将满足《公约》第121条第1款标准的地物统称为"高潮地物"（high-tide features），不能维持人类居住或其本身经济生活（第121条第3款）的高潮地物为"岩礁"（rocks），反之，则为"全效岛屿"（fully entitled islands）。[3] 仲裁庭认为，黄岩岛、赤瓜礁、华阳礁、西门礁和永暑礁是不享有专属经济区和大陆架的岩礁；美济礁、仁爱礁、渚碧礁和东门礁属于低潮高地；南薰礁（南）属于低潮高地，南薰礁（北）属于岩礁。南沙群岛无一海洋地物能够产生专属经济区和大陆架，且不能够作为一个整体主张海洋权利。[4] 就岛礁法律地位问题而言，上述裁决几乎完全支持了菲律宾第3项至第7项仲裁请求。[5] 以往涉及《公约》第121条国际司法与仲裁均有意避开直接解释与适用《公约》第121条第3款，而在南海仲裁案中，仲裁庭从条约解释的路径出发，声称应用《维也纳条约法公约》第31条、第32条来加以解释，然后从文本解释、目的解释和缔约准备三个方面，对《公约》第121条第3款进行解释并得出结论，认为没有证据表明存在基于国家实践形成的协议对该条款的解释与仲裁庭的解释不同。[6] 本文以南海仲裁案裁决的逻辑进路为主线，从条约解释角度，对《裁决书》中涉及《公约》第121条解释内容展开专门研究，指明仲裁裁决的瑕疵与缺陷。

一 《裁决书》中涉及岛礁法律地位仲裁请求的内容概要

仲裁庭在《裁决书》中，首先回顾和总结了2015年《管辖权及可受

---

[1] In the matter of the south China sea arbitration before an Arbitral Tribunal Constituted under Annex Ⅶ to the 1982 United Nations Convention of the Law of the Sea between the Republic of the Philippines and the People's Republic of China (PCA Case No. 2013—19), AWARD (hereinafter as "AWARD"), Permanent Court of Arbitration, http：//www.pcacases.com/pcadocs/PH—CN%20—%2020160712%20—%20Award.pdf（last visited May 28, 2017）, pp. 472-474, para. 1203.

[2] 本文除引用仲裁庭表述外，依我国惯常表达，依然将菲律宾第3项至第7项仲裁请求及《裁决书》第6部分涉及的南海地物（Maritime features），统称为岛礁。

[3] AWARD, p. 119, para. 280.

[4] AWARD, pp. 471-474, para. 1203.

[5] 菲律宾第6项仲裁请求为"南薰礁和西门礁（包括东门礁）"是低潮高地，《裁决书》对南薰礁作了分割处理，将西门礁认定为岩礁。See AWARD, p. 472, para. 1203.

[6] AWARD, p. 232, para. 553.

理性裁决》①对南海岛礁法律地位仲裁请求在管辖权及可受理性上的认定,②继而从条约解释入手,区分《公约》定义的低潮高地和岛屿,③对《公约》第121条第3款进行解释,并得出"不能维持人类居住或其本身的经济生活的岩礁"的判断标准,然后依据解释确立的标准及相关证据,逐一认定黄岩岛、赤瓜礁等地物的法律地位。

(一) 解释《公约》第13条和第121条

条约解释是《裁决书》第6部分法理论证的核心。《公约》第13条和第121条第1款在表达结构上类同,而第121条第3款关于岛屿海洋权利的规定又是涉及南海岛礁法律地位判定乃至《公约》第8部分岛屿制度的核心。仲裁庭在《裁决书》第6部分中首先借助对潮汐标准的认定,将《公约》第13条定义的低潮高地和第121条第1款定义的岛屿区分开来,然后,重点对第121条第3款做了解读,逐一解释了该款中岩礁(rocks)、不能(cannot)、维持(sustain)、人类居住(human inhabitation)、或者(or)、自身经济生活(economic life of their own)六个术语。

仲裁庭认为,构成"岩礁"的自然成分不限于岩石,但是必须是自然形成的物质。④ "不能"表示的是一种能力,尽管人类居住和经济生活的历史证据可能与确立地物的能力有关,如果某处靠近有人类居住活动陆块的地物从未被人类居住过,或从来没有维持过经济生活,那么该处地物就是无人类居住的。相反,正面例证是,人类有史以来就居住在该地物上,或地物上一直有经济活动(economic activity),方能构成地

---

① See in the Matter of the South China Sea Arbitration before an Arbitral Tribunal Constituted Under Annex VII of the 1982 United Nations Convention on the Law of the Sea between the Republic of the Philippines and the People's Republic of China (PCA Case No. 2013—19), Award on Jurisdiction and Admissibility (hereinafter as Award on Jurisdiction andAdmissibility), Permanent Court of Arbitration, https://pcacases.com/web/sendAttach/1506 (last visited May 27, 2017).

② 针对菲律宾第3项至第7项仲裁请求,仲裁庭在2015年《管辖权及可受理性裁决》第413段,先行裁决对菲律宾第3、4、6、7项诉求具有管辖权,对菲律宾第5项诉求是否有管辖权的决定将涉及不具有完全初步性质的实体问题审查,因此保留其对第5项诉求管辖权的审查至实体问题仲裁阶段。之后,在2016年《裁决书》中明确对菲律宾第5项诉求具有管辖权。See Award on Jurisdiction and Admissibility, p. 149, para. 413; AWARD, p. 471, para. 1202.

③ 《联合国海洋法公约》第13条、第121条第1款。

④ AWARD, pp. 205-206, para. 480.

物能力的相关证据。① "维持"有基础、时间和质量三个层面的含义，基础层面是指支持或提供必需品，时间层面指不应当是一次性或一时的，质量层面指根据适当的标准，必须保持人类生存且健康地"持续渡过一个时期"（over a continue period of time）。② 居住不仅仅是简单的存在，"人类居住"标准要求主体已经选择以定居方式存在且居住在地物上，而非短暂的存在，并且地物上存在满足人类居住的所有基本要件，能够支持、保持以及提供食物、饮水及遮蔽条件。尽管《公约》未对居住人数进行规定，仲裁庭认为单独个体（a sole individual）显然不能满足上述要求，居住的人数要求应当是一群或一个团体的人。③ 南沙诸岛上驻军及政府人员的生活补给均来源于大陆，是基于领土争端的存在而非为了定居而居住，故不属于"人类居住"。④ 仲裁庭认为经济活动是由人实施的，人类很少居住在没有经济活动或生计来源的地方是可能的，不认为《公约》第121条第3款因为"或"字，而存在两类判断海洋地物权利的标准。因此，《公约》条款中"或"字前后的两个概念是联系在一起的。⑤ 维持"自身经济生活"的资源必须是当地的，而不是依赖外来资源或纯采掘业的经济活动，那些源自潜在专属经济区或大陆架的经济活动必须被排除。⑥

概言之，仲裁庭重申《公约》基于岛礁的自然状态对其进行的归类。仲裁庭在解释《公约》第121条第3款时，始终围绕着一个中心思想，即"防止微不足道的岛礁产生大面积的海洋权利，而侵犯有人定居的领土的权利，或者侵犯公海以及作为人类的共同继承财产保留的海床的区域"，⑦ 岛礁可主张的海洋权利取决于其在自然状态下维持稳定人类社群活动，或者不依赖于外来资源或纯采掘业的经济活动的客观承载力。

---

① AWARD, pp. 206-207, paras. 483-484.
② AWARD, pp. 207-208, para. 487.
③ AWARD, p. 208, paras. 489-491.
④ AWARD, p. 252, para. 618.
⑤ AWARD, p. 210, paras. 495-496.
⑥ AWARD, pp. 211-212, paras. 500-503.
⑦ 参见2016年7月12日南海仲裁案新闻稿（菲律宾共和国 V. 中华人民共和国），常设仲裁院（PCA）网，https://pcacases.com/web/view/7，最后访问时间：2017年10月28日。

（二）审查运用相关证据及事实

仲裁庭对菲律宾提交的相关地图、图表、潮位资料、卫星图像、照片、历史、人类学、地理以及水文信息证据，[1] 做了甄别和筛选。仲裁庭认为，"卫星图片无法识别较小地物或低潮高地的惯常形态，有关南海岛礁法律地位的更有力的证据为海图、调查记录和航行指南"；[2] "由于中国岛礁建设和政治情势对个案观察的限制，对菲律宾仲裁请求中的海洋地物进行直接观察，已无可能"。[3] "鉴于岩礁和凝结在礁盘上的大块珊瑚岩石具有高度的持久性，并且可以合理地预期基本保持不变，甚至超过百年，历史上的直接观测并非毫无价值。"[4] 作为首要情形，仲裁庭认为，更重要的是着眼于测量的时机，而非海图的出版，并将适宜作为证据的地图比例尺限定为1∶250万。[5]

倚重英国与日本对南沙群岛的军事测量资料。仲裁庭提出，第一次对南海岛礁持续性测量活动发生于1862年至1868年，由英国海军实施。之后，在20世纪20年代和30年代，英国及日本海军对南沙群岛进行了持续的军事测量活动，尽管这些信息都是在第二次世界大战（以下简称"二战"）之后才被公之于众的。[6] 法国和美国海军在20世纪30年代同样实施了上述测量活动，但程度逊于英国及日本，南海周边国家则是在晚近时期，才开始在各自近岸海域开展测量活动。[7] 相当一部分不同国家出版的南海海图，或多或少存在互相复制的情况。现有海图中被合并或直接复制（incorporated or outright copied）的信息，经常不表明其引用状况。[8] 甚至有晚近出版的海图，依然大量追踪（trace）英国、日本19世纪60年代或20世纪30年代的军事测量数据。[9] 事实上，大部分近期出版的海

---

[1] Award on Jurisdiction and Admissibility, pp. 131-132, para. 373.
[2] AWARD, p. 140, para. 327.
[3] AWARD, p. 138, para. 321.
[4] AWARD, p. 140, para. 327.
[5] AWARD, p. 141, para. 329.
[6] Ibid..
[7] Ibid..
[8] AWARD, p. 141, para. 330.
[9] Ibid..

图，对特定的南海地物，没有或者仅更新少量信息。[1] 仲裁庭在评价《航行指南》与军事测量的关系时指出，英国20世纪30年代再版的南海《航行指南》，是在皇家海军"步兵号"（HMS Rifleman）测量形成的第1版《中国海指南》基础上，增补或修正形成的。除美国外，其他国家的《航行指南》似乎都援用上述英国版本的内容。而美国早先的关于南海《航行指南》的内容，似乎来自日本和中国方面的信息。因此，仲裁庭已独立地寻求来自英国和日本的测量材料，并据此得出相关结论。[2]

援引学术文献等资料进行补充说明。仲裁庭在《裁决书》第6部分B项反复引用汉考克斯（David Hancox）和普雷斯科特（Victor Prescott）的论文和专著，证明其他国家《航行指南》大量直接援用英国、日本军事测量数据的情况，在第6部分C项引用日本人平塚均、[3] 藤岛范孝、[4] 山本运一、[5] 中国台湾学者黄增泉等人[6]的学术论文或调查报告，日本前海军中佐小仓卯之助的文稿，[7] 以及1933年至1939年大阪《朝日新闻》和1945年5月4日《纽约时报》的新闻报道，[8] 分析了黄岩岛和南沙岛礁的植被与生物环境条件、淡水、土壤及农业潜力、以往渔民活动的记录、商业活动的记录，与前述《航行指南》和军事测量资料的记载进行对比分析。

二 曲解《公约》第121条第3款含义的表现

仲裁庭对《公约》第121条第3款中六个术语采取了严格解释的倾

---

[1] AWARD, pp. 141-142, paras. 329-330.

[2] AWARD, p. 142, para. 331.

[3] See Hitoshi Hiratsuka, "The Extended Base for the Expansion of the Fishery Business to Southern Area: New Southern ArchipelagoonSite Survey Report," *Taiwan Times*, May 1939; AWARD, p. 239, para. 582.

[4] See Noritaka Fujishima, "Discussions on the names of islands in the Southern China Sea," (1994) 9 *The Hokkaido General Education Review of Komazawa University*; AWARD, p. 244, para. 595.

[5] Yun—ichi Yamamoto, "The Brief History of the Sinnan Islands," (1939) 7*Science of Taiwan* 3; AWARD, p. 242, para. 588.

[6] See AWARD, p. 188, paras. 428-430.

[7] 参见小仓卯之助《暴风之岛》，小仓久仁子、桥本博编，小仓中佐遗稿刊行会1940年版，第188、194页。See AWARD, pp. 239, 241, paras. 583, 586.

[8] See AWARD, pp. 241, 244, 248, 249, paras. 586, 594, 607, 609.

向，对《公约》第121条第3款术语的解释屡有"出人意料"之处，甚至"客观地解释"出了《公约》缔约国未曾讨论过的标准，推定出缔约国不曾形成的共同意图。总体上看，由此带来如下问题。

（一）《公约》第121条第3款界定的标准被引向苛责

一是文本解释未能将条款的含义引向清晰化。仲裁庭在解释"岩礁"时，援引《公约》第121条第1款岛屿中"自然形成的陆地区域"的标准，一概认定自然形成的岛屿不得存在地质或地形上的塑造，[①] 然而，维持"人类居住"和"自身经济生活"本身就需要对居住地进行改造。在解释"不能"时延续了菲律宾在庭审答辩中的逻辑，[②] 缺少时间延续性，未讨论未来的情形，而这恰是第121条第3款模糊措辞难以解释适用的重要原因之一。[③] 对"维持"的解释缺少可执行性标准，持续渡过一个时期是一年、十年、还是一百年？适当标准的具体参数是什么？仲裁庭都没有给予回答。在解释"人类居住"标准时对主体范围进行了限缩，将驻守在南沙岛礁上的军人和政府人员排除在"人类"之外却未能给出国际法依据，[④] 刻意强调补给的外来输入性，而回避了环境承载力与岛上人员数量在比例上的客观联系。在解释"自身经济生活"时，仲裁庭仅从逻辑角度将"从可能的专属经济区或大陆架衍生的经济活动必然被排除在外"，[⑤] 却无视古今众多洋中岛屿居民以外海捕鱼作为维持生计的最主要活动的现实，这些居民在从事生计活动时无一不是从自身历史传统和惯常生活习惯出发，而不会考虑从离岸12海外取得渔获是否属于"自身经济生活"的范畴。关于"人类居住"与"自身经济生活"关系的讨论（即"或"一词），实际上从《公约》第121条第3款起草伊始就已经在学术

[①] AWARD, p. 206, para. 481.

[②] Hearing on the Merits 25th November 2015, p. 70, paras. 7-26.

[③] 参见中国法学会菲律宾南海仲裁案研究小组《关于中菲"南海仲裁案"中岛礁法律地位仲裁事项的初步研究报告》，中国法学会网（www.chinalaw.org.cn），最后访问时间：2017年11月2日。

[④] AWARD, p. 252, para. 618.

[⑤] AWARD, p. 212, para. 501.

界存在，[1] 仲裁庭在《裁决书》中的分析并无新意，只不过是借南海仲裁案确立一种观点的权威性而已。

二是仲裁庭对《公约》第121条第3款的解释涉嫌造法。包括仲裁案中菲方专家证人在内的众多国际法学者均认为，仅基于文本而建立起对《公约》第121条的确切解释，已经被贴上了"几乎不可能"的标签。[2] 仲裁庭除了在"岩礁"解释中援引国际法院在尼加拉瓜诉哥伦比亚"领土和海洋争端案"的判决作为支撑外，在其他术语解释中，仲裁庭一方面用《牛津英语词典》和《简明牛津英语词典》中的语义解释厘清该条款用语的通常意义，[3] 俨然将字典作为《公约》的组成部分；[4] 另一方面在解释中不仅夹杂着仲裁员个人的观点，而且还包括对存在争议学术观点单方面截取及编纂，未给出包括习惯国际法在内的任何法律例证。

（二）目的解释不足以反映缔约国对《公约》第121条第3款的共同意图

仲裁庭将"《公约》第121条第3款和专属经济区目的之间的联系"[5] 作为目的解释的内容之一，回顾了专属经济区制度在《公约》中确立的过程，认为第121条第3款起草者关注的"人类居住"，指的是从专属经

---

[1] See Erik Franckx, "The Regime of Islands and Rocks", Malgosia Fitzmaurice, in Norman A. MartínezGutiérrezthe (eds.), *IMLI Manual on International Maritime Law* (Oxford: Oxford University Press, 2014), pp. 105-124.

[2] Clive H. Schofield, "The Trouble with Islands: The Definition and Role of Islands and Rocks in Maritime Boundary Delimitation", in S—Y Hong, J. M. Van Dyke (eds.), *Maritime Boundary Disputes, Settlement Processes, and the Law of the Sea* (Hague: MartinusNijhoff, 2009), pp. 19, 27; A. G. Oude Elferink, "Clarifying Article 121 (3) of the Law of the Sea Convention: The Limits Set by the Nature of International Legal Processes", (1998) 6 *Boundary and Security Bulletin*, pp. 58-59.

[3] AWARD, pp. 207-208, 211, paras. 485-488, 499.

[4] 也有观点认为援引词典解释条约文本通常含义无可厚非。例如，世界贸易组织（WTO）上诉机构前主席的詹姆斯·巴库斯（James Bacchus）认为，《牛津英语词典》正是发现条约用语"通常意义"的最佳处所，因为"就英语单词而言，没有比《牛津英语词典》定义得更好的了"。See James Bacchus, "The Appeals of Trade: The Making of an Old GATT Hand", World Trade Law Net, http://www.worldtradelaw.net/document.php?id=articles/bacchusgatthand.pdf (last visited October28, 2017).

[5] AWARD, p. 215, paras. 512-514.

济区获得利益的那部分人口的"居住"。① 根据《维也纳条约法公约》第31条和第32条,条约解释的目的是确定缔约方的共同意图而非某国或某些国家团体的个别意图,② 确定专属经济区制度的目的与岛礁的权利范围,应当如解释《公约》其他条文一样涉及确定缔约国的共同意图。况且国际法院在"卡塔尔诉巴林案"中,业已强调"无论地物有多小,岛屿应当像陆地那样形成同样的海洋权利",③ 因而,从专属经济区获得利益角度对人类居住及非居住行为划出一条边界,本身就是非常主观。尽管仲裁庭引用了1973年秘鲁代表在海床委员会上的发言、新加坡大使在第三次海洋法会议期间的总结发言加以证实,④ 然而,不得不承认的是,"目的解释方法(intention approach)太过主观,整体解释方法(integration approach)更有助于条约含义的明确。《维也纳条约法公约》第31条第2段所规定的条约解释规则就是对'整体解释方法'的阐释"。⑤ 而且因为相关规范的谈判过程更为复杂,试图厘清这种可能存在于文本之外的缔约国意图,可能具有更大的困难。⑥

(三) 缔约准备对于理清《公约》第121条第3款含义作用有限

由于《公约》第121条第3款文本的模糊性,借助于缔约前的准备确定该条款的含义,其作用十分有限。⑦ 国际法院法官阿吉博拉在利比亚诉乍得"领土争端案"中认为:"《维也纳条约法公约》第32条对条约签

---

① AWARD, p. 218, para. 520.

② China—Measures Affecting Trading Rights and Distribution Services for Certain Publications and Audiovisual Entertainment Products, WT/DS363/AB/R, 21 December 2009, p. 164, para. 405.

③ Maritime Delimitation and Territorial Questions between Qatar and Bahrain (Qatar v. Bahrain), Judgment, I. C. J. Reports 2001, p. 61, para. 185.

④ AWARD, p. 216, para. 514.

⑤ See Territorial Dispute (Libyan Arab Jamahiriya v. Chad), Judgment, I. C. J. Reports 1994, Separate Opinion of Judge Ajibola, pp. 64-69, paras. 59-78.

⑥ 房东:《对"文本"的扬弃:WTO条约解释方法的一种修正——以服务贸易具体承诺表的解释为分析起点》,《法律科学》2011年第3期。

⑦ See David Anderson, "Islands and Rocks in the Modern Law of the Sea", in Myron H. Nordquist, C. H. Schofield (eds.), The Law of the Sea Convention: US Accession and Globalization (Hague: Martinus Nijhoff, 2012), pp. 307-321.

订前的准备工作及缔约环境在条约解释中的作用进行了规定，将其作为使条约条款含义进一步明晰的补充资料。但在实际的条约解释中，我对准备资料的作用表示怀疑。大量的准备材料（如谈判文件、报告、会议辩论及地图等）本身就容易导致解释上的冲突。"[1] 仲裁庭在《裁决书》对缔约准备的梳理，似乎也没有得出更多有助于解释《公约》第121条第3款的肯定性结论，反而证明在该条款制定期间存在大量不同立场，以至于除了模糊条文表述以实现妥协外，无法进一步就区别岛屿和岩礁的面积、人口等具体标准形成共同的意图。事实上，仲裁庭也未找到充分的证据证明这种共同意图是真实的、客观存在的。

三 在推定意图与有疑从轻解释之间未实现平衡

有疑从轻（in dubio mitius）解释属于条约解释习惯规则。[2] 即如果一项规定的含义含糊，应该采纳那种使负担义务方较少负担，或对当事国的属地或属人最高权较少干涉，或对当事方较少限制的含义。[3] 1925年，常设国际法院在《洛桑条约》解释案咨询意见中即采纳有疑从轻解释原则，主张对限制主权予以严格解释。[4] 南海仲裁案中仲裁庭所作解释与上述国际司法裁决相距甚远。

（一）缔约国针对《公约》第121条第3款不存在共同意图

条约解释方法的基础是，条约文本必须假定为缔约国意图的权威表述……将其用语的通常意义、条约的背景、其目的和宗旨及国际法一般

---

[1] See *Territorial Dispute* (*Libyan Arab Jamahiriya v. Chad*), Judgment, I. C. J. Reports 1994, Separate Opinion of Judge Ajibola, p. 72, para. 88.

[2] See Margaret A. Young, Regime Interaction in International Law: Facing Fragmentation (Cambridge and New York: Cambridge University Press, 2012), p. 281.

[3] See Eirik Bjorge, The Evolutionary Interpretation of Treaties (Oxford: Oxford University Press, 2014), p. 41.

[4] See Permanent Court of International Justice, Interpretation of Article 3, Para. 2 of the Treaty of Lausanne, Advisory Opinion, P. C. I. J. 1925, Series B No. 12, p. 25; 张卫彬：《国际法院解释领土条约的路径、方法及拓展》，《法学研究》2015年第2期。

规则，连同缔约国的作准解释，作为解释条约的主要标准。[1] 推定意图是通过应用《维也纳条约法公约》第31条、第32条承认的各种解释资料所确定的当事国的意图，[2] 推定意图的前提是缔约国存在一个潜在的"共同意图"，并可以从公约条款用语的通常意义等方面抽象出来。如果缔约国在缔约期间本就缺失共同意图，通过解释的方法创设缔约国"共同意图"，实则是单方面增加或减少《公约》缔约国的权利和义务。然而，推定意图并非一个单独可确定的最初意愿，准备工作并非确定当事国推定意图的主要基础，而是如《维也纳条约法公约》第32条所示，仅仅是补充解释资料。[3] 况且《公约》缔约准备材料已经清晰地表明，缔约国之间有关第121条第3款的含义从未形成过共同意图，更遑论其目的和宗旨，以至于这种异议延续至今，既无国际法院判决予以澄清，也无可以依赖的国家实践。[4] 在缺少缔约国的作准解释，无法从第121条第3款用语的通常意义、条约背景及国际法一般规则，推知缔约国共同意图的情况下，[5] 仲裁庭没有承认缔约国共同意图存在空白，而是迂回利用《公约》第5部分（专属经济区）缔约准备工作，推定和填补缔约国在《公约》第8部分存在的共同意图，这种方式不仅无视《公约》缔约期间的客观事实，也是在借用条约解释之名为缔约国创设权利和义务。

（二）有疑从轻解释是共同意图缺失情形下条约解释的合理化选择

适用有疑从轻解释原则的前提，是承认其属于条约解释习惯规则，而非普遍适用的一般规则。对此，有学者质疑"在解释中强调该原则将造

---

[1] See Yearbook of the International Law Commission, *Documents of the first part of the seventeenth session including the report of the Commission to the General Assembly*, 1964, Vol. II, pp. 204–205, para. 15.

[2] See Report of the International Law Commission, *Subsequent agreements and subsequent practice in relation to the interpretation of treaties*, A/68/10 (2013), p. 27.

[3] Ibid..

[4] AWARD, pp. 225–226, paras. 534–535.

[5] AWARD, p. 215, para. 512.

成条约分裂，即使条约在不同情况下适用不同国家时具有不同含义"。①
但是不同岛礁的水文、生态、经济生活等情况本来就千差万别，在《公约》制定期间不同国家对第121条也是观点各异，即使在《维也纳条约法公约》第31条、第32条限制下，条约解释本身依然具有相当大的灵活性，不存在唯一标准，仲裁庭选择何种解释方法应属其自由裁量范围。然而，条约解释目的之一是使约文含义明晰化、当事国争端缓和化，面对菲律宾的仲裁请求，仲裁庭只能在"继续解释"或"拒绝解释"中二选其一。囿于"不得拒绝裁判"原则和《管辖权及可受理性裁决》，拒绝解释《公约》第121条第3款显然行不通，推定共同意图又涉嫌为缔约国创设权利和义务。故此，解释该条款的唯一路径只能是承认缔约国共同意图存在空白，适用有疑从轻解释原则。然而，仲裁庭在《裁决书》中对《公约》第121条第3款解释恰恰相反，不仅推定得出一个莫须有的共同意图，而且严格限制了该条款的适用。

四　对条约术语的时间演变特征未作出合理化解释

根据解释之时存有的解释资料确定当事国意图时，必须回答当事国签订条约中的"术语"含义是否可随时间演变。②即条约是应当根据其缔结时的情况和法律来解释，还是应当根据使用之时的情况和法律来解释。③术语并不限于具体措辞（如商业、领土地位或投资），而是还可能包含更为相互关联和相互交叉的概念，如"依法"、"必须"等。④国际法院在解释条约术语时存在两种倾向：一种是偏向于"当时意义"解释；另一种更偏向于"演变性"解释，采用演变解释办法的国际司法和仲裁机构，

---

① 参见［美］约翰·H. 杰克逊《国家主权与WTO——变化中的国际法基础》，赵龙跃、左海聪、盛建明译，社科文献出版社2009年版，第215—216页。

② See Report of the International Law Commission, *Subsequent agreements and subsequent practice in relation to the interpretation of treaties*, A/68/10 (2013), p. 27.

③ See M. Fitzmaurice, "Dynamic (Evolutive) Interpretation of Treaties Part I", (2008) 21 *Hague Yearbook of International Law*, p. 101ff.

④ See Report of the International Law Commission, *Subsequent agreements and subsequent practice in relation to the interpretation of treaties*, A/68/10 (2013), p. 30.

均采用逐案处理的方式,通过《维也纳条约法公约》第 31 条和第 32 条提到的各种条约解释资料,确定是否应当赋予条约术语以能够跟随时间演变的含义。① 对于以上两种解释倾向,纪尧姆专案法官在"航行权和相关权利争端案"中总结指出,更倾向于"当时意义"解释的法院裁决,大多涉及相当具体的条约术语(如分水岭、主航道或河流最深线、地名、河口)。② 而演变性解释的案件涉及更一般的术语,如"现代世界的艰难条件"或"这些人民的福祉和发展"等。③

应区分对待《公约》第 121 条第 3 款术语的解释。《公约》第 121 条第 3 款中的"岩礁"显然属于纪尧姆法官所指具体的条约术语,"不能"、"维持"、"人类居住"和"自身经济生活"会随着人类社会的发展与科学技术的进步呈现出不同的形式与内容,属于一般术语。在《公约》长期有效的前提下,则需要通过在个案的基础上考虑某些标准,在使用各种解释资料中得出此种演变解释。④ "航行权和相关权利争端案"中,国际法院在解释 1858 年条约中"商业"(comercio)一词时,认为"在一些情况下,当事国缔结条约的意图是……赋予所用术语……一种能够演变的含义或内容,而非一旦设定即永不改变的含义或内容",以便"为国际法的发展留出余地"。⑤ 国际法院在认定"商业"(comercio)作为一般术语后,指出"当事国必然意识到其含义……很可能随时间演变",意识到"缔结的条约要持续很长时间",并得出结论认为"必须推定当事国……

---

① See Report of the International Law Commission, *Subsequent agreements and subsequent practice in relation to the interpretation of treaties*, A/68/10 (2013), p. 25.

② See Dispute regarding Navigational and Related Rights (Costa Rica v. Nicaragua), Judgment, I. C. J. Reports 2009, Declaration of Judge ad hoc Guillaume, pp. 294-300, paras. 9-18; Report of the International Law Commission, *Discussion on the Study on the interpretation oftreaties in the light of "any relevant rules of international law applicable in the relations between the parties" [article 31 (3) (c) of the Vienna Convention on the Law of Treaties], in the context of general developments in international law and concerns of the international community*, A/60/10 (2005), para. 479.

③ 参见《国际联盟盟约》第 22 条。

④ See Report of the Study Group of the International Law Commission Finalized by Martti Koskenniemi, *Fragmentation of International Law: Difficulties Arising from the Diversification and Expansion of International Law*, A/CN. 4/L. 682 and Corr. 1 (2006), para. 478.

⑤ *Dispute regarding Navigational and Related Rights* (Costa Rica v. Nicaragua), Judgment, I. C. J. Reports 2009, p. 213, at p. 242, para. 64.

意图使"该术语"具有演变的含义"。① 在"美国海虾海龟案"中，世界贸易组织上诉机构认为，"第20条（g）项中'自然资源'这一通用术语不是'静止'的，而'根据定义是发展的'"。②

可见，对于条约中的一般术语做演变性解释，在国际司法及仲裁中存在共识，并非不具有代表性的个案情况。反观南海仲裁案，仲裁庭偏倚"当时意义"解释，以19世纪60年代、20世纪30—40年代的个别记载判断南海岛礁当前状况，就是选择了与国际司法实践相背离的条约解释方向，因而无法期待其得出一个合理、合法的结论。

五　结语

综上所述，《公约》只是国际海洋法制度的一部分而非全部。仲裁庭否定南海各类岛礁之间、岛礁与相连海域及其他自然地物之间，在地理、经济和政治上的整体性，无视南海诸群岛在历史上已被视为这种实体，曲解中国相关外交照会，对《公约》的解释以"释法"之名行"立法"之实。仲裁庭在《裁决书》中曲解了《公约》第121条第3款应有的含义，背离条约解释是以约文含义明晰化、当事国争端缓和化为目的的初衷，无视国家实践是推动《公约》制度内容形成和发展的原动力，并且与国际法院的判例存在诸多抵触之处。南海仲裁案中仲裁庭有关岛礁法律地位的裁决，不仅侵犯了中国依据《公约》自主选择争端解决方式的权利，破坏《公约》的整体性和权威性，更是对《公约》第十五部分确立的争端解决制度的挑战，损害了包括中国在内的《公约》缔约国的合法权益。

---

① *Dispute regarding Navigational and Related Rights (Costa Rica v. Nicaragua)*, Judgment, I. C. J. Reports 2009, p. 243, paras. 66-68.

② *United States—Import Prohibition of Certain Shrimp and Shrimp Products*, WT/DS58/AB/R, 12 October 1998, pp. 48-49, para. 130.

可持续发展观的国际生态法基础

刘洪岩[*]

摘要：可持续发展理念自20世纪初由学界最早提出，到成为国际生态法律规范的基本原则和制度目标的确立，并最终成为当前人类社会未来发展模式的建构目标，经历了渐进发展、持续补充和日臻完善的认识和实践过程。由于其代表了人类生活方式模式选择的优势、生产方式革新的强势及人类未来发展目标建构的趋势，而天然地具备了国际实践意义的禀赋。然而，当下的世界各国，由于发展水平高低不同，国情状况差异巨大，从而决定了可持续发展观从国际法律文本到实践理性的实现必须面对一系列棘手问题的挑战。

关键词：可持续发展；国际生态法；价值理念；法律实践

可持续发展是有关人类发展的社会政治理念，主张人与自然协调发展，即"经济增长、社会发展和环境保护之间的相互协调，以满足所有国家当代和后代居民的需要"。[①] "可持续发展"无论作为国际生态法的价值理念、法律原则抑或制度建构目标，虽然在当下的国际法律规范体系中暂不构成一种强制性的国际法律义务，但其在实践中对国际条约的解释、国家和国际组织实践的指导，甚至国家间的环境与资源冲突和纠纷案件结果走向的影响是直接的且现实存在的。可持续发展观可能引发对现存国际法体系的重大变革，甚至是革命。故此，从这个意义上来

---

[*] 刘洪岩：中国社会科学院法学研究所法学博士、研究员，生态法研究室主任。
[①] ［俄］А. Д. 沙基洛夫：《论可持续发展理念及其原则》，《喀山大学学者札记》（人文科学系列）杂志2011年第153辑，第1期。

讲，国际生态法的历史使命之一应着眼于积极推动和促进世界各国和国际组织确立并制定有可能将可持续发展从"理念"变为"现实"的适当的实践程序。

一　有差别的主体与共同的利益想象："可持续发展"共识的形成

可持续发展观在现代国际关系学说体系中是一个崭新的现象。然而，早在20世纪初，俄罗斯学者 В. И. 维尔纳茨基院士就首次将人与自然作为一个整体加以考察。他的"智慧圈生存理论"成为可持续发展学说产生的先声之一。此后，在俄罗斯学者 К. Э. 齐奥尔科夫斯基著述中也可以看到可持续发展学说的萌芽。他提出了开发其他星球的主张，因为目前人类的增长速度对地球形成了威胁。[①] 但随后接连发生的两次世界大战延缓了这一科学领域的研究，因为制止类似的毁灭性战争，确保地球上的和平与安全问题已成为首当其冲的问题。

但是在20世纪50年代，人类活动与环境之间的平衡被打破，这再次成为社会政治讨论的议题。国际社会就生态议题出版了许多文章和书籍。其中最著名的作品包括雷切尔·卡森的《寂静的春天》[②]，书中披露了农药对生物体的有害影响；加勒特·哈丁《公地悲剧》[③] 一书，宣告我们周围的空气和水为公共资源，并要求立即采取行动加以保护。

20世纪50—60年代发生的一系列生态灾难使这一问题更具现实意义。酞咪哌啶酮[④]中毒已导致多起婴儿先天性畸形事件。其后发生了"托

[①] [俄] А. Д. 沙基洛夫：《论可持续发展理念及其原则》，《喀山大学学者札记》（人文科学系列）杂志2011年第153辑，第1期。

[②] Carson R. Silent Spring. Boston, 1962.

[③] Hardin G. The Tragedy of the Commons // Science. 1968. Vol. 162, No. 3859, pp. 1243-1248.

[④] 酞咪哌啶酮——一种镇静催眠的药品，由于其致畸性而广为人知，其后被发现，根据各种统计，从1956年到1962年期间，因其所导致的世界上一些国家出生的先天性畸形儿童约有8000—12000名。酞咪哌啶酮造成的悲剧迫使许多国家重新考虑现行的药品发放许可证办法，并对应发放许可证的药品更加严格要求。

利卡尼翁"号①油轮事故和"三里岛"核电站事故。② 当时，瑞典研究人员发现，本国数以千计的湖泊发生的鱼类和其他生物死亡，与西欧越境空气污染有关。③

20世纪下半叶和21世纪初，载入地球人类历史的不仅有科技领域取得的巨大成就，还有诸如新出现的生态危机、层出不穷的国内武装冲突、一些国家在能源领域不断加剧的冲突以及生态灾难。1972年，由罗马俱乐部提出的一种人类发展模式引起了很大反响，并通过《增长的极限》一书公布。④ 这项研究成果的核心在于，地球上的资源是有限的，如果人类保持目前的发展速度而不采取任何措施来保护环境，那么到2000年这些资源将耗尽，从而导致灾难性的后果。

地球上的生态系统相互联系的，根本不存在的政治界限、人类不断提升的对自然环境的改造能力和技术手段，对这一系统的破坏正在逐年加剧。在多数情况下，人类在工业、特别是能源、农业和其他领域的活动是跨国境的，对生态系统的影响具有消极的性质。各国的经济活动转向为粗放的发展道路，极大地降低了生产的生态效益，并导致生态系统的严重退化。众所周知，人类依赖生态系统的供给，离开这种供给，人类的福祉就会荡然无存。

正是基于对自身赖以生存的生态环境持续恶化的担忧，国际社会在面对共同威胁的面前，很容易消除固有观念中的生态虚无主义，从而国际社会开始不断加强实业界、各生产和服务领域的国家公司和私人公司在生态保护领域的合作，从而形成对可持续发展的基本共识。正如俄罗斯生态法学家O.C.科尔巴索夫曾经指出的，人类为维持生存，必须使人类的全部

---

① 1967年3月18日，利比里亚油轮"托利卡尼翁"号在英国搁浅。事故造成约3万吨原油泄漏，致使海平面污染面积约260平方公里。3月26日油轮断裂。该事故和其后几起油轮事故催生了"双壳"油轮的出现，以降低事故发生时的原油泄漏可能性。

② 1979年3月28日，在美国宾夕法尼亚州哈里斯堡市"三里岛"核电站发生了美国核能历史上最重大事故。由于机组设备故障和操作员失误，致使核电站二号反应堆堆芯53%发生熔化。该事故导致反对核危险的社会运动声浪高涨。

③ 联合国环境规划署（UNEP）专刊：《全球环境展望3：过去、现在和前瞻》，2003年版（访问网址：http://www.unep.org/geo/geo3/）。

④ Donella H. Meadows, Dennis L. Meadows, Jorgen Randers, William W. Behrens, III. The Limits to Growth: a Report for the Club of Rome1s Project on the Predicament of Mankind. N.Y., 1972.

生活服从那些有科学根据的生态要求，而不应只局限于采取一些自然保护措施。人类在各个方面的每一步活动在生态上均应适度。人们应当懂得，形成一套复杂、内部协调并在全球范围内发挥职能的法律规范体系，有助于保障人类世代更替、各国与各民族合作的生态秩序。① 自此，可持续发展的共识开始与国际生态法律规范发生联系。

二　回应与契合：国际生态法律规范对可持续发展观的确立和保障

综上所述，在20世纪70年代初，国际社会认识到人类与自然共命运的重要性意义后，就将此类问题的讨论纳入到一些重要的大型国际论坛和会议的议程之中。经过各方与会者的共同努力，逐渐将可持续发展理念确立在一些重要的国际法律规范之中，其中最为重要的当属以下五个文件：1972年《斯德哥尔摩人类环境宣言》；1987年布伦特兰委员会报告《我们共同的未来》；1992年《里约热内卢环境与发展宣言》；2000年《千年宣言》和2002年《约翰内斯堡可持续发展宣言》。

1. 1972年《斯德哥尔摩人类环境宣言》

可持续发展观第一次被纳入国际生态法理立法之中的标志性事件是1972年斯德哥尔摩人类环境会议的召开。会议通过的《斯德哥尔摩人类环境宣言》构成了国际生态法演进与后来可持续发展学说形成过程之滥觞。在这份文件中，尽管没有提及"可持续发展"概念，但是却为这一学说基本原则的形成奠定了法律基础。

《宣言》的序言重申了生态问题和社会经济落后之间的联系。在发展中国家，环境问题大半是由于发展不足造成的。千百万人的生活仍然远远低于体面的生活所必需的最低水平标准。他们无法取得充足的食物和衣服、住房和教育、保健和卫生设备。因此，发展中的国家必须致力于发展工作，牢记他们优先发展的任务和保护及改善环境的必要。《宣言》还强

---

① 参见［俄］O. C. 科尔巴索夫《环境的国际法保护》，莫斯科，1982年版，第205—221页。

调了代际平等①和各民族利用本国资源的权利。② 但是，这种权利应限制在一定范围内，当这种权利的行使对其他国家的环境造成损害时，应予终止。③

《斯德哥尔摩宣言》原则 13 和原则 14 是形成可持续发展法律原则形成的基础。这两项原则的内容是：为了实现更合理的资源管理从而改善环境，各国应该对他们的发展计划采取统一和谐的做法，以保证为了人民的利益，使发展同保护和改善人类环境的需要相一致。合理的计划是协调发展的需要和保护与改善环境的需要相一致的。环境与发展之间的平衡，合理的规划与国际层面的协调做法，以及将可持续发展问题赋予其国际法律规范保障的范围等基本内容，正是在斯德哥尔摩会议形成的。

《斯德哥尔摩宣言》的通过，使环境问题受到国际社会的广泛关注。此后，许多国家据此通过了本国有关环境保护的一系列法律。在绝大多数国际组织制定的相关文件中，承认和确立了良好环境权为人的基本权利的内容。根据斯德哥尔摩会议达成的共识和成果，联合国成立了环境规划署（UNEP）专门负责协调在生态保护领域国际社会一致行动的协调问题。综上，《斯德哥尔摩宣言》尽管不具强制性，但对国际生态保护法的进一步发展，对可持续发展理念法律原则的形成却产生了重大的影响。

2. 1987 年布伦特兰委员会报告《我们共同的未来》

将可持续发展理念上升为国际生态法基本原则之一的事件是布伦特兰委员会于 1987 年在东京召开的环境特别会上通过的《我们共同的未来》的报告。为了探讨人与自然共存的问题，1982 年在内罗毕召开的联合国环境管理理事会会议上，前日本环境厅长原文兵卫代表日本政府提出关于建立"世界环境与发展委员会（WCED）"的建议，并受到当时与会代表的广泛支持。1983 年第 38 届联合国大会通过成立该机构的决议，并提名挪威工党当时的领袖布伦特兰夫人任委员会主席。1984 年 5 月世界环

---

① "为了这一代和将来的世世代代，保护和改善人类环境已经成为人类一个紧迫的目标。"（序言）

② "为了这一代和将来的世世代代的利益，地球上的自然资源，其中包括空气、水、土地、植物和动物，特别是自然生态类中具有代表性的标本，必须通过周密计划或适当管理加以保护。"（原则 2）

③ "各国有按自己的环境政策开发自己资源的主权；并且有责任保证在他们管辖或控制之内的活动，不致损害其他国家的或在国家管辖范围以外地区的环境。"（原则 21）

境与发展委员会（即后来所称的"布伦特兰委员会"）正式成立。该委员会的主要任务之一就是审查世界环境和发展的关键性问题，创造性地提出解这些问题的现实行动建议。

世界环境与发展委员会成立后，曾就环境与发展问题广泛征求国际社会的意见和举行多次的听证会。三年后，该委员会公布了题为《我们共同的未来》的报告。许多发达国家和发展中国家的政府、国际组织、实业界和民间社会的代表都参与了这份报告的制定。正是在这份报告中，首次将"可持续发展"定义为"既能满足当代人的需要，又不对后代人满足其需要的能力构成危害的发展"。[①] 美国著名法学家丹尼尔·麦克劳认为，这个定义暂时还不具备国际法律规范地位，但因为它被频繁使用，已获得了半官方地位。[②]

根据该委员会的研究，声称当时已经发现新的全球环境问题——全球变暖和臭氧层损耗问题，并作出推论：从现有的相关机构的职责范围和能力水平，以及国家和国际层面决策过程的低效率来看，国际社会似乎已无力解决全球所面临的严峻环境问题。

为了更好应对日益恶化的全球严峻的环境状况，在世界环境与发展委员会的框架内成立了生态法专家组。该专家组起草并提交了一份题为《环境保护与可持续发展：法律原则与建议》的报告。[③] 专家们提出了新的普遍性国际公约草案，汇集并重新确定了关于环境问题的法律原则、准则以及各国的责任范围。该小组还建议成立联合国环境保护与可持续发展委员会，以便监督公约的履行情况。不仅如此，该小组还提议设立联合国环境保护与可持续发展专员职位。《环境保护与可持续发展：法律原则与

[①] World Commission on Environment and Development. Our Common Future / Bruntland G. (ed.). Oxford, 1987. p. 43.

[②] *Daniel Barstow Magraw*, *Lisa D. Hawke*. Sustainable Development // The Oxford Handbook of International Environmental Law / Daniel Bodansky, Jutta Brunnee, Ellen Hey (eds.). Oxford, 2007, p. 618.

[③] 《联合国报告》，第 A/42/427 号。Our Common Future: Report of the World Commission on Environment and Development, Annexe 1: Summary of Proposed Legal Principles for Environmental Protection and Sustainable Development Adopted by the WCED Experts Group on Environmental Law Summary of Proposed Legal Principles for Environmental Protection and Sustainable Development Adopted by the WCED Experts Group on Environmental Law（访问网址：http://www.un—documents.net/ocf—al.htm）.

建议》报告包括以下方面的规定：所有人均拥有享受良好环境的健康权和生命权，其中包括生态保护、生物多样性保护、自然资源的最佳利用、环境影响评价、公众参与决策和争端解决等广泛内容。

提升社会组织参与解决环境问题的影响力，是布伦特兰委员会的工作成果之一。委员会成立后的几年间，世界各国纷纷成立相应的非政府组织并积极介入本国政府的环境治理工作。在欧洲，"绿党"积极介入本国政治生活，社会生态组织支持者的数量也逐年大规模激增。《我们共同的未来》报告中的许多内容对随后国际社会组织的关于"环境与可持续发展理念相互协调问题"的论坛，产生了巨大的积极影响。

3. 1992年《里约热内卢环境与发展宣言》（简称《里约宣言》）

提出将环境保护同经济发展并行不悖地加以待之的建议，被确立在《里约宣言》和《21世纪议程》之中。1992年在里约热内卢召开的联合国环境与发展国际大会是人类历史上最大规模的论坛，会议原则上通过了旨在实现人类可持续发展的《里约宣言》和《21世纪议程》。[①]

《里约宣言》与《斯德哥尔摩宣言》区别之处在于：环境保护已不再被孤立地看待，而是纳入了人类普遍发展的时代背景之中。因此，根据该宣言原则4：为实现可持续发展，环境保护应成为发展进程中的一个组成部分，不能同发展进程孤立开看待。各国拥有根据自己的环境与发展政策开发本国资源的权利。在保障人类享有清洁环境权利的同时应该履行实施发展的权利，以便公正合理地满足当代和世世代代的发展和环境的需要（原则1—3）。

此外，《里约宣言》还包含实现可持续发展所需要的一些程序原则。各国应把任何可能对其他国家的环境产生突发有害影响的自然灾害或其他意外事件立即通知那些国家（原则18）。各国应事先和及时地向可能受影响的国家提供关于可能会产生重大的跨边界有害环境影响活动的通知和信息，并在初期真诚地与那些国家磋商（原则19）。这些原则均源于国际生态法的习惯规范，《里约宣言》将这些规范纳入了可持续发展法律保障的语境里。《里约宣言》指明了可持续发展理念的主要内容，确定了实现可

[①] 《联合国报告》，第A/CONF. 151/26/Rev. 1号（Vol. I）。联合国环境与发展大会报告，《里约热内卢环境与发展宣言》（访问网址：http://www.un.org/russian/documen/declarat/riodecl.htm）。

持续发展的机制，是使可持续发展理念实现法律层面具体化的一种尝试。

《21世纪议程》已经关注到可持续发展理念的三个核心建构方向——社会、经济和环境，成为实现可持续发展这一理念的行动计划和指南。该文件由40章组成，其中提出四方面的主要建议：

——社会与经济问题：消除贫困，改变消费形态，人口动态和可持续能力，保护和增进人类健康；

——环境问题：保护大气层，制止森林砍伐和荒漠化，农业和农村的可持续发展，养护生物多样性，保护淡水和大洋资源，危险废物无害环境处置和回收；

——加强各主要群组的作用：性别平等，保护儿童、青年、土著居民，提高非政府组织、工人和工会、企业家、农场主和科学家的作用；

——《21世纪议程》的实施手段包括：财政资源，无害环境技术转让，教育和培训，国际体制安排，法律工具和机制，决策资料的提供。

在里约热内卢会议上还签订了几项与可持续发展有直接关系的重要文件，如《联合国气候变化框架公约》。《公约》要求各国尽一切努力"将大气中温室气体的浓度稳定在防止气候系统受到危险的人为干扰的水平上"。[①] 该文件明确了可持续发展的基本原则，强调各缔约方有权并且应当促进可持续的发展（第3条）。该次会议也通过了《生物多样性公约》，呼吁国际社会对自然界实行"可持续利用生物多样性的组成部分以及公平合理分享由利用遗传资源而产生的惠益"（第1条）。关于可持续管理的森林原则规定（森林原则），建议各国"促进合理利用、保护和可持续开发"（序言，b段）。

此外，根据会议成果成立了可持续发展委员会。"其目的是落实大会决议，加强国际合作和使政府间决策机制合理化，使其能够兼顾环境发展问题，审查在国家、区域和国际各层面实施《21世纪议程》的进展情况"。[②]

---

① 第2条 FCCC/INFORMAL/84，《联合国气候变化框架公约》（访问网址：http://unfccc.int/resource/docs/convkp/convru.pdf）。

② 《联合国报告》第 A/Res/47/191 号。Institutional Arrangements to Follow up the United Nations Conference on Environment and Development, para. 1（访问网址：http://www.un.org/documents/ga/res/47/ares47-191.htm）。

里约热内卢大会通过的国际法律文件，不只是现行国际生态习惯法规范的简单汇编，而是综合性的国际生态法律的创制，其目的是确保人类环境的可持续发展。① 如果说《里约热内卢宣言》和《21世纪议程》本身属于"软法"的范畴；那么对国际社会而言，《联合国气候变化框架公约》和《联合国生物多样性公约》则是两项强制性的"硬法"。在里约会议所取得的积极成果的背景下，可持续发展原则在后来的（20世纪90年代）许多国际会议中得到重申和确认。这些会议包括：

——世界人权大会，维也纳，1993年；

——小岛屿国家可持续发展国际会议，布里奇敦，巴巴多斯，1994年；

——第四届世界妇女大会，北京，1995年；

——联合国人类住区会议，伊斯坦布尔，1996年；

——世界粮食首脑会议，罗马，1996年；

——《千年宣言》，联合国总部纽约，2000年。

4. 2000年《千年宣言》

这里值得一提的是2000年在纽约举行的联合国千年首脑会议通过的《联合国千年宣言》。宣言在回顾人类社会发展历程的同时，重申了坚持《联合国宪章》及其基本原则，决定将可持续发展作为人类未来发展的基本理念。《千年宣言》确定了对实现可持续发展最为重要的八项发展目标：

——消除极端贫穷和饥饿；

——普及小学教育；

——促进两性平等，并赋予妇女权利；

——降低儿童死亡率；

——改善产妇保健；

——对抗艾滋病病毒、疟疾和其他疾病；

——确保环境的可持续能力；

——建立全球发展伙伴关系。

宣言确定了2015年国际社会应着力解决的八项具体目标，这是千年

---

① 参见 Sumudu A. Atapattu. Emerging Principles of International Environmental Law. Ardsley: Transnational Publishers, 2006, pp. 86-87.

首脑会议的主要成果之一，同时制定了行动计划和资金筹措方案。遗憾的是，如今目标完成时间已马上临近，相信到2015年年底能够实现这些目标的国家寥寥无几。之所以出现这种令人悲观的局面，在很大程度上是由于发达国家把主要精力用于消除2008年金融危机造成的影响以及保持本国居民的生活水平上，而发展中国家往往又过于腐败，甚至心安理得地占用向他们提供的扶持资金。

5. 2002年《约翰内斯堡可持续发展宣言》

如何实现可持续发展从"理念"变为"行动"，在《约翰内斯堡宣言》中被再次重申。2002年世界可持续发展首脑会议在约翰内斯堡举行（约翰内斯堡峰会）。如果说《斯德哥尔摩宣言》重点解决的是环境问题，里约热内卢会议揭示了环境与发展问题的相互依存关系，那么，约翰内斯堡峰会则把实现可持续发展的方针作为主要建构目标。

约翰内斯堡峰会和之前的国际会议的一个不同之处在于，本次会议没有通过实现可持续发展基本原则的宣言。取而代之的是通过《约翰内斯堡可持续发展宣言》和《世界首脑会议执行计划》。这些文件强调了可持续发展的重要意义，明确了解决可持续发展最紧迫问题的途径，承诺了确定期限和目标，专门研究了非洲国家和小岛屿发展中国家的特别需求，同时特别关注了有关可持续的生产和消费形态以及能源和采矿业问题。

约翰内斯堡世界首脑会议的成果并没有被出席会议的大部分与会者所接受。许多人认为，参加此次首脑会议的与会者在确定保证更广泛地利用再生能源目标方面做得太少。这让那些期盼创立一项有约束力条约的人感到失望。不过，会议秘书长N.德赛认为，该次会议为落实作出的决议和取得进一步发展奠定了坚实的基础。《约翰内斯堡执行计划》内容共计50页，该文件在许多方面比《21世纪议程》更具有针对性。与会者就全球层面行动的重点达成一致并承诺付诸行动。① 正是从这个层面来看，该次会议是成功的。

2009年12月4日，联合国大会决定在2012年召开联合国可持续发展大会（CSD），即"里约+20"峰会。2012年联合国可持续发展大会确立了可持续发展的三个目标：其一，重拾各国对可持续发展对承诺；其二，

---

① 《约翰内斯堡首脑会谈成果评价：会议带来了哪些新东西?》（访问网址：http://www.un.org/russian/conferen/wssd/story.htm）。

找出目前实现可持续发展过程中的成就和不足；其三，继续面对不断出现的各类挑战。这次大会的目标是加强可持续发展的政治方针的落实。大会关注的焦点集中在消除贫困、可持续发展制度和机制框架构建，以及世界经济"绿色新政"问题。①

三　可持续发展理念的实践：阻却与希望

可持续发展理念作为国际社会对人类未来发展模式选择上的共识和责任担当，其能否真正发挥指引人类社会以更加文明的方式建构未来社会的美好愿景，根本上取决于国际社会能否建立起有效的可持续发展模式的落实机制。其中不可回避的现实问题是，如何协调好影响可持续发展理念落实的几个阻却因素，譬如：不定期爆发的金融危机持续影响问题，与国际相关组织和参与方行动的协调一致问题，与工商业组织的互动和合作问题以及可持续发展资金的筹措等问题。

1. 可持续发展和2008年金融危机

2008年爆发的世界金融危机对落实可持续发展理念的进程产生了重大影响。根据2009年世界金融和经济危机及其对发展影响问题高级别会议的成果文件，"这场危机在世界各地产生了范围广泛的各种严重影响。自危机开始以来，许多国家都称受到或大或小的负面影响，这些影响因国家、区域和发展水平而异"。② 通过减少外援和投资来缩减对实现发展目标的资金投入，缩减贸易规模和贷款许可，这是经济危机对可持续发展造成的最严重影响。③

---

① 《联合国报告》第A/RES/64/236号。《21世纪议程》、《进一步执行〈21世纪议程〉方案》以及可持续发展问题世界首脑会议决议的执行情况，2010年3月31日（访问网址：http://www.un.org/ru/documents/ods.asp?m=A/RES/64/236）。

② 《联合国报告》第A/RES/63/303号。世界金融和经济危机及其对发展的影响问题会议的成果文件，2009年7月9日（访问网址：http://www.un.org/russian/documents/instruments/docs_subj_ru.asp?subj=61）。

③ 例如，秘书长关于联合国工作的2009年度报告指出，八国集团和二十国集团承诺到2010年底使年度全球官方发展援助量增加500亿美元，并把对非洲的援助增加一倍以上，使年度援助量增加250亿美元，这些承诺尚未兑现［《秘书长关于联合国的工作报告》，第A/64/1号，2009年8月5日（访问网址：http://www.un.org/ru/documents/sgreport/a-64-1/）］。

但是，随着危机的影响的逐步被克服，在近年来召开的相关国际会议上，为建立稳定的金融体系和落实千年目标作出了一系列重大安排。国际社会督促可持续发展目标的落实，发达国家也重申了原来所作的承诺，并保证增加援助发展中国家和贫困国家，并协助相关各国实现《千年宣言》的发展目标。

2. 可持续发展与行动的协调性问题

实施可持续发展理念的一个重大挑战是国际关系中各个行为体之间的分散性以及所有的参与者都谋求自身利益问题。例如，即使在联合国范围内，各个机构对可持续发展理念均有不同的理解，因此，各自所采取的行动也各不相同。可持续发展委员会的主要任务目标之一就是协调联合国各个机构实现可持续发展，但从目前任务的实施情况看，该组织很难胜任上述任务的实现。

联合国组织内的有关"发展、人道主义援助和环境"领域的一致性问题高级别小组曾提交过一份题为《一体行动》的报告，对解决联合国组织间行动的协调一致该问题产生了很大影响。[①] 该报告为克服联合国体系内组织国之间零散状况提出了一系列建议，以使联合国各机构组织能够一体行动，同所有国家结成真正的伙伴关系，满足它们的需求，帮助它们实现千年发展目标及其他国际社会已经商定的发展目标。[②] 并建议建立可确保各组织机构间更加协调一致的治理、资金保障和管理安排的核心机制。

根据时任法国总统雅克·希拉克的倡议，2007年2月2—3日在巴黎召开了"地球公民：全球环境治理"大会。来自60多个国家的非政府组织负责人、社会各界代表参加了此次大会。[③] 大会提议在联合国体系框架内创建一个拥有适当权限、可协调必要环保安排的环境组织，旨在为子孙

---

① 参见［俄］P. M. 瓦列耶夫《国际关系发展现阶段的环境保护》，《环境保护与自然利用的迫切法律问题——国际学术会议资料》，喀山，2009年，第70页。

② 《联合国报告》第A/61/583号。联合国系统在发展、人道主义援助和环境领域的一致性问题高级别小组报告"一体行动"，2006年11月20日（访问网址：http://www.un.org/russian/events/panel/a6 l_ 583. pdf）。

③ 参见［俄］P. M. 瓦列耶夫《从〈京都议定书〉到新的气候变化全球协定》，《国际法与宪法的当代发展问题——纪念费里德曼教授国际学术会议资料汇编》，喀山，2008年，第60页。

后代保护我们共同的星球。

约翰内斯堡世界首脑会议的与会者也极为关注可持续发展的落实问题，组织和成立了300多个志愿组织，每一个组织尽其所能地试图整合一切必要的资源，用以支持、确保和实现可持续发展观从"理念"成为"现实"。与此同时，关注此问题的各方之间，特别是政府、社会团体和私营部门的对话也已达到一个全新的水平。

3. 可持续发展与工商界的互动与合作

工商业，特别是跨国公司，对实现可持续发展发挥着重要作用。跨国公司积累了大量的可用于实现可持续发展的资金。正因为如此，吸收跨国公司参与实现可持续发展目标的任务非常迫切。促使工商界遵循可持续发展的经营理念，这是实现可持续发展最为有效的方法之一。为了解决这一问题，时任联合国秘书长的科菲·安南在1999年1月31日世界经济论坛上发表的讲话中，建议实业界领导人加入"全球契约"国际倡议。① 全球契约倡议呼吁实业界在其活动中遵循人权、劳工关系标准和环境保护方面的9项基本原则。② 而在环境原则中又具体确立了承诺使用预防原则、增强实业界对环境保护的责任原则和鼓励无害环境技术的发展与推广原则。③

值得欣慰的是，近年来，国际商业组织的经营活动也开始更多地关注可持续发展行动的细节落实问题，并总是践行与可持续发展理念相符的社会责任担当。例如，一些国际银行已经接受所谓的"赤道原则"，根据该原则，银行承诺向那些能够证明其有能力，并愿意遵守环境保护的社会准则和执行生态标准要求的资助者所的项目提供贷款。在过去，确保无害环境和承担社会责任的发展仅是由借款人来承担。而今，国际金融机构已从最初的不干涉立场出发，逐渐意识到自身在环境管理和社会监管方面的角

---

① Press Release SG/SM/6881/Rev. 1. Statement by the Secretary—General proposing the Global Compact on Human Rights, Labour and Environment in his address to the World Economic Forum in Davos, 31 January 1999（访问网址：http://www.un.org/News/ossg/sg/stories/statments_search_full.asp?statID=22）.

② 参见［俄］P. M. 瓦列耶夫《联合国行动中的民间社会》，《国际关系与法：21世纪观点——纪念加林斯卡娅会议资料》，C. B. 巴辛编，圣彼得堡，2009年，第468页。

③ 《全球契约》原则7、8、9（访问网址：http://www.unglobalcompact.org/Languages/russian/ten_principles.html）.

色和责任。① 项目资金支持所必备的社会与生态评估是"赤道原则"的基本内容之一。评估的过程就是确定对拟建项目相关的社会及环境影响与风险预防（包括有关的劳工制度、健康和安全保障等）。

4. 可持续发展的资金筹措

2002年3月，联合国在蒙特雷市举行了关于可持续发展筹资问题的会议。首次参与此次安排的有50个国家的元首和政府首脑、200多位部长以及私营部门和公民社会组织的领导、所有大型财政、贸易、经济和货币政府间组织的高级职员。会议为政府、民间社会和实业界三方代表就全球经济问题交换意见提供了机会。会议通过《蒙特雷共识》国际法律文件，确定了关于筹集可持续发展资金的主要措施。这些措施不仅包括设立专项基金（如可持续发展落实基金），也包括增加发达国家对发展中国家的投资、发展中国家高科技技术获取及国际贸易规模扩大等问题。

发达国家承诺将其国民生产总值（GDP）的0.7%用于提供发展援助，这是一项重要决定，可以看作是单方面承诺。② 世界银行对可持续发展项目融资有着重大影响。20世纪90年代初，世行对内部融资规则进行了根本改革，并决定银行机构将不予对危害环境和违反人权的项目提供贷款。

世界贸易组织（WTO）的工作也不容忽视。WTO活动的宗旨是扩大各国家之间的贸易额，因此，在很大程度上有助于发展中国家吸引新的资金和技术。WTO在贸易和经济政策方面的所有活动"应旨在提高生活水平……扩大货物与服务的生产和贸易，为可持续发展之目的扩大对世界资源的充分利用"。③

四 结　语

可持续发展理念在其整个形成时期历经诸多的发展变化。这一理念从

---

① ［俄］苏伦·拉扎卢斯：《论〈赤道原则〉》（访问网址：http://www.biodat.ru/nera/banks.htm）。

② 参见［俄］Н.А.萨科洛娃《环境保护治理的国际法律问题》，莫斯科，2010年，第69页。

③ 参见《建立世界贸易组织的马拉喀什协议》，序言（访问网址：http://www.wto.ru/documents.asp?f=sogl&t=13）。

学者的最初倡导，并最终成为整个人类未来发展模式的基本建构目标，其所蕴含的人与自然和谐共存的价值诉求已经成为国际法律监管的基础性原则。与此同时，当下，国际社会为落实这一理念所取得的实践成果也是可圈可点的。可持续发展理念将来的命运，很大程度上取决于这一理念在何种程度上适应21世纪人类发展的客观条件。但要做到这一点，除了其自身应在理论方法上具备说服力及吸引力之外，这一理论还应该通过一些必要的和有影响力的组织、政治、融资方面的机制和工具来不断强化。

可持续发展的价值理念由于代表了人类生活方式模式选择的优势、生产方式革新的强势及人类未来发展目标建构的趋势，而天然地具备了国际实践意义的禀赋。当下，可持续发展的诸原则仍然处于不断演进和丰富之中。这些原则逐渐成为国际法（其中包括国际生态法）的一些重要行为准则。目前为止，尽管还不存在一份相对完整的国际生态保护的"硬法"规范，但可持续发展的诸原则却已频繁出现在各种国际法律文件当中。可持续发展理念所确立的基本原则正逐渐成为国际习惯法的重要组成部分。可持续发展的理念，涵盖民族与国家生活的各个方面，不只是国际生态法或国际贸易法的一部分。况且根据国际学界多数人的共识：可持续发展已经成为一种国际法律制度。[①]

---

① See Sands Ph. Principles of International Environmental Law. 2nd ed. Cambridge, 2003; Sumudu A. Atapattu, Emerging Principles of International Environmental Law. Ardsley, 2006.

我国环境公益诉讼的进展、不足及完善
——以"江苏泰州天价污染赔偿案"为引

岳小花*

摘要: 环境公益诉讼作为维护当事人合法权益的重要司法手段日益引起政府和社会重视,成为我国环境法治的重要组成部分。"泰州天价污染赔偿案"作为当前赔偿数额最高的环境公益诉讼引起了社会关注。它的出现是当地政府、环保部门、司法机关合力促成的结果,但是从该案的审理过程可以看出,当今我国环境公益诉讼在起诉主体、法律内容的可操作性、审判机制以及执法水平等方面仍有诸多进步空间,今后需要从增强立法可操作性、完善庭审机制、加强司法人员培训、完善环境损害救济制度、建立环境专家队伍以及提高执法水平等方面完善我国的环境公益诉讼。

关键词: 环境公益诉讼;赔偿;环境法庭

引言

2014年9月18日,《南方周末》一则《江苏现1.6亿天价诉讼 泰州环保副局长:史无前例》[1]的文章引起社会关注。江苏泰兴肇事者因非

---

* 岳小花:中国社会科学院法学研究所,助理研究员,法学博士、博士后,研究方向:环境法、能源法、国际环境法。

[1]《江苏现1.6亿天价诉讼 泰州环保副局长:史无前例》,《南方周末》2014年9月18日。

法倾倒危废而被江苏泰州市判令民事赔偿1.6亿余元，使之成为截至目前我国民事赔偿数额最多的环境公益诉讼。① 并当地环保局总结为"省高院坐镇关心、地方检察院鼎力支持、政府部门不干预"的"样板"案例。案情大概是：江苏省泰兴市（泰州市下辖的县级市）6家化工企业将废酸委托给没有危废处理资质的皮包公司，后者用改装过的船舶偷偷倒入当地河流之中，在一年多时间里，共倾倒了两万多吨废酸。在经过民众举报、媒体曝光、泰兴市环保局蹲点调查之后，犯罪嫌疑人被抓获。2014年8月，泰兴市法院判决，14人因犯环境污染罪被判处有期徒刑2—5年不等，并处罚金16万—41万元。在民事赔偿部分的开庭审理时，江苏省高级人民法院派法官到庭指导，原告方1人，代理人2名律师，3名检察官出庭支持起诉。这在泰州市审理的民事诉讼案中是从来没有的。另外，法庭为该案成立了5人合议庭，而一般民事诉讼案为3人合议庭。2014年9月10日，一审法院判决六公司一共赔偿环境修复费用人民币160666745.11元，用于泰兴地区的环境修复，以及支付环境评估费用10万元。为应对这起诉讼，2014年2月，泰州市环保局专门成立了泰州市环保联合会，由后者提起公益诉讼。联合会的工作人员暂由泰州市环保局兼任，环保局副局长任联合会秘书长。在该案中，当地行政部门没有为这些企业的环境违法行为进行背书，因为"他们也希望淘汰落后企业，再引进高新产业"。六公司不服判决，上诉至江苏省高级人民法院。江苏省高级人民法院环境资源审判庭于2014年12月4日（第一个宪法日）正式成立，并于当日开庭审理了该案。12月30日下午进行二审宣判，维持了一审判决中关于数额赔偿的部分，六家公司须赔偿环境修复费用合计人民币160666745.11元，并且还要支付环境评估费用10万元。② 而锦汇公司不服二审判决，于2015年5月8日向最高法申请再审。最高法于2015年5月18日立案并组成五人合议庭对本案进行再审审查。2016年1月21日，最高法当庭裁定驳回锦汇公司的再审申请。该案还是最高人民法院再

---

① 公开资料显示，此案之前赔偿数额最高的是2009年山东省临沂市化工企业污染河流的案件，一审判决3名被告共同赔偿3714万元经济损失。参见《江苏现1.6亿天价诉讼 泰州环保副局长：史无前例》，《南方周末》2014年9月18日。

② 米格：《江苏高院终审判决"泰州天价环境污染赔偿案"六公司赔偿1.6亿》，中国江苏网，访问日期：2014年12月30日。

审审查的首例环境民事公益诉讼纠纷。

随着我国环境污染形势的加剧,因此造成的污染纠纷也日益增多,环境公益诉讼作为维护当事人合法权益的重要司法手段也日益引起政府和社会重视,成为我国环境法治的重要组成部分。据统计,2015年1月至2016年12月31日,全国法院共受理社会组织和试点地区检察机关提起的环境公益诉讼一审案件189件、审结73件,受理二审案件11件、全部审结。其中,环境民事公益诉讼一审案件137件,环境行政公益诉讼一审案件51件,行政附带民事公益诉讼一审案件1件。[①] 随着案件受理数量和具体类型的增多,最高人民法院还于2017年3月发布了环境公益诉讼十个典型案例。这些典型案例涉及社会组织提起环境公益诉讼主体资格,污染大气、水等具有一定自净能力的环境介质的责任承担,饮用水源保护,美丽宜居乡村建设,公用事业单位和生产者超标排放的法律责任,以及检察机关提起的环境民事、行政公益诉讼案件的审理等热点、难点法律问题。这对于我国各地法院统一裁判标准、完善相关审理规则起到了较好的指导作用。[②]

2012年新《民事诉讼法》出台后,公益诉讼在我国有了明确的立法支持,2014年新修订的《环境保护法》又对环境公益诉讼的诉讼主体做了明确规定。"江苏泰州天价污染赔偿案"因其赔偿数额巨大而引起政府及公众关注,同时整个案件可以作为反映我国环境公益诉讼现状的一个缩影或者样板,既体现了当前我国环境公益诉讼的最新进展,又反映了诸多不足之处。这些进展主要体现了如下几个方面。

一 我国环境公益诉讼的进展

(一) 有明确的法律依据

受国内外理论研究研究和诉讼实践的影响,环境公益诉讼在我国环境保护领域从21世纪初就开始提上议事日程,并反映在政府的有关决定或

[①] 《最高人民法院发布环境公益诉讼十大典型案例》,新华网,访问日期:2017年3月7日。

[②] 同上。

环保规划中。如国务院《关于落实科学发展观加强环境保护的决定》(国发〔2005〕39号)规定:"健全社会监督机制。……发挥社会团体的作用,鼓励检举和揭发各种环境违法行为,推动环境公益诉讼";国务院《关于印发国家环境保护"十一五"规划的通知》(国发〔2007〕37号)规定,"完善公众参与环境保护机制。……开展环境公益诉讼研究,加强行政复议,推动行政诉讼,依法维护公民环境权益";国务院《关于印发国家环境保护"十二五"规划的通知》(国发〔2011〕42号)规定,"积极引导全民参与。……建立健全环境保护举报制度,畅通环境信访、12369环保热线、网络邮箱等信访投诉渠道,鼓励实行有奖举报。支持环境公益诉讼";国务院《关于印发大气污染防治行动计划的通知》(国发〔2013〕37号)规定要"研究增加对恶意排污、造成重大污染危害的企业及其相关负责人追究刑事责任的内容,加大对违法行为的处罚力度。建立健全环境公益诉讼制度";环境保护部2014年5月颁布的《关于推进环境保护公众参与的指导意见》(以下简称《意见》)(环办〔2014〕48号)规定要"建立健全环境公益诉讼机制,明确公众参与的范围、内容、方式、渠道和程序,规范和指导公众有序参与环境保护。加强与司法机关的协调沟通,加大公众参与环境保护的司法保障……在公众向人民法院提请环境污染损害赔偿民事诉讼时,环境保护行政主管部门应当对环境污染损害取证等事务给予支持",等等。但是这些仅仅停留于政策呼吁或者规划阶段,并未上升到立法高度。

2017年新修订的《民事诉讼法》第55条规定:"对污染环境、侵害众多消费者合法权益等损害社会公共利益的行为,法律规定的机关和有关组织可以向人民法院提起诉讼。"在第二款中规定:"人民检察院在履行职责中发现破坏生态环境和资源保护、食品药品安全领域侵害众多消费者合法权益等损害社会公共利益的行为,在没有前款规定的机关和组织或者前款规定的机关和组织不提起诉讼的情况下,可以向人民法院提起诉讼。前款规定的机关或者组织提起诉讼的,人民检察院可以支持起诉。"该条直接规定了包括以污染环境为由在内的公益诉讼的受案范围和提起公益诉讼的原告资格,使环境公益诉讼有了明确的立法支持。2014年修订的《环境保护法》第58条规定:"对污染环境、破坏生态,损害社会公共利益的行为,符合下列条件的社会组织可以向人民法院提起诉讼:(一)依法在设区的市级以上人民政府民政部门登记；（二）专门从事环境保护公益活动连续五年以上且无违法记录。符合前款规定的社会组织向人民法院提起诉讼，人民法院应当依法受理。提起诉讼的社会组织不得通过诉讼牟取经济利益。"该条明确规定了在我国提起环境公益诉讼的主体范围。虽然社会各界对该条规定仍存有不少不同声音，但至少在作为环境保护领域基本大法的《环境保护法》中明确规定了符合条件的社会组织有权提起公益诉讼，反映了环境公益诉讼在立法层面有了长足进步。《环境保护法》修订后，最高人民法院、民政部、环境保护部联合发布了《关于贯彻实施环境民事公益诉讼制度的通知》（法〔2014〕352号），对具体贯彻实施环境民事公益诉讼制度作了一些规定。最高人民法院又发布了《关于审理环境民事公益诉讼案件适用法律若干问题的解释》（法释〔2015〕1号）、《关于审理环境侵权责任纠纷案件适用法律若干问题的解释》（法释〔2015〕12号）以及《人民法院审理人民检察院提起公益诉讼案件试点工作实施办法》（法发〔2016〕6号）等司法解释和规范性文件，对于诉讼主体、管辖、举证责任分配等都作出了明确而具体的规定，使诉讼主体更加明确、举证责任更加明晰、责任承担更加具体。

（二）司法部门及各级政府的重视

有生产活动的地方或多或少就会有污染、破坏和纠纷，而且随着环境污染和生态破坏的加剧以及人们环境维权意识的提高，我国环境纠纷持续增多，群体性的污染事件时有发生。出现环境纠纷之后，受制于地方财政和GDP考核体制的影响，地方政府和司法系统往往会对环境纠纷视而不见甚至偏袒保护，由此导致社会矛盾经常愈演愈烈，也因之使环境纠纷和征地拆迁成为当前社会矛盾加剧的主要推手。

其实，我国在环境司法领域一直在探索进行司法体制的改革创新，探索建立环境法庭等环境审判机构，[①]但是现实中这些环境法庭近年来却出

[①] 截至2014年7月15日，全国共有20个省（市、自治区）设立了环境资源审判庭、合议庭、巡回法庭，合计150个。其中，基层人民法院设立的环境资源审判机构多达105个，占总数的70%，中级人民法院有35个，占23.3%，高级人民法院有9个，占6%。参见孙佑海《对当前环境资源审判若干问题的分析和对策建议》，《人民法院报》2014年9月17日。

现了案源少、"等米下锅"的局面。① 长期关注环境公益诉讼的孙佑海教授认为，这主要源于地方政府的干扰和法院自身的不作为。例如四川沱江污染案发时，许多律师跃跃欲试参与环境诉讼。但当地司法行政部门很快发出红头文件，明确要求律师一律不准代理沱江污染案件，法院也以此为由，拒不受理相关案件。② 出于维护地方政绩的动机，地方政府的干预不难理解；法院自身的不作为从根源上还要归结为司法系统在财政上要听命于地方，财政不独立，因而自身也难以有很大作为。

而江苏泰州一案中，当地行政部门没有再为这些企业的环境违法行为进行干预或袒护，理由是"他们也希望淘汰落后企业，再引进高新产业"，这反映了我国当前不少地方政府对待环境保护和公益诉讼的态度比以往有了很大改观。另据学者统计，新《民事诉讼法》施行以来，环境公益诉讼中的被告多为地方上的纳税大户，甚至是振兴地方经济的龙头企业。③ 如果各地地方政府都如此对待环境公益诉讼，那么相信我国的环境公益诉讼形势和环境保护工作将会有明显的改观和进步。

另外，法院的积极审理也是促成本案的一大因素。比如审理民事赔偿部分时，江苏省高级人民法院派法官到庭指导，成立了5人合议庭，而一般民事诉讼案为3人合议庭，这在泰州市审理的民事诉讼案中是从来没有的。二审审理时，由高级人民法院院长担任审判长，也说明了对此案的重视。

（三）起诉主体的进一步明确

环境纠纷案件由于案情复杂及时间跨度大，在起诉难度及技术要求上非一般公民能承受。社会组织提起环境公益诉讼不仅具有理论依据，而且具有很强的现实可行性。最高人民法院2017年7月公布的"九起环境资

---

① 据统计，"十一五"期间，我国环保系统受理环境信访达30多万件，相比之下，环境行政诉讼只有980件，环境刑事诉讼只有30件，环境民事案件只有12278件。以上三大诉讼的案件总量仅占同期环保行政部门受理环境信访的4.4%。参见孙佑海《对当前环境资源审判若干问题的分析和对策建议》，《人民法院报》2014年9月17日。

② 孙佑海：《对当前环境资源审判若干问题的分析和对策建议》，《人民法院报》2014年9月17日。

③ 王灿发、程多威：《新〈环境保护法〉下环境公益诉讼面临的困境及其破解》，《法律适用》2014年第8期。

源审判典型案例"，① 其中就有三起是中华环保联合会提起的诉讼，如"中华环保联合会、贵阳公众环境教育中心与贵阳市乌当区定扒造纸厂水污染责任纠纷案"，"朱正茂、中华环保联合会与江阴港集装箱公司环境污染责任纠纷案"，"中华环保联合会与无锡市蠡湖惠山景区管理委员会生态环境损害赔偿纠纷案"。另外，2017年3月最高人民法院公布"第二批保障民生典型案例"，② 11个案例其中就有"中华环保联合会诉无锡市蠡湖惠山景区管理委员会生态环境侵权案"。本案中，提起诉讼的原告为泰州环保联合会，检察院作为支持起诉方支持案件，反映了社会组织顺应了公益诉讼作为起诉主体的趋势和立法要求。

  理论上，检察院参与诉讼的主要有直接起诉、支持起诉、监督起诉这三种形式，在司法实践中也都有相应的先例。如有不少环境公益诉讼是由检察院直接提起的，如广东省第二起胜诉的环境公益诉讼案件。③ 也有的地方，检察院是作为支持起诉方支持诉讼的，如四川省人民检察院民事行政检察部门在全国率先设立"公益诉讼人"制度，并确定了检察机关支持公益诉讼的范围。关于检察机关是否具有环境公益诉讼的起诉资格或者检察机关在环境公益诉讼中所处的地位，尤其在新《环境保护法》颁布之前，在理论界可谓百家争鸣，有的支持其作为原告资格，有的反对其作为原告资格，当然也有更全面的考虑。中国共产党的十八届四中全会于10月23日通过的《中共中央关于全面推进依法治国若干重大问题的决定》明确提出要"探索建立检察机关提起公益诉讼制度"。该条规定对检察机关提起公益诉讼的可能性做了规定。2015年7月，全国人大授权最高人民检察院在北京等13个省、市、自治区开展为期二年的提起公益诉讼试点。为此，最高人民检察院发布了《检察机关提起公益诉讼试点方案》，并于2015年12月发布了《人民检察院提起公益诉讼试点工作实施办法》，对检察机关提起公益诉讼的案件范围、诉讼参加人、诉前程序、

---

① 《最高法院公布九起环境资源审判典型案例》，中国法院网，2014年7月3日。
② 张先明：《贯彻落实两会精神 最高人民法院公布第二批保障民生典型案例》，《人民法院报》2014年3月20日。
③ 2009年广州市番禺区人民检察院对番禺区一家污染环境的工厂提起了公益诉讼，法院判决工厂必须立刻停止污染行为，并赔偿环境污染损失等费用共计6.25万元。参见邓慧玲《检察院支持起诉 镇政府成为原告，佛山首例环境公益诉讼判赔百万》，《中国环境报》2009年8月21日。

提起诉讼、诉讼请求等做了明确规定。实施试点工作以来，检察机关提起公益诉讼初见成效。据统计，截至 2016 年 12 月底，各试点地区检察机关共办理公益诉讼案件 4378 件，其中诉前程序案件 3883 件，提起诉讼案件 495 件。法院共审结 32 件，除 4 件因行政机关纠正违法行为、民事公益诉讼调解等原因撤诉、结案外，其余 28 件法院均判决支持检察机关的诉讼请求。[①]

（四）赔偿数额日益增多

江苏泰州的环境公益诉讼案，从赔偿数额上让我们看到了环境公益诉讼的曙光。我国以往的环境公益诉讼，赔偿数额上往往很难弥补恢复生态所花费的费用，赔偿数额上参差不齐，少则几万元、几十万元，几百万元已属不易，污染破坏引起的屈指可数的赔偿相比巨额的经济利益，使以营利为目的的环境污染企业不惜冒着道德和法律风险铤而走险。

据悉，对该案的损害鉴定、环境修复评估、赔偿金额的测算等问题，相关部门花了大量时间，最终依据环保部《关于开展环境污染损害鉴定评估工作的若干意见》的附件《环境污染损害数额计算推测方法》来计算。该意见提出了"虚拟治理成本法"，并根据受污染影响区域的环境功能敏感程度，确定一定倍数进行计算。该案虚拟治理成本为 3660 万元，根据受污染河流的敏感程度确定的系数为 4.5 倍，属于中间值。最终确定为 1.6 亿余元，再根据 6 家企业倾倒数量分摊赔偿额，最高的是江苏常隆农化有限公司，赔偿金额为 8500 万余元。本案审理过程中，司法部门依据我国相关的损害赔偿标准，在考虑社会稳定的基础上计算出 1.6 亿余元的赔偿数额，体现了对污染企业的惩戒和对生态损害的尽力弥补，让社会和公众为之一振。

此外，二审判决中，江苏省高级人民法院不仅确认污染企业应当赔付高额环境修复资金，而且就其具体履行方式做了精心设计：一方面允许企业申请延期一年缴付 40% 的赔付资金；另一方面在实地踏勘和可行性论证的基础上，引导企业通过实施技术改造，对产生的副产品和废物循环利用，降低环境风险；同时规定，如果技术改造产生实际效果，可以凭环保

[①] 《最高检：2016 年各试点地区检察机关共办理公益诉讼案件 4378 件》，来源：法制日报—法制网（http://www.law—lib.com），访问日期：2017 年 1 月 4 日。

部门的守法证明、技改验收意见、技改投入财务报告，在40%额度内抵扣赔付金额。①

二 我国环境公益诉讼仍然存在的问题及成因

（一）起诉主体范围有待扩大

根据不完全统计，2011—2013年期间，全国各级法院受理的环境资源类刑事、民事和行政案件加起来一年大约3万件，这与全国法院每年受理的1000多万件案件相比，微不足道。② 其中很重要的原因就是因起诉主体不适格引起的无法立案。现实中有诸多因主体不适格而导致环境污染或生态破坏引起的诉讼被压制或放缓的案例，如松花江水污染案发以后，北京大学法学院几位教授和研究生，以自己和自然物鲟鳇鱼、松花江、太阳岛的名义，作为共同原告，向黑龙江省高级人民法院提起环境公益诉讼，请求法院判决被告中国石油天然气股份公司、吉林环保局、黑龙江环保局赔偿100亿人民币，用于设立松花江流域污染治理基金，以恢复松花江流域的生态平衡。黑龙江省高级人民法院口头以原告不适格、法院无管辖权为由拒绝立案。③ 即使是具有半官方背景的中华环保联合会在2013年提起的8起环境公益诉讼，也全被拒绝受理。④

关于环境公益诉讼的诉讼主体，在理论界争议很大。有学者认为应该按照立法的思路仅规定社会组织有权提起公益诉讼，检察院在符合法定条件时再提起诉讼；有学者赞成广义的诉讼主体说，即包括公民、法人、社

---

① 《环境公益诉讼迈出一大步 专家评析泰州"天价赔偿"案》，最高检网站，访问日期：2015年1月24日。
② 王尔德：《最高法拟细化环境公益诉讼制度 多项司法解释"护航"》，《21世纪经济报道》2014年7月16日。
③ 梁睿：《从"马萨诸塞州诉环境保护总署"案谈美国公民公益诉讼制度及对我国的启示》，《法学论坛》2009年第3期。
④ 不过实践中也出现诸多中华环保联合会作为原告并被受理的公益诉讼案例，如2009年7月6日，中华环保联合会以公益诉讼人身份状告江苏江阴港集装箱有限公司环境污染侵权纠纷一案被江苏省无锡市中级人民法院受理，此案为我国环保NGO公益诉讼"破冰"第一案。参见郭会玲《环保NGO环境公益诉讼的困境与出路》，《环境保护》2009年第19期。

会团体或国家机关等。王灿发教授对我国当前司法实践中出现的公益诉讼起诉主体归纳为五类：第一类是由民间组织提起的环境公益诉讼。第二类是以行政机关的名义提起的环境公益诉讼。第三类是检察机关提起的环境公益诉讼。第四类是由公民个人提起的环境诉讼。第五类是由民间公益组织帮助而提起的诉讼。[①] 这些均是在司法实践中已经出现的案例，也说明其存在一定的合理性。而对比起来，现行立法中有关环境公益诉讼起诉主体的规定显然有些保守，主要表现在：

第一，排除公民的诉讼资格不合理。2017年新修订的《民事诉讼法》第55条规定，法律规定的机关和有关组织可以提起公益诉讼，并且规定没有前款规定的机关和组织或者前款规定的机关和组织不提起诉讼的情况下，人民检察院可以向人民法院提起诉讼。法律规定的机关或者组织提起诉讼的，人民检察院可以支持起诉。虽然比以往有所进步，但仍然将公民排除在起诉主体之外，这明显会影响我国通过环境公益诉讼推动环境维权的效果。以该案为例，相信最早发现污染事件的肯定是当地的居民，而且他们也是最直接受到环境污染侵害的人群，会对案件结果有着最直接的关切；此外，为了应对此次诉讼而单独设立一个联合会，照顾了诉讼结果，但是在程序上明显有些本末倒置。而国外，将公民个人作为公益诉讼的主体是非常普遍的。如作为公益诉讼最为发达的美国，其将我们所称的公益诉讼制度称为"公民诉讼"，可见在起诉主体上显然将公民作为主要的主体来对待。美国在20世纪70年代相继制定的《清洁空气法》、《海洋倾废法》、《噪声控制法》、《濒危物种法》、《有毒物质控制法》等一系列有关环境资源保护的立法，都通过"公民诉讼"的条款规定了普通公民的诉讼资格。[②] 如早在20世纪70年代制定的《清洁空气法》（1970年）就规定了环境公民诉讼制度。[③]

此外即使是社会组织，也可能会出现袒护排污企业的情形。据报道，

[①] 王灿发：《中国环境公益诉讼的主体及其争议》，《国家检察官学院学报》2010年第3期。

[②] 李艳芳、李斌：《论我国环境民事公益诉讼制度的构建与创新》，《法学家》2006年第5期。

[③] 《清洁空气法》（1970）首次在环境保护法中建立了环境公民诉讼制度，第1365条规定："任何公民均得自行起诉———（1）以任何人（包括美国政府与其他在宪法第11条修正案所允许范围内的任何政府部门或机关）为被告，违反（A）本法所规定的标准或限制或（B）联邦环境保护总署署长或各州依前述标准或限制所部署的命令；或（2）以联邦环境保护总署署长为被告，主张其怠于执行本法所赋予的非裁量性职责。"

中华环保联合会实行会员制，按照缴纳会费的不同，企业会员从一般会员单位到主任委员单位分为五个不同级别的会员。这些企业会员中，很多都是曾被曝光的"污染大户"。① 因此，新《环境保护法》只规定了有关组织提起环境公益诉讼的资格，而将公民个人排除在外，明显存在不足。

第二，新《环境保护法》未明确有关国家机关的诉讼资格也不合理。新《民事诉讼法》规定了法律规定的机关可以提起环境公益诉讼，而在我国的一些单行环境法律中对有关国家机关的提起诉讼资格做了明确规定，如《海洋环境保护法》第 90 条规定海洋监督管理部门可以代表国家对责任者提起损害赔偿诉讼。

（二）现行立法规范有待细化

新《民事诉讼法》和新《环境保护法》分别仅有一条涉及公益诉讼的规定，而在具体的程序上未做任何规定。缺少这些具体规则，一方面有可能会使一些法院畏难而退，拒绝受理环境公益诉讼案件，另一方面也有可能使人民法院在审理案件时无法可依，导致在诉讼管辖、适用举证责任、证明规则等方面出现参差不齐的状况。本案中，尽管省高级人民法院坐镇指导，但由于没有关于诉讼程序、举证规则等方面的立法规定或司法解释，主审法院也只能摸着石头过河，使诉讼的效果有所折扣。最高人民法院出台的司法解释及规范性文件，很大程度上能弥补这方面的不足。但是有关新的《环境保护法》第五十八条明确规定，环保组织不得通过公益诉讼牟取利益。环境公益诉讼特别是民事诉讼，势必产生赔付资金。目前，国内还没有一个完善的环境公益诉讼赔偿资金管理制度。昆明市人民政府设立了专项资金并颁布实施了《昆明市环境公益诉讼救济专项资金管理暂行办法》确定了资金的来源、使用、监督等基本情况，建立了相应的管理方式。实践中各地方法院的做法不同，比如云南、贵州在当地政府的支持下设立了专项账户，有的直接是政府国库监管使用，有的是由环保局或是法院监管使用。"现在各地还处于探索当中，但总的原则是不能支付给原告"。希望将来修改《环境保护法》和《民事诉讼法》时能进一步细化有关条款。

在不少地方已经出现了相关具体规则或解释，如 2008 年 11 月江苏省

---

① 屈正州：《"污染大户"岂能参与环境公益诉讼》，《广州日报》2013 年 7 月 2 日。

无锡市中级人民法院和无锡市人民检察院共同出台的《关于办理环境民事公益诉讼案件的试行规定》、2009年贵阳市颁布的《贵阳市促进生态文明建设条例》、2011年海南省颁布的《关于开展环境资源民事公益诉讼试点的实施意见》、海南省高级人民法院与省财政厅联合印发的《海南省省级环境公益诉讼资金管理暂行办法》等。

(三) 司法人员的专业知识储备有待提升

环境公益诉讼往往涉及专业面广，社会影响大且公众关注度高，本案是集合了法院、检察院、行政机关等各种机构和团体的力量下而做出的判决，将来在公益诉讼种类和数量日益增多、司法逐渐专门化的情况下，环境公益诉讼对于办案人员来说无论在诉讼理念、庭审能力、文书撰写、案件执行等方面都将有更高的要求和考验。而通过本案可以看出目前我国大多数司法人员的专业知识储备还难以完全适应当今种类繁多的环境公益诉讼。

(四) 行政执法手段和技术有待进步

从本案可以看出，案发至起诉足足达到一年之余，污染已经对周围环境造成了巨大的损害。即使有天价的赔偿，相信也不会完全恢复到之前的环境标准，何况这无论对于环境质量，周边居民的身心健康，还是对于污染企业都是巨大损失，有些企业甚至可能面临破产。这也大致反映了当今我国环境污染案例的现状，一方面我国的环保执法技术还有待提升，缺乏现代化的设备和信息网络；另一方面执法手段还比较单一，比如停留在人员蹲点等简单的执法手段上。这些都会影响到将来进入诉讼程序时要涉及的证据搜集。造成的后果就是，无法及时制止污染主体的污染行为，给当地人民及生态环境造成更严重的损失。

三 完善我国环境公益诉讼的建议

(一) 完善立法规定，增强可操作性

首先，在将来修改《民事诉讼法》时，建议考虑将公民个人纳入环境民事公益诉讼的起诉主体范围，可按照案件的规模及社会影响，进行分类规定。其次，在《环境保护法》中完善公益诉讼案件主体范围的规定，明

确环境保护公益诉讼主体中的"法律规定的机关"和"有关机关",将公民作为起诉主体之一。

最后,完善环境保护单行法律,比如在森林保护、矿产资源、水资源保护等领域单行法规的修订工作中考虑增加公益诉讼的相关条款。

(二) 建立环境损害的社会化救济制度

环境污染事件所造成的经济损失,特别是环境公共利益损失往往特别巨大,很容易造成侵权者无力承受巨额赔偿,从而影响了案件的执行。以本案为例,出现了如此巨额的赔偿,对于这些污染企业来说肯定会带来巨大的经济代价。因此,有必要建立环境侵权的社会化救济制度,分散环境污染赔偿的资金风险,使环境损害赔偿得以真正落到实处。

(三) 加强对相关人员的专业培训

首先加强环境公益诉讼司法人才的培养,包括相关法官、检察官等,使其既精通环境科学,并能娴熟驾驭公益诉讼审判;其次,根据最新的立法规定,加大培训力度和范围,比如中国政法大学污染受害者法律帮助中心就长期致力于举办公益性的环境司法培训,旨在提高环境诉讼相关办案人员的素质,在推动我国环境司法人员素质水平的提高方面做出了重大贡献,今后应当鼓励更多的公益性组织参与到这一行动中来。

(四) 建立环境专家团队

无论是司法人员,还是起诉方,在环境保护实体和程序方面往往欠缺相关经验,我们可以借鉴目前已经比较成熟的法律援助律师队伍的建设经验,建立起环境公益诉讼的专家支撑队伍,在环境工程、化学工程、卫生毒理学家、司法程序等方面提供支持。可以在最高人民法院这类全国性的机构中设立专家库,地方上根据自身情况也可以设立自己的专家库,为应对可能出现的环境诉讼提供智力支持。

(五) 提高执法技术水平

环境法本身就是一个环境科学和法学的交叉学科,环境执法手段的先进和执法水平的进步从根本上要依靠环境科学以及环境信息网络等技术的进步,这是一个长期的过程,但也是推动环境公益诉讼制度进步的基础所在。

民族地区生态习惯法运用探析

龚得君[*]

摘要：中国制定法地位在社会急速转型时期不断增强，作用领域日渐广泛。然而不能由此否认当下中国习惯法重要性，特别是在广大汉族农村地区、少数民族聚居地区，习惯法仍在诸多领域发挥重要作用。但是强调习惯法运用对于建设法治中国具有重大意义的同时，应当正视其自身组成内容、运行程序、整合审查、作用方式诸方面缺陷，上述问题已经成为其进入正式司法领域发挥更大作用的重要障碍。本文通过比较分析、历史分析、实证分析，梳理习惯法运用基本理论，并以少数民族聚居区生态保护为例对其运用问题提出个人建议。

关键词：习惯法运用；独立行为规范说；本土资源；生态保护

习惯法研究在法学理论体系中地位十分重要，不仅在于习惯法具有传承中华法律文化作用，而且在于习惯法具有深入民间紧接地气优势，同时习惯法在早日实现法治中国宏伟蓝图、稳步推进现有司法体制改革、促进中国法学研究全面发展诸多领域具有重要意义。我国法学界关于习惯法研究已经取得丰硕成果[①]。但是习惯法具体运用问题仍然需要深入研究，鉴

---

[*] 龚得君：中共北京市委党校市情研究中心助理研究员，中国政法大学博士后。

[①] 例如：中南大学法学院谢晖教授长期致力于民间法领域研究，在《中国法学》、《法学研究》等核心刊物发表相关论文多篇，并且主编 CSSCI 来源辑刊《民间法》，连续举办民间法·民族习惯法学术研讨会，有力促进了我国民间法学术事业繁荣。西南政法大学行政法学院龙大轩教授主要侧重于研究民间法领域中少数民族习惯，立足实证调研基础，围绕羌族习惯法文化渊源、神法特征、纠纷解决等内容，在《法学研究》、《历史研究》、《现代法学》等核心刊物发表相关论文多篇。中国人民大学法学院范愉教授主要侧重于研究纠纷解决机制语境中民间社会规范运用，《纠纷解决中的民间社会规范》一文发表于 2007 年卷《民间法》，《民间社会规范在基层司法中的应用》一文发表于《山东大学学报》2008 年第 1 期。

此，笔者运用比较分析、历史分析、实证分析方法对该问题进行初步探讨。全文共分五个部分：第一部分梳理习惯法运用基本理论，第二部分分析习惯法运用背景意义，第三部分针对习惯法运用提出建议，第四部分进行习惯法运用实证分析，第五部分则是习惯法运用做出小结。

一 法律文化视野中的习惯法运用：一个理论梳理

中国历代王朝政治大一统并不必然带来法律单一性，源于国家权力难以完全渗透汉族广大农村地区、少数民族聚居地区。以中央统一立法号令全国兼采因地制宜实施依俗治理方式为世代贤达所用。依俗治理实质是中央积极适用汉族广大农村地区、少数民族聚居地区既有习惯法实施社会管理。鉴于习惯法一直作为中国社会有效行为规范，梳理基本理论十分必要。

（一）理论内涵的界定

囿于习惯与法两个概念均不存在统一学理界定，并且习惯法在社会生活中因时因地而异，导致习惯法运用内涵界定众说纷纭。纵观诸说，大致分为狭义内涵界定即国家权威认可说、广义内涵界定即社会既有习惯说、中义内涵界定即独立行为规范说。笔者对于三种内涵界定进行分析，以期能够实现在同一种语境下对话，避免各说各话导致习惯法研究难以深入。

首先，狭义内涵界定即国家权威认可说。该说认为"习惯法是国家认可并由国家强制力保证实施之习惯"[①]。该说主要内容为：第一，习惯法产生根源是国家权威认可。第二，习惯法执行保障是国家强制力量。第三，习惯法表现形式是国家法律文本。该说正面意义为：第一，阐明习惯法在现有法律渊源地位。第二，阐明习惯法在现代社会中新变化。第三，阐明习惯法在未来发展中总趋势。该说负面影响为：第一，将习惯法法源限于国家权威认可。第二，将习惯法性质视为僵化教条滞后。第三，将习惯法趋势界定最终必然消亡。综上，国家权威认可说虽然具有立足于政治、法律、社会现实一面，但是理论缺陷十分明显。不仅大大缩小习惯法

---

① 《中国大百科全书·法学卷》，中国大百科全书出版社 1984 年版，第 87 页。

渊源范围，而且武断认定习惯法必然消亡，无视社会中习惯仍然有大量运行实践。

其次，广义内涵界定即社会既有习惯说。该说认为"习惯法是维持和调整某一社会组织或全体及其成员之间关系习惯约束力量总和"①。该说主要内容为：第一，习惯法产生不限于国家权威认可。第二，习惯法执行不限于国家强制力量。第三，习惯法形式不限于国家法律文本。该说正面意义为：第一，阐明习惯法社会规范性功能来源。第二，阐明习惯法对于成文法补充作用。第三，阐明习惯法实践运行多样化形式。该说负面影响为：第一，将习惯法独立性质置于过高地位。第二，将习惯法与成文法矛盾强调过多。第三，将习惯法统一适用问题弱化处理。综上，社会既有习惯说虽然具有深入考察习惯法产生、运行、发展一面，但是理论缺陷十分明显。不仅过分强调习惯法与成文法矛盾，甚至不愿正视法律统一适用问题。

最后，中义内涵界定即独立行为规范说。该说认为"习惯法具有不同于国家制定法或道德若干特点，因而可称为准法规范"②。该说主要内容为：第一，将国家、适用习惯法组织均视为社会共同体，从而脱离国家与非国家语境。第二，将成文法、习惯法均视为调整权利义务关系行为规范，从而实现统一适用。第三，将习惯法性质视为对立统一，不仅体现地方性知识，而且体现公共性规范。该说正面意义为：第一，跳出国家与非国家二元对立法源语境，从而扩大成文法与习惯法之间张力。第二，缓和成文法与习惯法二元对立矛盾，从而通过行为规范平台扩大法律内涵。第三，正视成文法与习惯法之间缝隙，主张通过成文法整合习惯法实现良性运转。综上，独立行为规范说兼采国家权威认可说、社会既有习惯说，较为合理。

（二）法律史学的考察

中国习惯法在两千多年前奴隶制社会时期便已规范体系化，民事领域有五服制度、刑事领域有五刑制度，并且通过五礼制度综合调整人们行为。虽然有些名词湮没于历史长河，但是习惯法渗入民族血脉历代相传总

---

① 俞荣根：《羌族习惯法》，重庆出版社 2000 年版，第 7 页。
② 邹渊：《习惯法与少数民族习惯法》，《贵州民族志研究》1997 年第 4 期。

以不同方式作用于当今社会。笔者以社会治理为视角考察中国传统社会习惯法，以期古为今用，并且旗帜鲜明反对西化法治者民族虚无主义反动立场。

首先，中国传统社会是人治社会吗？一些西化法治者宣称中国传统社会没有法治而是纯粹意义人治社会。该论点实质是立论者们以臆想中西方法治蓝图为模板食洋不化机械套用中国传统社会。第一，法治社会不可能脱离人。徒法不自行，没有人们参与不可能实现从法制到法治，也不可能实现社会治理。将中国传统社会重视人情伦理作为其人治社会理论依据显然不当。第二，中国社会不可能脱离礼。中国传统社会中人们行为并非随心所欲，而是严守一整套行为规范即礼。岂能熟视无睹礼兼具外在与内在约束作用而将中国传统社会定性为人治。第三，社会治理不可能单一化。法律是社会治理工具，礼所具有规范作用使其取得与法律等量齐观工具作用地位。跳出狭隘西化法治视野，便可以看清中国传统社会礼法交融图景。

其次，中国传统社会是国法一统吗？一些西化法治者宣称中国传统社会不存在政治国家与市民社会分化，导致不可能存在习惯法适用空间。该论点实质是立论者们以现代社会坐标定位传统社会。第一，中国传统社会双层化格局。统一中央集权制度能够实现普天之下皆王土，浩荡皇恩却难以深入阡陌之间，源于中国传统社会呈现出上层政治国家与下层乡土社会并立格局。第二，中国传统社会国法不下县。国家双层化格局，导致行政制度有效运行范围大致徘徊于县级。中国传统社会行政兼理司法治理模式使中央统一立法难以有效深入县级之下。第三，中国传统社会习惯法土壤。与国家双层化格局相应而生家国一体理念，使中国传统社会中央治理者需要官僚与乡绅协作，乡绅处于县下，自然选择运用习惯法作为工具。

最后，中国传统社会排斥习惯法吗？一些西化法治者宣称中国传统社会推崇皇权至上天下归一，事实上与习惯法具有民间法源性质相矛盾。该论点实质是立论者们没有深入洞悉中国治理背景。第一，中国传统社会治理理念。出刑入礼是中国传统社会原则，刑仅作为大传统工具而礼综合调整大传统与小传统并实现两者互动。习惯法在小传统领域发挥不可替代的重要作用。第二，中国传统社会司法制度。行政兼理司法治理模式使裁判者终极目标是定纷止争维护社会秩序。特别是身处基层裁判者们则更加倾向于通过习惯法解决民间诸多细故纠纷。第三，中国传统社会执法制度。

官僚与士绅作为中央与基层连接者，共同肩负社会治理责任。虽然可能会导致两者沆瀣一气，但是却为成文法与习惯法合作发挥作用打开方便之门。

二 传统与现代：习惯法运用的背景与意义

中国习惯法源远流长，历经古代从无到有全面持续发展、近代国家立法强势致其衰落、现代社会转型时期开始复兴波澜起伏千年史。本文主旨不是追寻历史逐渐远去脚步，而是着眼当下制度运行实践，探讨社会急速转型时期中国习惯法运用过程中相关问题。例如：社会背景，习惯法开始出现复兴趋势原因何在？现实意义，习惯法对于建设法治中国意义几何？

（一）深刻的社会背景：三组争议

法律并非源自于法学家闭门造车冥思苦想，而是源自于法学家深入实践理论概括。法律调整社会关系前提不是立法者主观恣意凭空指点江山，而是法律回应社会现实迫切需求。当下中国社会处于急速转型时期，法律渊源中西方资源与本土资源、法律价值中形式正义与实质正义、法律评价中理论效果与实践效果诸争议，是中国习惯法运用不应忽视深刻社会背景。

首先，西方资源与本土资源。不论是大清末年迫于生存压力被动变法，还是改革开放谋求国富民强主动立法，均在相当程度上以西方资源作为重要参考。中国传统法律文化继而受到重创，不论是形式意义上词汇使用，还是实质意义上价值取向，均被欧风美雨无情浸染。传统称谓诸如律令格式被各个部门法律取代，传统精神诸如忠孝仁义被西方所谓真理取代，中华法系从人类法治文明最高峰光辉代表沦为中国人生活中日渐疏离遥远记忆。但是中华文明无可比拟顽强韧性使当下中国人仍然在潜意识中继承本民族法治传统，习惯法仍然是人们解决纠纷时可供选择适用重要工具之一。导致部分法学精英与广大人民群众之间出现巨大法治观念鸿沟。坚持国家法制统一前提下，充分发挥习惯法积极作用乃是中国法治的正确抉择。

其次，形式正义与实质正义。伴随西方资源逐渐侵入中国话语体系，形式正义法治理念也为国人日渐熟知。形式正义着眼于起点公平手段合理，与之相对应实质公平着眼于结果公平目的合理。中华法系强调情理入法并非一些西化法治者所宣称无视形式正义，恰恰是兼顾两者于一体。一方面，中华法系体系完备，一般案件严格依律办理；另一方面，中华法系积极灵活，疑难案件进行变通处理。在强调坚持国家法制统一当下语境中，既要坚持个案差异化实现实质正义，也要防止自由裁量权滥用导致腐败。利益衡量法律方法是规制自由裁量权重要手段之一，如何避免人为因素干扰衡量价值位阶排序是理论难题之一，习惯法为解决该难题提供有益资源。当形式逻辑推演得出非正义结果时，通过习惯法灵活处理乃是应有之义。

最后，理论效果与实践效果。制定法理论性强，不仅体现为立法者涵盖各方面专家，而且体现为法律文本逻辑关系严密，并且体现为实施机制体系完备规范有序。习惯法理论性弱，不仅体现为其产生于民间风俗习惯，而且体现为内容之间彼此关系松散，并且体现为实施机制简单粗糙随意性大。法治若能简化为三段论逻辑推演，制定法必将会一统天下。然而法律文本僵硬性与实践个案复杂性使制定法难以垄断纠纷解决，习惯法接地气优势有助于案结事了。由此可以为中国当下尴尬局面，即法律文本制定热情高涨与法治实践不尽如人意并存，提供一个可能破解之道。法律生命在于执行，实践效果应当成为检验法律文本唯一标准。注重完善社会主义各部门法文本，同时应当善待习惯法，利用其积极成分作为制定法有益补充。

（二）重要的现实意义：三个领域

前文所述，习惯法不仅引发学界持续关注探讨其内涵界定，而且具有深厚历史背景传承其核心精髓。当下中国建设法治国家、法治政府、法治社会宏伟事业如火如荼，囿于传统法治传承严重不足、现代法治尚未健全局面，更加需要具有海纳百川、有容乃大胸怀，博采众长为我所用。习惯法在建设法治社会、深化司法改革、推进法学研究诸多领域具有重要意义。

首先，习惯法对于建设法治社会具有重要意义。第一，中国复杂国情需要习惯法。中国是一个大国，幅员辽阔、民族众多，各地均具有适用于本地习惯法；中国是一个古国，历史悠久、文化灿烂，现代化进程之中交织各种思潮。第二，中国深厚民意需要习惯法。以法律社会学角度审视习惯法，本质是某地人们长期生产、生活实践中形成定纷止争行为规范。中华文明连续传承使得中国习惯法民意基础深厚。第三，中国法律渊源需要习惯法。基于复杂国情、深厚民意，我们都应当高度重视习惯法。但是中国法律渊源应当是以成文法为主体，以扬善弃恶之后习惯法为补充有机统一整体。综上，习惯法伴随国情、民意与时俱进不断扬弃，绝非法治领域复古主义；同时习惯法作为成文法有益补充，绝非否定现有法律渊源体系。

其次，习惯法对于深化司法改革具有重要意义。第一，有利于促进社会治理。转型时期中国应当注重自上而下管理、自下而上回应良性互动。调动民间各种正能量过程中难免产生一些矛盾，习惯法是有效化解矛盾重要工具之一。第二，有利于实现定纷止争。当下中国法治理想与现实国情之间时有冲突，机械判决产生一纸空文不如针对个案积极适用习惯法。不仅可以实现案结事了，而且可以树立法律权威。第三，有利于约束自由裁量。成文法缺陷必然要求法官坚持司法能动主义，但是必须防控自由裁量权滥用风险。习惯法作为行为规范之一，既为自由裁量提供空间也对其进行约束。综上，习惯法作为社会主义法律渊源有机组成部分，通过为个案解决提供更为广阔空间有利于恢复社会秩序，成为司法改革有益路径之一。

最后，习惯法对于推进法学研究具有重要意义。第一，习惯法在法律发现方法中作用。习惯法虽然具有地域性色彩，但是在相当程度上是公共知识。故而当法律没有明文规定或者规定模糊时，习惯法可能获得相关司法部门认可。第二，习惯法在利益衡量方法中作用。利益衡量方法进行衡量所涉诸要素包含民间风俗。习惯法通过利益衡量方法进入正式司法裁判领域，既发挥自身作用，也能规范利益衡量方法。第三，习惯法在法律论证方法中作用。当下司法改革强调判决书说理部分源于适当法律论证可以有效促进案结事了。援引个案当地习惯法有利于当事人息诉服判，树立法律权威性。综上，习惯法对于法律发现、利益衡量、法律论证诸法律方法意义重大，其贯穿裁判全过程兼具处理个案微观意义、推进法治宏观意义。

三 习惯法在当代中国的运用

诚如前文所述，习惯法对于社会急速转型时期中国固然具有建设法治社会、深化司法改革、推进法学研究诸多方面意义，但是我们必须基于理性思考正视习惯法自身所存在一些不足之处。例如：组成内容、运行程序、整合审查、作用方式诸多方面。上述问题已经成为习惯法进入正式司法领域发挥更大作用重要障碍。鉴此，本文针对这些缺陷提出自己初步思考。

（一）实践运用存在的问题

习惯法固然可以为制定法提供有益补充，但是在社会主义法治理念指导法治中国建设实践中呈现出一些不尽如人意之处。例如：习惯法组成内容存在不足，不利于实现全国范围法制统一；习惯法运行程序存在不足，不利于通过程序助推实现公正；习惯法整合审查存在不足，不利于推进习惯法规范化进程；习惯法作用方式存在不足，不利于构建多元纠纷解决机制。

首先，习惯法组成内容存在不足。习惯法由于其孕育土壤异于制定法，故而其内容也与建设法治中国要求存在一定出入。习惯法内容是人民群众长期历史积淀而成，而制定法内容是国家权力机关正式制定而成。例如：在汉族广大农村地区，人们认可男女双方婚姻关系成立仍然在相当程度上以明媒正娶举办婚礼为准，而不是以国家婚姻登记机关审查合格之后所颁发结婚证作为最核心认可要件；在少数民族聚居地区，人们面对人身伤害甚至闹出人命纠纷时首先想到按照传统"陪血价"或者"陪命价"习惯法解决，并非首选通过诉讼程序将案件交由司法机关通过制定法进行裁决。上述情况均与现行制定法相违背，由此导致出现该类纠纷时，习惯法与制定法存在一定冲突，不利于实现全国范围法制统一、相同案件相同处理基本原则。

其次，习惯法运行程序存在不足。习惯法由于其运行环境异于制定法，故而其程序也与建设法治中国要求存在一定出入。习惯法对于程序要求呈现体系性不强特点，而制定法对于程序要求呈现高度体系化特点。例如：在习惯法没有进入司法程序之前，不论是汉族广大农村地区还是少数民族聚居地区均存在纠纷裁决依靠神明以及处罚程序体系化不足现象，个人因素对于最终结果往往影响较大；在习惯法即使进入司法程序之后，不论是严格依照法律文本进行诉讼程序还是针对个案灵活处理调解程序均存在习惯法识别难题，法官在正式司法程序中采纳习惯法仍需规范化。上述情况均与现行制定法相违背，由此导致涉及该类程序时，习惯法与制定法存在一定冲突，不利于通过程序助推实现公正、维护底线程序正义基本原则。

再次，习惯法整合审查存在不足。习惯法由于其实施主体异于制定法，故而其审查也与建设法治中国要求存在一定出入。习惯法传统中没有专门进行内容审查程序，而制定法体系中司法审查承担不可替代作用。例如：在地方立法过程中，由于针对当地民间广泛存在习惯法系统化整理工作不尽如人意导致法官裁决过程中适用习惯法时往往跟着感觉走，进一步导致法院裁决尺度不一问题时候发生。在地方司法过程中，由于针对当地民间广泛存在习惯法司法审查制度建设重视不够导致习惯法进入司法程序存在一定障碍，司法审查重要功能之一即是区分习惯法中良法与恶法。上述情况均不利于法治中国建设，由此导致涉及整合审查时，习惯法与制定法存在一定冲突，不利于推进习惯法规范化进程、过滤恶法保留良法进入司法。

最后，习惯法作用方式存在不足。习惯法由于其实现方式异于制定法，故而其执行也与建设法治中国要求存在一定出入。习惯法恢复社会秩序采取经济和人身制裁，而制定法恢复社会秩序采取多样化综合措施。例如：在民事习惯法规定中，由于普遍存在轻微情节施以严厉经济处罚情况导致触犯民事习惯法者不仅面临与其所造成实际损失不相应经济赔偿，甚至由此导致倾家荡产生活难以为继。在刑事习惯法规定中，由于普遍存在私人力量施以严厉人身处罚情况导致触犯刑事习惯法者不仅面临与其造成被害人侵害不相应人身处罚，甚至由此带来公然人格侮辱名誉玷污。上述情况均不利于法治中国建设，由此导致涉及裁决执行时，习惯法与制定法存在一定冲突，不利于构建多元纠纷解决机制、恢复犯罪之前原有社会秩序。

（二）一些初步思考的建议

习惯法作为行为规范几乎伴随人类历史一路走来，而制定法历史则要短暂很多。中国百年以来历经两次制定法高潮，但是制定法难以在短期内完全取代具有深厚民间基础习惯法。笔者以为面对习惯法时正确态度应当是取其精华去其糟粕，积极将其纳入法治中国轨道中。鉴此，本文拟从习惯法组成内容、运行程序、整合审查、作用方式诸方面为其完善提出建议。

首先，针对习惯法组成内容存在不足问题。鉴于习惯法具有强烈地方性知识特点，为其制定统一法律文本显然不是首选，可以通过推行案例指导制度促进习惯法内容不断完善。"实行案例指导制度是要以制定法为主、案例指导为辅，在不影响制定法作为主要法律渊源前提下，借鉴判例法一些具体做法。"① 详言之，案例指导制度就是以最高人民法院和各高级人民法院为案例发布主体、以实践中法律运用问题为重点内容、以具体案例和指导规制为基本结构、以促进法律适用统一化为主要目标、以下级法院选择性参考为运行机制。案例指导制度作为能动司法必然产物对于习惯法同样具有意义重大。不仅在一定程度确立习惯法法源地位并由此降低习惯法进入司法程序识别成本，而且有利于克服习惯法同案不同处理弊端，淡化地方性知识影响。

其次，针对习惯法运行程序存在不足问题。"为使国家制定法律家喻户晓，法官常常需要习惯作为补充，因为立法者所用概念要求借助习惯予以阐明，不求助于习惯，某些问题就难以解决。"② 但是并不意味习惯法运行可以信马由缰，而是要求习惯法运用至少应当经过如下程序：第一，启动程序。制定法难以为个案提供明确有效解决途径，或者需要习惯法补充适用才能更好定纷止争是习惯法启动前提条件。第二，证明程序。民事案件由习惯法提出方证明有效性、反对方证明非法性，刑事案件特殊性即由公诉方证明犯罪构成要件事实。第三，确认程序。实质是对所适用习惯法进行审查，鉴于习惯法强烈地方性知识特点，实践调研是区分习惯法良法恶法有效方式。综上，习惯法应当通过科学程序获得正式纠纷解决机制地位。

再次，针对习惯法整合审查存在不足问题。鉴于大量习惯法主要在一定区域内发挥功效，整合并且审查习惯法工作主要应在地方立法和司法过程中开展。司法实践中存在一种尴尬局面即法官对于将要审查习惯法难以从日常生活感性层面上升为法律意义理性层面，根源在于长期奉行法律拿来主义以及疏于整合习惯法有益成分。习惯法被规范化整合是其被有效适用必备前提。适用习惯法解决纠纷除了必须具备有效性要件之外，还必须

---

① 刘作翔、徐景和：《案例指导制度的理论基础》，《法学研究》2006年第3期。
② [法]达维德：《当代主要法律体系》，漆竹生译，上海译文出版社1984年版，第122页。

同时兼具合法性、良法性要件。一旦发现习惯法有违制定法禁止性规范、社会利益、公共道德、他人合法利益等，应当立即启动审查程序。"当事人有权提出异议或者申请撤销，国家亦可主动干预。"① 国家干预主要表现为法院对于习惯法进行司法审查，通过过滤排除恶法、保留良法进入司法领域。

最后，针对习惯法作用方式存在不足问题。依据性质不同可以将纠纷解决机制大体分为私力救济、社会救济、公力救济。审判作为公力救济典型代表在纠纷解决机制中地位重要但是不具有垄断性地位。"审判解决纠纷方式和诉讼外纠纷解决方式相互之间紧密联系。"② 习惯法作为私力救济、社会救济典型代表在汉族广大农村地区、少数民族聚居地区发挥着不可替代作用。我国立法对于习惯法法源地位确认不足，导致习惯法一旦进入正式司法领域往往不敌制定法。习惯法发挥功效更多依赖于基层自治和自觉遵守，特别是在当下中国既有社会秩序和调整规范受到严重冲击而全新社会秩序和调整规范尚未完全建立语境下，我们正确做法是：不应设想用法治全面取代礼治，而应在基本法治原则下充分发挥依俗而治灵活性优势。

四 习惯法运用的实证分析：以少数民族聚居区生态保护为例

十八大报告将生态文明上升为国家战略并且首次提出建设"美丽中国"。实现该目标需要各民族共同努力。中国少数民族在边疆地区分布广泛并在局部地区形成聚居格局。上述区域往往是生态保护重任与生态平衡脆弱叠加，建设生态文明任重道远。鉴此，本文拟以少数民族聚居区生态保护为例，对于习惯法运用问题进行初步实证分析，以期促进生态文明建设。

---

① 范愉：《纠纷解决的理论与实践》，清华大学出版社2007年版，第624页。
② ［日］棚濑孝雄：《纠纷的解决与审判制度》，王亚新译，中国政法大学出版社2004年版，第3页。

（一）习惯法在少数民族聚居区生态保护中的主要作用领域

中国各地少数民族习惯法丰富多彩，本文主要探讨习惯法在生态保护领域中运用问题。以世居西南山区纳西族、苗族、侗族、彝族、傣族、瑶族、基诺族、水族，世居高原地区蒙古族、藏族为习惯法运用主体；以水源、山林、土地、草原、丧葬、动物为习惯法运用客体。鉴此，总结概括各地少数民族习惯法具体表现，并且分析指出所涉少数民族习惯法产生背景。

首先，少数民族习惯法关于保护水源具体表现。纳西族规定居民凌晨挑水饮用、上午洗菜、下午洗衣。① 侗族规定水共沟、田共井，孩童破坏水源，父出工母出钱。② 彝族规定同一个水沟在早饭后允许洗衣洗菜、牲口经过。③ 蒙古族规定春夏时节任何人不得光天化日坐于水中、河中洗手、金银器汲水、湿衣铺于草原。④ 藏族规定青苗出土至收割结束前，不准在河里洗澡洗衣。⑤ 傣族规定修建房屋保护水井并且周边不得放养牲畜。⑥ 纳西族、侗族、彝族、傣族世居西南山区，虽然水源总量充足，但是水流储存不易；蒙古族、藏族世居高原地区，不仅水源总量不足，而且地表径流匮乏。水作为生命源泉意义对于水资源匮乏地区更加彰显。综上，水源保护诸习惯法主观上保障少数民族生存发展，并且客观上保护民族地区生态环境。

其次，少数民族习惯法关于保护山林具体表现。纳西族规定不得践踏田里青苗、采摘未熟果子、砍伐神山树木。⑦ 苗族规定禁止破坏公有山林，违者补种。⑧ 侗族规定山林各有可得，山冲大梁为界。切莫贪心，过

---

① 李汝明：《丽江纳西族自治县志》，云南人民出版社2001年版，第897页。
② 湖南省少数民族古籍办公室：《侗款》，岳麓书社1988年版，第76页。
③ 陈金全：《彝族仫佬族毛南族习惯法研究》，贵州民族出版社2008年版，第235页。
④ 吴海航：《元代法文化研究》，北京师范大学出版社2000年版，第44页。
⑤ 扎西才措：《浅谈藏族生态习惯法》，硕士学位论文，中央民族大学，2012年。
⑥ 陈小华：《西双版纳生态保护法律问题研究》，博士学位论文，中央民族大学，2011年。
⑦ 偶芳：《"人与自然是兄弟"——对云南丽江纳西族环境保护习惯法的文化解读》，硕士学位论文，西南政法大学，2004年。
⑧ 侯天江：《中国的千户苗寨——西江》，贵州民族出版社2006年版，第28页。

界砍树。① 瑶族规定不得砍伐防旱防水树木；凡入火烧山，事先各村约定日期，做好火路防止烧毁山林。② 蒙古族规定砍伐枯树者折断活树（以假）弄真者，依法没收其斧头。③ 藏族规定不得进入神山砍伐树木，违者施以鞭打。④ 基诺族规定严禁砍伐寨神林、大青树、野果树、路边树、棕榈树、击打树。⑤ 不论是世居西南山区纳西族、苗族、侗族、瑶族、基诺族，还是世居高原地区蒙古族、藏族，均有保护山林的详细规定。综上，山林保护诸习惯法主观上保障少数民族生存发展，并且客观上保护民族地区生态环境。

最后，少数民族习惯法关于其他方面具体表现。第一，土地。水族规定不准毁田伐地，如有敷重、伤者，传齐人众相帮，出钱上致，无许私致和实磋之人。⑥ 瑶族规定未经本寨人同意，外村人不得越界打猎、砍树、开荒。⑦ 藏族规定实施护地、歇地制度保护土地。第二，草原。蒙古族规定严禁锄地挖草、草原荒火，实施移场放牧、草原库伦制度保护草原。第三，丧葬。蒙古族、藏族规定天葬、火葬制度最大限度减少生态破坏。第四，动物。蒙古族冬季围猎、禁猎母幼、设禁猎区制度保护动物。水族、瑶族所居西南山区坡陡土薄，保护有限土地维持种植业发展；蒙古族、藏族所居高原地区气候严寒，保护有限草原维持畜牧业发展。综上，其他方面诸习惯法主观上保障少数民族生存发展，并且客观上保护民族地区生态环境。

（二）习惯法在少数民族聚居区生态保护中的实践运用问题

少数民族习惯法虽然具有紧接地气乡土气息浓郁优点，但是其在漫长历史进程中难免会产生一些不符合法治中国建设要求之处。例如：少数民

---

① 湖南省少数民族古籍办公室：《侗款》，岳麓书社1988年版，第93页。
② 向晓玲：《少数民族环境保护习惯法研究》，硕士学位论文，西南政法大学，2010年。
③ 道润梯步：《喀尔喀律令》，内蒙古教育出版社1989年版，第224页。
④ 扎西才措：《浅谈藏族生态习惯法》，硕士学位论文，中央民族大学，2012年。
⑤ 苏钦：《浅谈我国少数民族历史上保护生态环境的特点及经验》，《中央社会主义学院学报》2005年第4期。
⑥ 喻见：《贵州少数民族地区生态文化与生态问题论析》，《贵州社会科学》2005年第3期。
⑦ 向晓玲：《少数民族环境保护习惯法研究》，硕士学位论文，西南政法大学，2010年。

族习惯法组成内容存在不足,落后时代发展要求;少数民族习惯法运行程序存在不足,简单粗糙体系性弱;少数民族习惯法整合审查存在不足,缺乏细致有效整理;少数民族习惯法作用方式存在不足,有违现代司法理念。

首先,少数民族聚居区生态保护领域中习惯法组成内容存在不足。例如:前文所述水族对于滥砍滥伐、毁坏田地行为,不允许私人和解解决纠纷,而是必须通过众人公力解救纠纷。这种产生于少数民族聚居区习惯法规定显然与产生于国家权力机关正式制定法内容相抵触。不仅缩小了公民权利救济、社会纠纷解决方法范围,而且容易导致轻微矛盾激化甚至存在与宗族势力结合后引发群体性械斗风险。即使考虑少数民族聚居区一般山高路远、交通不便,基层司法资源配置不足以快速有效解决当地该类纠纷因素,习惯法规定一概排斥私人和解也有违社会管理创新精神。少数民族聚居区既有纠纷解决机构,不仅裁决未必完全符合法治中国建设要求,而且过度依赖当地原始纠纷解决方式,可能会消解国家正式制定法权威性地位。

其次,少数民族聚居区生态保护领域中习惯法运行程序存在不足。例如:前文所述侗族对于孩童破坏水源、水渠、水井等行为,必须由孩童父亲负责修缮工作、母亲承担全部费用。这种产生于少数民族聚居区习惯法规定显然与产生于国家权力机关正式制定法内容相抵触。对于孩童年龄没有具体规定,不知是依据18岁自然年龄标准还是依据民事行为能力标准。孩童破坏水源、水渠、水井等行为发生后,没有规定对于破坏行为主观故意、过失认定程序,也没有规定对于破坏结果客观损失程度鉴定程序,继而规定一概由父出工母出钱不尽合理。对于孩童父亲没有劳动能力、破坏行为损失结果严重需要众人合力修缮,孩童母亲没有经济来源、破坏行为损失严重超出个体经济能力范围等可能情况,均没有规定相应具体处理程序。

再次,少数民族聚居区生态保护领域中习惯法整合审查存在不足。例如:前文所述蒙古族习惯法在生态保护领域中蕴含内容十分丰富,涉及水源、森林、草原、丧葬、动物诸方面。这种产生于少数民族聚居区习惯法规定显然与产生于国家权力机关正式制定法内容相抵触。严禁污染水源源自蒙古族民族禁忌、严禁滥砍树木源自古代喀尔喀律令、严禁破坏草原源自蒙古族生存需要、实施天葬火葬源自蒙古族民族习惯、保护野生动物源自蒙古族民族图腾。蒙古族习惯法源流众多却没有有效整合，严重影响其在生态保护领域中作用发挥。对于生态保护领域中同一个对象，不同渊源习惯法内容冲突时处理方式、多个渊源习惯法效力冲突时孰高孰低均缺乏规定。自身内容体系化不足，是其进入正式司法程序发挥功效主要障碍之一。

最后，少数民族聚居区生态保护领域中习惯法作用方式存在不足。例如：前文所述藏族对于违反习惯法规定进入神山砍伐树木者施以鞭打处罚方式，以人身处罚制裁财产致损者。这种产生于少数民族聚居区习惯法规定显然与产生于国家权力机关正式制定法内容相抵触。违法砍伐树木数量较少时属于民事法律调整领域，依据民事法律填充实际损失原则，违法砍伐树木者需要通过罚款补栽方式恢复被破坏生态环境。违法砍伐树木数量较多时属于刑事法律调整领域，依据刑事法律罪责刑相一致原则，违法砍伐树木者需要付出人身自由代价为自己犯罪行为负责。现代法治倡导以恢复被破坏社会秩序为主要目标，而非着重对于违法行为者施以包括鞭打等方式进行肉体处罚。鞭打不仅可能造成人身伤害，而且容易降低社会评价。

（三）习惯法在少数民族聚居区生态保护中的一些初步建议

中国少数民族人数不多，但是分布广泛而且大多数居住在国家生态安全战略区域。例如：西南山区是生物多样性天堂，青藏高原是大江大河源头区，蒙古高原是三北风沙屏障区。鉴于习惯法在当下中国少数民族聚居区生态保护领域中仍然发挥着十分重要的作用。笔者针对前文所述其在组成内容、运行程序、整合审查、作用方式诸不足之处，提出自己一些初步建议。

首先，针对少数民族聚居区生态保护领域中习惯法组成内容存在不足问题。应当发挥司法能动主义，通过少数民族聚居区生态保护案例指导制度弱化习惯法地方性色彩过强弊病。发布主体是各自治区高级人民法院，选取案例应当为本区生态保护领域具有重大社会影响；重点内容是法律运用问题，选取案例应当在生态保护法律条文适用方面较为典型；基本结构是案情以及指导，选取案例应当包括生态保护案情介绍以及指导性规则；主要目标是法律统一适用，选取案例应当促进生态保护个案法律适用统一化进程；运行机制是非具有强制性，选取案例应当对于下级法院生态保护个案具有参考性。由此，在坚持国家法制统一基础上，通过不断发布指导性案例，可以逐渐实现相同性质个案获得相同处理，促使习惯法与制定法日趋协调。

其次，针对少数民族聚居区生态保护领域中习惯法运行程序存在不足问题。第一，启动程序。全国通用与本区适用两种类型法律均没有对于少数民族聚居区生态保护领域个案提供明确有效纠纷解决途径，或者相关规定不足以解决个案争议而需要辅以习惯法。第二，证明程序。少数民族聚居区生态保护领域民事案件证明规则是适用习惯法支持方证明有效性、反对方证明非法性，刑事案件证明规则具有特性即公诉方证明犯罪构成要件事实。第三，确认程序。鉴于少数民族聚居区生态保护领域习惯法地方性、民族性色彩强烈导致所涉内容难免鱼龙混杂，故而结合正式法律与当地习俗基础上实践调研是筛选内容重要程序。少数民族聚居区适用法律包括全国性、区域性两种类型，故而应当把握习惯法在生态保护领域适用特色。

再次，针对少数民族聚居区生态保护领域中习惯法整合审查存在不足问题。少数民族聚居区立法机关和司法机关应当承担本区生态保护领域习惯法整合审查工作。详言之，立法机关应当积极整合本区生态保护领域仍然发挥功效习惯法，力争实现体系化进而为司法机关审查奠定良好基础；司法机关应当有效审查个案审理所涉本区生态保护领域习惯法，排除违反法律、道德、公益、他人利益等习惯法。为了有效促进习惯法健康发展和切实保护当事人合法权益，司法机关审查程序既可以依据当事人申请而启动，也可以由国家主动干预而启动。基于少数民族聚居区风土人情各自不同特性，断定某一种行为是否侵害当地社会利益、违背当地社会公德等，应当在坚持国家法制统一前提下因地制宜，通过适当灵活性实现案结事了。

最后，针对少数民族聚居区生态保护领域中习惯法作用方式存在不足问题。少数民族聚居区往往山高路远、信息不畅，当地居民未必愿意通过司法途径解决生态保护领域纠纷。特别是一些本民族传统文化保留较好区域，更加可能倾向于传统习惯法裁决纠纷。此外，少数民族聚居区生态保护案件往往涉及经济利益纠纷，比如：污染水源可能导致粮食作物歉收、砍伐山林可能导致土壤肥力下降、破坏草原可能导致牲畜觅食困难等。故而不应坐视矛盾日益激化，而应以马锡五式司法能动主义深入民间将细故纠纷解决于萌芽中；不应机械适用法律条文，而应以宋鱼水式司法温情主义耐心倾听将当事人情感融于法律中。对于少数民族聚居区生态保护领域习惯法中违反司法理念、侵犯人身权利、造成精神损害等执行方式应当摒弃。

五　小结

习惯法是中华民族在波澜壮阔历史长河中，由广大劳动人民为解决生产生活实践纠纷而长期积淀发展形成了一整套具有相当程度普遍适用性的行为规范。故而习惯法不仅具有传承中华法律文化作用，而且具有深入民间紧接地气优势。这些功能绝非西化法治者照搬西方学者著作只言片语、机械适用西方现有法律条文所能比拟。虽然社会急速转型时期中国制定法地位呈现出不断增强趋势，其作用领域日渐广泛，但是习惯法在汉族广大农村地区、少数民族聚居地区仍然继续发挥着定纷止争重要作用。法学界关于习惯法内涵界定存在不同学说争议，笔者认可独立行为规范说，即将习惯法界定为准法规范，并且具有异于国家正式立法与社会道德准则诸多鲜明特点。基于该种界定，并以社会治理视角进一步深入考察中国习惯法历史，可以发现中国传统社会实质上呈现出礼与法相互交融而非单纯人治型、皇权与乡土并立而非国法大一统、积极吸纳小传统而非排斥习惯法特点。社会急速转型时期习惯法呈现出一定程度复兴趋势，法律渊源中西方资源与本土资源、法律价值中形式正义与实质正义、法律评价中理论效果与实践效果之争是其主要社会背景。基于当下中国国情考虑，习惯法对于早日实现法治中国宏伟蓝图、稳步推进现有司法体制改革、促进中国法学研究全面发展诸多领域具有重要意义。鉴此，笔者针对习惯法运用过程中自身在组成内容、运行程序、整合审查、作用方式诸多方面存在不足进行初步思考，提出个人不成熟建议，以期能够引发更多学者在该领域进行更加深入、广泛研究，为早日实现法治中国国家战略宏伟目标做出理论贡献！